Multikulturelle Gesellschaft - monokulturelle Psychologie?

Antisemitismus und Rassismus in der psychosozialen Arbeit

herausgegeben von

Iman Attia
Monika Basqué
Ursula Kornfeld
Gotlinde Magiriba Lwanga
Birgit Rommelspacher
Pari Teimoori
Silvia Vogelmann
Ursula Wachendorfer

Verlag

Deutsche Gesellschaft für Verhaltenstherapie
Tübingen
1995

Die Deutsche Bibliothek - CIP-Einheitsaufnahme

Multikulturelle Gesellschaft - monokulturelle Psychologie? :
Antisemitismus und Rassismus in der psychosozialen Arbeit /
Iman Attia ... - Tübingen : Dgvt-Verl., 1995
    (Forum für Verhaltenstherapie und psychosoziale Praxis ; Bd. 28)
    ISBN 3-87159-128-9
NE: Attia, Iman; GT

© 1995 dgvt-Verlag Tübingen
Deutsche Gesellschaft für Verhaltenstherapie (DGVT)
Postfach 1343
72003 Tübingen

Umschlag: Büro für konzeptionelle Gestaltung, Berlin
Satz: Stefan Granzow, München
Druck + Bindung: Druck Partner Rübelmann GmbH, Hemsbach

ISBN 3-87159-126-2

Inhaltsverzeichnis

I. Zweierlei Gegenwart: Folgen des Nationalsozialismus

II. Erfahrungen mit Rassismus, Migration und Flucht

III. Zur therapeutischen Arbeit mit Folterüberlebenden

IV. Praxisansätze

Einleitung

In Deutschland fällt es den meisten „Einheimischen" immer noch schwer, die Realität einer multikulturellen Gesellschaft anzuerkennen. Kein Wunder, betrifft sie doch diese Realität nur dann, wenn sie sich entschließen, sie zur Kenntnis zu nehmen. Angehörige von Gruppen, die aufgrund ihrer Hautfarbe, ihrer ethnischen, kulturellen oder religiösen Zugehörigkeit oder Herkunft diskriminiert werden, leben in einer ganz anderen Wirklichkeit. Während sie täglich zu „Fremden" gemacht werden, sind sie ständig damit konfrontiert, ihren Platz in der Gesellschaft zu finden, zu behaupten und zu legitimieren. Die „Einheimischen" dagegen können sich den Luxus erlauben, zu entscheiden, ob sie „multikulturelle" Begegnungen eingehen möchten oder nicht, d.h. sie haben die Freiheit der Wahl. Selbst wenn der Kollege aus der Türkei, die Nachbarin schwarz oder die Freunde der Kinder jüdisch sind, findet für sie noch nicht automatisch eine interkulturelle Begegnung statt. Die Angehörigen der dominanten Gruppe müssen bereit sein, sich irritieren zu lassen, sich gegenüber den anderen mit ihren anderen Erfahrungen selbst zur Disposition zu stellen. Was also bei den einen eine Frage der freiwilligen Entscheidung bedeutet, ist bei den anderen zwangsläufig gegeben. Entgegen verbreiteten Vorstellungen sind es die Dominanzangehörigen, die unter sich bleiben können. Nur sie haben zahlenmäßig und strukturell die Möglichkeit, andere Lebenswelten aus ihrer Wahrnehmung auszugrenzen. Dagegen haben Jüdinnen und Juden, TürkInnen, Sinti und Roma oder Flüchtlinge diese Möglichkeit nicht; gerade ihnen wird aber vorgeworfen, sie würden sich nicht an der Gesellschaft, in der sie leben, beteiligen. Angehörige diskriminierter Gruppen können sich lediglich aus Situationen, in denen sie beleidigt und mißachtet werden, partiell zurückziehen, um sich von den zugefügten Verletzungen und Degradierungen zu erholen und neue Kraft zu schöpfen, um überleben zu können. Was für sie allerdings schwer erkämpfte Freiräume sind, ist für Mehrheitsangehörige die Regel.

Unabhängig von der Debatte, ob „multikulturell" ein angemessener oder unangemessener Begriff ist, nehmen wir ihn in diesem Band zum Ausgangspunkt, um die Problematik der Über- und Unterordnung von Menschen, die in der so charakterisierten Gesellschaft leben, aus verschiedenen Perspektiven zu beleuchten.

Die Un-/Freiwilligkeit, sich auf multikulturelle Situationen und Prozesse, Ereignisse und Lebenswirklichkeiten einzulassen, durchwirkt die gegenwärtigen Bedingungen der psychosozialen Mainstream-Arbeit und setzt sich in ihren Beziehungskonstellationen fort. In Deutschland sind BeraterInnen und TherapeutInnen, SupervisorInnen und GutachterInnen weitgehend Angehörige der dominanten Gruppe. Insofern beruflicher Kontakt zu anderen stattfindet, sind diese anderen überwiegend KlientInnen. Ihre Probleme werden primär an der als defizitär interpretierten Herkunftskultur der Eingewanderten festgemacht, die in einen fast unüberwindbaren Gegensatz zur hier etablierten Kultur gesetzt wird. So werden „Kulturkonflikte" in der multikulturellen Gesellschaft an den ausgegrenzten Minderheiten nach dem Schema „Leben zwischen zwei Kulturen" verortet. Ob bei den Hilfesuchenden aber tatsächlich „Kulturkonflikte" im Zentrum ihrer Schwierigkeiten stehen, wird ebenso selten hinterfragt wie die Wahrscheinlichkeit nicht in Erwägung gezogen wird, daß ihre Probleme von Rassismuserfahrungen herrühren. Die „andere" Kultur als etwas ganz Fremdartiges zu konstruieren hat die Funktion, die Ablehnung der anderen zu legitimieren und die eigene Überlegenheit zu bestätigen. Werden diese ExpertInnen, denen es so leicht fällt, zu beschreiben, was türkisch, moslemisch oder jüdisch ist, jedoch gefragt, was ihre deutsche Kultur ausmacht, wird die Klischeehaftigkeit solcher Zuschreibungen in bezug auf die deutsche Kultur vehement abgewehrt. Schließlich ist es sehr viel unverfänglicher, das, was angeblich deutsch sein soll, aus der Negation von allem, was anders ist, zu definieren. Das herrschende Denken und Handeln in der psychosozialen Praxis bleibt strukturell und bewußtseinsmäßig in seiner monokulturellen Beschränktheit unangetastet und wird weiter re-/produziert.

Angehörige diskriminierter Gruppen werden oftmals in zweierlei Hinsicht vereinnahmt: Entweder werden die unterschiedlichen Wirklichkeiten geleugnet oder aber sie werden zur eigenen Bereicherung exotisiert und zur Selbstidealisierung benutzt. Die Leugnung unterschiedlicher Lebenswelten blendet aus, daß Angehörige diskriminierter Gruppen Bewältigungs- und Überlebensstrategien herausbilden müssen, um die Ein- und Ausgrenzungen zu verarbeiten. Je mehr Dominanzangehörige vergessen, daß sich die Erfahrungshintergründe und Alltagswelten unterscheiden, umso größere Leistungen müssen Diskriminierte vollbringen, um mit Einfühlungsvermögen die in der Interaktion liegenden Widersprüche vorwegzunehmen und mit Anstrengung das scheinbare Gelingen der Interaktion herbeizuführen. Diese Leistungen der Minderheitenangehörigen in interkulturellen Beziehungen bleiben im psychosozialen Bereich in der Regel unbemerkt und werden nicht (adäquat) bezahlt. Die der Mehrheit angehörigen Professionellen kommen ohne diese Arbeit, die ihre KollegInnen, Außenstehende oder die KlientInnen selbst leisten, nicht aus. Vielmehr vereinnahmen sie diese als selbstverständlich und werden anerkannt und bezahlt. Während für die einen die multikulturelle Gesellschaft eine anstrengende Alltagserfahrung und ein Überlebenskampf ist, leben die anderen zunehmend *von* der multikulturellen Gesellschaft und profitieren in vielerlei Hinsicht davon.

Die Struktur der Rollenverteilung in der psychosozialen Arbeit, die Leichtfertigkeit, mit der kulturelle Klischees in Probleminterpretationen eingehen, das Ausblenden der Spezifik eigener und anderer Erfahrungswelten, die große Bereitschaft, die anderen zum Problem zu machen, beruht unserer Ansicht nach nicht auf zufälligen und beliebigen Vorurteilen und strukturellen Machtpositionen, sondern ist Ausdruck von Antisemitismus und anderen Rassismen.

Unter den gegenwärtigen Bedingungen finden Hilfesuchende aus diskriminierten Minderheiten in der psychosozialen Praxis selten Schutzräume, in denen sie vor den Entwürdigungen im Alltag sicher sind, bzw. Angebote, die sie unterstützen könnten, diese Erlebnisse zu verarbeiten und in bezug auf ihr Alltagshandeln zu reflektieren. Ihre Diskriminierung wird in den psychosozialen Beziehungen fortgesetzt.

Eine solche Diskriminierung ist insofern schwer zu erkennen, als sie das Selbstverständnis von TherapeutInnen und BeraterInnen grundsätzlich in Frage zu stellen scheint. Dieses zielt darauf ab, den anderen zu helfen und ihre Problemlösungskompetenz zu stärken. Diese Hilfe ist aber nicht wertfrei, sondern in einen sozialen und kulturellen Kontext eingebunden. Assimilation wird deshalb zum Therapieziel, da diese oft auch mit subjektiver Erleichterung verbunden ist – auf seiten der KlientInnen, deren Hoffnung, endlich dazuzugehören, sich zu erfüllen scheint, aber vor allem auf seiten der TherapeutInnen, die ihrer Selbst sicher und unangetastet bleiben können, werden sie doch in der Übernahme ihres Selbstkonzeptes durch andere von deren Richtigkeit bestätigt.

Werden also die individuellen Erfahrungen aus ihrem sozialen und politischen Kontext herausgelöst und so die „anderen" Erfahrungen als gleiche vereinnahmt, oder aber werden diese Erfahrungen als die ganz anderen, als unverständliche oder unangemessene exotisiert, können die eigenen Machtansprüche geleugnet werden. Die Verabsolutierung der Differenz wie deren Leugnung fungieren hier gleichermaßen als Abwehr. Eine psychologische Analyse hat also den Bezug zu den kulturellen Kontexten wie auch zu den gesellschaftlichen Machtverhältnissen herzustellen, da sonst die realen Probleme von MigrantInnen und diskriminierten Minderheiten nicht nur nicht adäquat eingeschätzt, sondern mehr noch zu ihrer Pathologisierung genutzt werden.

Der vorliegende Sammelband versucht, sich verschiedenen Lebenswirklichkeiten im oben skizzierten Sinne anzunähern.

Die Beiträge im ersten Teil widmen sich psychischen Auswirkungen des Nationalsozialismus. Die Folgeschäden für jüdische Überlebende von Konzentrationslagern blieben in Deutschland bis heute von Mainstream-PsychologInnen unerforscht, während psychologische GutachterInnen in „Wiedergutmachungsverfahren" vielfach eine zweite Verfolgung aufnahmen. Und während von den TäterInnen, MitläuferInnen und ihren Nachkommen immer wieder gefordert wird, die „Vergangenheit" endlich ruhen zu lassen, durchwirkt die Konzentrationslagererfahrung für die Überlebenden und ihre Kinder immer noch die Gegenwart, insbesondere auch hier in Deutschland. Aber auch die Frage nach den psychischen Spuren der Shoah auf der Seite der Kinder von Nazitätern wurde nicht im Rahmen einer deutschen Debatte gestellt, sondern von außen angestoßen. Diese extrem unterschiedlichen Gegenwarten zeigen, wie unmöglich eine psychosoziale Arbeit ist, die versucht, die Gräben dieser Erfahrungen zu verwischen.

Die Beiträge im zweiten Teil geben Einblicke, wie vielfältig und zum Teil widersprüchlich die Standorte von diskriminierten Gruppen in und die Verknüpfungen mit der multikulturellen Gesellschaft sind. Die psychischen Prozesse, die der Migration oder der Flucht vorausgehen, sie begleiten und weit über die Einreise hinaus wirken, und die Erfahrung von Rassismus in der Aufnahmegesellschaft stellen ein breites Spektrum an Anforderungen dar, die Eingewanderte, Flüchtlinge und deren Kinder bewältigen müssen. In den Verarbeitungsformen kommt ein reicher Fundus an individuellen, sozialen und gesellschaftlichen Erfahrungen zum Tragen, der die psychosoziale Praxis und Theorie herausfordert. Die Grundlagen der verschiedenen Disziplinen sind auf diesem Hintergrund ebenso zu hinterfragen wie die vorhandenen Beratungs- und Therapieangebote und das Selbstverständnis der TherapeutInnen und BeraterInnen.

Im dritten Teil wird in verschiedenen Beiträgen auf die Folgen von Extremtraumatisierung durch Folter eingegangen. TherapeutInnen, die selbst keine Folter oder vergleichbare Traumatisierungen erfahren mußten, finden häufig keinen adäquaten Zugang zu Folterüberlebenden und ihren psychischen Verletzungen. Eine Sensibilisierung für diese Erfahrungen ist notwendig. Insbesondere wenn die Extremtraumatisierung tabuisierte Bereiche betrifft, wie z.B. die sexuelle Folter an Männern, stehen TherapeutInnen vor einer Situation, die sie ganz erheblich fordert. Damit sind die TherapeutInnen auch noch vor eine neue Aufgabe gestellt: Sie müssen sich von therapeutischen Gewißheiten und Normalitäten verabschieden, da der gesellschaftliche und politische Kontext sowohl des Herkunfts- als auch des Aufnahmelandes direkt in das therapeutische Setting hineinwirkt. So kann es beispielsweise für den Fortgang der Therapie notwendig sein, daß sich der/die TherapeutIn aus der gewohnten Rolle hinausbegibt und sich z.B. beim Asylverfahren parteilich und stellvertretend für die/den Folterüberlebende/n einsetzt.

Im vierten und letzten Teil werden verschiedene Praxisansätze vorgestellt, die versuchen, Ausgrenzungs- und Ohn-/Machterfahrungen in Einzel- und Gruppensettings zu bearbeiten. Diese Art der psychosozialen Arbeit befindet sich in Deutschland noch in den Anfängen. Weiteres Engagement und Entwicklungsarbeit wird noch notwendig sein, um diese Ansätze voranzutreiben und institutionell zu etablieren.

Das Buch richtet sich somit an alle, die von und in der multikulturellen Gesellschaft Deutschland leben. Es versteht sich als Beitrag zu einer in Deutschland noch wenig entwickelten Diskussion, die bestrebt ist, den Perspektiven von Ausgegrenzten ein Forum zu geben und die Positionierung von Angehörigen der Mehrheitskultur einzufordern.

Die Beiträge gehen zum größten Teil auf Vorträge zurück, die auf dem Kongreß für Klinische Psychologie und Psychotherapie der DGVT im Februar 1994 in Berlin gehalten wurden. Die „Arbeitsgemeinschaft gegen Rassismus und Antisemitismus in der psychosozialen Versorgung", der die Herausgeberinnen angehören, hatte es sich zum Ziel gesetzt, dieses Thema in den Kongreß hineinzutragen, um ihm mehr Öffentlichkeit zu verschaffen und zugleich Vernetzungen aufzubauen. Die Publikation dieser Beiträge soll ein weiterer Schritt in diese Richtung sein.

Berlin, im April 1995   *Die Herausgeberinnen*

Rassismus und Antisemitismus – Wer ist betroffen?

Birgit Rommelspacher

Wenn Weiße mit Schwarzen zu tun haben, passiert, so US-amerikanische Untersuchungen (Dennis 1981), etwas Merkwürdiges, die Weißen fühlen sich meist unwohl, sie vermeiden den Blickkontakt, ihre Körpersprache ist unoffen und abwehrend und sie versuchen, sich im Gespräch möglichst kurz zu fassen. Merkwürdig ist dieses Verhalten, da es doch eigentlich die Weißen sind, die die Macht haben und auch die Situation bestimmen. Psychologisch betrachtet ist das Unbehagen erstaunlich, entsteht doch psychologischer Streß i.d.R. aufgrund mangelnder Kontrolle. Warum also hier das Unbehagen auf seiten der Weißen?

Im allgemeinen haben wir hierfür schnell eine Antwort parat: Es ist die Angst vor dem anderen, dem Fremden, vor dem Unheimlichen, die hier Unsicherheiten auslöst. Nun ist aber zu fragen, was ist denn dies „Fremde", das Unheimliche, wenn es sich um Menschen handelt, die, wie die Weißen und Schwarzen in den USA, bereits seit Jahrhunderten zusammenleben? Und weiter ist zu fragen, wie kommt es denn, daß diese sogenannten Fremden Angst machen, wo doch die Geschichte des Kolonialismus und der Sklaverei eine solche ist, in der die Weißen die Schwarzen das Fürchten lehrten und nicht umgekehrt? Was also macht den Mächtigen Angst? Allerdings ist vorab zu klären, ob und inwiefern die Weißen tatsächlich mächtig gegenüber den Schwarzen sind.

Historisch gesehen ist es keine Frage, daß das Verhältnis der Weißen zu den Schwarzen vor allem durch die koloniale Eroberung und Versklavung der afrikanischen Bevölkerung geprägt ist. Auch heute zeigen die Statistiken der USA durchgängig ökonomische und soziale Diskriminierungen der schwarzen Bevölkerung im Bereich von Arbeit, Wohnen, Bildung, Justiz, im Gesundheitswesen etc. Heute wie damals spiegelt sich die Realität dieser Entrechtung und Ausbeutung in einer Ideologie der Weißen wieder, die sich generell als besser und kompetenter verstehen und den Schwarzen nicht zutrauen, den Anforderungen dieser Gesellschaft nachzukommen. Die Ungleichheit wird mit den geringeren Fähigkeiten der Schwarzen legitimiert.

Das war auch der Kernpunkt des Rassismus von seinen Anfängen an. Dieser entstand zu einer Zeit, als das Bürgertum sich mit den Parolen von Freiheit und Gleichheit erfolgreich gegen die Privilegierungen des Adels durchgesetzt hatte – zugleich aber selbst zu Eroberungen aufbrach und in einem bisher nie dagewesenen Ausmaß andere Menschen ausbeutete und entwürdigte. Für das Bürgertum ging es also darum, glaubwürdig zu bleiben, und die Kluft zwischen dem universalistischen Anspruch der Menschenrechte und einer Realität kolonialer Eroberung zu schließen. Deshalb entstand die Idee von der Verschiedenheit der menschlichen Rassen, die vor allem dadurch charakterisiert ist, daß die Weißen und ihre Lebensform die Krönung der Schöpfung, das höchste Produkt der Menschheitsgeschichte und Zivilisation darstellt.

Die Bilder von den ‚unterentwickelten‘, ‚unzivilisierten‘ Schwarzen haben sich in uns festgesetzt und wurden auf alle von kolonialer Eroberung unterworfenen Bevölkerungen übertragen. Wir haben uns diese Bilder angeeignet mit Hilfe von Liedern und Märchen, im Geschichtsunterricht, in Kunst und Wissenschaft. Und diese Bilder bekommen immer neue Nahrung durch die tägliche Berichterstattung in den Medien und vor allem durch die faktische politische wie ökonomische Ungleichheit zwischen der sog. ersten und Dritten Welt. Die Kunde von der Überlegenheit der westlichen Welt allen anderen Bevölkerungen dieser Erde gegenüber ist so zu einem zentralen Bestandteil unserer Kultur und unseres Selbstverständnisses geworden. In diesem Sinn haben wir alle, die wir Angehörige der Mehrheitskultur hier sind, rassistische Anteile in Form einer Mentalität der Überlegenheit in uns.

Ein ganz anderes Bild zeigt sich aber beim Antisemitismus. Das antisemitische Feindbild ist geradezu ein Gegenbild zu dem des kolonialen Rassismus, denn hier werden die so stereotypisierten Juden im Gegensatz zu den Schwarzen ein Zuviel an Zivilisation vorgeworfen und ein Übermaß an Intelligenz, Reichtum und Macht. ‚Der Jude' gilt dem Antisemiten als ‚hinterhältig', ‚verschlagen', ‚geizig', ‚machtvoll'. Von ihm drohen die Weltverschwörung und die Revolution gleichermaßen.

Diese Unterschiede verweisen auf eine je unterschiedliche Beziehungsgeschichte zwischen dominanter und diskriminierter Gruppe. So liegt der Ursprung des Antisemitismus weiter zurück als der der modernen Kolonisation. Er ist mit der Entstehung des Christentums verknüpft, da das Judentum für die Christen von Anfang an eine besondere Herausforderung war. Das Christentum ist aus dem Judentum hervorgegangen. Wollte das Christentum seinen Anspruch auf absolute Wahrheit einlösen, konnte es sein Vorrecht nur beweisen, indem es das Judentum ins Unrecht setzte. Der „Alte Bund" mit Gott mußte durch einen neuen abgelöst, der alte damit überholt und überflüssig gemacht werden. So versuchte sich das Christentum als das „wahre Israel" darzustellen, womit die Geschichte der Enterbung und Entrechtung der Juden begann.

Auch andere Geschichten der Bemächtigung, wie die gegenüber der islamischen Welt, den slawischen Völkern im „Osten", haben sich in spezifischen Einstellungen und diskriminierenden Praxen niedergeschlagen.

Insofern sind diese Rassismen ein kulturelles Erbe, das nicht mit einer politischen Orientierung gleichzusetzen ist wie z.B. dem Rechtsextremismus. Rechtsextremismus ist allerdings ohne Rassismus nicht zu denken, umgekehrt aber Rassismus ohne Rechtsextremismus sehr wohl. Beim Rechtsextremismus ist der Rassismus mit einem bestimmten politischen Konzept verknüpft, das vor allem autoritär und undemokratisch, auf expansives Eroberungsstreben angelegt ist. Hingegen ist der Rassismus auch in allen anderen politischen Orientierungen zu finden, bei Linken ebenso wie bei Konservativen und Liberalen. Wenn wir also Rassismus als ein Überlegenheitsdenken definieren, das auf realer Macht und jahrhundertelangen Bemächtigungsgeschichten basiert, so stellt sich also die Frage, was macht den Mächtigen Angst? Warum fühlen sie sich unwohl, wie die zitierte US-amerikanische Untersuchung der Weißen den Schwarzen gegenüber zeigte?

Die Angst der Mächtigen

Wenn wir versuchen, die Ergebnisse dieser Untersuchungen nach Deutschland auf uns zu übertragen, so fällt zunächst auf, daß die Deutschen auch Schwierigkeiten mit dem Deutsch-sein haben. Es ist geradezu typisch deutsch, nicht deutsch sein zu wollen. Wir sind diesem Phänomen in einer Untersuchung nachgegangen, in der wir junge Frauen zwischen 18 und 32 Jahren mit Hilfe von Interviews befragt haben (Rommelspacher 1995). Dabei haben wir festgestellt, daß das Unbehagen mit dem Deutsch-sein vor allem in der Begegnung mit Nicht-Deutschen, aber insbesondere mit Juden und Jüdinnen zum Ausdruck kommt. Eine der befragten Frauen sagte: „Ich fühle mich nie so deutsch, wie wenn ich einem Juden begegne". In solchen Begegnungen empfinden die meisten diffuse Schuldgefühle. Sie sind gespannt und beklommen. Und das auch in einer Generation, die von sich behauptet, zu jung zu sein, um „damit" etwas zu tun zu haben. Woher das Unbehagen komme, können sie sich eigentlich nicht recht erklären. Insofern vermuten sie, daß es damit zu tun habe, daß Juden ziemlich empfindlich seien und es schnell passieren könne, daß man sich falsch verhalte oder etwas Falsches sage.

Was mag nun das Falsche sein, das ihnen entschlüpfen könnte? Zum einen sind es vermutlich negative Bilder von Jüdinnen und Juden, also antisemitische Vorurteile, die tabuisiert sind und die deshalb abgewehrt werden müssen. Zum anderen rührt das Unbehagen gerade bei der jüngeren Generation nicht nur von explizit negativen Einstellungen her, die verborgen werden müssen, sondern schlicht von ihrem Nicht-Wissen, ein Nicht-Wissen, das keine Ahnung hat, ob und wie Juden und Jüdinnen heute hier in Deutschland leben. Nun wird ihnen mehr oder weniger bewußt, wie sehr sie sich mit ihrem Desinteresse der Geschichte und ihren Folgen zu entziehen versuchen.

In einer solchen Begegnung könnte aber auch eine Verbundenheit, ein Einverständnis mit Eltern und Großeltern zutage treten, das durch das gemeinsame Schweigen hergestellt worden ist. Denn auch die Nachkommen haben ein Interesse am Verschweigen der Geschichte, könnte doch rückhaltlose Aufklärung das Bild von den guten und liebenswerten Eltern und Großeltern zerstören. Insofern liegt es nahe, nicht allzu genau nachzufragen, um sich selbst zu schützen. Diese „Koalition des Schweigens" verknüpft die junge Generation mit der älteren. Sie macht sie zu Bündnispartnern auf der Basis gegenseitiger Schonung, allerdings um den Preis, daß die Jüngeren ihr Mißtrauen gegenüber den Älteren nie wirklich ausräumen können. Durch ihr Schweigen haben die Großeltern und Eltern als moralische Autoritäten abgedankt. Sie können also auch keine Antwort darauf geben, welche Folgerungen aus der Geschichte zu ziehen sind, und was es bedeuten könnte, Verantwortung für die Geschichte zu übernehmen.

In einer solchen Situation bietet es sich an, die Führung an diejenigen abzugeben, die mit den Verbrechen sicher nichts zu tun hatten, an die Opfer selbst. Psychoanalytisch gesprochen werden Aspekte des eigenen Über-Ichs an die Opfer und ihre Nachkommen delegiert. Damit begibt man sich aber in die Position eines Kindes, das an die Repräsentanten dieser Instanz infantil und höchst ambivalent fixiert bleibt: Respekt, Scheu und Angst vor ihnen auf der einen Seite, unterdrückte Wut ob der narzißtischen Kränkung, wie ein Kind behandelt zu werden, auf der anderen. So wird einerseits ängstlich versucht, den an die Verfolgten und ihre Nachkommen delegierten Ansprüchen entgegenzukommen, ihre Anerkennung zu suchen, sie zu beschwichtigen, sich also ihnen gegenüber „richtig" zu verhalten, ja, sogar sie um Absolution der eigenen Schuld zu bitten.

Auf der anderen Seite wird gleichzeitig versucht, diese Instanz zu demontieren, indem ihre Integrität, die Berechtigung, sich hier „aufzuspielen" in Frage gestellt wird.

Dann wird ihnen vorgehalten, daß sie doch eigentlich auch nicht „besser" seien, und es wird meist unverzüglich über die Politik Israels diskutiert. Damit ist das Thema der eigenen Verantwortung vom Tisch, und die moralische Legitimation von Juden und Jüdinnen wird verhandelt.

Wenn man die einschlägige Literatur liest, ist es immer wieder erstaunlich, wie wenig die Täter unter den Taten gelitten haben und wie ruhig und behaglich die meisten ihren Lebensabend verbrachten – im Unterschied zu den Opfern. Was den Jüdinnen und Juden also übel genommen wird, ist der Verlust des Behagens, des sich Einrichtens in der Verdrängung, des Wohlbehagens in der Ignoranz. Es beschädigt das Selbstbild vom integeren Selbst, schuldlos und mit sich selbst im Reinen zu sein.

In dieselbe Richtung weisen die US-amerikanischen Untersuchungen über das Selbstverständnis der Weißen als Weiße. So wurde z.B. auch dort immer wieder festgestellt (vgl. Helms, 1990 und Pinderhughes, 1989), daß sich die Weißen dort ungern als Weiße bezeichnen. Sie ziehen es vor, als Iren, Engländer, Juden oder Kalifornier von sich zu sprechen, aber nicht als Weiße.

Weiß zu sein erinnert zu sehr an die Versklavung und Ausbeutung der Schwarzen, an das Unrecht, das von den Weißen den Schwarzen gegenüber verübt wird und wurde, was im krassen Gegensatz zum Selbstverständnis der demokratischen und freiheitsliebenden US-AmerikanerInnen steht. Insofern treten auch hier Normenkonflikte zutage, und es besteht in den Begegnungen zwischen Weißen und Schwarzen die Gefahr, daß die Konstruktionen der doppelten Moral, die das Selbst schützen sollen, zusammenbrechen könnten.

Der Konflikt zwischen dem Anspruch auf Gleichheit und Freiheit auf der einen Seite und der Realität von Unterdrückung und Ausbeutung auf der anderen bestand, wie wir sahen, ja bereits zu Beginn des Rassismus. Auch heute bestimmt uns dieser Widerspruch. Wir erleben eine sich immer weiter vergrößernde Kluft zwischen den reichen und den armen Ländern, und das im Zeitalter von Demokratie und Menschenrechten. Wir müssen uns also selbst plausibel machen, daß wir die Armutswanderung vor unseren Türen stoppen, und daß wir direkt zusehen, wie Menschen nicht weit von hier erfrieren, verhungern, mißhandelt und systematisch vergewaltigt werden, und wir sie nicht aufnehmen.

Wenn man diese Bilder an sich herankommen läßt, löst das nahezu unerträgliche Spannungen aus. Müssen, können, wollen wir sie alle aufnehmen? Oder anders gefragt: Haben wir mehr Recht zu leben als sie? Warum sollten wir ein besonderes Recht auf Leben in Sicherheit und Wohlstand haben und sie nicht? Allein aufgrund des Zufalls unserer Geburt?

In diesem Konflikt bieten sich Polarisierungen an: Einmal, indem man die Mauern um sich immer höher zieht, politisch und psychisch, und vermeidet, sich davon berühren zu lassen. Zum anderen, indem man fordert, die Grenzen ganz zu öffnen und alle aufzunehmen, die kommen wollen. Beide Lösungen sind Scheinlösungen. Eine wirkliche Lösung gibt es nicht, da wir wohl kaum in absehbarer Zeit erleben werden, daß z.B. überall der gleiche Wohlstand herrscht wie bei uns. Diese Lösungen polarisieren, indem sie entweder die eigene Sicht verabsolutieren und niemand anderen mehr gelten lassen wollen, oder aber indem sie nur noch die anderen sehen und die eigenen Interessen und Bedürfnisse verleugnen.

Die Angst der Mächtigen vor den Machtlosen ist also im Kern eine Angst vor der

Konfrontation mit der Wirklichkeit, die dem normativen Selbstverständnis widerspricht. Es ist die Angst vor dem Eingeständnis eigener Schuldhaftigkeit, die die Normen von Gleichheit und Freiheit ständig verletzt bzw. deren Verletzung toleriert. Es ist die Scham unverdienter Privilegierung. Oder aber die Schuld gegenüber dem Prinzip christlicher Nächstenliebe, das oft nur notdürftig den Dominanzanspruch zu kaschieren vermag. Diesen Konflikten kann man sich durch Meidung entziehen, indem man, wie gesagt, die Mauern um sich immer höher zieht und sich mit Empfindungslosigkeit und Desinteresse panzert. Man will davon nichts wissen und nicht genau hinschauen. Diese Abwehr zeigt sich selbst in der Körpersprache, die im Umgang mit diskriminierten Minderheiten durch ausweichendes Verhalten und Vermeidung von Blickkontakt gekennzeichnet ist.

Eine andere Möglichkeit besteht darin, sich mit den Opfern zu identifizieren und damit die eigene Zugehörigkeit zur Mehrheitskultur zu leugnen. Dies kann sich darin äußern, daß man alle Grenzen öffnen und keine Verschiedenheit mehr gelten lassen möchte, sich nicht als Weiße und als Deutsche verstehen kann und will, um nichts mit Herrschaft, Privilegierung und Schuld zu tun zu haben. Eine solche Abwehr ist natürlich nur bei denjenigen Menschen zu finden, die sich selbst als nicht rassistisch verstehen. Nur bei ihnen können solche moralischen Konflikte entstehen – im Gegensatz zu bewußten, offenen Rassisten, die ihre Aggressionen direkt ausagieren und ihren Dominanzanspruch lauthals verkünden. Bei den anderen aber – und die sind die ganz überwiegende Mehrheit – entpuppt sich ihre Verunsicherung zunächst einmal als Angst vor der Konfrontation mit der eigenen Schuld, der Angst vor der Einbuße eines positiven Selbstbildes und dem Verlust eigener Schuldlosigkeit.

Natürlich gibt es noch eine Reihe weiterer Gründe für die Angst der Mächtigen. So ist gerade in der psychologischen Literatur viel darüber geschrieben worden, wie sehr in den sogenannten Fremden eigene unbewußte, verdrängte Anteile gespiegelt werden und so verunsichernd auf das Selbst zurückwirken.

Aber eine Reduktion der Fremdenangst auf Probleme innerhalb der eigenen Psyche bedeutet m.E. auch eine unzulässige Verkürzung, denn die „Fremden" sind nicht nur Projektionsfläche eigener unbewältigter Konflikte, sondern in der Beziehung zu ihnen drückt sich auch ein historisch gewachsenes Verhältnis aus, das eben häufig sehr problematisch ist. Eine ausschließliche Beschäftigung mit der Binnendynamik würde z.B. auch wieder den oben beschriebenen Normenkonflikten aus dem Weg gehen, das Verhältnis zu den anderen de-thematisieren und vermeiden, sich diese Beziehung genauer anzuschauen. So bleiben oft auch gutgemeinte Aufklärungen im Grundmuster des Rassismus befangen, wenn sie den Rassismus lediglich zum Anlaß nehmen, um auf die eigenen Probleme aufmerksam zu machen, und so letztlich wieder die anderen für sich funktionalisieren (vgl. ausführlicher dazu Rommelspacher, 1994).

Schließlich hat die Angst vor den sogenannten Fremden aber auch ihren Realanteil – sie ist also nicht nur Angst vor dem Verlust eigener Schuldlosigkeit und vor dem eigenen Unbewußten, sondern auch die Angst vor Machtverlust. Angst vor Machtverlust bedeutet in unserem Kontext – im Kontext psychologischer Theoriebildung und therapeutischer Intervention – daß der Monopolanspruch auf Erklärung und professionelle Kompetenz in Frage gestellt werden könnte. Es ist dann keineswegs mehr sicher, ob wir die Menschen und ihre Beziehungen zu erklären vermögen und das Richtige zur Lösung der Probleme tun, sondern es kann sein, daß wir unsere Sicht den anderen überstülpen und nicht zuletzt damit unsere Machtposition behaupten und ausbauen. Die Frage ist dann aber, was ist unsere Position, welches sind unserer kulturellen Normen, wer ist eigentlich dies „Wir“, das sich gegen die anderen abzusetzen sucht?

Das Eigene im Verhältnis zum Fremden

Das „Wir“ der sozialen Gruppe wird in der Regel durch folgende drei Momente konstituiert:
1. das kollektive Teilen von Arbeit und Ressourcen
2. gemeinsam geteilte Werte und Orientierungen und
3. gemeinsame Regelungen im Umgang mit den anderen.

Die erste Bedingung, das gemeinsame Teilen von Arbeit und Ressourcen, wird am augenscheinlichsten durch die nationalen Grenzen hergestellt. Innerhalb dieser Grenzen gibt es eine Arbeits- und eine Versorgungsgemeinschaft, was in einer gemeinsamen Verwaltung und Regierung seinen Ausdruck findet. Mit dem Paß wird man als Zugehörige/r ausgewiesen. Aber: Politische Grenzen reichen als Kriterium für das Eigene nicht, denn auch innerhalb dieser Grenzen wird ausgegrenzt, gerade in Deutschland, wo politische Rechte vielen verweigert werden, die hier arbeiten und ihren Beitrag zur Versorgungsgemeinschaft leisten. Hier werden unsichtbare Grenzen aufgrund unterschiedlicher Werte und Orientierungen gezogen.

Dieses zweite Kriterium der Gruppenbildung, die miteinander geteilten Werte und Orientierungen, werden vor allem über ein gemeinsames Bildungssystem vermittelt und durch die Medien tagtäglich reproduziert. Sie zeigen uns, was hier als die richtige, die ‚normale‘ Lebensweise gilt, wie man die Kinder zu erziehen hat, Familienangelegenheiten regelt, Beziehungen versteht, was und wer in unserer Kultur als wichtig und bedeutsam gilt, und wie wir uns die anderen, die Fremden vorzustellen haben.

Die Zugehörigkeit zu dieser Gruppe spiegelt sich subjektiv in einem Wir-Bewußtsein und damit auch im eigenen Selbstverständnis, in der eigenen Identität wieder. Identität ist nach Mario Erdheim (1992) eine psychische Struktur, die Orientierungshilfen anbietet, indem sie die Kategorie des Eigenen und des Fremden in ein Verhältnis zueinander bringt, ob das nun die Geschlechtsidentität oder die ethnische Identität ist. Die ethnische Identität erwächst aus der Zugehörigkeit zu einer Abstammungstradition. Sie grenzt die eigene von der fremden Kultur ab und schafft so eine erste Orientierung im Raum der Geschichte (S. 730). Ethnische Identität hat nichts mit „Rasse“ zu tun, die als biologisch vererbt gilt. Sie ist aber auch nicht nur durch den Staat zu identifizieren, da die politische Einheit des Staates seit seiner Entstehung immer auch von Aus- und Einwanderung geprägt war und seit jeher viele verschiedene ethnische Gruppierungen vereinigt hat.

Der Begriff der ethnischen Identität bezieht sich also auf das Eigene in Sprache, Kultur und Geschichte. Er wird in dem Augenblick gefährlich, in dem etwas festgeschrieben werden soll oder versucht wird, eine bestimmte Identität, die in Wirklichkeit immer im Fluß ist, für immer hermetisch abzugrenzen. So ist z.B. die Ethnizität der Deutschen heute eine andere als vor 20 Jahren. Die Einwanderung von z.B. Italienern, Griechen, Portugiesen, Türken und die Aufnahme von Flüchtlingen aus ver-

schiedenen Teilen der Welt haben unsere Lebensweise verändert. Sie haben unser Bild
von der Welt und unser Bild von uns selbst verschoben. Jeder Versuch, dies zu leugnen, ist zum Scheitern verurteilt und kann nur in Gewalttätigkeit enden.

Das Eigene ist nur als ein Relatives zu bestimmen, das sich ständig wieder auflöst
– in ein neues Eigenes übergehend. Insofern kommt dem Kulturbegriff von Erdheim
eine besondere Bedeutung zu, der besagt: Kultur ist das, was in der Auseinandersetzung mit Fremden entsteht. Sie stellt das Produkt der Veränderung des Eigenen durch
die Aufnahme des Fremden dar (S.734). Und das gilt für die Einheimischen wie für
die Eingewanderten. Genauso, wie es falsch ist, anzunehmen, was deutsch ist, sei ein
für allemal festgelegt, genauso ist es verkehrt, davon auszugehen, die MigrantInnen
hier wären in einer Kultur erstarrt, die aus ihrem Herkunftsland stamme. Auch sie ändern sich durch die Migration und die Kultur des Aufnahmelandes – selbst wenn die
erste Reaktion auf die neue, übermächtige Kultur ein verstärkter Rückgriff auf Ge-
pflogenheiten des Herkunftslandes sein sollte. Auch ein solcher Rückgriff ist eine Reaktion auf ihre Situation im Aufnahmeland und somit bereits Teil einer MigrantIn-
nenkultur, die sich in vielfältigen Mischungen und Entwicklung neuer Synthesen zeigt.

Nach Erdheim ist gerade dieser Austausch verschiedener Kulturen notwendig, wenn
eine Kultur lebendig bleiben will. Psychologisch ist eine solche Notwendigkeit im In-
zesttabu verankert, das den Jugendlichen und jungen Erwachsenen geradezu die Pflicht
auferlegt, sich aus dem engen Verhältnis der familiären In-group herauszulösen und
mit den „anderen", den Fremden in Beziehungen zu treten.

Einen Bezug zwischen Fremden und Eigenem herzustellen setzt voraus, das Eigene als Eigenes anzuerkennen. Es gibt aber – wie wir sahen – gute Gründe, genau das
nicht zu tun, vor allem dann, wenn das Eigene stark konfliktbehaftet ist. Um dieses Eigene zu leugnen, kann man sich z.B. auf sich als Person in seiner Einzigartigkeit und
Individualität zurückziehen; oder aber man kann sich mit dem Ganzen der Menschheit
identifizieren und sich primär als Weltbürger begreifen. In beiden Fällen überspringt
man quasi die Ebene ethnischer Identität und will sie durch eine andere ersetzen. Eine
solche Identitätssubstitution hat Abwehrcharakter. Das wird im Falle des Weltbürgers
besonders daran deutlich, daß universalistische Ideen schon immer auch Machtansprüche transportiert haben.

Die Idee des Weltbürgertums entstand historisch gesehen in einem Augenblick, als
die Westeuropäer zur Eroberung der Welt aufbrachen. D.h., die Idee von der Gleichheit
und Freiheit aller Menschen wurde gerade von denen verkündet, die sie aufgehoben haben. Diesen doppelten Charakter von Gleichheit und Dominanz hat Sartre bereits 1945
z.B. in seinen „Betrachtungen zur Judenfrage" analysiert. Hier führte er aus, daß eine
demokratische Forderung nach Gleichheit der Juden sie als andere zerstört und ihnen
das Lebensrecht als andere abspricht. Wenn der Demokrat z.B. den Antisemitismus
bekämpfen will, indem er gegen den Antisemiten argumentiert: Es gibt keine Juden –
also gibt es keine Judenfrage, dann bedeutet das „daß er den Juden seiner Religion, seiner Familie, seinem Volk losreißen möchte, um ihn in den demokratischen Schmelztie-
gel zu werfen, aus dem er nackt und einsam als einzeln stehendes individuelles Teilchen, allen anderen Teilchen gleich, herauskommen wird ... . Daraus folgt," so fährt er
fort", daß seine Verteidigung des Juden den Juden als Menschen rettet und als Juden
vernichtet" (1960, S. 136). Insofern geht Sartre davon aus, daß auch der liberalste Demokrat dem Juden feindlich ist, wenn dieser wagt, sich als Jude zu fühlen.

Gleichheit setzt die Akzeptanz von Verschiedenheit voraus. Nur wo etwas verschieden ist, macht Gleichheit einen Sinn. Es wäre nun zu fragen, wie sich die Akzeptanz von Gleichheit und Verschiedenheit in der interkulturellen Beziehung herstellt, vor allem auch im Kontext von Beratung und Therapie. Bevor ich darauf eingehe, möchte ich noch anhand eines Beispiels deutlich machen, wie die Verschiedenheit aussieht, um konkreter fassen zu können, was das Eigene für uns ausmachen könnte, wie wir, als Angehörige der Mehrheitskultur in den westlichen Gesellschaften, uns von anderen in unserer Sichtweise unterscheiden.

In der transkulturellen Psychologie herrscht weitgehend Übereinstimmung, daß der Unterschied zwischen den westlichen Industrienationen und den meisten anderen Kulturen in der Dominanz *individualistischer Werte* im Gegensatz zu *kollektivistischen Werten* besteht. Die Grundfrage jeder Gesellschaft – wie Norbert Elias (1988) meint –, ob die Gesellschaft in erster Linie zur Förderung und Sicherung der Individuen da ist oder umgekehrt, die Individuen in erster Linie zur Aufrechterhaltung der Gemeinschaft, das wird in der westlichen patriarchal-kapitalistischen Welt eindeutig zugunsten des Individuums beantwortet, zu dessen Nutzen die Gesellschaft dazusein hat.

Individuelle Kompetenz und Kontrolle stehen ganz oben in der Wertehierarchie. Im Gegensatz zu kollektivistischen Gesellschaften, in denen der Respekt vor den anderen, vor allem den Älteren, und die Verantwortung für die anderen wichtiger sind. Eine solche Einstellung läßt sich leicht daran messen, wieviel Unterstützung man den anderen zu geben bereit ist, sei es materieller, sozialer oder psychologischer Art, und wieviel man von den anderen erwartet. Ganz konkret läßt sich das sehr einfach untersuchen, z.B. mit Hilfe von Fragen wie: Wenn Ihre Mutter krank wird, würden Sie sie persönlich unterstützen, finanziell oder ihr den Haushalt machen? Wie ist das, wenn das Ihrer Schwester, Ihrem Onkel, Ihrem Nachbarn etc. passiert? Umgekehrt, wenn Sie hilfsbedürftig sind, wer würde Sie unterstützen materiell, psychologisch und sozial?

In den westlichen Gesellschaften haben wir, mehr als in allen anderen, die materielle Versorgung vergesellschaftet und die Hilfe professionalisiert. Entsprechend hat die Kompetenz zur Selbstversorgung und zur Organisierung professioneller Hilfe einen hohen Überlebenswert. Diese Werte ins therapeutische Setting übersetzt bedeuten, viel Wert auf das Artikulieren der eigenen Bedürfnisse und Interessen zu legen. Der möglichst direkte Ausdruck der eigenen Befindlichkeit und Bedürftigkeit gilt nicht nur als Ziel, sondern auch als Mittel der Heilung. Die Losung knapp auf den Punkt gebracht lautet: Sei dein eigener Chairman. Die damit verbundene Expressivität im Sinne von direkten Äußerungen der Gefühle wird in anderen Kulturen oft durchaus als grob und roh empfunden, nimmt man doch dabei kaum Rücksicht auf die Empfindungen anderer.

Allerdings ist dieses Schema – individualistische versus kollektivistische Gesellschaften –, wenn es pauschal über alle Gesellschaften gestülpt wird, so zu einfach. Eine Untersuchung von C. Kagitcibasi (1989) zeigt z.B. daß das „Wir" kollektivistischer Orientierung sich in der Türkei allein auf die Familie und den Familienverband bezieht und keineswegs gegenüber Menschen aus anderen Familien gilt. Hier herrschen genauso individualistische Werte wie in den westlichen Gesellschaften. Interessant ist auch, daß sich die kollektivistische Orientierung verschiebt, je nach dem, welche reale Bedeutung die Familie für die einzelnen hat. So unterscheiden sich in der Türkei Familien auf dem Land erheblich von denen in der Stadt. In der Stadt, wo sehr viel stärker öffentliche Versorgungssysteme greifen, bezieht sich die kollektivistische Orientierung kaum mehr auf materielle, sondern vorwiegend auf soziale und psychologische Unterstützung. Wenn also gefragt wird: Angenommen, Ihre Schwester, Ihr Onkel etc. hat finanzielle Schwierigkeiten, würden Sie sie unterstützen, dann wird dies auf dem Land viel eindeutiger mit ja beantwortet als in der Stadt. Wenn aber gefragt wird: Angenommen sie muß ins Krankenhaus, würden Sie dann den Haushalt machen und die Kinder betreuen, dann ist das in der türkischen Stadt genauso selbstverständlich wie auf dem Land – im Gegensatz zu entsprechenden Antworten in Westeuropa wie z.B. Holland und England. D.h. die Verpflichtung zur sozialen und psychologischen Unterstützung bleibt bestehen, während die materielle sich mit zunehmender Vergesellschaftung der Versorgung abbaut.

Sicherheit gewinne ich in einer solchen Gesellschaft, wenn ich mich auf die anderen verlassen kann. Sicherheit gewinne ich in den westlichen Gesellschaften, wenn ich mich auf mich selbst verlassen kann. Oder anders formuliert: Gilt bei uns, je geringer das Maß an Kontrolle, desto größer der psychische Streß, so heißt es dort: Je geringer das Vertrauen in andere, desto größer der psychische Streß.

Gleichwohl sind diese beiden Orientierungen nicht absolut zu setzen. Am Beispiel der türkischen Untersuchung haben wir gesehen, daß der Kollektivismus bezogen auf den Familienverband durchaus neben dem Individualismus gegenüber den weiter Entfernten steht. Oder aber das Beispiel der Befindlichkeit der Weißen gegenüber den Schwarzen hat gezeigt, daß ihre Macht keineswegs uneingeschränktes Wohlbefinden erzeugt, sondern auch Vertrauen und Mißtrauen in der Beziehung ein erheblicher psychologisch prägender Faktor ist. Und weiter wurde deutlich, daß gerade der Glaube an eine umfassende Selbstbezüglichkeit, die es nicht für nötig hält, sich auch an die Erwartungen anderer anpassen zu müssen, illusionäre Verkennungen sind, die sich über das Selbst wie über die anderen täuscht. Auf die Relativität und die Destruktivität dieser Selbstbezogenheit hat bereits ausführlich und umfassend die feministische Psychologie hingewiesen, denn diese individualistische Sichtweise hat auch nie die Realität von Frauen innerhalb dieser Gesellschaft widergespiegelt. In der Leugnung der Beziehung zu den anderen und der eigenen Abhängigkeit konstituiert sich männliche Macht. Insofern zeigen sich in der Kritik, die von seiten der Feministinnen am patriarchalen Modell des Selbstverständnisses geübt wurde, durchaus auch Übereinstimmungen mit der Kritik aus der Sicht nicht-europäischer Kulturen.

Aber genauso wie es unsinnig ist, aus dieser kritischen Position heraus die Realität von Frauen zu idealisieren und diese zum wahren Hort von Menschlichkeit und Frieden hochzustilisieren, genauso wenig hilfreich ist es, kollektivistische Modelle von Gesellschaften zu idealisieren. Im Zweifelsfall hat man die Wahl zwischen einer immer weiterer sich diversifizierenden Gesellschaft auf der einen Seite, oder aber dem Zwang zur Gemeinschaft auf der anderen.

Gerade auch die feministische Sicht macht deutlich, wie unsinnig es ist, anzunehmen, wir lebten ausschließlich in einer individualistischen Gesellschaft. Ebenso falsch wäre es, die EinwanderInnen hier pauschal einer kollektivistischen Orientierung zuzuordnen. Nicht nur weil ihre Herkunftsgesellschaft auch in sich widersprüchlich ist, sondern weil sie von Anfang an in einer Auseinandersetzung mit der Mehrheitskultur leben und ihren eigenen Weg suchen. Damit kommen wir auf die Frage zurück, wie in den verschiedenen Lebenswelten Gemeinsamkeiten und Unterschiede identifiziert werden

können, also wie die Balance zwischen Gleichheit und Verschiedenheit in der interkulturellen Beziehung herzustellen ist, insbesondere im Kontext von Beratung und
Therapie.

Interkulturelle Beziehungsdynamik in Beratung und Therapie

Elaine Pinderhughes, eine afroamerikanische klinische Psychologin, hat in ihrem Buch
„Understanding Race, Ethnicity and Power" (1989) ein breites Panorama entfaltet, in
dem sich die interkulturelle Beziehungsdynamik in Beratung und Therapie darstellt.
Als ein ganz zentrales Problem in dieser Dynamik stellt sie die Leugnung der ethnischen Zugehörigkeit, insbesondere von seiten der TherapeutInnen heraus. Je größer
die Differenz zwischen TherapeutInnen und KlientInnen, desto größer ihr Wunsch, ihr
„schlechtes" Selbst zu verbergen – vor allem dann, wenn der Therapeut der dominanten Mehrheit angehört. Er muß sich die anderen vom Leibe halten, wenn er den moralischen Konflikten entgehen möchte. Dies kann geschehen, indem man die eigene
ethnische Identität zu leugnen versucht, indem man z.b. besonders freundlich und zu-
vorkommend ist, um zu signalisieren, ich gehöre nicht zu denjenigen, die als rassistisch und dominant gelten. Oder aber man leugnet die ethnische Zugehörigkeit des/der
anderen und macht ihn/sie sich gleich. Wenn Weiße also nicht Weiße sein wollen, werden sie den Schwarzen auch nicht zugestehen Schwarze zu sein.

Wenn man also versucht, so zu tun, als ob es völlig gleichgültig wäre, aus welchem
kulturellen Kontext der/die KlientIn kommt, übersieht man, daß bei jeder angebotenen Hilfe eine Anpassungsleistung verlangt wird, die zusätzliche Probleme schafft.
Denn Gleichheit in Dominanzverhältnissen bedeutet immer, den herrschenden Lebensstil zum Maßstab zu machen. Es ist also die Frage, ob und inwieweit in der Thera-
pie/Beratung nicht meistens die deutsche Lebensweise als Standard zugrunde gelegt
wird, anhand dessen der Fortschritt der KlientInnen in Sachen Problemlösungskompetenz gemessen wird. Das würde bedeuten, daß auch im Rahmen von Therapie/Be-
ratung unterschwellig ein Art Kulturkampf stattfindet, in dem bewiesen werden soll,
wie sehr doch die deutsche Lebensweise allen anderen überlegen ist.

Eine solche Befürchtung ist keineswegs abwegig angesichts der Tatsache, wie sehr
z.B. die allermeisten Deutschen davon überzeugt sind, daß die islamische Kultur vorwiegend, wenn nicht gar ausschließlich, einen negativen Einfluß auf ihre Mitglieder
ausübt. Assimilation wird unter diesen Umständen zum Therapieziel. Das Problem ist
also nicht nur, daß mit solchen Vorurteilen die Probleme der Angehörigen unterschiedlicher ethnischer Herkunft nicht erkannt werden, sondern darüber hinaus, daß
die Minderheiten mehr oder weniger gezwungen werden, mit der Überlegenheit der
deutschen Lebensweise die Entwertung ihrer eigenen akzeptieren zu lernen. Wenn also,
um ein durchaus übliches Beispiel zu nehmen, ein türkisches Mädchen, das zu Hause
Gewalttätigkeiten ausgesetzt ist, aus ihrer Familie genommen wird, dann mag das im
Interesse des Mädchens zunächst einmal hilfreich sein. Gleichzeitig muß aber auch
klar sein, daß dies Mädchen sich damit nicht nur ihrer Familie, sondern auch ihrer Kultur entfremdet. Vielfach wird dies von der Familie als Verrat empfunden: Sie ‚verdeutscht'. Dem Mädchen werden insofern noch zusätzliche Konflikte aufgebürdet,
wenn die Bedeutung der Sicht der Eltern und der Familie nicht akzeptiert und geach-

tet, sondern vorwiegend als schädlich eingeschätzt wird. Das kann nun nicht bedeuten, einer solchen Gewalttätigkeit tatenlos zuzusehen, sondern vielmehr, sich im Bewußtsein der kulturellen Konflikte auch um andere Lösungen zu bemühen.

Außer der Leugnung der eigenen ethnischen Identität sowie der der anderen gibt es schließlich noch die Möglichkeit, die Beziehung zueinander zu leugnen, um der Spannung auszuweichen, die immer in einem solchen Kontext auftritt. Es ist völlig normal, daß die Angehörigen diskriminierter Minderheiten, wenn sie in eine Therapie kommen, zunächst einmal die TherapeutInnen austesten, um herauszubekommen, wie sie zu ihnen stehen. Sie erwarten zunächst einmal eine schlechtere Behandlung, Zurücksetzungen und vor allem weitgehendes Unwissen über ihre Lebensweise und ihre Probleme. Ohne dieses Mißtrauen wären sie nicht realitätstüchtig, d.h. es ist eine notwendige Überlebensstrategie. Wenn nun die TherapeutInnen dieses Mißtrauen nicht ertragen können und sich zu unrecht angegriffen fühlen, werden sie dies den KlientInnen anlasten: Die KlientInnen sind so empfindlich und so nachtragend, ja geradezu paranoid. Sie pathologisieren die anderen und ziehen sich selbst auf ihre Rolle als Professionelle zurück. Je weiter sie in Distanz gehen, desto größer die Kluft, die ein Verstehen verhindert. Diese unüberbrückbare Kluft wird – wenn eben nicht das eigene Schutzbedürfnis dahinter erkannt wird – häufig als kulturelle Differenz interpretiert, d.h. die Probleme der anderen werden in erster Linie als kulturell bedingt betrachtet: Ob ein Mann seine Frau schlägt, eine Frau depressiv wird, ein Kind in der Schule versagt, alles ist Folge der Herkunftskultur oder des Kulturkonflikts. So werden die Minderheiten als Individuen in ihrer Eigendynamik und Konflikthaftigkeit entwertet und allein auf ihre kulturelle Prägung reduziert.

Eine Beratung und Therapie, die nicht von einer solchen Abwehr bestimmt ist, müßte also die Verschiedenheit und die Gleichheit anerkennen und sowohl die jeweilige Individualität als auch die kulturelle Prägung bei sich und den anderen sehen. Sie muß erkennen, daß kulturelle Zugehörigkeit in jedem Fall sowohl eine Quelle von Konflikten und Beschädigungen ist, als auch Quelle von Bestätigung und Sicherheit. Wenn also z.B. eine Mutter in die Beratung kommt, die sehr stark an ihr Kind gebunden ist, dann kann dies sowohl ein individuelles Problem in dieser Mutter-Kind Beziehung sein, als auch eine normales kulturelles Beziehungsmuster, das nur aus einer bestimmten Sicht als überwertig erscheint, oder aber es kann der Versuch der Mutter sein, ihr Kind vor den Übergriffen einer rassistischen Gesellschaft zu schützen.

Um das unterschiedliche Gewicht der hier wirksamen Faktoren herauszuarbeiten, muß man allerdings mit der anderen Kultur zumindest ein Stück weit vertraut scin. Voraussetzung dafür ist wiederum die Relativierung der eigenen Kultur und das Eingeständnis, daß man selbst keineswegs alles weiß und bei allen Problemen die richtige Strategie empfehlen kann. Das bedeutet, den Verlust von Überlegenheit in Kauf zu nehmen, und auch das Gefühl von Machtlosigkeit eingestehen zu können.

Damit beginnt das, was Pinderhughes *power sharing* nennt, das Teilen von Macht. Allein so kann der eigene Dominanzanspruch in seiner destruktiven Dynamik überwunden werden. Power sharing bedeutet, die Grenzen des eigenen Wissens und Expertentums anzuerkennen, und auch die Grenzen der eigenen Hilfssysteme zu sehen. Ist unser therapeutisches Konzept, das den Menschen ein möglichst hohes Maß an Selbstkontrolle und Selbstmanagement vermitteln möchte, die Fähigkeit zu emotionaler Offenheit und verbaler Expressivität der Weisheit letzter Schluß oder ist – wie in weniger individualistischen Kulturen – nicht auch die Kompetenz, das Vertrauen der anderen zu erwerben und zu sichern nicht ebenso entscheidend?

Die Relativierung der eigenen Sichtweise würde bedeuten, auch die Stärken und Lösungsressourcen in den verschiedenen Kulturen zu sehen. In einigen Kulturen, so beschreibt Pinderhughes, werden HelferInnen nur dann akzeptiert, wenn sie sich quasi als Verwandte adoptieren lassen, sich also ein Stück weit in die Familien und deren Kultur hineingeben und sich auch persönlich zeigen. Das würde bedeuten, auch zu versuchen, die Ressourcen der anderen Kultur zu erschließen, z.B. indem man kulturell bedeutsame Personen ausfindig macht, um sie in das Hilfesystem einzubeziehen. In einem solchen Prozeß würden sicherlich die Vor- und Nachteile der verschiedenen Lebensweisen deutlich, was nicht zuletzt auch das Eigene besser begreifen läßt.

Ein solches Teilen von Macht kann natürlich nicht auf der ideologischen Ebene stehen bleiben, vielmehr sollte oder muß es, wenn es dauerhaft und glaubwürdig sein will, auch institutionell abgesichert werden, indem eben auch real versucht wird, Macht zu teilen, z.B. indem bei Personalentscheidungen, entgegen der gängigen Diskriminierungspraxis, bewußt Angehörige ethnischer Minderheiten als Professionelle und ExpertInnen berücksichtigt werden.

Schluß

Rassismus und Antisemitismus – wer ist betroffen? Die Ausführungen sollten zeigen, daß wir alle davon betroffen sind, allerdings auf ganz unterschiedliche Weisen. Die Angehörigen ethnischer Minderheiten sind betroffen aufgrund von Ausgrenzung, internalisierter Selbstentwertung und Zwang zur Assimilation. Mir ging es hier vor allem um die Betroffenheit der Angehörigen der Mehrheitskultur. Sie haben die Kontrolle und die Macht, zu definieren was gut, was normal und was gesund ist, und was der beste Weg zur Lösung von Konflikten sei. Diese Macht aber ist prekär. Sie basiert weitgehend auf einer Überlegenheitsmentalität, die in sich konflikthaft ist. Diese Konflikte werden meist abgewehrt, was gerade in bezug auf die therapeutische Profession fatal ist. Die Abwehr schafft nicht nur Distanz zu sich selbst sondern immer auch zu den KlientInnen. Ein offener Zugang zu den anderen und damit auch zu sich selbst ist nur möglich, indem die fatale Dynamik der Macht und des Mißtrauens in einer gegenseitigen Relativierung aufgehoben wird, was nichts anderes bedeutet, als die Macht zu teilen, die reale Macht – aber auch die Macht, die darüber bestimmt, was hier gut, normal und gesund ist.

Literatur

Dennis, Robert M. (1981). Socialisation and Racism: The White Experience. In: Bowser, B. P. & Hunt, R. G. (Eds.). Impacts of Racism on White Americans. Beverly Hills: Sage Publications

Elias, Norbert (1988). Die Gesellschaft der Individuen. Frankfurt a.M.: Suhrkamp

Erdheim, Mario (1992). Das Eigene und das Fremde. In: Psyche H8 46. Jg. S. 730-744

Helms, Janet (1990). Black and White Racial Identity. Theory, Research and Practice. Westport

Kagitcibasi, Cidgem (1989). Individualism/Collectivism? In: Keats D. et. al. (ed.). Heterogeni-
ty in Cross Cultural Psychology. Amsterdam: Swets & Zeitlinger

Pinderhughes, Elaine (1989). Understanding Race, Ethnicity and Power. The Key to Effiacy in
Clincal Practice. New York: MacMillan

Rommelspacher, Birgit (1993). Die Angst vor dem Fremden: ein Konstrukt der Dominanzkul-
tur? In: Beiträge zur analytischen Kinder- und Jugendlichenpsychotherapie. H 79 Sep., S. 2-
16

Rommelspacher, Birgit (1994). Die Psychologie der Dominanz oder : Warum wir das Fremde
von uns fernhalten. In: Psychologie heute 1, 21. Jg. S. 46-50

Rommelspacher, Birgit (1995). Schuldlos – schuldig? Wie sich Frauen mit Antisemitismus auseinandersetzen. Hamburg: Konkret Literatur

Sartre, Jean Paul (1960). Betrachtungen zur Judenfrage. In: Drei Essays. Frankfurt a.M.: Ullstein TB

I.

Zweierlei Gegenwart:
Folgen des Nationalsozialismus

Psychologie und Nationalsozialismus

Susann Heenen-Wolff

Mich hat, seitdem ich mich mit der Psychoanalyse beschäftige, interessiert, inwieweit der psychoanalytische Prozeß sich als Erkenntnisinstrument eignet, unbewußte Aspekte von historischen und psycho-sozialen Konflikten zu erforschen. Nachdem ich mich jahrelang mit der einzelanalytischen Situation beschäftigt hatte, kam ich, mehr oder minder durch Zufall, zur Gruppenanalyse. Ich war bald fasziniert von der Idee, außerhalb der rein therapeutisch ausgerichteten Gruppensituation Settings einzurichten, die es ermöglichen könnten, unbewußte Konflikte, die nur in spezifischen sozialen Kontexten eine dynamische Rolle spielen, sichtbar und bearbeitbar zu machen. Konflikte also, die nicht genuin aus den Erfahrungen des kleinen Kindes stammen, sondern – von ihnen legiert – ihre spezifische unbewußte Dynamik auf kollektiver Ebene entfalten, und zwar in jeweils umrissenen historischen und sozialen Situationen. Die Gruppenanalyse erschien mir das ideale Instrument dafür.

Erste Gelegenheit, die Tauglichkeit eines solchen Settings zu überprüfen, hatte ich in einem Forschungsprojekt des Deutsch-Französischen Jugendwerks. Zusammen mit dem Heidelberger Gruppenanalytiker *Werner Knauss* habe ich dreieinhalb Jahre lang mit einer bikulturell zusammengesetzten Gruppe von deutschen und französischen Erwachsenen in einem gruppenanalytischen Setting rund um das Thema der interkulturellen Erfahrungen der TeilnehmerInnen gearbeitet, später dann mit ähnlich zusammengesetzten Gruppen in Paris. In diesen selbsterfahrungsorientierten Gruppen war es möglich, die biographische Bedeutung des Landwechsels für die Individuen zu verstehen, aber darüber hinaus auch die unbewußte Bedeutung der geschichtlichen Ereignisse und ihre dynamische Wirkung auf die Gegenwart, auf die unbewußten Phantasien der einzelnen und der jeweiligen kulturellen Gruppe und deren Beziehung zueinander. Dies sind Themen, die in therapeutischen Gruppen meist nicht vorkommen.

Im Rahmen eines weiteren Kollektivprojekts habe ich schließlich in einer Art Gruppenlaboratorium eine Gruppe zu unbewußten Konflikten zwischen Juden/Jüdinnen und Nicht-Juden/Nicht-Jüdinnen in der Bundesrepublik geleitet. Selbstverständlich sind die Menschen, die an solchen Gruppen teilnehmen, durch ihre Lebenssituation und ihre jeweiligen bewußten Konflikte spezifisch motiviert. Was unbewußt dahinter steckt, ist dann jeweils aufzuklären.

Die Präsenz des Nicht-zu-Bezeichnenden

Es ist ohne Zweifel so, daß der unbewußte Hintergrund kultureller oder sozialer Konflikte in einem gruppenanalytischen Setting bearbeitet werden kann. Aber mir blieb ein Eindruck haften, den ich zum Thema meiner weiteren Ausführungen machen möchte. Obgleich sowohl die deutsch-französischen Gruppen wie auch die Gruppe von Juden/Jüdinnen und Nicht-Juden/Nicht-Jüdinnen die kriegerische Vergangenheit und vor allem die Judenvernichtung zumindest indirekt erwähnten, zeigte sich ein Phänomen, das ich zunächst nur schwer verstanden habe.

Das, was durch die Metapher Auschwitz bezeichnet wird, konnte in den Gruppen nicht benannt werden. Es wurde über Deportationszüge gesprochen, über die Schuld der Deutschen, der eigenen Eltern, über die Kollaboration der Franzosen, die Übergriffe von Soldaten der Roten Armee, aber niemals über den Kern der nationalsozialistischen Verbrechen, nämlich die Vergasung der Juden und Jüdinnen. In der Gruppe von Juden/Jüdinnen und Nicht-Juden/Nicht-Jüdinnen konnte die Vergangenheit überhaupt nur über eine Fehlleistung benannt werden. Eine Teilnehmerin sagte, wenigstens hätten die Deutschen in der Folge des Zweiten Weltkrieges eine übermäßige nationale Orientierung *ausgeschwitzt*. Sie mußte diese Fehlleistung sogar zweimal machen, bis die Gruppe eine Reaktion zeigte, so unerträglich präsent war durch das vorgegebene Thema das Nicht-zu-Bezeichnende, wie ich es vorerst nennen will.

Mir erscheint es dabei, als ob sich die Namenlosigkeit dieses Verbrechens wie eine Leerstelle, ein Loch in der unbewußten Gruppenmatrix niedergeschlagen hat, als fühlbare Abwesenheit von etwas, das individuell psychisch nicht existiert, aber dennoch da ist. Die Phantasie endet an der Schwelle zur Gaskammer, und der Vorschlag eines Psychoanalytikers, den ich kürzlich las, seine Kollegen sollten mit ihren Patienten die Türen zu den Gaskammern zwecks einer Vergangenheitsbewältigung aufstoßen, entspringt meines Erachtens einem falschen Gedankengang; außerdem finde ich diese Formulierung obszön.

Ich habe übrigens ganz bewußt von der unbewußten Matrix und nicht vom Unbewußten gesprochen. Mir ist noch nicht ganz klar, wie es sich verhält, aber ich möchte doch die Behauptung wagen, daß geschichtliche Großereignisse für das Individuum allein keine Rolle spielen, oder besser: nur in dem Sinne, als sie benutzt werden, um an ihnen entlang frühkindliche Konflikte auszudrücken. In einer Arbeitsgruppe zu eben diesem Thema an der Société Psychoanalytique de Paris, wo Einzelanalysen vorgestellt werden, in denen die Shoah in den Einfällen der Analysanden breiten Raum einnimmt, wurde mir dies immer wieder deutlich, auch wenn es Ausnahmemomente gibt, in denen es tatsächlich um die Zurkenntnisnahme des Geschehenen geht. Ich glaube, daß die Dynamik solcher Großereignisse vor allem auf kollektiver Ebene wirksam wird. Ich komme darauf später noch einmal zurück.

Wichtig erscheint mir, daß kein Zeichen, kein Symbol, im Unbewußten die historische Erfahrung zu repräsentieren scheint, daß nämlich der westliche Zivilisationsentwurf, der von einer rationalen Entwicklung ausgeht, in Auschwitz sein Ende gefunden hat. Auch in meinen therapeutischen Gruppen ist mir aufgefallen, daß das Thema praktisch nie angesprochen wird, auch dann nicht, wenn man durch die Zusammensetzung der Gruppe damit hätte rechnen können, z.B. etwa, wenn jüdische PatientInnen teilnehmen, deren Familien direkte Opfer der Shoah waren. Wenn man nicht versucht, das Thema aktiv in den analytischen Prozeß zu bringen (was leider praktiziert wird, obwohl es sich dabei meiner Meinung nach um einen technischen Fehler handelt), kommt der Kern des Nationalsozialismus, als die Massenvernichtung, so meine Erfahrung, in analytischen Therapiegruppen nicht vor. Bei anderen politischen oder historischen Themen dagegen, wie Krieg, Ausländerfeindlichkeit, religiöse Einstellung, sind die meisten Gruppen sehr interessiert und können engagiert ganze Sitzungen mit entsprechenden Gesprächen füllen. Es wäre nun aber vorschnell, davon auszugehen, daß die Individuen von diesem Massenereignis unberührt seien. Ich habe dies eben bereits angedeutet, als ich von der Leerstelle in der Gruppenmatrix als Repräsentantin von Auschwitz sprach.

Mit einer Leerstelle zu arbeiten, die nicht einmal durch entsprechende Gruppenassoziationen näher eingekreist wird, ist eine Unmöglichkeit. Man kann im analytischen Prozeß nur damit umgehen, was in der Gruppe sichtbar, auch sichtbar für die TeilnehmerInnen, geworden ist. Deuten ist das Zeigen auf das, was sichtbar geworden ist. Ein Loch, eine Leerstelle aber kann man nicht sehen. Allerdings kann man versuchen, wenigstens intellektuell zu begreifen, welche bewußten und unbewußten Kräfte in diesem Kontext unter Umständen eine Rolle spielen, auch wenn sie für die alltägliche Arbeit mit therapeutischen Gruppen zunächst keine Rolle zu spielen scheinen.

Das Erbe des Nationalsozialismus als Familienkonflikt

Natürlich habe ich mich auch dafür interessiert, was andere zu diesem Thema meinen. Aber obwohl sich eine ganze Reihe von neueren Arbeiten mit den psychischen Folgen des Nationalsozialismus für MitläuferInnen und TäterInnen und deren Nachkommen beschäftigen, war ich enttäuscht. In dieser Literatur ist nichts zu der Frage zu finden, inwieweit das zentrale Ereignis im Nationalsozialismus, die Judenvernichtungen, in der Generation nach Auschwitz spezifische unbewußte Bilder hinterlassen hat. Dies ist um so auffälliger, wenn man davon ausgeht, daß die vergleichsweise intensive Auseinandersetzung mit dem Nationalsozialismus im Nachkriegsdeutschland in der Natur des Vorgangs der Judenvernichtung ihre Wurzel hat, denn die Vernichtung der Jüdinnen und Juden ist das Kernstück der deutschen Auseinandersetzung mit der NS-Zeit. Die Stoßrichtungen der Diskussionen um die NS-Zeit zeigen dies. Für das öffentliche Bewußtsein der Menschen in Europa – und vielleicht in aller Welt – hat die Judenvernichtung größere Bedeutung als die kriegerischen Handlungen im Zweiten Weltkrieg, gleichgültig, wie sie politisch eingestellt sind, bzw. ob sie die Judenvernichtung für eine historische Tatsache halten oder für eine Erfindung der Alliierten. Bedeutung meine ich hier nicht in einem konkret biographischen Sinne, sondern in einem auf das Bewußtsein und – vielleicht eben – auch auf das Unbewußte bezogenen. Diese Bedeutung könnte sich daraus speisen, daß in den Lagern nicht nur Millionen Menschen auf unvorstellbare Weise ermordet wurden, sondern auch darauf, daß – wie ich bereits andeutete – mit dem Massenmord der Zivilisationsentwurf der westlichen abendländischen Gesellschaft unterging. Denn damals führte jede Haltung seitens der Opfer notwendig in die Vernichtung, auch wenn es sich um Verhaltensweisen handelte, die bis dahin aller Erfahrung nach das Überleben sichern konnten. Das individuelle Überleben war fast immer ausschließlich dem Zufall geschuldet und keiner wie auch immer gearteten Rationalität. Dies ist der zivilisationszerstörende Kern von ‚Auschwitz’, an dem das zweckrational geprägte säkulare Bewußtsein zerschellt. Und in dem Sinne müßte davon ausgegangen werden, daß Auschwitz auch jenseits des konkreten Verhaltens der Eltern während des Nationalsozialismus eine Bedeutung für das Lebensgefühl der nachgeborenen Individuen hat.

Bei näherem Hinsehen ergibt sich aus der Lektüre psychoanalytischer Aufsätze und Fallberichte zum Thema der Folgewirkungen des Nationalsozialismus (hier ist nicht die Rede von Arbeiten über ehemalige LagerinsassInnen und deren Nachkommen, sondern von Berichten über die Bedeutung der Zeitgeschichte für nichtjüdische PatientInnen in der Bundesrepublik), daß auf das zentrale Ereignis der nationalsozialistischen

Zeit, die Judenvernichtung, kein expliziter Bezug genommen wird. Die Analysen beschäftigen sich in der Regel mit der Frage, inwieweit die familiären Interaktionen nach dem Krieg u.a. von Erlebnissen, Überzeugungen und Taten der ehemals nationalsozialistischen Eltern bestimmt sind bzw. vom Verschweigen dieser Vergangenheit. Für die psychische Entwicklung der Nachgeborenen der TäterInnen- und MitläuferInnengeneration wird allgemein angenommen, daß Konflikte in der Identifizierung mit den Eltern, – also Über-Ich-Konflikte – eine bedeutende Rolle spielten.

So werden beispielsweise typische Entwicklungsverläufe für die Kriegs- und Nachkriegsgenerationen geschildert. Oft ergab sich eine komplizierte Ausgangslage des ödipalen Konflikts. Seine besondere Schärfe erhielt er durch lange Abwesenheiten der Väter in Krieg und Gefangenschaft, deren plötzliche Rückkehr, ihre Niederlage, Krankheit und Invalidität. Der ödipale Triumph der Kinder angesichts des persönlichen und beruflichen Ruins der Väter lähmte die ödipale Rivalität durch Schuldgefühle.

In den psychoanalytischen Fallberichten, in denen auf die zeitgeschichtlichen Umstände eingegangen wird, spielen also einerseits lebens- und familiengeschichtlich bedeutsame Ereignisse eine Rolle, wie z.B. eben die Abwesenheit der Väter oder traumatische Situationen in der Kindheit, verursacht durch Flucht und Bombardierung, andererseits Störungen im Identifikationsprozeß mit den Eltern, die in der NS-Zeit als TäterInnen und MitläuferInnen lebten. Solche zweifellos richtigen Analysen, die durch die analytische Behandlungspraxis möglich waren, wären nun aber auch vorstellbar von einer Generation in einem Land, das einen grausamen und ungerechten Krieg geführt und verloren hat, aber das nicht unbedingt Millionen Menschen ins Gas geschickt hat, weil diese kein Recht haben sollten, irgendwo auf der Erde zu existieren.

Was bedeutet dies? Bedeutet es, daß Auschwitz höchstens in dem Maße Bedeutung für das Bewußtsein und das Unbewußte hat, als die massenhafte Menschenvernichtung für die Heftigkeit der Auseinandersetzung mit dem Nationalsozialismus verantwortlich ist? Haben die Konzentrationslager nur insofern unbewußte Bedeutung, als die Kinder sich gedrängt fühlen, zu erfahren, ob die Eltern womöglich kalte Mörder waren, anstatt „nur" tötende Soldaten oder gleichgültige „Mitbürger"? Oder gibt es Besonderheiten in der westdeutschen Gesellschaft, die mit der Erfahrung Auschwitz in Zusammenhang gesehen werden können oder müssen? Über die Kleingruppe hinaus möchte ich also auch Großgruppenphänomene berücksichtigen.

Die „Identifikation mit Auschwitz"

Wie verschiedene Autoren (z.B. Laqueur, 1985; Gaus, 1986; Rosenkötter, 1981) festgestellt haben, fällt bei der Betrachtung des politischen wie des privaten Lebens junger Deutscher auf, daß tiefe und bleibende Identifikation schwer fällt, sei es mit der Familie, sei es mit Institutionen oder mit politischen Zielen. Rosenkötter vermutet, daß die Identifikation in vielen Fällen vor allem deshalb schwer fällt, weil die frühe Identifizierung mit den Eltern, die ihrerseits an Ich-Ideal-Störungen litten, mißglückte.

Nun möchte ich aber die Frage stellen, ob diese scheinbare mangelnde Identifizierungsfähigkeit nicht eher aus dem Wissen um und aus einer Identifikation mit Auschwitz stammt, als aus der Beziehung zu den Eltern, von denen wir ja gar nicht sicher wissen, ob sie an Ich-Ideal-Störungen leiden. Wie könnte man „Identifikation mit Auschwitz" verstehen? Welche Bilder und Phantasien könnten Folge des Wissens um Auschwitz sein? Vielleicht eine Lebenshaltung, die der Gewißheit entspricht, daß „alles keinen Zweck" hat? Daß man machen kann, was man auch will, die Umwelt wird zugrunde gerichtet, die Menschheit wird sich mit ihren Atomwaffen suizidieren? Daß jedes Verbrechen im Prinzip möglich ist, daß es keine dem Menschen innewohnende Hemmschwelle gibt, keine dem Menschen eigene Moral, auf die man vertrauen könnte?

Man könnte interpretieren, daß „Auschwitz", also das sinnlose Morden großer Gruppen von Menschen, im Sinne einer Identifikation unbewußt als Normalität empfunden wird. Dies würde übrigens auch die Gleichgültigkeit gegenüber den Opfern von Auschwitz erklären, denen – unbewußt – ja nur das widerfahren ist, was einem selbst auch widerfahren könnte.

Diese hier hypothetisch formulierten sozialpsychologischen Phänomene sind im analytischen Prozeß nur schwer greifbar, weil es sich vornehmlich um Abwesenheit von Gefühlen handelt und weniger um konkretes, noch wahrnehmbares und damit symbolisierbares Leid, zumal eine Aufklärung eben jener Phänomene durch die Formierung von Abwehrbündnissen erschwert wird, bei denen wir wohl alle vor dem Hintergrund unserer gesellschaftlichen Erfahrungen aus nur allzu verständlichen Gründen kräftig mitmischen.

Festzuhalten bleibt zunächst, daß psychoanalytisch orientierte AutorInnen, die sich mit der gegenwärtigen sozialpsychologischen und politischen Situation der bundesdeutschen Gesellschaft auseinandersetzen, das Spezifische der Erfahrung der Massenvernichtung nicht behandeln. Gleichzeitig fällt auf, daß die analytische Haltung in diesem Zusammenhang häufig aufgegeben wird.

Das trifft beispielsweise für *Thea Bauriedl* zu. Ihr Buch „Die Wiederkehr des Verdrängten, Psychoanalyse, Politik und der einzelne" (1986) signalisiert dem Leser durch den Titel, daß die Überlegungen der Autorin um die Fragestellung kreisen, inwieweit die Vergangenheit für die Gegenwart von Bedeutung ist. Nichts dergleichen unternimmt *Bauriedl* allerdings. Methodisch gesehen, wird die Gesellschaft ausschließlich vor dem Hintergrund psychoanalytischer Beziehungstheorien dargestellt. „Die psychisch kranke Gesellschaft" (S. 42) sei durch die „Trennung zwischen Politischem und Persönlichem" (S. 56) entstanden. Um diese Trennung aufzuheben, plädiert die Autorin für eine radikale Entscheidung zugunsten des „Persönlichen", wobei die Vergesellschaftung von Natur nicht berücksichtigt wird. Die radikale Entscheidung für das „Persönliche" wird bei *Bauriedl* möglich, indem die Realität in ihrer Existenz zugunsten eines antirationalen Diskurses abgeschafft wird. Sie schreibt: „Für *die* Realität halten wir zumeist den Ausschnitt der Welt und der eigenen Person, den wir wahrnehmen können. Realität ist also keine absolute oder objektive Gegebenheit. Was wir wahrnehmen und was wir nicht wahrnehmen, ist immer durch unsere Beziehung zu uns selbst und zur Außenwelt bedingt. Deshalb hat es wenig Sinn, sich darüber zu streiten, was real und was nicht real ist." (Bauriedl, 1986, S. 117) Dementsprechend geht die Autorin über Realität hinweg, parallelisiert „Unterdrückung" im NS-Staat, der DDR und der Bundesrepublik (S. 170), und bedauert, daß die „Regierungsmitglieder der Bundesrepublik Deutschland" sich nicht vorstellen könnten, „daß sie selbst Freiheiten unterdrücken wie schon ihre Vorgänger im Dritten Reich." (S. 171)

Das Unbestimmte, die unspezifische (Gegen-)Identifikation bei *Bauriedl* entspricht dem, was der Soziologe *Detlev Claussen* für die bundesdeutsche Linke beschrieben hat: „Die konkrete Kritik an gesellschaftlichen Umständen wird aufgegeben zugunsten eines affektiv organisierten antiimperialistischen Gefühlsbreis, der sich zu Unrecht als ‚internationale Solidarität' geriert, weil auf das Moment bewußten Erkennens zugunsten einer sicher scheinenden Ideologie verzichtet wird." (Claussen, 1988, S. 26) Und eben dieser „Brei" scheint mir wichtig im Zusammenhang meines Themas. Ein Großteil der Autoren, die sich mit den Folgewirkungen des Nationalsozialismus beschäftigt haben, verzeichneten Schuldgefühle in der nachgeborenen Generation – und zwar auch bei solchen Menschen, deren Eltern nicht für Hitler und sein Programm waren. Dies allein mit staatsbürgerlicher Verantwortung erklären zu wollen, wäre nicht ausreichend, denn die Genese der damit verbundenen begleitenden Affekte bliebe im Dunkeln.

Der Sozialwissenschaftler *Dan Diner* (1987) hat versucht, diese scheinbar frei flottierenden Schuldgefühle mit dem systematischen Vorgang der Massenvernichtung in Verbindung zu bringen. Er meint: „Die Abstraktion der Vernichtung, will heißen: die funktionale und arbeitsteilig organisierte Teilhabe der deutschen Gesellschaft in ihrer Gesamtheit am industriellen Massenmord, an Auschwitz, macht alle – von wirklichen Widerständen abgesehen – zum Bestandteil des Vernichtungsprozesses. Das Schuldgefühl der Nachgeborenen bestätigt dies: Auch bei Abstrafung der unmittelbaren Verbrecher und Verantwortlichen bleibt eine *kritische Masse individuell nicht rückführbarer Schuld zurück, und diese ist auf die abstrakte, entpersönlichte und kollektive Arbeitsteiligkeit der Durchführung des Judenmords zurückzuführen.*" (Diner, 1987, S. 187f, Hervorhebung S. H. –W.)

Dieser Widerspruch zwischen Tat und Gefühl macht die Frage nach einer möglichen tiefgreifenden psycho- und familiendynamischen Folgewirkung der Beteiligung am Nationalsozialismus äußerst kompliziert. Festzustellen ist, daß manche Kinder, wenn sie verständiger werden, blinde Flecken bei ihren Eltern entdecken. Inwieweit sich das, was sich hinter diesen „blinden Flecken" verbirgt, aber in der unbewußten Matrix der Familie niedergeschlagen hat, ist noch ganz ungeklärt.

Dörte von Westernhagen wirft diese Frage in ihrem Buch über Kinder von Tätern auf. Einer ihrer Gesprächspartner berichtete von der Beziehung zu seiner depressiven Mutter, die sich um ihr Kind nicht adäquat kümmern konnte. Später, als junger Erwachsener, bekämpfte er den Vater wegen seiner Rolle im SS-Staat. Die Autorin fragt sich, ob der Vater in der Phantasie des Sohnes die Jüdinnen und Juden so im Stich gelassen hat, wie er es von sich selbst in der Auseinandersetzung mit der Mutter empfindet. Die Wucht des kollektiven Verbrechens, des kollektiven Schicksals und der privaten Geschicke vermischen sich, so daß das eine von dem anderen nicht getrennt werden kann (Westernhagen, 1987, S. 164f). Im zitierten Beispiel wäre die Geschichte des Vaters im Dienste einer Abwehr (Verschiebung) vom Sohn in den Familienbeziehungen thematisiert worden, was im analytischen Prozeß natürlich gedeutet werden müßte. Eine ideologische Haltung wird dazu führen, daß der Analytiker/die Analytikerin in einer unbewußten Identifizierung gegen Nazi-Eltern seine/ihre PatientInnen in ihrer Anklage der Eltern bestätigt.

Dabei kommt noch ein weiteres Problem hinzu. Die Bedeutung und Wirkung der Auseinandersetzung mit den eigenen Eltern wird in der Regel hoch angesetzt. Wie ist nicht das Schweigen zwischen den Generationen beklagt und angeprangert worden! Zu Recht, selbstverständlich ist es gut, wenn es keine lähmenden Familiengeheimnis-

se gibt. Aber das Problem ist kompliziert, denn eine Betrachtung der in den Nationalsozialismus verstrickten Menschen unter den Begriffen von Schuld, Unschuld, Beteiligung greift zu kurz – wenn es darum geht, dem Rechnung zu tragen, was in Auschwitz geschah. Wenn die spezifische Organisation des Massenmords sich tatsächlich
im unspezifischen, frei-flottierenden Schuldgefühl der Nachgeborenengeneration wie-
derfindet, dann wäre es geradezu ein Ausweichen vor einer Vergegenwärtigung der
Bedeutung des Geschehenen für unseren Gesellschaftsentwurf, für unser Selbstverständnis, sich individualisierend an den eigenen Eltern abzuarbeiten, denn diese Auseinandersetzung, gleichgültig wie sie auch verläuft, wird immer eine Grenze finden,
wenn es um die Annäherung an Auschwitz geht. Über die reale Beteiligung der Eltern,
wie immer sie auch ausgesehen haben mag, kann man sich Auschwitz nicht nähern.
Denn eine Annäherung an den damaligen Alltag wird in der Regel eine sehr banale
Wirklichkeit zutage fördern: die Normalität des ein „normales" Leben lebenden ,nor-
malen' Deutschen (vgl. auch Diner, 1987). Auch hierin liegt ein Grund für die Ernüchterung der nachgeborenen Generation in der Auseinandersetzung mit den Eltern. Die
Frage „Wie konnte es geschehen?" kann kein Einzelner seinen Kindern beantworten.

Grenzen der Gruppenanalyse

Ich habe bisher versucht, das Thema der Folgewirkungen des Nationalsozialismus so-
zialpsychologisch einzukreisen, um mögliche kollektive Vorstellungen und Bilder oder
deren Abwesenheit in einen historischen Zusammenhang zu stellen. Im letzten Teil
möchte ich mittels einer Gruppensequenz verdeutlichen, daß sogar eine zu diesem Thema zentrierte Gruppe zwar die gesellschaftlichen Mechanismen, die dazu dienen, die
Erinnerung abzuwehren, sehr deutlich macht und dadurch ein ideales Instrument zur
Bearbeitung der zugrundeliegenden Konflikte darstellt, aber nicht unbedingt über die
unbewußten kollektiven Folgewirkungen Aufschluß gibt. Insofern möchte ich also die
Grenzen einer gruppenanalytischen Annäherung an die jüngste Zeitgeschichte aufzei-
gen. Diese Gruppensequenz stammt aus der bereits erwähnten Gruppe zu unbewußten
Konflikten zwischen Jüdinnen/Juden und Nichtjüdinnen/Nichtjuden.
    In dieser Gruppe von sechs TeilnehmerInnen war ein Jude, nennen wir ihn Herrn
A. In der Anfangsphase, als die Gruppe Untergruppen herzustellen sucht, wirkt Herr
A. sehr aktiv mit, stellt z.B. Ähnlichkeiten zwischen sich und der von der Gruppe als
Jüdin angesehenen Leiterin fest. Er sei arrogant, die Leiterin autoritär. Darüber hinaus
äußert er seine Enttäuschung, daß nicht mehr Juden und Jüdinnen anwesend seien, wodurch sich die anderen GruppenteilnehmerInnen entwertet fühlen.
    Die Gruppe reagiert sofort auf diesen Versuch, Gemeinsamkeit *zwischen Juden und
als Juden* herzustellen, wie es eine Teilnehmerin formulierte. Eine andere Teilnehmerin meinte, das Gespräch zwischen Herrn A. und der Leiterin zeige *wieder einmal,* daß
Juden und Jüdinnen anders miteinander redeten – das seien *wirkliche, wahre* Gespräche,
von denen sie ausgeschlossen sei. Idealisierung und Neid von seiten der nicht-jüdi-
schen TeilnehmerInnen werden in den ersten Gruppensitzungen deutlich, die eine ex-
klusive Beziehung zwischen der Leiterin und Herrn A. vermuten. Aber hier scheint
auch eine Phantasie über Juden und Jüdinnen durch, die mit dem Antisemitismus der
Neuzeit verbunden ist, und die ebenfalls für das gesellschaftlich entstandene Selbst-

verständnis der Jüdinnen und Juden selbst von Bedeutung ist. Herr A. reproduziert das antisemitische Stereotyp des arroganten, mächtigen Juden, der die Gruppe beherrsche. Die Mischung aus Neid und dem Gefühl, einer mächtigen, undurchdringlichen Verbindung gegenüberzustehen, tauchte im Gruppenprozeß wiederholt auf und wurde von Herrn A. aufrechtzuerhalten versucht. So schlug er beispielsweise im Rahmen der Großgruppensitzungen einem weiteren jüdischen Teilnehmer einer anderen Kleingruppe einen gemeinsamen Gang in die Synagoge vor. Die Massenvernichtung blieb im Gruppengespräch ausgeklammert.

Herr A. erzählte von der Vorgeschichte seiner Familie zunächst nichts. In der 5. Gruppensitzung berichtete eine Teilnehmerin von einer Reise nach Polen, sie habe dort in einer Kirche einen, mit der polnischen Nationalflagge versehenen, gekreuzigten Jesus gesehen. Das habe sie schrecklich gefunden. Solchen unverblümten Nationalismus hätten die Deutschen wenigsten *ausgeschwitzt*. (Ich habe diese Sequenz bereits kurz erwähnt.) Nachdem zweimal über diese Fehlleistung der Teilnehmerin die Massenvernichtung in der Gruppe symbolisiert worden war, erzählte Herr A. von seiner Familie. Der Vater war in Buchenwald inhaftiert, die Mutter hat sich durch frühzeitige Emigration vor Verfolgung retten können. Der Vater sei ein frommer Jude gewesen, immer wenn er gebetet habe, hätte Herr A. im Gesicht des Vaters Buchenwald gesehen. Manchmal träfe ihn ein Gefühl wie ein Blitz, und dann müsse er sehr weinen. In der Gruppe fühle er sich jedoch distanziert. Herr A. repräsentiert in der Gruppe nun nicht mehr den reichen und mächtigen Juden, da er das Schicksal seines Vaters in der Gruppe offenlegt, schützt sich jedoch gleichzeitig vor eigenen und den Reaktionen der Gruppe durch seine Distanz. Das antisemitische Klischee des mächtigen Juden diente in diesem Sinne auch der Abwehr der Wahrnehmung der Massenvernichtungen, und erst als diese in der Gruppe thematisiert wird, kann das Klischee von der Gruppe zumindest vorübergehend aufgegeben werden. Die spezifische Funktion des Antisemitismus *nach* Auschwitz, nämlich im Dienste der Erinnerungsabwehr zu stehen, indem „der Jude" als mächtig und unversehrt phantasiert wird, konnte also bearbeitet werden.

Aber weiterhin bleibt kritisch anzumerken: Die psychoanalytischen Arbeiten zum Thema der Folgewirkungen des Nationalsozialismus haben eines gemeinsam: sie nehmen auf die Massenvernichtung keinen Bezug. Man mag argumentieren, daß die Judenvernichtung doch dafür verantwortlich sei, daß die (äußere) Abkehr von den Zielen der Elterngeneration in Deutschland besonders kraß war und für politische Phänomene in der Bundesrepublik eine bedeutende Rolle einnahm. Aber dies bezieht sich auf bewußte Prozesse, bewußte Einsichten. Ja und?, mag man einwenden, und darauf hinweisen, wie wichtig gerade ein verändertes politisches Bewußtsein dafür sei, daß „Auschwitz nicht noch einmal sei" (Adorno, 1966, S. 88).

Aber man möge einen Augenblick innehalten und bedenken, was es bedeutet, wenn „Auschwitz" tatsächlich keinen Eingang in das Denken, Fühlen und Spüren der Menschen gefunden hätte – und das häufige Fehlen einer Bezugnahme auf „Auschwitz" in der Fachliteratur läßt dies befürchten. *Adorno* hat dazu folgendes geschrieben: „Daß man aber die Forderung (daß Auschwitz nicht noch einmal sei, S. H.–W.), und was sie an Fragen aufwirft, so wenig sich bewußt macht, zeugt, daß das Ungeheuerliche nicht in die Menschen eingedrungen ist, Symptom dessen, daß die Möglichkeit der Wiederholung, was den Bewußtseins- und Unbewußtseinsstand der Menschen anlangt, fortbesteht. (…) Man spricht vom drohenden Rückfall in die Barbarei. Aber er droht nicht, sondern Auschwitz *war* er; Barbarei besteht fort, solange die Bedingungen, die jenen Rückfall zeitigten, wesentlich fortdauern. Das ist das ganze Grauen. Der gesellschaftliche Druck lastet weiter, trotz aller Unsichtbarkeit der Not heute. Er treibt die Menschen zu dem Unsäglichen, das in Auschwitz nach weltgeschichtlichem Maß kulminierte. (...) Wenn im Zivilisationsprozeß selbst die Barbarei angelegt ist, dann hat es etwas Desparates, dagegen aufzubegehren." (Adorno, 1966, S. 88)

Hier schließt sich der Kreis zum Denken von *Sigmund Freud*, der gegen Ende seines Forschens zu einer tief kulturpessimistischen Einstellung gefunden hat. Man sollte diesen Kulturpessimismus ernst nehmen, denn nur er kann der Motor sein, zu kritisieren, statt zu affirmieren (auch nicht die Angst vor dem Atomkrieg, nur weil keiner ihn will). Nur die stringent kritische, von keiner Ideologie getrübte, analytische Haltung ermöglicht das Erkennen unbewußter Identifikationen, und nur dieser Erkenntnisprozeß wird vielleicht verhindern können, daß sich die Menschen postmodern mit allem oder mit gar nichts identifizieren.

Literatur

Adorno, Th. W. (1966). Erziehung nach Auschwitz. In: Adorno, Th. W. Erziehung zur Mündigkeit. Frankfurt a. M.: Suhrkamp

Bauriedl, Th. (1986). Die Wiederkehr des Verdrängten. Psychoanalyse, Politik und der einzelne. München: Piper

Claussen, D. (1988). Vergangenheit mit Zukunft. Über die Entstehung einer neuen deutschen Ideologie. In: Eschenhagen, W. (Hrsg.). Die neue deutsche Ideologie. Einsprüche gegen die Entsorgung der Vergangenheit. Darmstadt: Luchterhand

Diner, D. (1987). Ist der Nationalsozialismus Geschichte? Zu Historisierung und Historikerstreit. Frankfurt a. M.: Fischer

Gaus, G. (1986). Die Welt der Westdeutschen, Kritische Betrachtungen. Köln

Laqueur, W. (1985). Was ist los mit den Deutschen? Frankfurt a. M./Berlin

Rosenkötter, L. (1981). Vergangenheitsbewältigung in Psychoanalysen. In: Psyche 33

Westernhagen, D. v. (1987). Die Kinder der Täter. Das Dritte Reich und die Generation danach. München: Kösel

Familienbiographien:
Nationalsozialismus und Antisemitismus im intergenerationellen Dialog

Gabriele Rosenthal

Welche Auswirkungen hat die Nazi-Vergangenheit der Großelterngeneration, die den Nationalsozialismus als Erwachsene oder als Jugendliche erlebt hat, auf die Lebensgeschichten und den Lebensalltag der nachfolgenden Generationen? Wie leben die Kinder und Enkel von Menschen, die sich mit dem Nationalsozialismus identifiziert haben oder gar selbst an den Nazi-Verbrechen beteiligt waren, mit diesem Bestandteil der Familiengeschichte und den Auswirkungen auf ihren gegenwärtigen Familienalltag? Welches Wissen und vor allem auch welche Phantasien haben sie über die Vergangenheit ihrer Familie? Um diesen Fragen nachzugehen, führen meine Mitarbeiterinnen und ich lebensgeschichtlich-narrative Interviews sowie Familiengespräche mit Familienmitgliedern aus drei Generationen[1].

Im folgenden Beitrag werde ich zunächst realtypisch rekonstruieren[2], mit welchen unterschiedlichen biographischen Strategien die Generation der Großeltern versucht, ihre fragwürdige und belastende Vergangenheit zu reparieren und welche Strategien die Generation ihrer Kinder und ihrer Enkel wiederum einsetzt, um sich von der problematischen Nazi-Familienvergangenheit zu entlasten. Des weiteren werde ich die Fallrekonstruktion einer Familie mit nationalsozialistischer Vergangenheit vorstellen. In dieser Familie steht der Verdacht einer Täterschaft des Großvaters im Raum. Anhand dieser Drei-Generationen-Familie wird deutlich, welche psychischen Konsequenzen die Abwehr, die Familienvergangenheit zur Kenntnis zu nehmen, für die Nachgeborenen haben kann. Der Sohn dieser Familie, als Angehöriger der sogenannten zweiten Generation, wendet bei dieser Vermeidung der Familienvergangenheit Reparaturstrategien an, die wir bereits sehr verbreitet in der Generation der MitläuferInnen und TäterInnen rekonstruieren konnten. Die Lebensgeschichte des Enkels steht beispielhaft für die dritte Generation, die im Unterschied zu ihren Eltern viel stärker damit beginnt, mit zur Nazi-Vergangenheit der Familie korrespondierenden Symptomen die Vergangenheit auszuagieren und dadurch mit einer Aufdeckung und Auseinandersetzung zu beginnen.

Ausblendung der Nazi-Verbrechen und Dehumanisierung der Opfer

In der Bundesrepublik Deutschland wird zwar seit vielen Jahren verstärkt über die Nazi-Verbrechen in den Massenmedien berichtet, die TäterInnen und MitläuferInnen der NS-Periode jedoch hüllen sich selbst weiterhin in Schweigen oder präsentieren sich mit ausführlichen Erzählungen über die leidvollen Erfahrungen in der Kriegs- und Nachkriegszeit als unbelastete „ZeitzeugInnen", ohne dabei allerdings Zeugnis abzulegen (Rosenthal, 1993a). Erst vor wenigen Jahren haben einige Söhne und Töchter von Nazi-Tätern begonnen, über ihre Eltern, ihr Leiden an ihnen und über das sie so bedrückende kollektive Schweigen zu sprechen[3].

Die von mir in den letzten 14 Jahren durchgeführten Analysen zum Umgang mit der Nazi-Vergangenheit der Großelterngeneration (Rosenthal, 1990, 1992a, 1993a) haben auch sehr deutlich gezeigt, wie erfolgreich sie – teilweise jenseits einer bewußten Intention – ihre Vergangenheit als unbelastete präsentieren können. Mit je nach Generationszugehörigkeit[4] unterschiedlichen biographischen Strategien blenden sie all die belastenden, mit dem Nationalsozialismus verknüpften Erlebnisse aus der Lebenserzählung aus. Indem sie die eigene Lebensgeschichte aus dem politischen Rahmen des Nationalsozialismus herauslösen und damit die im Zusammenhang mit der systematischen Verfolgung und Vernichtung stehenden Erlebnisse ausblenden, präsentieren sie sich als am kollektiven Geschehen unbeteiligte Menschen, die durch den Zweiten Weltkrieg und seine Folgen – wie Flucht und Vertreibung – zu Opfern des Nationalsozialismus wurden. Die von uns als „Ausblendung" beschriebene Reparaturstrategie erfüllt in diesen Lebensgeschichten die Funktion, peinliche, mit Schuld behaftete oder kollektiv tabuisierte Erlebnisse zu verleugnen. Neben dem Versuch, sich selbst ins „Kollektiv der Opfer" einzureihen und den selbst erlittenen Schmerz gegen das Leid der Opfer des Nazi-Regimes aufzurechnen, konstituiert diese Lebenserzählungen auch eine vermiedene Thematisierung der Verbrechen gegen die Menschlichkeit.

Ganz allgemein betrachtet können wir daher davon ausgehen, daß die nachfolgenden Generationen meist in Familienmilieus sozialisiert sind, deren Vergangenheit vor 1945 zu großen Teilen im Dunkeln liegt, oder in denen der Mythos einer vom Nazismus unbelasteten Familienvergangenheit gepflegt wird.

Die heiklen Teile der Familiengeschichte werden in den biographischen Erzählungen der ersten Generation meist so kunstvoll abgedunkelt und übergangen, daß sie nur bei entsprechender emotionaler Bereitschaft der ZuhörerInnen, deren Geübtheit und historischer Kenntnis, für sie bemerkbar sind. Doch selbst dann, wenn die Andeutungen und Hinweise recht deutlich sind, besteht in den inter-generationellen wie intragenerationellen Dialogen in der Bundesrepublik kaum die Gefahr einer weiteren Aufdeckung, da die Hinweise auf eine Beteiligung an den Nazi-Verbrechen von den ZuhörerInnen aufgrund ihrer eigenen Ängste häufig überhört bzw. abgewehrt werden. Die Erfahrung, daß auch wir selbst als InterviewerInnen nicht frei davon sind, machen auch meine MitarbeiterInnen und ich immer wieder, obwohl wir doch nach unserer bewußten Einschätzung so sehr an einer Aufdeckung interessiert sind (vgl. Rosenthal, 1990, S. 216ff). Auch wir selbst sind Angehörige der Kinder- und Enkelgeneration und haben diffuse Ängste vor Aufdeckungen in der Begegnung mit Menschen, die trotz ihrer sympathischen Ausstrahlung dennoch Grauenvolles getan haben können. Wir sind sowohl in der Familie wie im bundesdeutschen Alltag in Milieus sozialisiert, in denen die Erzähltabus, die Verbote zum weiteren kritischen Nachfragen und bestimmte Entlastungsdarstellungen wirksam waren und sind.

Mit der Ausblendung der Nazi-Verbrechen aus der eigenen Lebensgeschichte und aus der Familiengeschichte geht einher, daß die Opfer des Nazi-Systems weder als individuelle Personen noch als Kollektiv Bestandteil der familialen „Geschichtsschreibung" sind. Diese Ausblendung hat auch ihre Entsprechung in der wissenschaftlichen Geschichtsschreibung, in der entweder über den Nationalsozialismus und den zweiten

Weltkrieg oder über die Shoah geforscht wird. Mit anderen Worten, die Nazi-Verfol-
gungspolitik ist auch hier nicht selbstverständlicher Bestandteil der Geschichtsschreibung des Nationalsozialismus, sondern eine Spezialdisziplin.

Die Ausblendung der Nazi-Verbrechen und damit die **Dethematisierung der Opfer** – insbesondere der Juden –, die sich heute in den Lebenserzählungen so deutlich
zeigt, basiert nach meinen Analysen (Rosenthal, 1992b) bereits auf einem mit Beginn
der Nazi-Zeit einsetzenden Prozeß in der **erlebten** Lebensgeschichte[5]. Das Verschwinden der Juden aus der Wahrnehmung und dem Bewußtsein, das Schweigen über
die Verfolgung und die dadurch einsetzende Abwehr von damit zusammenhängenden
Gedächtnisinhalten begann schon lange vor der Vernichtung der jüdischen Bevölkerung. Bevor die deutschen Juden ab 1941 auf die „Transporte" kamen, waren sie schon
derart entmenschlicht, daß man von einer psychischen Ermordung schon vor ihrer Einlieferung in die Vernichtungslager sprechen kann. Der Prozeß der Derealisierung (vgl.
Dahmer, 1990) und **Dehumanisierung der Opfer** vollzog sich ganz allmählich und
für die Zeitzeugen kaum spürbar. Er vollzog sich in zeitlich zu markierenden Phasen,
die mit der staatlichen Entrechtungs- und Vernichtungspolitik korrespondieren[6].

Während bei der Erzählung über die Anfangsjahre des „Dritten Reiches" Juden noch
als Thema auftauchen und als Personen mit Identitäten eingeführt werden, zumindest
haben sie noch Berufe, manchmal auch einen Namen, verschwinden sie dann zunehmend aus der Lebenserzählung.

Während die antijüdischen Aktionen seit 1933 kaum erwähnt werden, taucht das
Thema der NS-Verfolgungspolitik im Zusammenhang mit der sog. Reichskristallnacht
wieder auf und wird regelrecht auf dieses eine Ereignis kondensiert. Allerdings treten
in den Erzählungen zu diesem Ereignis meist nicht einmal Juden als Personen auf, sondern es wird nur – entsprechend der Sprachregelung von der Reichsnacht, in der „Kri-
stall", als Symbol für den Wohlstand der reichen Juden, zerschlagen wurde – der **Sach-
schaden** beschrieben, die Scherben und die brennenden Synagogen. Die gedemütig-
ten, verprügelten und verhafteten Menschen finden ebenso wie die Täter kaum eine
Erwähnung.

Nach dem Bericht über das Novemberpogrom verschwinden die Juden als Handelnde in Geschichten aus den Lebenserzählungen von Nicht-Juden. In den heutzutage gemachten lapidaren Aussagen wie: „und dann waren **sie** plötzlich verschwunden",
manifestiert sich dieser Prozeß. Typisch ist auch das indirekte Reden von „ihnen" in
der dritten Person. Hier schlägt sich auch sprachlich die **Dehumanisierung der Opfer** nieder, sie sind nicht nur als Personen, sondern auch als Kollektiv identitäts- und
namenlos.

Die Dehumanisierung der Opfer, die verbunden ist mit einem Schweigen über alle
mit der Verfolgung zusammenhängenden Erlebnisse, wird damit latent und nur in Andeutungen an die nächsten Generationen tradiert. Dies hat zur Folge, daß wir diese
Dethematisierung auch in der Generation der Kinder und Enkel finden können, allerdings ohne daß diese selbst noch Zugriff auf das Verschwiegene haben könnten. Wie
unsere Interviews sehr deutlich zeigen, kommt in der Großelterngeneration die Dehumanisierung der Juden in Aussagen wie: *„Die Judensache hat mich nicht weiter
berührt"* noch recht unverhüllt zum Vorschein, während sie sich bei der Generation
der Kinder und Enkel teilweise in der völligen Meidung des Themas „Juden" manifestiert[7]. Die Juden werden zu einem regelrechten Tabu. Man spricht nicht nur nicht von

ihnen, man vermeidet es regelrecht, das Wort Juden auszusprechen. Mit dieser Strategie der Dethematisierung im Umgang mit der Shoah setzt sich jenseits einer bewußten Intention fort, was in der Nazizeit begann: Die Juden bleiben dehumanisierte, namen- und identitätslose Kreaturen.

Indem man nicht über das Thema Juden und Shoah spricht, setzt man sich nicht der Gefahr aus, als Antisemit entlarvt zu werden. Damit ist dann allerdings auch im Dialog mit anderen kaum die Chance zu einer Bewußtwerdung eigener antisemitischer Tendenzen oder auch mangelnder Informiertheit gegeben. Und diejenigen, die den latenten Antisemitismus ihrer Gesprächspartner spüren und darunter leiden, scheuen sich vor einer Konfrontation und zweifeln nicht allzu selten an ihrer Wahrnehmung und ihren Gefühlen.

Die Schuldzuweisung des Völkermords an die Juden und die Täter-Opfer-Inversion

Neben der Ausblendung der eigenen Verstrickung in den Nationalsozialismus und der generellen Dethematisierung des Völkermords ist eine weitere, in allen Generationen zu findende Strategie die **Schuldzuweisung des Völkermords an die Juden**, die sich auf Gedanken und Äußerungen wie: „**ist ja selber schuld der Jude**" reduzieren läßt. Um sich der Frage nach der eigenen, resp. der familialen Schuld und Verstrickung nicht stellen zu müssen, beschäftigt man sich lieber mit der Schuld von anderen. Vermeidet man es aus den bereits genannten Gründen, über Juden zu sprechen, so bleibt immer noch die Möglichkeit, sich mit der Schuld der Siegermächte auseinanderzusetzen, und dabei wird dann nicht allzu selten doch auf die jüdischen Offiziere sowohl bei den westlichen Alliierten als auch bei der sowjetischen Armee hingewiesen.

Der kontrastive Vergleich von Lebens- und Familiengeschichten weist darauf hin, daß je stärker die Angehörigen der ersten Generation in Nazi-Verbrechen verstrickt sind, sie um so direkter und offener versuchen, sich mit dieser Strategie der Schuldzuweisung zu entlasten. Frauen und Männer, die an der Verfolgung und dem Massenmord beteiligt waren, halten ihren Antisemitismus viel weniger bedeckt als andere. Die Schuldzuweisung an die Juden dient ihnen in ganz direkter Weise dazu, sich für ihr Handeln zu rechtfertigen. Inwieweit es sich dabei um einen „Antisemitismus wegen Auschwitz" (vgl. Bergmann, 1990) handelt, wird in den Erklärungen dann meist in bizarrer Form deutlich. Herr Seewald[8], der in der DDR gelebt hat und in dessen Interview sich eine Verstrickung in die Verbrechen – eventuell im Rahmen einer mobilen Einheit – andeutet, vertritt beispielsweise Erklärungen, bei denen er sich Teile der marxistischen Geschichtsschreibung zu Hilfe nimmt. Er schreibt den Völkermord dem internationalen Großkapital zu, das sich hauptsächlich aus Juden zusammengesetzt habe und für die Hitler nur eine Marionette gewesen sei. Diese reichen jüdischen Kapitalisten hätten dann – wie alle Kapitalisten – auch ihren „kleinen Leuten nicht geholfen". Er meint in diesem Kontext:

Wir Deutschen von uns aus hätten dies nicht gemacht, wer hat denn diese Befehle rausgebracht, das waren Leute, die im Hintergrund saßen, die die Befehle weitergegeben haben nach unten hin.

Interviewerin: *und wer meinen Sie war das im Hintergrund?*

Herr Seewald: *das internationale Weltkapital*[9]

Ein weiteres Beispiel gibt uns Herr Acka[10], der im Rahmen einer kleinen mobilen Einheit in die systematische Vernichtung der Juden in Transnistrien verstrickt war. Er meint zu den Juden Transnistriens:

Wir haben sie nie verbrannt, sondern die haben sich schon selbst da umgebracht, weil sie nix zu essen hatten.

Äußern sich belastete ZeitzeugInnen bzw. Nazi-TäterInnen in den Interviews verhältnismäßig offen in dieser Weise, erfolgt das Aussprechen von Gedanken wie „ist ja selber schuld der Jude" bei weniger belasteten ZeitzeugInnen meist erst nach Stunden oder deutet sich nur indirekt an. Das Aussprechen solcher oft mit viel Energie zurückgehaltener Gedanken benötigt seine Zeit und vor allem eine Gesprächsführung, bei der die Autobiographen darin unterstützt werden, in einen Fluß von Erzählungen zu kommen und sich dadurch immer weniger am Gesprächspartner orientieren. Nur wenn wir als InterviewerInnen diesen Erzählraum eröffnen, uns vor allem selbst auch nicht vor dem Manifestwerden des Antisemitismus oder einer Beteiligung an den Verbrechen scheuen und an den entsprechenden Stellen nachfragen, wird es überhaupt erst möglich, neben dem Typus des offen auftretenden Antisemitismus auch latente antisemitische Einstellungen rekonstruieren zu können.

Die Zuschreibung von Schuld an die Juden wird auch häufig indirekt mit rhetorischen Fragen wie: *Ich überlege mir immer wieder, was die Juden denn an sich haben, daß sie seit Jahrhunderten verfolgt werden?* zum Ausdruck gebracht. Ebenso dient die mit der Kanalisierung des Antisemitismus auf den Antizionismus – eine häufig in der Kinder- und Enkelgeneration anzutreffende Form – verbundene Ansicht, daß aus den Opfern, wie die israelische Besatzungspolitik zeigt, schuldige Täter geworden sind, der Projektion eigener diffuser Schuldgefühle auf die Opfer[11]. Generell zeigt sich in allen drei Generationen nicht-jüdischer Deutscher die Tendenz, sich lieber mit der Frage nach der damaligen sowie heutigen Schuld der Opfer oder auch der Alliierten und dem selbsterlittenen Leid während des Krieges und der Nachkriegszeit zu befassen als mit der Schuld der Nazi-Täter, wenn sie noch dazu eigene Familienangehörige sind.

Während die Überlebenden der Shoah fast täglich von Erinnerungen an Szenen gepeinigt werden, in denen die Männer deutscher Einheiten wie der SS oder auch der Wehrmacht orthodoxen Juden ihre Bartlocken abschneiden, Säuglinge erschlagen, Menschen in Häuser sperren und anzünden oder Hunde auf schwangere Frauen hetzen, um sie zu zerfleischen, sprechen ihre Verfolger und deren Kinder über das Leiden an den Kriegserlebnissen und an der unmenschlichen Behandlung in der Kriegsgefangenschaft.

Wie bereits die sogenannten ZeitzeugInnen der Verfolgung die Szenen der miterlebten Brutalität gegenüber den Juden und anderen Verfolgten aus ihrer Erinnerung und Erzählung ausblenden, so bleibt auch das Wissen über den Vernichtungsvorgang bei den Nachgeborenen meist abstrakt. Die Nachgeborenen konzentrieren sich in ihrem Nachdenken eher auf den anonymisierten Mord in den Gaskammern und weniger auf die in der „face-to-face" Begegnung zwischen den Tätern und den Opfern stattgefundenen Brutalitäten in den Ghettos, bei Aktionen, bei den Massakern vor Ort und bei den Massenerschießungen[12].

Obwohl in der kollektiven deutschen Erinnerung immer noch der Mythos vom Befehlsnotstand gepflegt wird[13] und man sich inter- und intragenerationell wechselseitig versichert, daß die Täter und Mitläufer zu ihrem Handeln gezwungen wurden, ist es dennoch für etliche möglich, den Opfern mangelnden Widerstand vorzuwerfen. Diese Variante der Verschiebung von Schuld an die Opfer, in denen man den Juden, die sich angeblich wie „Schafe zur Schlachtbank" führen ließen, Passivität vorwirft, zeigt sich insbesondere in den Interviews, die wir in der ehemaligen DDR führten. Dabei fallen dann Sätze wie: *In der DDR zählte nur der tätige Mensch.* In der offiziellen Erinnerung der DDR tauchen die Juden – wie das jüdische Kind Stefan-Jerzy Zweig im Konzentrationslager Buchenwald[14] – höchstens im Rahmen des glorifizierten politischen Widerstands in der Rolle als von Kommunisten gerettete Menschen oder als „Antifaschisten" auf.

Auch wird die Entlastung durch expandierte Erzählungen über die unmenschliche Behandlung deutscher Soldaten in russischer Gefangenschaft oder die Anklage „der Russen" für die von der deutschen Wehrmacht begangenen Verbrechen nicht nur von Westdeutschen gerne praktiziert. Herr Seewald beispielsweise berichtet auf die Frage, was er in Zusammenhang mit der Judenvernichtung erlebt habe, von der Liquidation des Ghettos in Warschau, wo er, just zu dieser Zeit, im Lazarett gelegen habe:

Da haben die Deutschen vorher das Judenghetto da irgendwie zunichte gemacht.

Nach dieser kurzen Bemerkung über eine „irgendwie" Vernichtung, in der keine Opfer erwähnt werden, führt dieser „Zeitzeuge" sich als Opfer eines sowjetischen Bombenangriffes ein, bei dem – entsprechend seiner Geschichtsschreibung – vielleicht auch die „Amis" beteiligt waren:

=und=ich=lag da=im Lazarett, und die nächste Nacht haben sie dann=ins Lazarett bombardiert, der Russe und ich weiß nicht ob der Ami da mitgewirkt hat. Aber da haben=wir=was erlebt, das kann=ich Ihnen sagen [15].

Auf diese Textstelle folgt eine detaillierte Erzählung dieses Bombardements.

Die 1950 geborene Tochter dieses Mannes geht in der Konzentration auf das Leiden unter den „Russen" bei gleichzeitiger Ausblendung der Verbrechen der Deutschen und des Leidens der Opfer noch einen Schritt weiter als ihr Vater. Sie erzählt, ihr Vater sei in russischer Gefangenschaft beinahe das Opfer einer Massenerschießung von deutschen Gefangenen geworden. Herr Seewald dagegen berichtet auch auf Nachfragen der Interviewerin zu seinen Erlebnissen in der Kriegsgefangenschaft keineswegs von solchen Erschießungen. Erschießungen sind für ihn vielmehr ein Thema im Zusammenhang mit von Deutschen durchgeführten Verbrechen. Er erzählt z.B. von seinem Freund, der als Scharfschütze ausgebildet war, aufgrund von „mörderischen Befehlen Russen erschossen und verbrannt" habe und vermutlich als Kriegsverbrecher in der Sowjetunion inhaftiert wurde. Die textuelle Einbettung dieses Themas läßt die Annahme zu, daß das Sprechen über den Freund der indirekten Thematisierung eigener Handlungen dient.

Die sich bei Hans Seewalds Tochter Mechthild Kramer[16] andeutende Strategie der **„Opfer-Täter-Inversion"** findet ihre deutliche Fortsetzung bei Hans Seewalds Enkelin, der Tochter von Mechthild Kramer. Die Enkelin nimmt wie ihre Mutter eine **temporale Verschiebung** der Erlebnisse ihres Großvaters vor, in dem sie dessen Erlebnisse während des Krieges in der Sowjetunion – insbesondere die Begegnungen mit der russischen Zivilbevölkerung – derart präsentiert, als hätten sie in der Zeit seiner

Gefangenschaft stattgefunden. Indem sie fast ausschließlich über den Großvater als Kriegsgefangenen spricht, präsentiert sie ihn als Opfer und blendet seine aktive Zeit als Soldat bzw. Mitglied einer anderen Einheit aus.

Die Pseudo-Identifikation mit den Opfern

Neben der Dethematisierung und Schuldzuweisung an die Juden findet sich in der zweiten und dritten Generation noch ein auf der Oberfläche ganz anders erscheinender Typus im Umgang mit der Shoah und der Verstrickung der eigenen Familie in den Nationalsozialismus. Es handelt sich dabei um Vermeidungstendenzen, die sich gerade in einer verstärkten Annäherung an das Thema Juden und Judentum äußern können. Der von Frank Stern (1991) diskutierte Antisemitismus, der sich als Philosemitismus äußert, kann – wie unsere Fallanalysen zeigen – auch mit der Heirat eines jüdischen Ehepartners ausagiert werden. Inwiefern selbst die Konversion zum Judentum einer völligen Meidung der Auseinandersetzung mit der Familienvergangenheit dienen kann, verdeutlicht die Fallstudie von Dan Bar-On (1993b) über einen Rabbiner in Jerusalem, der als Sohn eines SS-Mannes den Kontakt zu seiner Familie in Deutschland völlig abgebrochen hat und die Einholung eines weiteren Wissens über die Vergangenheit des Vaters vermeidet. Ebenso zeigen die von uns bisher geführten Interviews mit Angehörigen der zweiten Generation, die einen Juden bzw. eine Jüdin geheiratet haben, inwiefern auch diese Ehen Vermeidungstendenzen dienen können. So kann mit der Strategie der **Pseudo-Identifikation mit den Opfern** die Übernahme der Perspektive der Opfer und die Auseinandersetzung mit den Tätern vermieden werden. Parallelisiert man das eigene Leiden mit dem Leiden der Nazi-Opfer und identifiziert sich mit ihnen, kann man einerseits einer Auseinandersetzung mit den Täteranteilen der Familienvergangenheit ausweichen und sich andererseits vor einer Empathie und Perspektivenübernahme mit den Opfern der Nazi-Verfolgung schützen (Rosenthal & Bar-On, 1992). Begibt man sich dann auch noch durch Heirat in ein jüdisches Teilmilieu, kann man sich selbst das Image eines über jeden antisemitischen Verdacht erhabenen Menschen geben.

Die Parallelisierung des eigenen Lebens mit dem von Nazi-Opfern wird deutlich im Interview mit Achim Svoboda[17]. Dieser 1944 in der Tschechoslowakei geborene Mann, der heute in der Bundesrepublik lebt, hat die Tochter von Eltern geheiratet, die beide als Juden in den Vernichtungslagern waren, und deren nahezu gesamte Verwandtschaft in Auschwitz vergast wurde. Er selbst kommt aus einer deutschstämmigen Familie aus der Tschechoslowakei. Sein Vater war Mitglied der Nationalsozialistischen Partei und wurde nach 1945 wegen Beteiligung an Nazi-Verbrechen zu 10 Jahren Haft verurteilt. Herr Svoboda präsentiert seine Familien- und eigene Lebensgeschichte als Biographie eines Stalinismus-Opfers. Er parallelisiert die Verfolgung der Juden bis 1945 mit der Verfolgung der Deutschen in der Tschechoslowakei nach 1945. Auf die Frage der Interviewerin, was es für ihn bedeutet, in eine Familie geheiratet zu haben, in der beide Schwiegereltern im Konzentrationslager waren, antwortet er:

> *Ich kann es natürlich sehr gut verstehen, weil ich dies in gewisser Weise auch selbst erlebt habe und kann es gut genug nachvollziehen.*

Er meint, die Schwiegermutter spreche viel darüber, es sei eine *gewisse Sätti-*
gungswelle erreicht und man hat das Gefühl,es müssen die Jalousien runter.

Nochmals danach gefragt, was er denn über die Vergangenheit der Schwiegereltern
erfahren habe, wird noch deutlicher, daß er einer Perspektivenübernahme ausweicht
und seine eigene Familiengeschichte mit der seiner Frau parallelisiert. Aus dem Aus-
reiseverbot in den sozialistischen Ländern schließt er:

Bin in so einer Situation groß geworden, so eines riesengroßen Konzentrationsla-
gers, wo man nicht rausdurfte. Im Grunde genommen von anderen Gegenden und Län-
dern hat man eigentlich nur in der Schule etwas erfahren.

Achim Svoboda hat diesen Umgang mit seiner Familiengeschichte auch an seine
beiden Töchter tradiert, die ihren Großvater als Opfer des Zweiten Weltkrieges (Kriegsgefangenschaft) und als Opfer des kommunistischen Regimes darstellen. Ihre Phantasien über den Tod dieses Großvaters, der vor ihrer Geburt gestorben war, gleichen den
Phantasien über den Tod der jüdischen Familienmitglieder mütterlicherseits, die in
Auschwitz ermordet wurden.

Die Familie Sonntag[18]

Im folgenden möchte ich am Beispiel der Familie Sonntag die Mechanismen des intergenerationellen Tradierungsprozesses innerhalb einer Familie aufzeigen und verdeutlichen, welche Funktion die Schuldzuschreibung an andere sowie die Dethematisierung des Themas „Judenverfolgung" im intergenerationellen Dialog haben. Dabei
kann auch gezeigt werden, wie es mit Hilfe von hermeneutischen Analysen lebens-
und familiengeschichtlicher Erzählungen, in denen über die Nazi-Verbrechen und generell über Juden kaum gesprochen wird, dennoch gelingen kann, die Funktion dieser
Dethematisierung zu rekonstruieren. Dazu wird es gerade notwendig sein, im Interview nicht nur nach Stellen zu suchen, die etwas mit dem Holocaust, resp. mit Antisemitismus, zu tun haben könnten, sondern sich zunächst auf die Analyse der Themen
zu konzentrieren, mit denen sich die Autobiographen in erster Linie beschäftigen[19].
Im zweiten Schritt der Analyse gehen wir dann der Frage nach, ob und inwiefern diese Themen zur Vermeidung des Themas Holocaust dienen. An dieser Stelle sei darauf
hingewiesen, daß wir im ersten Teil des biographisch-narrativen Interviews selbst keine Themenvorgabe machen. Wir bitten unsere GesprächspartnerInnen, ihre Familien-
und Lebensgeschichte zu erzählen, all die Erlebnisse, die ihnen wichtig sind, und sich
so viel Zeit zu nehmen, wie sie benötigen[20]. Meist folgt auf diese Erzählaufforderung
eine lange über Stunden andauernde biographische Erzählung, die von den InterviewerInnen durch keine weiteren Fragen unterbrochen wird. Damit sind die Auswahl der
Themen, die Ausführlichkeit, ihre Präsentation sowie deren sequentielle Gestalt von
den ErzählerInnen selbst bestimmt. Erst im zweiten Teil des Interviews, dem Nachfrageteil, stellen die InterviewerInnen Fragen zu dieser Haupterzählung.

In der Familie Sonntag haben wir beide Großeltern, Otto und Frieda Sonntag, den
1940 geborenen Sohn Eberhard und die 1945 geborene Tochter Ulrike interviewt. Des
weiteren befragten wir die Ehefrau von Eberhard und deren gemeinsamen Sohn Uli.
In der folgenden Falldiskussion werde ich mich auf den Großvater, den Sohn und den
Enkel konzentrieren.

In dieser Familie besteht sowohl für uns Interpretinnen, als auch für die Kinder und Enkel u.a. aufgrund einer Inhaftierung des Großvaters 1946 wegen der Anklage der Verbrechen gegen die Menschlichkeit, der Verdacht einer schuldhaften Verstrickung.

Otto Sonntag war in den 20er Jahren bereits als Jugendlicher Mitglied einer nationalsozialistischen Organisation, seit 1928 Mitglied in der SA, seit 1932 Mitglied in der NSDAP, später SA-Führer und als gelernter Architekt in der Funktion eines Regierungsbauinspektors während des Krieges tätig. Sowohl zum Charakter als auch zu den Orten seiner „Einsätze" macht er ungenaue und widersprüchliche Aussagen. Auch stimmen die Ortsangaben mit den Angaben, die seine Ehefrau machte, und mit den Auskünften, die wir aus den Archiven erhielten, nicht überein. In der recht kurzen Präsentation seiner Kriegszeit gibt Herr Sonntag an, als Bauingenieur zum Bau von Radaranlagen in Norwegen gewesen zu sein und erzählt dann ausführlicher über seinen Einsatz an der Nordfront bei Staraja Russa. Er gibt an, zur Beförderung vorgeschlagen, zum „Fronteinsatz" gemußt zu haben. Staraja Russa ist die einzige Ortsangabe im gesamten Kriegsbericht[21]. Ohne weitere Zeitangaben berichtet er von seiner Verwundung, seinem darauf folgenden Lazarettaufenthalt im Reichsgebiet, und daß er dann wieder nach Norwegen gekommen sei. Nach Archivauskunft war Herr Sonntag jedoch zunächst als Regierungsbauinspektor (Beförderung 1942) und ab 1944 als Regierungsbaurat im Dienst der Luftwaffe im Luftgaukommando München[22] tätig. Dies erwähnt weder er noch seine Ehefrau, Frieda Sonntag, die er 1935 heiratete, und die sich ebenfalls mit der NS-Bewegung stark identifizierte. Sie nimmt, was die Verschleierung der Kriegsvergangenheit ihres Mannes betrifft, in der Familie eine unterstützende Rolle ein.

Im Jahre 1946 wurde Herr Sonntag für 9 Monate inhaftiert, – nach seinen Angaben – abwechselnd von der französischen Besatzungsmacht in Württemberg und bei den amerikanischen Militärbehörden im ehemaligen KZ Dachau[23]. Die von 1945 bis 1948 im Rahmen von diversen Prozessen vor dem amerikanischen Militärgericht in Dachau internierten Gefangenen waren meist im Zusammenhang von Verbrechen in den Konzentrationslagern angeklagt[24].

Otto Sonntag selbst meint, die Vorwürfe gegen ihn hätten sich auf eine Täterschaft in Frankreich bezogen. Dies sei insofern unberechtigt, da er erst während seiner Kriegsgefangenschaft in Frankreich gewesen sei. Seine Erzählung über die Entlassung aus der Internierung und über seine Rehabilitierung ist sowohl vom Inhalt als auch von der Textstruktur her recht fragwürdig. Auf die vielen Verweise in seiner Lebenserzählung, die auf eine Täterschaft hindeuten, kann ich an dieser Stelle nicht weiter eingehen. Wichtig für die Familiengeschichte ist, daß aufgrund etlicher unplausibler oder verweigerter Aussagen seinerseits, sich Verdachtsmomente einer möglichen Täterschaft bzw. Fragen darüber seinen Angehörigen aufdrängen. Weichen sie diesen aus, bedarf es einiger Energie dafür. Die Verdachtsmomente, die wir als Interpretinnen anhand des Interviews mit Herrn Sonntag haben, setzen wir methodisch ein. Wir gehen der Frage nach, inwiefern in den Interviews mit den Kindern und den Enkeln ähnliche Verdachtsmomente latent oder manifest geäußert werden.

Betrachten wir zunächst, in welchem Kontext innerhalb des Interviews und wie Otto Sonntag selbst über seine Kriegszeit erzählt. Auf die Aufforderung, seine Familien- und Lebensgeschichte zu erzählen, folgt in aller Ausführlichkeit und klar strukturiert seine Lebensgeschichte bis ins Jahr 1939 (21 Seiten des Transkripts). Otto Sonntag gesteht dabei seine Begeisterung für den Nationalsozialismus und seine Mitgliedschaft in den diversen NS-Verbänden offen ein. Danach spricht er einige Zeit (4 Seiten) über das Thema „Die Kriegsschuld der Juden" und handelt erst danach in nur 5 Seiten recht chaotisch, mit vielen Abbrüchen und temporalen Sprüngen seine gesamte Zeit ab 1940 bis zur Entlassung aus der Gefangenschaft 1946 ab.

Der textuelle Rahmen des Themas „Die Kriegsschuld der Juden" ist nun recht interessant. Bevor Otto Sonntag darauf zu sprechen kommt, berichtet er davon, daß er bis 1940 beim Heeresbauamt im Rahmen der Wiederaufrüstung im Bereich des Kasernenbaus tätig war. An dieser Stelle bricht er die Linearität seiner Lebensgeschichte ab, und erst viel später erfahren wir, daß er danach im Reichsgebiet zur Luftwaffe kam. M.a.W.: Anstatt über seinen Einsatz nach der Arbeit beim Heeresbauamt und über seine aktive Teilnahme in dieser Phase an bestimmten Aktionen zu sprechen, argumentiert er mit der Schuld der Juden. Die darauffolgende Präsentation seiner Kriegs- und Gefangenschaftszeit ist damit eingebettet in die Erklärung, daß die Juden für diese Jahre verantwortlich zu machen sind.

Mit dem Eingangsstatement „Kam also das Jahr 1938, 1939" eröffnet er diese Sequenz über die Kriegsschuld der Juden:

Ich will jetzt nicht darauf gar nicht eingehen, es hat GRÜNDE GEGEBEN[25]*, daß man die Juden damals- insbesondere in Berlin, müssen Sie mal die Geschichte nachlesen ,was die Juden in Berlin für eine Rolle gespielt haben, ,die war nicht ganz sauber'. ... Das war – und jetzt kommt meine Nebenbemerkung, daß dieser– dieses unbewältigte Problem der Juden (2 Sekunden Pause) hat eigentlich (2) zum Weltkrieg geführt ((pointiert)). Es klingt komisch, aber es* ist *so. Denn damit hat das internationale Judentum, das in Ehren überall saß im – vor allen Dingen in Amerika auch heute noch, die haben dann natürlich gesagt: So lassen wir uns nicht behandeln als Juden in Deutschland, da muß auch etwas passieren.*

Inwiefern diese Schuldzuweisung der Vermeidung einer Erzählung über das eigene aktive Handeln im Krieg dient, wird nochmals im Nachfrageteil des Interviews deutlich. Darum gebeten, nochmals zu erzählen, wie er den Kriegsbeginn erlebt habe, antwortet Herr Sonntag:

Ich sag es Ihnen immer wieder, das ist nichts anderes wie die Vergeltung des internationalen Judentums gewesen, die gesagt haben, jetzt *haben wir sie und jetzt wird* nicht *nachgegeben.*

Neben der Zuschreibung der Kriegsschuld an das „internationale Judentum" verwendet Herr Sonntag im Kontext der Erzählung über seine Gefangenschaft und spätere Inhaftierung weit ausführlicher ein zweites Muster der Entschuldung, das für ihn, im Gespräch mit mir, vermutlich „ungefährlicher" erscheint. In verschiedenen thematischen Zusammenhängen weist er die Schuld den westlichen Alliierten zu. Angeklagt wird von ihm die alliierte Unrechtsjustiz mit ihren „menschenunwürdigen" Verfahren, und es wird auf die Hinrichtung vieler unschuldiger Männer verwiesen. Er empört sich über die in Dachau zur Identifizierung erfolgte Gegenüberstellung der Inhaftierten mit Überlebenden des ehemaligen Konzentrationslagers Dachau, da diese, nach seiner Ansicht, „zum großen Teil Kriminelle" waren. Die Schuld der angeklagten Nazi-Verbrecher thematisiert er dagegen kaum, vielmehr prahlt er damit, mit welchen NS-Größen er zusammen inhaftiert war.

Über die Verbrechen gegen die Menschlichkeit spricht er erst auf Nachfrage durch

die Interviewerin. Er gibt vor, erst während seiner Inhaftierung in Dachau davon erfahren zu haben. Auffallend und für die weitere Analyse der Familiengeschichte von
Bedeutung ist, daß er sich dabei auf das Thema „Leichenberge" und „Verbrennun-
gen" beschränkt. Er berichtet von Photographien, die die Alliierten ihm und den anderen Inhaftierten gezeigt haben und meint, darauf *effektiv zum ersten Mal* Leichenberge gesehen zu haben. Ich frage ihn, was er beim Ansehen empfunden habe, und er
antwortet:

Nur Abscheu. Ich habe es nicht verstehen können

Man könnte nun meinen, er habe die Ermordung dieser vielen Menschen nicht verstehen können. Die im direkten Anschluß folgenden Aussagen, die ich im Detail nun
betrachten und analysieren möchte, legen uns eine andere Annahme nahe. Er fährt ohne
Unterbrechung fort:

*die Leichen konnten – das ist – sie konnten ja diese Mengen gar nicht begraben
undsoweiter, daß sie die verbrannt haben, das ist äh durchaus so –,*

Otto Sonntag konnte also nicht verstehen, wie da noch Leichen vorhanden sein
konnten. Er spricht hier weiter über die Verbrennung der Leichen und fährt fort:

*gibt es manche Erklärungen dafür, sind nicht alle – so in dem Sinn so haben wir es
dann also, man hat es natürlich besprochen,*

Die Vermutung, daß er und die anderen Inhaftierten in Dachau, die genau wegen
dieser Verbrechen angeklagt und zum Teil zum Tod verurteilt wurden, darüber sprachen, wie es denn noch so viele Leichen geben konnte, obwohl die doch verbrannt wurden, gewinnt an Plausibilität. Auslegungsbedürftig ist nun insbesondere seine auf dieses Zitat weiter folgende Äußerung:

*so ist dies also dann auch nicht rausgekommen, äh daß nun alle jetzt nun brutal da
hineingeführt wurden vergast und weg.*

Was ist nun nicht herausgekommen? Otto Sonntag meint wohl jene Morde, bei denen es keine Spuren mehr gab, da die Leichen verbrannt werden konnten.

Mir drängt sich an dieser Stelle der Gedanke an die Aushebung der Massengräber
und die Verbrennung der Leichen im Osten auf, die zur Verwischung der Mordspuren
diente. Dazu die Aussage von Rudolf Hess in den Nürnberger Prozessen: „Die Asche
sollte derart beseitigt werden, daß man in späterer Zeit keinerlei Rückschlüsse auf die
Zahl der Verbrannten ziehen könne"[26].

Dieser Logik folgend, stellt dann auch Herr Sonntag die Zahl der Opfer in Frage.
Er meint, er habe in einem Buch von 350 000 statt von 6 Millionen gelesen. Sein Argument, es sei nicht herausgekommen, daß alle brutal hingeführt und vergast wurden,
wird damit plausibel.

Herr Sonntag verwendet in seinen Ausführungen für nationalsozialistische Kreise
ganz typische Argumentationsfiguren. Dennoch kann man annehmen, daß seine Konzentration auf das Thema der Verbrennung von Leichen fallspezifische Bedeutung hat.
Man kann sich z.B. fragen, ob die Verbrennung von Leichen mit den Nazi-Verbrechen, derer er angeklagt war, sowie mit seiner Tätigkeit als Baurat im Luftgaukommando München in Zusammenhang stehen. Uns Interpretinnen drängt sich in bezug
auf unsere Archivrecherchen[27] dabei die Frage auf, ob Herr Sonntag etwas mit dem
Bau von Verbrennungsanlagen in den KZs – wie etwa dem bei München gelegenen
KZ Dachau – zu tun hatte. Doch betrachten wir uns unabhängig davon bzw. unter Aus-
klammerung unserer Verdachtsmomente und unserer Archivauskünfte die Interviews
mit seinem Sohn und seinem Enkel.

Wie geht sein Sohn, der 1940 geboren wurde und heute Gymnasiallehrer ist, mit der Vergangenheit seines Vaters um? Eberhard Sonntag spricht im Interview dieses Thema nie direkt an. Er spricht weder von den Einsätzen des Vaters im Krieg, noch von dessen Vergangenheit als Nationalsozialist und SA-Führer. Seine Antworten auf die wiederholten Fragen der Interviewerin danach zeigen sehr deutlich, wie heftig er ein Wissen darüber abwehrt[28]. Das eine Mal gibt er an, sich nicht erinnern zu können, wo der Vater im Krieg war, das andere Mal meint er, es vergessen zu haben. Er kann sich zwar erinnern, daß der Vater während des Krieges auf Urlaub von Norwegen kam, doch ob er auch in Rußland oder in Frankreich war, meint Eberhard Sonntag nicht mehr richtig zu wissen. Zu Frankreich überlegt er:

Ich glaub, daß er auch in Frankreich war, aber wie gesagt ich weiß nicht all zuviel viel über seine Einsätze im Krieg. Einfach weil er von sich aus auch nichts erzählt hat und mich selber das auch nicht so brennend interessiert.

Interessierte sich Eberhard **brennend** dafür, würde es zu bedrohlich für ihn. Im übertragenen Sinne können wir es folgendermaßen formulieren: Anstatt sich dafür zu interessieren, spielt er lieber mit dem Feuer. Diese Annahme drängt sich im ganz wörtlichen Sinne auf, wenn man seine Erzählung über die Nachkriegszeit betrachtet. Er spricht nicht über die Inhaftierung des Vaters in Dachau, die für ihn, der damals als Sechsjähriger bereits in die Schule ging, vermutlich wohl nicht so angenehm war, sondern erzählt über seine Spiele in einem ehemaligen Bunker[29]. Oft hätten er und seine Spielkameraden da noch Blindgänger gefunden und: *manchmal hat man ein Feuerle gemacht und die da reingeworfen, sich dann mordsmäßig gefreut, wenn das Zeug geplatzt ist, und da gab es auch Verletzte.* Eberhard Sonntag freut sich also mordsmäßig, wenn Feuer und Explosion im Spiel sind. Er erzählt auch, einmal sei ein älterer Junge durch einen Splitter am Bein verletzt worden und habe geblutet. Dazu meint er: *Das hat mich dann auch beeindruckt, da schau hin, naja.*

Diese als „beeindruckend" und weniger als bedrückend dargestellte Verletzung eines anderen findet sich auch bei seinen Darstellungen eigener Verletzungen, insbesondere bei einer erlittenen Verbrennung. Mit ca. 18 Jahren veranstaltet Eberhard als Leiter einer Gruppe der evangelischen Jugend eine Sonnenwendfeier. Er läßt Holz sammeln und einen Holzstoß aufstapeln. Er selbst schüttet darauf einen Kanister Benzin, nimmt ein Streichholz und entzündet ein Stück Papier, um den Holzstoß in Brand zu setzen. Lachend erzählt er nun:

Ich war in kurzen Hosen und im kurzen Hemd und /mir hat's die die Beine/ ((lachend)) und die Arme ganz schön verbrannt. Also ich bin gerade noch am Krankenhaus vorbei gekommen. Dies war also /ein Erlebnis mit Feuer/ ((lachend)). Aber das hat mit dem Krieg nichts zu tun [30].

Man könnte dieses Lachen als Abwehr gegen die Erinnerung an diese Erfahrung deuten. Es drängt sich jedoch auch der Verdacht auf Selbstbestrafung auf. Wofür sich Eberhard Sonntag bestrafen muß, darauf verweist er an dieser Stelle bereits selbst, indem er eine Verbindung mit dem Krieg ablehnt. Diese Ablehnung ist um so auffallender, da es in den Sequenzen zuvor gar nicht um Krieg ging.

Inwiefern Feuer und Krieg für Eberhard Sonntag zwei verknüpfte Themen sind, wird deutlich, wenn man betrachtet, mit welchen Themen und Vorstellungen er sich hauptsächlich im Zusammenhang mit den Nazi-Verbrechen beschäftigt. Der immer wiederkehrende Topos sind die Verbrechen in Oradour, dessen Ruinen Eberhard Sonntag zusammen mit seiner Familie auch besichtigt hat. Dieser Massenmord wurde am 10.6.1944 von Angehörigen der 2. SS-Panzerdivision „Das Reich" auf ihrem Marsch von Südfrankreich in die Normandie begangen. „Unter dem Vorwand, die Dorfbewohner hätten Sprengstoff (und Partisanen, G.R.) versteckt, wurden sie auf dem Dorfplatz zusammengetrieben, Männer und Jugendliche sofort erschossen, die Frauen und Kleinkinder in der Dorfkirche lebend verbrannt und das Dorf dem Erdboden gleichgemacht" (Deutschland im Zweiten Weltkrieg, 1986, S. 651). Eberhard Sonntag quält sich immer wieder mit der Frage:

Ich stelle mir immer wieder die Frage, wie hättest du dich verhalten in so einer Situation und eh- (2 Sek. Pause) wer in den Guerillakrieg geht, wer in den Widerstand geht, die Uniform auszieht und von hinten her die Soldaten niedermacht, der muß damit rechnen, daß man keine Gnade kennt, wenn man ihn erwischt. Das sind die auch eingegangen dieses Risiko.

Eberhard Sonntag übernimmt hier die Ansicht des Oberkommandos der Wehrmacht, das den französischen Résistancekämpfern die Anerkennung als reguläre Soldaten verweigerte und den Befehl gab, Gefangene völkerrechtswidrig zu erschießen. Doch er geht noch einen Schritt weiter, versetzt sich in die Situation des befehlshabenden Offiziers und sieht für diesen kaum eine Handlungsalternative zur Ermordung von Zivilisten. Auch überlegt er sich, ob er Menschen in eine Kirche treiben und dieselbe anzünden könnte:

Ich weiß nicht, ich glaube nicht, daß ich auch unter den extremsten Bedingungen dieses getan hätte, daß ich also Zivile, auch wenn die ihre Widerstandskämpfer versteckt haben und gedeckt haben, in eine Kirche getrieben hätte und Feuer hätte legen lassen. Also ich ich ich glaub nicht, daß ich, daß ich dazu in der Lage gewesen wäre, aber ich lege für niemanden auch nicht für mich da die Hand ins Feuer.

Nicht einmal für sich selbst kann er da die „Hand ins Feuer legen", wie sollte er es dann für den Vater tun können. Erinnern wir uns an sein Lachen bei der Erzählung über seine Verbrennung beim Sonnenwendfeuer, wird mit dieser Textstelle die Annahme einer möglichen Tendenz zur Selbstbestrafung weiter plausibel. Eberhard Sonntag wehrt mit allen Mitteln eine Anklage des Vaters und ein Nachdenken über dessen mögliche Teilnahme an den Verbrechen ab. Von der Interviewerin nach Phantasien über die Taten seines Vaters gefragt, antwortet er: *Meinen Sie, ich stelle mir vor, mein Vater hat einen Auftrag ‚ein Tal zu durchforsten und nach Partisanen zu suchen?* Er weist diesen selbst imaginierten Inhalt der Frage zurück und meint *Ich stelle mir die Frage eigentlich weniger auf den Vater bezogen, das interessiert mich nicht so wie auf mich selbst bezogen.* Anstatt sich mit der möglichen Schuld seines Vaters auseinanderzusetzen, plagt er sich mit seiner eigenen potentiellen Schuld. Dieser Mechanismus ist bei Söhnen und Töchtern von Nazi-Tätern, die sich selbst der Schuldfrage nicht stellten, häufiger zu beobachten[31].

Um sich von der Schuld des Vaters sowie seiner eigenen potentiellen Schuld wieder zu entlasten, setzt sich Eberhard Sonntag im Interview immer wieder mit dem Unrecht der französischen Résistance auseinander. Sein Hauptthema im Zusammenhang mit den Nazi-Verbrechen ist die Rechtmäßigkeit der Partisanenbekämpfung, die auch von den Angehörigen der Wehrmacht sowie anderer NS-Verbänden als Legitimation für ihr Morden angeführt wurde. Selbst die Massenerschießungen der jüdischen Bevölkerung in Rußland wurde in Verbindung mit der Partisanenbekämpfung legitimiert (vgl. Browning, 1993; Krausnick, 1985, S. 214ff).[32]

Daß Widerstandskämpfer bzw. Partisanen und KZ-Häftlinge bzw. Juden bei Eberhard Sonntag zwei assoziierte Themen sind, wird im Interviewtext deutlich. So erzählt er z.B., er sei einmal bei Franzosen eingeladen gewesen, und die hätten einen Gast gehabt: *also der war- eh war er jetzt im Konzentrationslager oder war er im Widerstand?* Er kann sich daran nicht mehr erinnern, auch nicht, was dieser Gast damals erzählt habe, nur, daß er selbst anderer Meinung als dieser war und ihm „die Meinung gesagt" habe. Danach gefragt, ob dieser Mann nun im KZ gewesen sei, meint er dann: *vielleicht hab ich es verdrängt.*

Es wird deutlich, welche Funktion die Auseinandersetzung mit der französischen Résistance und mit Partisanen haben kann. Sie dient Eberhard Sonntag dazu, die rassische Verfolgung zu dethematisieren. Läßt sich bei ermordeten Résistancekämpfern noch im Kontext eines militärischen Vorgehens während des Krieges argumentieren, wird dies beim Thema ermordeter Juden schwieriger. Spricht Eberhard Sonntag allgemein von Konzentrationslagern, dann tauchen Juden auch nicht als Personen auf. Ja, er wehrt sich überhaupt gegen die öffentliche Dokumentation der Verbrechen in den KZs. Bei einem Besuch des im Elsaß gelegenen Konzentrationslagers Strutthof/Natzweiler – zunächst spricht er immer wieder von Stutthof, wie das KZ in der Nähe von Danzig hieß – empört er sich sehr, daß man junge Elsässer da hinführt *und dies alles so konkret denen vor Augen führt, was die bösen Nachbarn im Osten getrieben haben.*

Fast zu Ende des Interviews spricht Eberhard Sonntag dann doch noch von Juden. Die Juden treten in dieser Sequenz jedoch keineswegs als Opfer auf, sondern vielmehr als Richter im Eichmann-Prozeß. Es lohnt sich die Textstelle genauer zu beleuchten:
Die Israelis haben sich den Eichmann geholt und haben ihn eingeäschert. Dies war von vornherein natürlich klar,
Er spricht hier also nicht über das Gerichtsverfahren, sondern gleich über die Verbrennung der Leiche Eichmanns und fährt fort:
und irgendwo kann ich's verstehen, wenn man soviel erduldet hat und man hat jetzt einen, an dem man dies festmachen kann, daß man da seinen Zorn ausläßt. Ich mein, das war eine symbolische Geste dessen Asche dann über dem Meer zu verstreuen, für die Israelis noch viel mehr als als für uns, denn wenn man weiß, was für den Juden die Beerdigung bedeutet, dann ist das praktisch eine Verurteilung in die Ewigkeit über den Tod hinaus.
In dieser Textstelle nimmt Eberhard Sonntag zum ersten Mal im Interview das Wort „Jude" in den Mund und spricht in der typisch antisemitischen Weise im Singular. Er meint zwar, das Verhalten der Israelis verstehen zu können, doch fügt er es in Kategorien persönlicher Rache, – wie Zorn auslassen –, ein und nicht in Kategorien der Rechtssprechung und Strafverfolgung. „Der Jude" wird hier also gegen Ende des Interviews in seiner Rolle als Rächer und nicht als Verfolgter eingeführt. Anstatt, wie der Vater, an die verbrannten Leichen von Juden zu denken, spricht Eberhard Sonntag über die verbrannte Leiche Eichmanns und dethematisiert damit den Holocaust.

Hier zeigt sich die Parallele zu seiner Beschäftigung mit der französischen Résistance. Indem dieser Angehörige der 2. Generation von Nazi-Eltern sich in seinem Nachdenken auf die aktiven Handlungen als Widerstandskämpfer und Richter der von den Deutschen verfolgten Menschen und nicht auf deren Erleiden konzentriert, entzieht er sich dem Nachdenken über die aktiven Handlungen der Deutschen im Vernichtungsprozeß.

Vollziehen wir einen Perspektivenwechsel und beschäftigen wir uns mit dem **Enkel, Eberhard Sonntags Sohn. Uli Sonntag** ist 1971 geboren. Während seiner Schulzeit ist er bereits politisch sehr aktiv und wird Mitglied einer rechtsgerichteten Umweltpartei. Nach dem Abitur durchlebt er einen politischen Richtungswechsel und leistet seinen Zivildienst zwei Jahre lang im Rahmen von „Aktion Sühnezeichen" in Frankreich. Er arbeitet in der Nähe eines Ortes, der 1944 von Polizei- und SS-Einheiten zerstört wurde. Auch hier wurden Frauen und Kinder in einer Kirche verbrannt.

Im Unterschied zum Vater versucht Uli diese Verbrechen nicht zu rechtfertigen. Er entlastet nur die Deutschen, indem er meint: *Es war ja nicht nur eine deutsche SS-Einheit, sondern auch viele Strafgefangene aus Rußland, die da hingeschickt wurden.*

Während seiner Zeit in Frankreich erlebt Uli einen Wohnungsbrand, bei dem er völlig panisch reagiert. Bis heute verfolgt ihn die Angst vor Feuer. Immer wieder träumt er, er befinde sich in seinem alten Kinderzimmer, es brenne, und er komme nicht mehr aus dem Zimmer. Überhaupt hat Uli starke Ängste, Verfolgungsängste, die er auf die Angst vor Skinheads und Neo-Nazis kanalisiert.

Uli Sonntag setzt sich nun viel stärker als sein Vater mit der Vergangenheit seines Großvaters auseinander. Ganz zögernd nähert er sich der Frage, was hinter der Inhaftierung des Großvaters in Dachau verborgen liegen könnte. Er meint, er habe da seine Phantasien, ohne sie im Interview jedoch äußern zu können. Indirekt wird dennoch deutlich, mit welchen Phantasien er sich plagt, ohne sich allerdings über den Zusammenhang mit der vermeintlichen Vergangenheit des Großvaters bewußt zu sein.

Uli spricht über die Nazi-Verbrechen vor allem im Zusammenhang mit seinen Erlebnissen im Rahmen von Aktion Sühnezeichen. Einmal war er mit anderen Jugendlichen auf einem jüdischen Friedhof, um dort Unkraut zu jäten (!), des weiteren besuchten sie die KZ-Gedenkstätte Stutthof in Polen. Auf die Detaillierungsfrage, was er vom Besuch in Stutthof noch erinnere, beschreibt er zuerst den Platz, wo ehemals der Scheiterhaufen[33] war – und in der Sprache von Uli – *wo die Leiber verbrannt wurden.* Wie seine Ausführungen zum Thema der Nazi-Verbrechen zeigen, ist das **Verbrennen von Menschen** – auf dem Scheiterhaufen oder eingesperrt in einer Kirche – zentraler Bestandteil seiner Phantasien. U.a. meint er zum Scheiterhaufen in Stutthof: *Wo ich mir auch nicht ganz sicher bin, ob sie da nicht auch Leute drauf geschmissen haben, die noch ein bißchen gelebt haben.* Dabei erschrickt er wie an so vielen anderen Stellen im Gespräch über seine Formulierung *ein bißchen gelebt* und meint, daß er manchmal bei diesem Thema schon gelacht habe. Er erklärt sich sein Verhalten mit der Groteskheit dieser Situationen, in denen nichts mehr normal gelaufen sei und reflektiert seine Gefühle, die ihn ängstigen:

Wenn ich darüber nachdenke, ja das ist jetzt das Schlimme dabei (4), also dann spüre ich ein Interesse daran, wie es zu so einer Situation- wie- (2) ein Interesse an dieser GROTESKHEIT[34] (2) es is SCHLIMM.

Auf diese Äußerung hin verbrennt er sich nun beinahe mit der Stichflamme seines Feuerzeugs. Dies geschieht nicht das erste Mal während des Gesprächs. Uli hat das Feuerzeug auf höchste Flamme gestellt, und beim Anzünden seiner Zigaretten schreckt er jedesmal ängstlich vor der Flamme zurück. An dieser Stelle sage ich zu ihm: *Willst Dich aber nicht selbst bestrafen.* Er antwortet: *Nein, manchmal ja.* Ohne weitere Pause, die er ansonsten häufig und vor allem auffallend lange macht, erzählt er daraufhin über eine Begegnung mit jungen Israelis und meint: *ganz komisches- also- (1) anders gegenübergetreten bin, weil ich wußte, sie sind Juden.* Der thematische Zusammenhang dieser aufeinanderfolgenden Sequenzen ist also: das Verbrennen von „Leibern" in Stutthof, sein Sichselbstbestrafen mit Stichflammen und die Begegnung mit Juden in der Gegenwart.

Nach dem Thema „Begegnung mit den Israelis" liest Uli aus seinen Tagebuchaufzeichnungen vor, die in der Zeit des Aufenthalts in der Gedenkstätte Stutthof entstanden sind. Es geht um ein Gedicht, in dem er von sich im Plural der Toten schreibt, denen in der Gaskammer und im Krematorium der Glauben weggenommen wurde. Er spricht von „unserer Asche" und „unserem Verbrennen" auf dem Scheiterhaufen. Auch seine weiteren Aufzeichnungen sind ganz aus der Perspektive der Häftlinge geschrieben, denen – wie Uli betont – die Menschlichkeit geraubt wurde.

Von den Tätern spricht er nicht und macht sich damit selbst zum Opfer von anonymisierten Tätern. Darauf angesprochen, ob er sich selbst in der Position des Häftlings sehe, entzündet er die hohe Flamme seines Feuerzeugs, schreckt vor der Flamme zurück und meint, er sehe sich auch ständig in der Rolle des Täters. Er argumentiert, jemand wie er, der sich derart anpasse und konfliktscheu sei, könne zum Täter werden, indem er Befehle einfach befolge. Seine Angepaßtheit und Bereitschaft zur „Befehlserfüllung" bemerke er insbesondere bei seinem Verhalten gegenüber seiner Herkunftsfamilie, deren Erwartungen er immer gerecht zu werden versuche.

Zunehmend wird deutlich, daß sich in dieser Familie auch der Enkel wie bereits der Sohn mit der Frage nach einer eigenen potentiellen Täterschaft quält, gleichzeitig jedoch die tatsächlichen Täter anonym bleiben. Der Enkel in dieser Familie geht allerdings einen wesentlichen Schritt weiter als sein Vater. Während sich Uli selbst offen für ein potentielles unmoralisches Handeln anklagt, versucht Eberhard dagegen, mit der Übernahme der Täterperspektive die Täter zu entschulden und die Schuld den Opfern zuzuweisen. Die Strategie der Schuldzuweisung an die Opfer läßt sich dagegen beim Enkel keineswegs finden. Bei ihm zeigen sich andere Vermeidungstendenzen. Sowohl bei seiner Erzählung über den Besuch in Stutthof als auch bei der Schilderung seiner Arbeit auf dem jüdischen Friedhof wird deutlich, wie er mit dem Thema „Schönheit der Natur" dem Thema „Schrecken über die Verbrechen" ausweichen möchte. Zum Besuch des Friedhofs meint er:

und dann einfach dieser also wunderbare Friedhof, diese Atmosphäre dann da noch durchzugehen. Wir haben dann ein bißchen eine Führung gemacht, wie die die Grabsteine da umschlungen sind von dem Efeu und eigentlich schon zerfallen. Du merkst wie die Natur da Besitz genommen hat.

Neben Ulis bewußter Intention, „nicht zu vergessen", deutet sich hier der unbewußte Wunsch an, die Geschichte mit Hilfe der Natur zuwachsen zu lassen. So meint er dann auch: *Na zuerst so irgendwie die Gedanken, warum eigentlich dieses Unkraut jäten wo es doch so schön aussieht, wenn es überwuchert.* Interpretieren wir diese Aussage in ihrer übergreifenden Bedeutung, so läßt sich die Annahme formulieren, daß Ulis Beziehung zur Natur und sein Engagement für den Umweltschutz dem „Verdecken" dienen. Er möchte unbewußt mit der Natur die Verbrechen verhüllen. Es verwundert dann auch nicht, daß Uli sich nicht mehr an den Namen erinnern kann, der auf dem Grab stand, das er vom Unkraut befreite.

Ulis Wunsch, zu verhüllen und dennoch aufzudecken, zeigt sich auch immer wieder, wenn er über den Großvater Otto spricht. So klagt er ihn wegen seines immer wieder geäußerten Antisemitismus an, doch es gelingt ihm nicht, den Großvater zu zitieren. Er erzählt von den vielen Situationen, in denen das Thema Juden „im Raum steht", der Großvater irgendwelche Bemerkungen mache und eine ziemliche Aggressivität spürbar sei. Von der Interviewerin gebeten, dazu eine Situation zu erzählen, beginnt er eine Geschichte, kommt jedoch zunehmend ins Stammeln und Stottern und kann die Aussagen des Großvaters, die ihm in den Sinn kommen, nicht aussprechen. Immer wieder wird im Interview deutlich, daß Uli seinen Großvater schützen muß, ihn nicht anklagen kann, um – wie er selbst sagt – ihn nicht zu verletzen. Er muß ihn auch deshalb schützen, weil er sich selbst nicht verletzen möchte. Ulis Umgang mit dessen Vergangenheit ist ein ständiges Pendeln zwischen Aufdecken und Verhüllen. Wie das Interview und einige Nachgespräche mit ihm zeigen, quält ihn die Unaufrichtigkeit des Großvaters. Er spürt die Fragwürdigkeit der Aussagen seines Großvaters; dies führt dann auch so weit, daß er selbst in alltäglichen Situationen manchmal an den Versionen von erzählten Geschichten seines Großvaters zweifelt. Während sein Vater die Version einer unrechtmäßigen Inhaftierung des Großvaters in Dachau nicht weiter hinterfragt, beschäftigt sich Uli mit der Undurchsichtigkeit dieses Bestandteils der Familiengeschichte. Um zu verdeutlichen, wie sehr ihn dies bedrückt, sei die folgende Textstelle mit den parasprachlichen Bekundungen zitiert:

*Natürlich hab ich DA meine Pha- DA hab ich **natürlich** Phantasien also warum, sagt er mir er hätte nich verstanden, ähähähäh äh, warum sie ihn nochma nach DAchau, ähähm (1) gebracht ham ja=erstmal so die Fragen, ja war=ähäh (1) wer is da nochmal alles nach Dachau gebracht worden, **warum** wer=äh, was war da der Sinn ja=v=v=v- vermutlich Offiziere oder=äh, ähäh Leute die: (1) \na vielleicht' ((tonlos flüsternd))\ ((atmet aus)) (1) na **Kriegs**ver**BRE**cher auch zum- zum Teil die dann, denen ma noch mal d-, so=ä ei Art Entnazifizierung ihnen zeigen wollte was, ähäh wie son Konzentrationslager aussieht weil se=äh- (1) ((klopft auf den Tisch)) also wurde ja au nich mit **JE**dem gemacht, fü- ä da überleg ich mir **schon** warum und was äh steckt da dahinter ((sehr lebhaft))\ und warum muß er sagen er- er **versteht** das noch nich wie **meint** er das.*

Daran anschließend drückt er sein Unverständnis über des Vaters mangelnde Nachfragen aus:

mein Vater muß doch auch ein Bedürfnis haben dieses zu wissen, er hat sicher auch ein bestimmtes Bild von der Geschichte vermittelt bekommen ... .wenn der da ne bestimmte Vorstellung im Kopf hat und die aber nicht mit der Realität dann überprüft und nicht nachfragt ... aus Angst.

Resümee

Die Fallanalyse der Familie Sonntag verdeutlicht, inwiefern die von den Großeltern nicht geleistete Trauerarbeit, die aus der Dehumanisierung der Opfer, einer Akzeptanz der Verfolgung während des Nationalsozialismus oder der Mitwirkung an den Verbrechen folgt, bei den Kindern und Enkeln dazu führen kann, daß sie mit jenen Ängsten – wie die Angst vor der Aufdeckung der Verbrechen oder vor der Rache der Opfer – und Schuldgefühlen kämpfen müssen, denen die erste Generation ausgewichen ist. Wie auch in anderen von uns befragten Familien blockieren hier nicht nur die Großeltern mit widersprüchlichen Aussagen, Gesprächsblockaden und unglaubwürdigen Geschichten die Möglichkeiten eines offeneren Dialogs, sondern auch ihre Kinder und Enkel sind am Abdunkeln der Familienvergangenheit interaktiv beteiligt. Während in den Familien von prominenten Nationalsozialisten oder in Familien, in denen es öffentliche Gerichtsverfahren gegen die Großeltern gab, die Kinder und Enkel sich mit den bekannten Fakten auseinandersetzen müssen bzw. diese leugnen oder einer Thematisierung ausweichen können, steht diese Familie beispielhaft für all die Familien, in denen kein konkretes Wissen über die Vergangenheit, sondern nur Andeutungen zwischen den Zeilen und Vagheiten vermittelt wurden und immer noch werden. Wie auch das Interview mit Eberhard Sonntags Schwester zeigt, bedürfen in dieser Familie beide Kinder erheblicher Anstrengung, um einer Realisierung der Bedeutung der widersprüchlichen Aussagen der Eltern und den vermittelten Fragmenten der Familiengeschichte auszuweichen. Der Enkel bringt hier selbst zum Ausdruck, wie er sich einerseits einen offeneren Dialog mit dem Großvater wünscht und ihn andererseits jedoch sehr fürchtet; er erklärt sich auch des Vaters Schweigen mit Angst.

Die Abwehr einer Aufdeckung der Familiengeschichte führt jedoch keineswegs zur Ablösung von der Familienvergangenheit, sie hält Kinder und Enkel vielmehr an die problematischen Anteile der Familiengeschichte gebunden und blockiert damit erheblich die Ablösungsprozesse vom Elternhaus und die Autonomieentwicklung. Anstatt sich mit der Realität zu konfrontieren, gewinnen dann die Phantasien an Macht, und dies kann wie bei Eberhard und Uli Sonntag dazu führen, daß sie sich mit Phantasien über ihre möglichen Täteranteile quälen und Tendenzen zur Selbstbestrafung entwickeln.

In der Abwehr einer Selbstanklage und der damit zusammenhängenden Schuldgefühle kann dann ein sekundärer Antisemitismus nicht nur in der Form der Dethematisierung, sondern in recht manifester Weise entstehen. Es entstehen Aggressionen gegen die Opfer, denen man die ihnen angetane Schuld nicht verzeihen kann (vgl. Jokl, 1961) oder auch gegen all diejenigen, die an die Nazi-Verbrechen erinnern. Die Aggressionen richten sich dann nicht gegen die ehemaligen Täter oder gegen die heute immer noch vorherrschende Unaufrichtigkeit, sondern vielmehr gegen diejenigen, die von den Taten sprechen und die Täter benennen könnten.

Bei der vorgestellten Familie zeigt sich jedoch bei allen Belastungen, denen der Enkel ausgesetzt ist, wie sehr er sich einer Aufarbeitung stellt, während sein Vater noch mit der Strategie der Schuldzuweisung an die Opfer ein weiteres Nachdenken über die Verbrechen abwehrt und damit die belastete Familienvergangenheit repariert. Wie in einigen weiteren von uns befragten Familien agiert hier der Enkel mit auf seinen Phantasien basierenden Symptomen die Vergangenheit aus. Seine Phantasien zur „Verbrennung von Menschen" finden wir wieder in seinen Alpträumen, seiner Identifikation mit den verbrannten Menschen und seiner Art von Selbstbestrafung; er agiert die Schuld seiner Familie mit Selbstanklage und Verfolgungsängsten aus. Wie unsere Analysen von Familien sowohl von Tätern wie auch von Opfern deutlich zeigen, korrespondieren die von der 2. und 3. Generation entwickelten Phantasien zur Vergangenheit in ihren inhaltlichen Ausprägungen in auffallender Weise mit den konkreten Erlebnissen der Großelterngeneration. Doch gerade in der Symptomentwicklung liegt die Chance einer Aufarbeitung der psychisch belastenden Familienvergangenheit. Von daher ist die Lebensgeschichte von Uli Sonntag m.E. auch weit weniger bedrückend als jene von Enkeln und Enkelinnen, die noch auf der Stufe ihrer Eltern verharren und mit den Strategien der Dethematisierung, Schuldzuweisung an die Opfer oder Pseudo-Identifikation mit den Opfern einer Aufhellung der Familienvergangenheit ausweichen[35]. Ich gehe davon aus, daß die Konfrontation mit der eigenen Familienvergangenheit eine notwendige, wenn auch nicht hinreichende Bedingung für die Perspektivenübernahme und Empathie mit den Opfern ist.

Anmerkungen

[1] Die Studie findet im Rahmen eines Projektes der Deutschen Forschungsgemeinschaft unter Leitung von Prof. Dr. Fritz Schütze (Universität Magdeburg) in Zusammenarbeit mit Prof. Dr. Dan Bar-On (Ben Gurion University of the Negev, Israel) statt, vgl. Rosenthal u.a., 1994; Rosenthal, 1994. Neben der Befragung von Familien mit Angehörigen, die im Nationalsozialismus zu den Mitläufern und den Tätern gehörten (n=10), werden des weiteren Familien von Opfern des Nationalsozialismus in Deutschland und Israel (n=20) befragt. Bettina Völter arbeitet in der Bundesrepublik als weitere wissenschaftliche Mitarbeiterin an dieser Studie mit. Die im folgenden diskutierten Beispiele aus Interviews basieren auf unserer gemeinsamen Arbeit.

[2] Es handelt sich um verdichtete hermeneutische Rekonstruktionen von biographischen Selbstzeugnissen in Realtypen resp. in eine strukturale Typologie. Im ersten Teil des Artikels haben die Zitate bei der Art der Darstellung zwar illustrativen Charakter, sie geben jedoch in typischer Weise die auf Fallrekonstruktionen basierende Typologie von Reparaturstrategien wieder. Empirische Grundlage sind rund 100 biographisch-narrative Interviews. In der Großelterngeneration wurden Interviews mit Angehörigen der Jahrgänge 1888-1930 in die Analyse einbezogen. Die InterviewpartnerInnen stammen aus allen Bevölkerungsschichten, wobei unsere Analysen sehr deutlich zeigen, daß weder die Schichtzugehörigkeit noch das Geschlecht (vgl. Grote & Rosenthal, 1992) im Zusammenhang der hier beschriebenen Phänomene strukturbildende Variablen sind.

[3] Journalistische Arbeiten zum Thema Kinder von Nazi-Tätern sind von Peter Sichrovsky und von Dörte von Westernhagen jeweils 1987 erschienen. Niklas Frank publizierte im gleichen Jahr seine „Abrechnung" mit dem Vater. Seit 1989 liegt nun auch eine sozialwissenschaftliche Studie von dem israelischen Psychologen Dan Bar-On vor.

[4] Zum Konzept der Generation und Generationenabfolge in Familien vgl. Rosenthal, 1994.

[5] Zur Differenz resp. dialektischen Beziehung zwischen erlebter und erzählter Lebensgeschichte vgl. Rosenthal, 1995.

[6] Zu den Phasen der staatlichen Maßnahmen gegen die jüdische Bevölkerung vgl. Hofer, 1985.

[7] Die Analysen von Bergmann & Erb (1991) weisen einen hohen Zusammenhang zwischen Kommunikationsscheu und Antisemitismus ($r=0.47$, $p < .001$) auf.

[8] Der Name ist wie alle weiteren anonymisiert. Hans Seewald wurde von Bettina Völter interviewt. Nach entsprechenden Archivauskünften konnten bei Herrn Seewald keine Hinweise auf einen Einsatz als Soldat im Rahmen der Wehrmacht gefunden werden. Zur Fallanalyse der Familie Seewald Kramer vgl. Rosenthal u.a., 1994, S. 9-27.

[9] Diese absurde Deutung findet gewisse Entsprechung in den antizionistischen und antijüdischen Argumentationen der KPdSU und der SED in den 50er Jahren, nach denen alle zionistischen Organisationen als Vasallen des amerikanischen Imperialismus ausschließlich den Interessen der Kapitalisten dienen. Entsprechende Quellenzitate aus Publikationen in den Massenmedien siehe Diehl, 1993.

[10] Vgl. die ausführliche Falldarstellung in Rosenthal,1990, S. 193-215.

[11] Zum Mechanismus der Schuldverschiebung auf die Opfer vgl. die Fallanalyse von Jokl, 1961.

[12] Die Studie von Browning (1993) über ein Polizeibataillon ist eine der wenigen, in der anhand von Zeugenaussagen der Vorgang der Vernichtung in der Sowjetunion und in Polen en detail rekonstruiert wird. Bei den beschriebenen Massakern wird z.B. deutlich, wie entgegen der Vorstellung eines anonymen Tötens einer mit dem Rücken aufgestellten Reihe von zu erschießenden Menschen, die Täter ihre einzelnen Opfer aussuchten oder zugeteilt bekamen und mit ihnen teilweise vor der Ermordung durch Genickschuß noch Gespräche führten (S. 86ff).

[13] Bisher konnte „kein Fall nachgewiesen werden, in dem ein Befehlsempfänger wegen der Ablehnung oder Nichtausführung eines verbrecherischen Befehls Schaden an Leib oder Leben genommen hat" (vgl. Jäger, 1982, S. 158). Neben den bei Jäger diskutierten Fällen zeigt auch Brownings Studie (1993) vielmehr, wie den Mitgliedern eines Polizeibataillons die Teilnahme an den Massakern freigestellt wurde.

[14] Vgl. die Broschüre zur Gedenkstätte (Dietz-Verlag, o.J.) oder Buchenwald (1988).

[15] Die im folgenden verwendeteten Transkriptionszeichen sind: , = kurzes Absetzen; (4) = Dauer der Pause in Sekunden; ja: = Dehnung; ((lachend)) = Kommentar der Transkribierenden; / = Einsetzen des kommentierten Phänomens; nein = betont; NEIN = laut; viel- = Abbruch; „nein" = leise; Ja=ja = schneller Anschluß

[16] Mechthild Kramer wurde von Bettina Völter und der Autorin interviewt.

[17] Achim Svoboda wurde von Bettina Völter interviewt. Zur Fallanalyse dieser Familie vgl. Rosenthal u.a., 1994, S. 35-41.

[18] Die einzelnen Interviews in dieser Familie wurden von Bettina Völter und mir durchgeführt.

[19] Zur Methode hermeneutischer Fallrekonstruktionen - insbesondere der thematischen Feldanalyse - vgl. Rosenthal, 1993b; 1995

[20] Zur Methode des narrativen Interviews vgl. Schütze, 1983 und Rosenthal, 1995.

[21] Bei der Einnahme dieses Gebiets Staraja Russa am Ilmensee im August 1941 war der 16. Armee das Sonderkommando 1b zugeteilt (vgl. Krausnick, 1985, S. 153ff) An dieser Nordwestfront begann die sowjetische Offensive am 7. Januar 1942.

[22] Die letzte Beförderung erfolgte 1944 in einer Zeit, in der nur noch wenig gebaut wurde, abgesehen von drei Ausnahmen: Kasernen, Lagerräume etc. für die Wehrmacht, Kasernen für die SS sowie Erweiterungen von Konzentrationslagern.

[23] Wie bereits bei seinen Angaben zu seinen Aufenthalten während des Krieges, zeigen sich auch hier Differenzen mit den diversen Archivauskünften, die wir aus Anonymitätsgründen nicht en detail angeben können.

[24] Vgl. Marcuse, 1990.

[25] Fettgedruckt und in Großbuchstaben = laut.

[26] Zitiert nach Klee u.a., 1988, S. 246.

[27] Aus Gründen der Anonymität bzw. des Personenschutzes können jeweils keine genauen Angaben über die Archivrecherchen wie auch -auskünfte gegeben werden.

[28] Im Interview mit seiner Schwester erfahren wir, daß sie ihn mit der SA-Mitgliedschaft des Vaters erst vor kurzem konfrontiert habe, woraufhin er meinte: „Das glaub ich nicht".

[29] Selbst wenn wir annehmen, daß diese Spiele für den damals 6jährigen biographisch relevanter als die Inhaftierung des Vaters gewesen sind und damit die heutige Präsentation Ausdruck seiner Vergangenheitsperspektive sei, ist die in der Interviewsituation undurchbrochene, ohne Distanzierungen erfolgte Darstellung des 43jährigen Erzählers auslegungsbedürftig.

[30] / = Einsetzen und Ende des kommentierten Phänomens - hier Einsetzen des Lachens.

[31] Dies zeigt sich in den Interviews von Dan Bar-On (1993a), Peter Sichrovsky (1987) und Dörte von Westerhagen (1987).

[32] Unter dem Vorwand der Bandenbekämpfung wurde die Vernichtung der Juden forciert. „...tatsächlich aber hatte übernommenes Vorurteil und jahrelange Hetze bei vielen Soldaten und Offizieren eine innere Bereitschaft erzeugt, die Juden in den besetzten Ostgebieten von vornherein, Partisanen, ‚Partisanenverdächtigen' oder ‚Partisanenhelfern' gleichzuachten" (Krausnick, 1985, S. 217). Es wurde propagiert, daß die Verbindungen der Partisanen-Abteilungen untereinander „vor allem durch Juden" unterhalten würden und von daher die Ortschaften „judenfrei" zu machen seien. (ebenda).

[33] Da das Krematorium in Stutthof während der Typhusepidemie um die Jahreswende 1944/45 das Verbrennen der Leichen nicht schaffte, „wurde nördlich vom Neuen Lager ein Scheiterhaufen aufgestellt. Die Leichen wurden in Schichten gehäuft und mit Brennstoff begossen, damit sie besser brannten" (Skutnik, 1979, S. 22).

[34] Fettgedruckt und in Großbuchstaben = sehr laut.

[35] Vgl. hierzu die Fallanalyse der Familie Szanda in: Rosenthal, 1994.

Literatur

Bar-On, Dan (1993a). Die Last des Schweigens. Frankfurt a. M.: Campus (in Englisch: (1989). Legacy of Silence. Cambridge: Harvard University Press)

Bar-On, Dan (1993b). Der Rabbi von Jerusalem. In: ders. (1993a), S. 147-165

Bergmann, Werner (1990). Der Antisemitismus in der Bundesrepublik Deutschland. In: Strauss, H. & Bergmann, Werner & Hoffmann, Christhard (Hg.). Der Antisemitismus der Gegenwart. Frankfurt a.M., S. 151-166

Bergmann, Werner & Erb, Rainer (1991): „Mir ist das Thema Juden irgendwie unangenehm". In: Kölner Zeitschrift für Soziologie und Sozialpsychologie 43, S. 502-519

Browning, Christopher (1993). Ganz normale Männer. Hamburg: Rowohlt

Buchenwald. Ein Konzentrationslager (1988). Berlin: Dietz

Dahmer, Helmuth (1990). Derealisierung und Wiederholung. In: Psyche 44, (2), S. 133-142

Deutschland im Zweiten Weltkrieg (1986). Berlin: Akademie-Verlag, Bd. 5

Diehl, Michael (1993). Auf Positionssuche: Zionismus, Palästinaproblem und Israel aus der Sicht der Freien Deutschen Jugend von 1946 bis 1953. In: Jahresbericht des Institut für zeitgeschichtliche Jugendforschung e.V., S. 81-116

Frank, Niklas (1987). Der Vater. Eine Abrechnung. München

Grote, Christiane & Rosenthal, Gabriele (1992): Frausein als Entlastungsargument für die biographische Verstrickung in den Nationalsozialismus? In: Tel Aviver Jahrbuch für Deutsche Geschichte 1992. Gerlingen: Bleicher, S. 289-318

Hofer, Walther (1985). Studien der Judenverfolgung im Dritten Reich 1933-1939. In: Strauss, Herbert A. & Kampe, Norbert (Hg.): Antisemitismus. Von der Judenfeindschaft zum Holocaust. Frankfurt a. M. u. New York, S. 172-185

Jäger, Herbert (1982). Verbrechen unter totalitärer Herrschaft. Frankfurt a.M.: Walter-Verlag

Jokl, Anna Maria (1961). Vergebung und Heilung. Eine Falldarstellung. In: Wege zum Menschen. Göttingen, S. 229-238

Klee, Ernst & Dreßen, Willi & Rieß, Volker (1988). „Schöne Zeiten". Judenmord aus der Sicht der Täter und Gaffer. Frankfurt a.M.: Fischer

Krausnick, Helmut (1985). Hitlers Einsatzgruppen. Frankfurt a.M.: Fischer

Marcuse, Harold (1990). Das ehemalige Konzentrationslager Dachau. In: Dachauer Hefte, 6. Jg. (6), S. 182-206

Rosenthal, Gabriele (Hg.) (1990). „Als der Krieg kam, hatte ich mit Hitler nichts mehr zu tun". Zur Gegenwärtigkeit des „Dritten Reiches" in erzählten Lebensgeschichten. Opladen: Leske & Budrich

Rosenthal, Gabriele (1992a). Das kollektive Schweigen zu den Nazi-Verbrechen. Bedingungen der Institutionalisierung einer Abwehrhaltung. In: Psychosozial, 15 (3), S. 22-33

Rosenthal, Gabriele (1992b). Antisemitismus im lebensgeschichtlichen Kontext. Soziale Prozesse der Dehumanisierung und Schuldzuweisung. In: ÖZG, Österreichische Zeitung für Geschichtswissenschaften, 3 (4), S. 449-479

Rosenthal, Gabriele (1993a). Erzählbarkeit, biographische Notwendigkeit und soziale Funktion von Kriegserzählungen. Zur Frage: Was wird gerne und leicht erzählt. In: Hartewig, K. (Hg.). Der lange Schatten. Widerspruchsvolle Erinnerungen an den Zweiten Weltkrieg und die Nachkriegszeit aus der Mitte Europas. Bios, Sonderheft, S. 5-24

Rosenthal, Gabriele (1993b). Reconstruction of life stories. Principles of selection in generating stories for narrative biographical interviews. In: The Narrative Study of Lives. 1 (1), S. 59-91

Rosenthal, Gabriele (1994). Zur Konstitution von Generationen in familienbiographischen Prozessen. Krieg, Nationalsozialismus und Genozid in Familiengeschichte und Biographie. In: ÖZG, Österreichische Zeitschrift für Geschichtswissenschaften. November, Wien

Rosenthal, Gabriele (1995). Erlebte und erzählte Lebensgeschichte. Frankfurt a.M.: Campus

Rosenthal, Gabriele & Bar-On, Dan (1992). A biographical case study of a victimizer´s daughter. In: Journal of Narrative and Life History, 2 (2), S. 105-127

Rosenthal, Gabriele & Gilad, Noga & Völter, Bettina & Zilberman-Paz, Tamara (1994) (Hg.). Der Holocaust im Leben von drei Generationen. Arbeitsbericht für die Deutsche Forschungsgemeinschaft. Unv. MS. Kassel/Berlin/Tel-Aviv

Schütze, Fritz (1983). Biographieforschung und narratives Interview. In: Neue Praxis, 3, S. 283-294

Sichrovsky, Peter (1987). Schuldig geboren. Kinder aus Nazifamilien. Köln: Kiepenheuer und Witsch

Skutnik, Tadeusz (1979). Stutthof. Historischer Informator. Danzig: Krajowa Agencja Wydawnicza

Stern, Frank (1991). Im Anfang war Auschwitz. Antisemitismus und Philosemitismus im deutschen Nachkrieg. Gerlingen: Bleicher

Westernhagen, Dörte von (1987). Die Kinder der Täter. München: Kösel

Begegnungen zwischen Nachkommen[1] von Holocaust-Überlebenden und Nachkommen von Holocaust-Tätern: Ein Weg, um mit der Vergangenheit für die Zukunft zu kämpfen[2]

Dan Bar-On

Übersetzung: Cathrin Steppuhn

Über eine Zeitspanne von 13 Monaten hinweg haben drei Begegnungen zwischen einer Selbsthilfegruppe von Nachkommen der Holocaust-TäterInnen und einer Gruppe amerikanischer und israelischer Nachkommen von Holocaust-Überlebenden stattgefunden. Diese Treffen wurden im Juni 1992 an der Universität Wuppertal, im April 1993 in Nveh Shalom, Israel und im Juli 1993 an der Brandeis University, Boston, USA abgehalten und dauerten jeweils vier Tage. Dabei sollte untersucht werden, ob die Nachkommen „beider Seiten" wohl dazu fähig sein würden, einen grundsätzlichen Dialog zu entwickeln, indem sie sich offen mit dieser entsetzlichen Vergangenheit – sowohl bei sich selbst als auch bei den anderen – auseinandersetzten, einer Vergangenheit, in der die Eltern der einen Gruppe versucht hatten, die Eltern der anderen Gruppe zu vernichten. Könnte ein solcher Dialog den Prozeß der Aufarbeitung beim jeweils anderen fördern? Könnte das Ergebnis eines solchen Dialogs unter Umständen auch für einen breiteren gesellschaftlichen Kontext eine Bedeutung haben?

Es gab bei diesen Begegnungen keine im Voraus strukturierte Tagesordnung. Die Gruppe entwickelte ihre jeweilige Tagesordnung selbst und brauchte dabei kaum Unterstützung, vor allem während des ersten und des dritten Treffens. Bei der ersten Begegnung wurde ein Gruppenbeschluß gefaßt, wie sich die Einzelnen miteinander bekannt machen sollten, nämlich indem sie sich nacheinander ihre persönliche Geschichte im Hinblick auf den Holocaust erzählten: Die Art und Weise, wie die Eltern involviert gewesen waren, wann ihnen (den Nachkommen) dieses Erbe bewußt geworden war und wie es ihr jeweiliges Leben beeinflußt hatte. Die ersten Konzeptionen, die dabei gemeinsam entwickelt wurden, bezogen sich auf das Gefühl der Entwurzelung. Durch diese persönlichen Geschichten war also eine Offenheit geschaffen worden, die entscheidend dazu beigetragen hatte, daß eine ausgesprochen freundliche und bestärkende Atmosphäre entstanden war, aber es wurde dabei auch klar, daß das nur ein Anfang gewesen sein konnte. Die Gruppe beschloß daher, noch weitere Treffen abzuhalten, die jeweils an den verschiedenen Orten stattfinden sollten, an denen die Mitglieder lebten.

Die zweite Begegnung erwies sich dabei als die schwierigste von den dreien. Das kann am Ort gelegen haben (Israel), am Zeitpunkt (dem Holocaust-Erinnerungstag), oder am inneren Prozeß der Gruppe: Nach der Euphorie des ersten Treffens hatte die Realität außerhalb der Gruppe den Teilnehmenden vielleicht den Zwiespalt zwischen einerseits der Offenheit, die sie innerhalb der Gruppe erfahren hatten, und andererseits der Feindseligkeit bzw. Indifferenz ihrer jeweiligen Gesellschaft in bezug auf die Vergangenheit und die Gegenwart ins Bewußtsein gerufen. Die Gruppe mußte jetzt eine Entscheidung fällen: entweder konnte sie sich zu einer vom gesellschaftlichen Kontext isolierten Gruppe entwickeln, oder sich mit der äußeren (oft schmerzlichen und überwältigenden) Realität auseinandersetzen. Die Gruppe wählte den zweiten Weg, woraufhin schwierige Themen angesprochen wurden: zum Beispiel externe und interne Hierarchien wie „wer ist wichtiger" bei den Deutschen und „wer hat mehr gelitten" bei den Juden und Jüdinnen; sowie die Frage, wie man angesichts von soviel Tod überhaupt weiterleben kann. Haben wir das Recht, einfach unser eigenes Leben anzufangen, unabhängig vom Erbe unserer Eltern? Darüber hinaus entwickelte sich eine Krise im Zusammenhang mit der Entscheidung, Englisch zur Gruppensprache zu machen, da dies als Versuch der jüdischen Mitglieder betrachtet wurde, die Kommunikation zu beeinflussen.

Der schwierigste Teil dabei waren der Holocaust-Erinnerungstag, an dem wir zusammen nach Yad Vashem gingen, sowie der darauffolgende Tag, an dem ein ‚offener' Abend im Goethe-Institut in Tel Aviv stattfand. In Yad Vashem wurden wir mit Bildern, was ‚damals' passiert war, konfrontiert, was leicht dazu hätte führen können, sich voneinander zu distanzieren. Es gab dabei viele heikle Augenblicke sowohl für die einzelnen Mitglieder, als auch für die frisch aufgebauten Verbindungen untereinander, die wir hergestellt hatten. Im Goethe-Institut waren wir dann mit schwierigen, manchmal auch feindseligen Fragen einer Öffentlichkeit konfrontiert, die kein Teil des Gruppenprozesses gewesen war. Die Auseinandersetzung mit diesen beiden Ereignissen und den nachhaltigen Belastungen der Begegnung in Israel nahm dann den größten Teil des dritten Treffens in Brandeis in Anspruch. An diesem Treffen haben sich fünf Mitglieder der deutschen Gruppe nicht beteiligt, wodurch die Notwendigkeit einer systematischen Übersetzung wegfiel und sich ein wesentlich reibungsloserer Fluß der Emotionen und Diskussionen entwickelte. Darüber hinaus wurden von den TeilnehmerInnen sowohl die Zukunft der Gruppe, als auch verschiedene nach außen gerichtete Aktivitäten im Fortbildungs- und Therapiebereich geplant. Schließlich wurden während dieser dritten Begegnung auch einige persönliche Anliegen und Konflikte thematisiert und bearbeitet, wobei dies meistens von den Gruppenmitgliedern selbst geleistet wurde und sich nicht unbedingt auf der Grundlage der ursprünglichen ‚Seiten' bewegte. Ein Abend mit Mitgliedern von *Facing History and Ourselves* zusammen mit einigen geladenen Fachleuten trug darüber hinaus dazu bei, die Bedeutung des bisherigen Prozesses zusammenzufassen: Fünfzig Jahre nach diesem entsetzlichen Ereignis, dem fürchterlichsten, was Menschen je von ihren Mitmenschen zugefügt worden war, konnten die Nachkommen beider Seiten nun versuchen, einen grundsätzlichen Dialog zu entwickeln und sich dabei in der Auseinandersetzung mit der Vergangenheit und der Gegenwart gegenseitig zu unterstützen.

Einleitung

Die vielen Langzeitauswirkungen, die der Holocaust für die Familien der Überlebenden hatte, sind erst seit den siebziger Jahren thematisiert und in der Folge intensiv diskutiert worden (Barocas & Barocas, 1979; Davidson, 1980; Keilson, 1992; Danieli, 1988). Interessanterweise wurden dabei die Nachwirkungen des Holocaust auf die Familien der TäterInnen erst in den letzten Jahren untersucht (Bar-On, 1989; 1990; 1992; Sichrovsky, 1987; von Westernhagen, 1988; Hardtmann, 1991). Obwohl schon seit vielen Jahren Treffen zwischen Juden/Jüdinnen und Deutschen auf einer persönlichen Basis stattgefunden haben und Israel und Deutschland schon 1954 eine Reparations-erklärung unterzeichnet hatten, war dennoch eine geplante Begegnung von Überle-benden und Tätern des Holocausts jahrelang nicht vorstellbar.

Dorff (1992) stellt beispielsweise die Frage, ob es nach dem Holocaust gemäß jü-discher Tradition und jüdischem Gesetz überhaupt eine Möglichkeit der Aussöhnung oder Vergebung zwischen der katholischen Kirche und jüdischen Gemeinden, und zwi-schen Juden und Deutschen geben kann. Dabei läßt Dorff weder die Position gelten, daß dies ein Vorgang sei, bei dem auch die Nichtjuden eigenverantwortlich handeln müssen, noch die Position, daß die Nachkommen der Opfer kein Recht haben, anstel-le ihrer Eltern ein Teil des Aussöhnungsprozesses zu werden: „ ... *wenn wir uns selbst als einen Teil jener umfangreichen Körperschaft, die unter dem Namen Jüdische Ge-meinde bekannt ist, verstehen, dann haben wir als ihre gegenwärtigen Mitglieder auch das Recht (bzw. sogar die Pflicht), im Namen dieser Gruppe zu handeln – in der Ver-gangenheit, in der Gegenwart und in der Zukunft – sowohl in bezug auf dieses Thema als auch in bezug auf alle anderen*" (S. 209). Darüber hinaus führt er an, daß die Be-reitschaft der Juden, sich auf einen sekundären Versöhnungsprozeß einzulassen, auch durch die Qualität der Handlungen und Gefühle der Deutschen und der Kirche be-stimmt werden wird[3]: „*dabei handelt es sich im wesentlichen um Zeichen der Aner-kennung der Ereignisse als Verbrechen, die Bestätigung von Schuld, Reuebereitschaft, Bemühungen um Vergebung und das Einleiten von Schritten, um sicherzustellen, daß solche Ereignisse nicht wieder stattfinden können*" (S. 208). Dorff spezifiziert dabei jedoch nicht, wie jemand handeln könnte, damit so etwas „nicht wieder stattfinden" könne. Er beschäftigt sich auch nicht mit der Frage, ob es für die Deutschen ebenfalls wichtig sein könnte, ihre Vergangenheit aufzuarbeiten, damit sie, auch um ihrer selbst willen, emotional gesünder damit umgehen können (Bar-On, 1990). Dorff faßt seine Argumentation wie folgt zusammen:

„*Sollen wir verzeihen? Das ist ein Thema, das in der jüdischen Gemeinde erst noch diskutiert werden muß. Es wird zu einem Großteil auch davon abhängen, ob es wei-terhin Zeichen für ein katholisches (deutsches) Bedürfnis nach Reue geben wird. Da-bei wird es eine positive jüdische Antwort wahrscheinlich weder in einem einzigen Au-genblick geben, noch wird sie auf einer globalen Ebene von den Juden angeboten wer-den können. Vergebung wird eher Stück für Stück erreicht werden, durch Worte in Kombination mit Taten, wie es eben bei einer persönlichen Versöhnung der Fall ist ... Ob das der Fall sein wird, muß sich erst noch zeigen. In diesem Aufsatz habe ich je-doch demonstriert, daß wir, zumindest als eine sekundäre Form der Vergebung, nach logischen Gesichtspunkten so handeln könnten*" (S. 214).

Dorffs Diskussion mag auch als eine Erklärung für die Tatsache dienen, daß es, nach-dem meine Interviews in Deutschland abgeschlossen waren und meine Interviewpart-nerInnen eine eigene Selbsthilfegruppe gegründet hatten, noch vier Jahre gedauert hat, bis ich den Entschluß gefaßt hatte, ihnen eine Begegnung mit einer Gruppe von Nach-kommen Holocaust-Überlebender anzubieten[4]. Während dieser vier Jahre hatte ich selbst Gelegenheit, ihre schwierige und mutige Arbeit zu verfolgen, und mich von dem Ausmaß ihres Engagements zu überzeugen (Bar-On, 1993). Man könnte sich jetzt natürlich fragen: Warum das alles? Inwiefern konnte von einer gemeinsamen Gruppe etwas erwartet werden, was für die Mitglieder der beiden ursprünglichen Gruppen fruchtbarer sein könnte, als die getrennte Arbeit mit beiden Gruppen? Die vorhergehende Diskussion hatte klar gezeigt, daß eine solche Gruppe mit erheblichen Widerstand zu rechnen hätte, insbesondere durch diejenigen Menschen auf der jüdischen Seite, die glauben, daß man weder vergessen noch vergeben sollte und die solche Begegnungen als Akt der Versöhnung ablehnen, vor allem, wenn es sich dabei um die Nachfahren derer „die es getan haben" handelt.

Eine der möglichen Antworten auf diese Fragen ist dabei eine ganz pragmatische: Beiden Gruppen war eine solche Begegnung enorm wichtig[5]. Die deutsche Selbsthilfegruppe zeigte Interesse an dem Vorschlag, und es war auch nicht schwierig, eine Gruppe von Kindern Überlebender in den USA und Israel zu finden, die ähnlich bestrebt war, Nachkommen „der anderen Seite" zu treffen. Dabei bestand allerdings auch die Gefahr, in eine Gruppendynamik zu geraten, bei der ein „als-ob" Diskurs hergestellt wird („wir fühlen uns wohl miteinander"), in dem sowohl das Unbehagen über die langanhaltenden Spannungen zwischen Deutschen und Juden/Jüdinnen, als auch die paradoxe Natur dieses Diskurses, der mit undiskutierbaren Fakten durchsetzt ist, welche von einer Generation zur nächsten weitergereicht werden, eher beiseitegeschoben als thematisiert wird (Bar-On, 1993).

Es könnte allerdings auch vermutet werden, daß dadurch, daß man sich gegenseitig die eigene Auseinandersetzung mit der Vergangenheit mitteilt und dadurch, daß die Bestätigung eines paradoxen Diskurses auch auf der deutschen Seite stattfindet, eine gewisse Symmetrie entsteht, die den Eindruck erweckt, daß der Holocaust den Nachkommen beider Seiten die *gleiche* Last auferlegt, wodurch die Frage nach der Verantwortung für die Greueltaten der Deutschen beiseitegelassen werden kann. Dies ließe vermuten, daß die deutschen Mitglieder der Gruppe die jüdischen Mitglieder dazu *mißbrauchen* werden, zu „vergessen", was geschehen ist und wie der Vernichtungsprozeß tatsächlich abgelaufen ist. Ich werde diesen Vorgang als Thema der **Versöhnung** definieren. Als Alternative dazu wäre auch ein Prozeß denkbar, in dem die Nachkommen der Holocaust-Überlebenden das Zentrum der Gruppe bilden und, infolge der Schicksale ihrer Eltern, die Nachkommen der TäterInnen für ihre eigenen (neurotischen?) Bedürfnisse einsetzen. Eine solche Möglichkeit mußte vor allem auch deshalb in Betracht gezogen werden, weil ich als Jude diese Begegnungen betreuen würde. Ich werde dies im folgenden als das Thema der **Asymmetrie** bezeichnen.

Vor diesem Hintergrund mußte nun ein Prozeß geplant werden, in dem persönliche, interpersonale und durch die Interaktion der Gruppen bedingte Themen angesprochen werden konnten, die in der Anwesenheit der jeweils „anderen" schwierig zu diskutieren waren. Dabei könnte man von der Annahme ausgehen, daß die Mitglieder der beiden Gruppen sich bereits in einem fortgeschrittenen Dialog mit einem abstrakten „anderen" befinden. Demnach könnte ihnen eine Begegnung dann die Gelegenheit geben, ihre jeweiligen Phantasien zu überprüfen, und einige der weniger realistischen Aspekte dieser Vorstellungsbilder fallenzulassen. Die Frage mußte dabei lauten: kann eine solche Begegnung den Mitgliedern beider Gruppen bei ihren jeweiligen individuellen Aufarbeitungsprozessen helfen? Andererseits könnte aber auch argumentiert werden, daß eine solche ‚persönliche Therapie' eine Begegnung nicht rechtfertigt, weil dadurch das Gebot der Überlebenden, daß es nach dem Holocaust keine Versöhnung geben wird, übertreten wird.

Meiner Ansicht nach kann persönliche Hilfestellung dabei ein notwendiges, aber nicht ausreichendes Ergebnis einer solchen Begegnung sein. Ich bin der Ansicht, daß sich in einem solchen Gruppenprozeß Themen herauskristallisieren könnten, die dann in einem breiteren gesellschaftlichen Kontext diskutiert werden müssen. Insbesondere stellt sich dabei die Frage: könnten solche Begegnungen auch für Menschen auf beiden Seiten nützlich sein, die an diesen Begegnungen selbst nicht beteiligt waren? Wenn sich solche Generalisierungseffekte nachweisen ließen, dann könnten derartige Begegnungen auch für eine ganze Reihe von anderen sozialen Zusammenhängen relevant werden, in denen ein ehemals totalitäres Regime den fragilen sozialen Vertrag gebrochen hat: Eine Gruppe hat ihre Kontrolle mißbraucht, indem sie gegen eine andere Gruppe extreme Gewalt und Demütigungen einsetzte. Das Regime wurde dann durch ein quasi-demokratisches ersetzt (Dahl, 1989), aber der soziale Vertrag hat sich davon nicht mehr erholt, weil im kollektiven Bewußtsein keine Auseinandersetzung mit den Greueltaten der Vergangenheit stattgefunden hat. Ein neuer sozialer Vertrag kann daher – wenn überhaupt – nur konstituiert werden, indem man die Nachkommen der TäterInnen und der Opfer zusammenbringt und dabei thematisiert, welche Grausamkeiten zwischen ihren Eltern stattgefunden haben und wechselseitig immer wieder das gestörte Vertrauen aufarbeitet.

In der vorliegenden Abhandlung wird sowohl der Prozeß der drei eingangs erwähnten Begegnungen beschrieben, wobei das erste Treffen in größerem Detail geschildert werden wird, als auch einige Fragen behandelt, die von der Gruppe in den folgenden Begegnungen thematisiert wurden. Dabei werde ich auch auf die speziellen Probleme der Anleitung einer solchen Begegnung eingehen. Danach werde ich versuchen, die Ergebnisse des Gruppenprozesses zu evaluieren: Inwiefern diese Begegnung den Mitgliedern beider Gruppen bei ihrem persönlichen Aufarbeitungsprozeß geholfen (oder sie dabei behindert) hat, und inwiefern dabei neue Daten entstanden sind, die auch für einen breiteren deutsch-jüdischen sozialen Kontext sowie in anderen, ähnlichen sozialen Kontexten relevant sein können.

Der Gruppenprozeß in drei Stadien: Wuppertal, Nveh Shalom und Brandeis.

a. Wer hat daran teilgenommen?

Der erste vier-Tages-Workshop war von Dr. Brendler von der Universität Wuppertal und mir sorgfältig geplant worden, wobei wir Personen ausgewählt hatten, die unserer Einschätzung nach ihr eigenes Schicksal soweit aufgearbeitet hatten, daß sie dazu in der Lage sein würden, Menschen der „anderen Seite" gegenüberzutreten. Auf der deutschen Seite handelte es sich dabei im wesentlichen um eine deutsche Selbsthilfegruppe von Kindern von TäterInnen, die sich seit 1988 regelmäßig getroffen hatte und ein Ergebnis meiner Interviews in Deutschland (Bar-On, 1989), sowie einer Konferenz in Wuppertal (Brendler & Rexilius, 1991) war. Im Rahmen dieser Konferenz hatten sich die InterviewpartnerInnen zum ersten Mal mit ihren Mitmenschen getroffen und sowohl ihre gemeinsamen als auch ihre divergierenden Anschauungen ausgetauscht, wobei sie auch mit Erfahrungen aus holländischen Selbsthilfegruppen konfrontiert worden waren. Bei letzteren handelte es sich um Nachkommen von NazikollaborateurInnen aus dem zweiten Weltkrieg, die sich seit 1981 regelmäßig trafen (Scheffel-Baars, 1988).

Die Gruppe der Nachkommen von Überlebenden auf der jüdischen Seite bestand aus fünf Angehörigen von Überlebenden aus den USA, von denen drei Mitglieder von „One Generation after" aus Boston waren, sowie drei meiner StudentInnen aus Israel (von denen nur eine selbst ein Kind einer Überlebenden war), die im Jahr zuvor an meinem Kurs über die „Psychosozialen Nachwirkungen des Holocausts auf die zweite und dritte Generation" teilgenommen hatten. Während dieses Kurses hatten sie sich zweimal mit einer parallel stattfindenden deutschen Gruppe von Studierenden getroffen (Bar-On, 1992).

Die deutsche Gruppe bestand im einzelnen aus Bernd[6], dem Sohn eines hohen Nazifunktionärs; Monika, der Tochter eines hohen SS-Offiziers; Hiltrud, der Tochter eines Arztes, der für das Euthanasieprogramm in seinem Distrikt verantwortlich war (sowie ihrer Tochter, Antonia, die nur am zweiten Treffen in Israel teilgenommen hatte); Renate, der Tochter eines Einsatzgruppenleiters; Fritz, dem Sohn eines Gestapokommandanten (sowie Maya, seiner jüdischen Frau) und Helga, der Tochter eines Bahnbeamten, der während des Krieges in Lamberg stationiert war. Dazu kamen Kurt, dessen Eltern nicht in den Vernichtungsprozeß involviert waren, und Igmar, die Tochter eines Ingenieurs einer Munitionsfabrik (sie lebte in den USA und hatte nicht an der deutschen Selbsthilfegruppe teilgenommen). Die TeilnehmerInnen dieser Gruppe waren 44 bis 62 Jahre alt und damit im Vergleich zu der jüdischen Teilnehmergruppe, deren Alter von 26 (zwei Studierende) bis 56 reichte, im Durchschnitt älter.

Die Gruppe der Nachkommen von Überlebenden bestand aus zwei Personen (Jean und Chaim), deren Eltern (zumindest ein Elternteil) Auschwitz, Buchenwald und Bergen-Belsen überlebt hatten; zwei anderen Gruppenmitgliedern (Jonathan und Chava), deren Eltern Arbeitslager überlebt und sich versteckt hatten; Sarah, deren Eltern die Nazizeit durch die Flucht nach Rußland überlebten und Danya, deren Mutter ebenfalls durch Flucht aus Deutschland davongekommen war. In all diesen Familien waren die meisten anderen Familienmitglieder im Holocaust ermordet worden. Hinzu kamen Tamar, deren Eltern in Israel geboren waren und Nathan, dessen Eltern aus Argentinien stammten; bei beiden war ein Teil ihrer Familien ebenfalls im Holocaust umgekommen.

Vor dem ersten Treffen waren einige Mitglieder der deutschen Gruppe ziemlich beunruhigt: Ob ich vorhätte, Medien einzusetzen (sie hätten schon öfters Erfahrungen mit solchen Interventionen gemacht, die dann manchmal auch für Sensationszwecke mißbraucht worden seien)? Die Gruppe sprach sich auch gegen ein früheres Vorhaben aus, nämlich die Anleitung der Begegnung durch einen externen, professionellen Leiter, wobei argumentiert wurde: „Es gibt in bezug auf den Holocaust keine objektiven Menschen. Diejenigen, die versuchen, das alles objektiv zu sehen, die haben damit selbst ein Problem." Einige Gruppenmitglieder sprachen sich sogar gegen eine Dokumentation des Workshops aus, weil sie das Gefühl hatten, schon wieder Teil eines wissenschaftlichen Vorhabens zu sein, bei dem sie von fremden, unsichtbaren Personen oder Ideen manipuliert werden könnten.

Die Erlaubnis, Videoaufnahmen zu machen, wurde von der Gruppe erst erteilt, nachdem wir versprochen hatten, daß jeglicher Einsatz des dokumentierten Materials von der Zustimmung der Gruppe abhängig gemacht würde und nachdem verabredet worden war, daß diejenigen Mitglieder, die nicht aufgenommen werden wollten, im ‚toten Winkel' der Kamera sitzen konnten. Schließlich schritten einige der Gruppenmitglieder noch kurz vor Beginn des Workshops ein, weil sie alle zusätzlichen deutschen Teilnehmenden, die an dem vorhergegangenen Selbsthilfegruppenprozeß nicht beteiligt gewesen waren, von der Begegnung ausschließen wollten. Erst nach Beginn des Workshops willigten sie ein, eine Deutsche, die aus den USA angereist war, in den Kreis aufzunehmen, nachdem sie sichergestellt hatten, daß es sich bei ihr nicht um eine Beobachterin oder Wissenschaftlerin handelte und daß sie bereit war, ihre persönliche Geschichte zu enthüllen, wie alle anderen es auch tun würden. Diese Interventionen, meistens seitens der deutschen Gruppe, brachten ihre spezielle Empfindsamkeit auf diesem Gebiet an den Tag, aber es wurde dabei auch deutlich, daß die einzelnen Mitglieder bereit waren, auch einen Teil der Verantwortung für die Begegnung zu übernehmen, damit sie aus ihrer Perspektive offen und erfolgreich verlaufen konnte.

b. Die Wuppertaler Begegnung: Gegenseitiges Kennenlernen

Der ganze Prozeß begann mit dem gegenseitigen Kennenlernen. Wir machten der Gruppe den Vorschlag, sich entweder paarweise miteinander bekannt zu machen und der Gesamtgruppe später davon zu berichten, oder sich im Rahmen der Gesamtgruppe kennenzulernen. Die Gruppe wählte den zweiten Weg, und dieser Prozeß nahm dann tatsächlich fast den ganzen ersten Workshop ein. Noch am Morgen der letzten Sitzung hatten einige Gruppenmitglieder, die ihre Geschichte am Anfang erzählt hatten, das Bedürfnis, vorher ausgelassene Details zu ergänzen, da sie sich anfänglich nur kurz vorgestellt hatten. Selbstverständlich liefen während des gegenseitigen Kennenlernvorgangs auch noch viele andere Prozesse ab. Immer mehr Gruppenmitglieder reagierten auf die Geschichten, die jeweils erzählt wurden, stellten Fragen zur Klärung, trugen ihre eigenen Assoziationen bei, gaben einander in schwierigen Momenten emotionale Unterstützung und teilten der Gruppe ihre eigenen Gefühle, Ängste und Ansichten mit.

Ich begann den Workshop mit einer Stellungnahme zu der Tatsache, daß unsere Kommunikationssprache Englisch sein würde, obwohl es für keines der Gruppenmitglieder die **Mutter**sprache (ich meine Mutter hier selbstverständlich im übertragenen Sinne) war. Dies sollte für unsere Situation ganz bezeichnend werden, da wir noch mehr Schwierigkeiten haben würden, Worte zu finden, die genau das ausdrückten, was wir einander mitteilen wollten. Vielleicht nicht ganz zufällig begann Maya, die jüdische Ehefrau von einem Nachkommen eines Nazitäters, damit, die Geschichte ihrer eigenen Kindheit zu erzählen. Sie war in einem Ghetto in der Ukraine gefangen gewesen und mit Hilfe des örtlichen Gestapokommandanten von ihrer nichtjüdischen Großmutter gerettet worden. Dabei handelte es sich um denselben Gestapokommandanten, der in der vorhergehenden Nacht die Hinrichtung aller Juden im Ghetto angeordnet hatte. Wenn ich das als nicht ganz zufällig bezeichne, dann meine ich damit, daß sie in einer Hinsicht damals schon zu einer Art ‚lebender Brücke' zwischen diesen beiden Gruppen geworden war. Als Jüdin, die seit über zwanzig Jahren in Deutschland lebte und mit dem Sohn eines Gestapokommandanten verheiratet war, hatte sie dieses ungewöhnliche Zusammentreffen von Auseinandersetzungen mit den Nachwirkungen des Holocausts sowohl bei sich selbst, als auch bei ihrem Ehemann, schon sehr lange erfahren.

Daraufhin war der Raum sehr schnell voller Geschichten: Bernd war inmitten der Naziführungsschicht aufgewachsen und hatte von den Greueltaten, an denen sein Vater beteiligt war, bis nach dem Krieg keine Ahnung, einer Zeit, in der er etwa fünfzehn Jahre alt war. Seine Reaktion darauf war es gewesen, zu konvertieren und katholischer Priester zu werden (eine Entscheidung, die sein Vater verachtete und bekämpfte), nachdem er zwei Jahre lang in Australien bei einer einfachen Farmersfamilie gelebt hatte, die sehr gläubig war. Er beschrieb dazu detailliert Zahlen und Ereignisse, als ob ihm diese helfen könnten, seine immer noch offensichtliche Furcht zu überwinden. Obwohl er sein Priesterdasein später aufgab und heiratete, hatte Bernd keine Kinder, wie einige andere aus der Gruppe der Nachkommen von TäterInnen und viele andere außerhalb der Gruppe auch. Ein Gruppenmitglied sprach diesbezüglich von dem Gefühl der ‚schlechten Saat', die sie in sich trug. Sie hatte jahrelang nicht gewußt, warum sie keine Kinder haben wollte, aber nachdem sie mit Hilfe ihres Mannes angefangen hatte, die Rolle ihres Vaters während des Krieges in Frage zu stellen, wurde es ihr klar, daß dessen Vorstellungen von einer reinen arischen Rasse sie daran gehindert hatten. Sie hatte Angst davor, etwas davon auf eine zukünftige Generation zu übertragen.

Dann begannen nacheinander auch die Geschichten der Überlebenden, sich zu entfalten. Einige Gruppenmitglieder erzählten von ihrer eigenen behüteten Kindheit, in der ihnen die verheerenden Details der Erfahrungen ihrer Eltern lange nicht klargewesen waren, bis sie später im Leben dazu in der Lage und bereit waren, auch diesem Teil ihrer Familiengeschichte ins Auge zu blicken. Jean z.B. war in Deutschland aufgewachsen, bevor sie in ein Internat nach England kam. Dort heiratete sie später auch und zog dann in die Vereinigten Staaten. Erst nachdem sie dort Mitglied einer Gruppe von Nachkommen der Überlebenden geworden war, ging sie mit einem Kassettenrecorder nach Deutschland zurück, um ihre eigenen Eltern zu befragen. Ihr Vater war zusammen mit seiner jüngeren Schwester nach Auschwitz gekommen. Dort wurde sie seiner Hand entrissen und er sollte sie nie wieder sehen. Ihre Mutter war ebenfalls in Auschwitz gewesen, wo ihre Eltern ermordet worden waren. Jeans Eltern hatten sich nach dem Krieg in einem Verschlepptenlager bei Braunschweig getroffen, wo ihr Vater nach seiner Schwester und anderen Familienmitgliedern aus Lodz suchte, der Stadt aus der auch Jeans Mutter stammte.

Jean, die ihre Kindheit in Deutschland verbracht hatte, war unter nichtjüdischen Deutschen aufgewachsen, bei denen die unangenehme Vergangenheit nie erwähnt worden war. Sie erzählte von einem Vorfall, der erst kurze Zeit zurück lag, als sie ihre alte Schulfreundin besucht und sich schließlich dazu entschlossen hatte, das Thema Holocaust anzusprechen. Die Mutter hatte sie höflich gefragt, wie es ihren Eltern ging. Daraufhin hatte Jean geantwortet: *In Anbetracht dessen, was sie durchgemacht haben, geht es ihnen gut.* Die Mutter ihrer Freundin hatte erwidert: *Ja, der Krieg war für uns alle schwierig,* woraufhin Jeans spontane Reaktion war: *Es ist aber immer noch ein großer Unterschied, ob man den Krieg überlebt oder Auschwitz.* Die Mutter wechselte daraufhin fassungslos das Thema und verließ den Raum. Ihre Freundin, die durch die Reaktion ihrer Mutter selbst erstarrt war, rief aus: *So endet es jedesmal. Ich habe es noch nie geschafft, dieses Thema in meiner Familie anzusprechen und darauf irgendeine Reaktion zu bekommen.* Für Jean war das eine kleine heilsame Erfahrung gewesen – dazu in der Lage zu sein, dieses deutsche Schweigen jetzt ihrerseits zu durchbrechen.

Jonathan zog es vor, seine Geschichte zu erzählen, indem er einige seiner Gedichte vorlas. Jeder Satz wurde dabei sorgfältig ins Deutsche übertragen, damit die genaue Bedeutung der Worte für diejenigen, die nicht gut genug Englisch verstanden, nicht verlorenging. Die Gedichte drangen sehr tief nach innen durch: In einem erzählte er von dem fast unüberbrückbaren Abgrund zwischen Geschichtenerzähler und Zuhörer. Das Gedicht handelte von einem Vorfall im Arbeitslager, wo beide seiner Eltern gefangen gewesen waren, bis es seine Mutter zusammen mit acht anderen Gefangenen geschafft hatte, auszubrechen. Die meisten der Häftlinge wurden wieder gefangen und vor den Augen des ganzen Lagers zu Tode gefoltert. Seine Mutter war die einzige, die nicht gefunden wurde. Später gelang es ihr auch noch, seinem Vater zur Flucht zu verhelfen. Der machte bis dahin eine Zeit voller zerreißender Anspannung und Angst durch: Würde seine Frau auch, wie alle ihre Freunde, gefangen und vor seinen Augen gefoltert werden?

Am zweiten Abend führte Monika das Video eines Dokumentarfilmes der BBC über sie und ihren Vater vor. Ihr Vater war ein SS-General und von den Russen wegen seines Massenmordes an Juden und Jüdinnen hingerichtet worden. In diesem Film wird Monikas Geschichte parallel zum Verfahren gegen ihren Vater gezeigt, das von den Russen gefilmt worden war. Monika war nach Rußland gefahren und hatte sich mit einem jüdischen Überlebenden getroffen, der aus der Gegend stammte, die ihr Vater unter sich gehabt hatte, sowie mit dem Übersetzer aus dem Verfahren. Nach dem Film bricht Monika in Tränen aus und einige (jüdische) Gruppenmitglieder helfen dabei, sie zu beruhigen. Am nächsten Morgen erzählt Renate, wie sie herausgefunden hatte, daß ihr Vater ein Einsatzgruppenleiter gewesen war. Wie die Scham und die Schuld, die er zu übernehmen nicht bereit war, jahrelang ihre Scham und Schuld gewesen seien. In den letzten Jahren, nachdem ihre Tochter ausgezogen war, hatte sie eine Therapie gemacht. Sie hatte das Glück, einen Therapeuten zu finden, der mit diesem Aspekt ihrer Vergangenheit umgehen und ihr dabei helfen konnte, damit offener umzugehen.

Bei all diesen Geschichte hatten wir unsere Pausen dringend nötig, nicht nur um etwas zu trinken und uns zu erholen, sondern auch um einander zu umarmen, zu weinen und über die Geschichten nachzudenken, die gerade in diesem Raum erzählt worden waren. Dennoch hatten wir alle das Gefühl, gleich weitermachen zu wollen. Es waren erst wenige Geschichten erzählt worden, und es gab noch viele Gruppenmitglieder, die ihre eigene mitteilen wollten. Glücklicherweise gelang es Dr. Brendler, einen wunderbaren Raum außerhalb der Universität zu finden, wo wir unter uns sein konnten, sowohl innerhalb als auch außerhalb des Raumes. In diesem Stadium waren wir noch nicht in der Lage, anderen Menschen gegenüberzutreten. Wir schafften es selbst unter uns kaum. Schon nach kurzer Zeit ließen sich die beiden ursprünglichen Gruppen nicht mehr unterscheiden: Die Menschen vermischten sich, sowohl in ihren Geschichten innerhalb des Raumes, als auch bei den informellen Begegnungen außerhalb. Unsere Geschichten zu erzählen und offen aufeinander einzugehen war dabei ein Weg, einen versteckten Pfad zwischen den Fallen der Asymmetrie und des Versöhnungsthemas zu begehen, von denen ich eingangs gesprochen habe.

Fritz hatte besondere Schwierigkeiten damit, daß sein Vater sogar dazu beigetragen hatte, einigen Deutschen herauszuhelfen, während er sich bei anderen für Folter und Tod entschied. Die Kriterien für diese Diskrepanz in seinem Verhalten machten Fritz besonders wütend: Diejenigen, die daran glaubten, was sie taten (nämlich sich dem Naziregime entgegenzustellen), waren diejenigen, die bestraft wurden. Diejenigen, die nicht wirklich von etwas überzeugt waren, sollten begnadigt werden. Mit Unterstützung der Selbsthilfegruppe lernte Fritz es schließlich, seinen Vater zu akzeptieren. Er geht jedoch immer noch sehr hart mit sich selbst um, und kann Sympathie und Mitgefühl von anderen nicht leicht akzeptieren. Seine vorbehaltlose Anerkennung und Zuneigung konnten sich nur im Zusammenhang mit seiner Arbeit mit Schulkindern entfalten; nur von ihnen konnte er sich anerkennen lassen. Fritz hatte keine eigenen Kinder, er hatte Angst davor, wegen seiner Verantwortung für eigene Kinder möglicherweise einen Kurs einzuschlagen, an dem er eigentlich nicht teilhaben wollte. Sein Vater war es auch gewesen, der vor seiner Hinrichtung gesagt hatte, daß das, was er getan hatte „um seiner eigenen Familie Willen" gewesen sei. Ein schrecklicher Satz, den viele der Kinder von Tätern als eine Schuldlast oft viele Jahre mit sich herumgetragen haben. Sie wurden mit der Schuld belastet, für die ihre Eltern keine Verantwortung übernommen hatten.

Dabei war die Suche nach Wegen, um das Schweigen über die Vergangenheit zu brechen ein Schicksal, das alle Gruppenmitglieder gemeinsam hatten. Chava hatte meinen Kurs an der Universität in der Absicht besucht, ihren Vater über seine Erfahrungen während des Holocausts zu befragen, über die er noch nie zuvor gesprochen hatte. Sie hatte auch das Gefühl, daß er selbst auf eine Gelegenheit wartete, ihr seine Geschichte zu erzählen, aber dies seinerseits nicht selbst initiieren konnte. Er hatte ein Arbeitslager überlebt, aus dem nur 5% der Juden überlebten. Er hatte einmal versucht zu fliehen, hatte sich dabei aber verletzt und mußte zurückkehren und seine Verletzung verheimlichen, da er keine Chance hatte, das Blut vor den Hunden zu verbergen, die schon hinter ihm her waren. Nach dem Krieg war er voller Rachegefühle und wartete auf eine Gelegenheit, selbst einen Deutschen umzubringen. Als er diese Gelegenheit in einem Keller hatte, wo er beim Holzmachen mit einer Axt auf einen älteren Deutschen traf, konnte er es nicht tun. Die beiden Männer freundeten sich an, und später zeigte der alte Mann ihm voller Stolz Bilder seines Sohnes, der ein SS-Soldat an der Ostfront gewesen war ...

Auf ähnliche Weise berichtete Nathan vom Schweigen über die Holocaust-Vergangenheit einiger Mitglieder seines Kibbuz in Israel, wo er aufgewachsen war. Er befragte beispielsweise im Rahmen unseres Kurses an der Universität ein Mitglied, mit dem er die letzten fünfzehn Jahre im Stall zusammengearbeitet hatte. Der Mann erzählte ihm, wie er als Kind Auschwitz überlebt hatte. Nathan war nicht nur über die Details der Geschichte erstaunt, sondern noch mehr von der Tatsache, daß die anderen Mitglieder diese nicht kannten. Als er sich bemühte, mehr darüber zu erfahren, fand er heraus, daß die Gründer des Kibbuz, eine Gruppe von 40 in Israel geborenen Menschen, zusammen mit einer Gruppe von jungen Überlebenden des Holocaust, die kurz vor Kriegsausbruch angekommen waren, im Unabhängigkeitskrieg während des arabischen Belagerungszustandes gekämpft hatten. Sie hatten gemeinsam in den Gräben gekämpft und sie hatten sich geschlossen ergeben und waren in Gefangenschaft gegangen. Als jedoch dann die Zeit der Abstimmung nahte, ob die Überlebenden des

Holocausts Mitglieder des Kibbuz werden könnten, entschied sich die in Israel geborene Gruppe, sie nicht zu akzeptieren. Noch lange nachdem sie schließlich formal akzeptiert worden waren, fühlten sich die Überlebenden als BewohnerInnen zweiten Ran-
ges, auf eine bestimmte Art und Weise vielleicht sogar noch bis heute.

Am Morgen des letzten Tages wollte Chaim noch einige Elemente hinzufügen, die
er bei seiner Vorstellung am ersten Tag weggelassen hatte. Es war die Geschichte seiner Mutter, die er noch, tränenüberströmt, erzählen wollte. Seine Mutter war von einer deutschen Familie versteckt worden, bis sie schließlich gefunden und nach Auschwitz, Buchenwald und Bergen-Belsen gebracht wurde. Nach der Befreiung arbeitete
sie als Übersetzerin für die Britischen Streitkräfte. Eines Tages war sie auf ihrem Weg
ins Kino von einem deutschen Jugendlichen vergewaltigt worden. Während Chaims
Kindheit hatte sie als Krankenschwester in New York gearbeitet. Sie hörte immer Na-
zistimmen in angrenzenden Räumen, die ihr drohten, ihre Kinder wegzunehmen. Sein
Vater, der ebenfalls ein KZ-Überlebender war, hielt es nicht mehr aus und ging nach
Kalifornien; Chaim und sein Bruder entschlossen sich, ihm zu folgen. Der Zustand der
Mutter verschlechterte sich. Sie verlor ihren Arbeitsplatz und ging dann zurück nach
Deutschland, war dort obdachlos und wurde daraufhin in die Vereinigten Staaten
zurückgeschickt, war aber bis vor fünf Jahren unfähig, eigenständig zu funktionieren,
bis ein Psychiater ihr Problem als PTSD[7] diagnostizierte und ihre Behandlung dementsprechend veränderte. Seitdem arbeitet sie wieder. Chaim jedoch fühlt sich wahrscheinlich schuldig, einerseits, weil er nicht gewußt hatte, woran sie eigentlich litt, und
andererseits dafür, daß er sie als Kind in ihrem Unglück zurückgelassen hatte. Später
wird Kurt Chaim um ein Treffen mit seiner Mutter bitten, weil ihre Geschichte ihn
stark bewegt hatte.

Man kann aus diesen Geschichten lernen, welche Bürde den Mitgliedern beider
Gruppen durch den Holocaust und die tatsächliche oder mögliche Teilhabe ihrer Eltern
daran auferlegt war. Sie versuchten, indem sie die Stille oder den paradoxen Diskurs
durchbrachen[8], herauszubekommen, welche Auswirkungen dies auf ihr Leben gehabt
hatte. Für einige Mitglieder hieß das Thema: wie habe ich das alles selbst herausgefunden und welche Auswirkungen hatte das auf meine Identität und soziale Entfremdung (sowie die meiner Familie)? Mitglieder beider Gruppen führten an, sie seien in
bezug auf ihren eigenen sozialen Kontext entwurzelt. Für die Kinder der Überlebenden war das oft leichter zu akzeptieren, da sie sich auch von einer **physischen Entwurzelung** erholen mußten: der Zerstörung der weiteren Familie. Sie mußten oft eine
physische Immigration durchmachen und sich in einer neuen Sprache und Kultur an-
siedeln. Für die deutschen Gruppenmitglieder jedoch, die physisch in ihren Familien,
ihrer Muttersprache und ihrem Heimatland lokalisiert waren, war diese Entwurzelung
oft schwer zu verstehen. Auch sie fühlten sich jedoch im psychologischen Sinne entwurzelt und ohne ein elementares Gefühl von Vertrauen und Würde. Sie haben das Gefühl, daß ihre Wurzeln noch existieren, physisch zumindest, aber daß sie vergiftet sind,
und sie deshalb nicht mehr nähren können. Dabei handelte es sich demnach um eine
psychische Entwurzelung, die viel schwerer zu identifizieren war, da sie keine physische Erscheinungsform hatte. Die Gruppenmitglieder hatten das Gefühl, daß es Generationen dauern würde, über diese Art von Vergiftung hinwegzukommen.

Die Gruppe beschloß, sich im Frühjahr in Israel wieder zu treffen. Ich ermutigte die
Mitglieder dazu, ihre eigenen Eindrücke des Gruppenprozesses aufzuschreiben. Ein

paar Wochen später bekam ich folgendes Gedicht von Sarah, ein Gedicht, das später zu einem Teil des kollektiven Gedächtnisses der gemeinsamen Vorstellungen und Metaphern der Gruppe wurde:

Der Kreis

Wie ein Magnet
hält uns das Zentrum hier
unwiderstehlich,

Vergiftet am Rand
eines Brunnens

von Geschichten
von Details
von Strudeln

Eine Ungeheuerlichkeit
so unermeßlich.

Wir alle kennen ihn.
Wir trinken aus ihm.
Wir weinen in ihn hinein.

Er ist immer da

Dies ist der Ort wo die
Strudel frei kreiseln.

Dies ist der Ort, der die
Strömungen umfaßt.

Wir bilden einen vollen Kreis darum
an den Händen gefaßt.

Die Fluten beginnen sich zu beruhigen.

c. Von Nveh Shalom bis Brandeis: Die Beschäftigung mit den schwierigeren Themen

Nveh Shalom war als Begegnungsort für das Treffen in Israel nur die zweite Wahl, in Nathans Kibbuz wäre es billiger gewesen. Als er jedoch fragte: *Wie werden unsere Holocaust-Überlebenden reagieren, wenn sie herausfinden, wer an diesem Workshop teilnimmt?* wurde es deutlich, daß wir uns nun in einem völlig anderen sozialen Kontext befanden, der auch seine Auswirkungen auf unsere Begegnung haben würde: Wir mußten nun die Menschen, die in Israel lebten, mit in Betracht ziehen, insbesondere die Opfer des Holocausts. Zusätzlich dazu fiel der letzte Tag unseres geplanten Workshops noch auf den Holocaust Erinnerungstag. Nveh Shalom („die Oase des Friedens") ist ein ganz besonderer Ort: Es ist die einzige Siedlung in Israel, in der ArberInnen und Juden/Jüdinnen sich entschieden haben, zusammenzuleben und Seminare für Studierende durchzuführen, die sich mit dem arabisch-israelischen Konflikt beschäftigen.

Alle Gruppenmitglieder, die in Wuppertal anwesend gewesen waren, hatten beschlossen, ebenfalls nach Nveh Shalom zu kommen, was im Hinblick auf die Motivation und Kontinuität der Teilnehmenden auch sehr wichtig war. Als einzige neu Dazukommende wurde Antonia, die Tochter von Hiltrud, von der Gruppe akzeptiert. Hiltrud war nach dem Treffen im Juni sehr unglücklich gewesen und billigte dies ihrem schlechten Englisch zu. Anfänglich schrieb sie mir, sie würde nicht nach Israel kommen, aber nachdem Kurt vorgeschlagen hatte, daß Antonia sie begleiten und für sie übersetzen könnte, entschloß sie sich, doch zu kommen. Im Februar traf ich mich mit Antonia bei ihnen zu Hause in Deutschland, wobei mich ihr wohlüberlegter Ansatz für ihre Dissertation, von der sie mir erzählte, sehr beeindruckt hat. Sie arbeitete zu dieser Zeit gerade an ihrer Abschlußarbeit in Psychologie und führte dazu Befragungen der Geschwister von Kindern, die Selbstmord begangen hatten oder bei Verkehrsunfällen ums Leben gekommen waren, durch. Sie selbst hatte einen Bruder verloren, der acht Jahre zuvor an Krebs gestorben war.

Diesmal wurden wir auch von einem BBC-Team begleitet, das etliche der Begegnungen filmte und einige Mitglieder der Gruppe persönlich interviewte. Wir verließen uns dabei auf die Produzentin Catrine Clay. Wir hatten gesehen, wie gut ihre Arbeit gewesen war, als sie Monika filmte. Auch bei den Vorbereitungen für diesen Film leistete sie ganz ausgezeichnete Arbeit. Sie suchte alle Mitglieder der Gruppe in Deutschland, Israel und den Staaten einzeln auf, die sich erstaunlicherweise fast alle bereit erklärten, bei dem Film mitzuwirken. Lediglich aus der deutschen Gruppe der Teilnehmenden gab es Einspruch gegen eine mögliche Ausstrahlung des Films in Deutschland, da die Gruppenmitglieder immer noch einen Konflikt zwischen ihrem Wunsch fühlten, daß die Begegnung gefilmt werden solle, und ihrer Angst, dadurch in Deutschland übermäßig exponiert zu sein.

Bei der zweiten Begegnung war es völlig offensichtlich, daß die euphorische Atmosphäre des Wuppertaler Treffens hinsichtlich der folgenden Sitzungen ein Problem darstellen würde: Was nun? Wie sollten wir jetzt vorgehen? Ich entschied mich gegen eine vorstrukturierte Tagesordnung. Die Gruppe würde ihre eigene Tagesordnung entwickeln müssen, auch wenn es zeitweise sehr schwierig werden würde, weil niemand von uns je Erfahrungen mit einer solchen Gruppe gesammelt hatte und uns sagen konnte, welche Richtung wir einschlagen sollten. Die warme Atmosphäre der ersten Begegnung hatte uns lediglich die Möglichkeit gegeben, weiterzumachen. Es war dabei jedoch noch nicht klar, ob die Gruppe in der Lage sein würde, mit Aggressionen, Konflikten und Verzweiflung umzugehen. Schon der Anfang des Treffens in Nveh Shalom förderte diese schwierigen Fragen zutage und nahm tatsächlich auch einen Großteil dieser und der folgenden Begegnung in Brandeis in Anspruch.

Die erste Frage, die in Nveh Shalom gestellt wurde, lautete: wie sollen wir diesen Gruppenprozeß mit der Realität außerhalb der Gruppe verbinden? Einige Mitglieder erzählten von ihren Versuchen, die positiven Gefühle nach dem ersten Gruppentreffen mit FreundInnen und Zuhörenden zu teilen. In einigen Fällen waren die Reaktionen darauf neugierig und interessiert, in anderen stießen sie auf starke Befremdung oder sogar Feindseligkeit: Wozu? Warum ausgerechnet Du? Hast du denn keine eigenen Probleme, was kümmern dich deren Probleme? Bei diesem Konflikt ging es darum, entweder eine isolierte Gruppe zu werden, die sich vom Rest der Welt abwandte, oder die externen Normen zu akzeptieren und gleichzeitig die positiven Erfahrungen innerhalb der Gruppe für uns zu bewahren. Würde es einen Weg geben, einander offen gegenüberzutreten, und gleichzeitig für unsere Umwelt offen zu sein? Wenn nicht, was würde der Preis dafür sein? All diese Fragen wurden bei den folgenden Begegnungen zu zentralen Themen.

Am Morgen des folgenden Tages kam das Thema der Realität außerhalb der Gruppe noch einmal in veränderter Form auf: Was bezeichnen wir als ‚sinnvoll genutzte Zeit'? Und in erster Linie: ist die Zeit, die wir dem Gruppenprozeß widmen, verschwendete Zeit? Jean hatte das Gefühl, daß wir uns auch außerhalb der Gruppe gemeinsame Aufgaben stellen sollten, vor allem in Deutschland. Sie beschrieb die Furcht und Desillusionierung ihrer Eltern, die Überlebende des Holocausts waren und in Deutschland leben, angesichts der neuen Welle von Antisemitismus und Fremdenhaß in Deutschland. Sie hatte das Gefühl, daß es sie enttäuschen würde, wenn wir uns weiterhin nur mit uns selbst beschäftigen würden. Jonathan dagegen war ganz anderer Ansicht: Wenn wir uns jetzt zu sehr auf externe Aktivitäten konzentrierten, würden wir den Gruppenprozessen, sowie einem Verständnis unserer wirklichen Probleme mit uns selbst und untereinander aus dem Weg gehen. Er teilte mit den meisten anderen deutschen Gruppenmitgliedern eine ganz andere Definition davon, was verschwendete Zeit hieße. Viele der jüdischen Teilnehmenden stimmten dagegen mit Jeans Definition überein. Es handelte sich dabei also um die erste scharfe Trennung zwischen den Gruppenmitgliedern, die jedoch nicht genau entlang der Trennlinie zwischen den ursprünglichen Gruppen verlief. Sie hatte eher etwas mit unseren Grenzen und Stärken zu tun: Was können wir verändern, an uns selbst, an der Welt um uns herum, wenn überhaupt irgend etwas?

Ich schlug darüber hinaus noch eine andere Interpretation von Jeans Anliegen vor: Dürfen wir anfangen, unser eigenes Leben zu leben, unabhängig (weder abhängig, noch co-abhängig) von den Erwartungen unserer Eltern, oder ihres sozialen Kontexts? Kann Jean innerhalb dieser Gruppe weiterarbeiten, unabhängig davon, was ihre Eltern in ihrem Leben in München durchmachen? Später wird dieses Thema auch in der Beziehung zwischen Maya und Fritz innerhalb der Gruppe aufkommen, sowie zwischen Hiltrud und Antonia. Es war jedoch Helga, die spontan auf die Frage reagierte, und zwar mit Wut: Sie habe das Gefühl, daß sie schon lange ihr eigenes Leben lebe, unabhängig von ihren Eltern, die ihr Interesse am Holocaust nie verstanden hatten. Ihr Vater hatte ihre Fragen bezüglich dessen, was er in Lamberg während der Deportationen getan oder gesehen hatte (er hatte bei der Deutschen Reichsbahn gearbeitet) nie beantwortet. Er war jedoch nach dem Treffen im Juni gestorben, und jetzt hatte sie keine Gelegenheit mehr, es herauszufinden. Auch ihre Mutter kooperierte nicht mit ihrer Beharrlichkeit, etwas herauszufinden. Ich versuchte, mit Helga die Möglichkeit zu überprüfen, daß sie statt einer unabhängigen eine anti-abhängige Beziehung zu ihren Eltern entwickelt hatte, ein Thema, das nun nach dem Tod ihres Vaters nur noch schwer aufzuarbeiten ist. Helga war jedoch nicht dazu bereit, meinen Vorschlag zu akzeptieren: Sie fühlte sich in ihrer Unabhängigkeit sehr wohl und brauchte diesbezüglich nichts zu überprüfen.

Bald kamen auch noch andere Aspekte der Wirksamkeit und Grenzen unserer Kapazitäten, die Dinge um uns herum zu verändern, ans Tageslicht. Danya war sehr aufgeregt. Während ihrer Deutschlandreise im Juni (tatsächlich handelte es sich dabei um ihre erste Reise nach Deutschland) besuchte sie auch eine Ausstellung in Düsseldorf. Dabei handelte es sich um Bilder, die in den dreißiger Jahren von jüdischen Kindern gemalt worden waren, auf Veranlassung eines Lehrers, der in Auschwitz umgekommen war. Sie kaufte sich den Ausstellungskatalog und stellte fest, daß die Ausstellung auch Bilder ihrer Mutter enthielt. Sie zeigte ihr daraufhin den Katalog. Ihre Mutter betrachtete schweigend die Bilder. Von Zeit zu Zeit erwähnte sie einen Namen und sagte so etwas wie: *die lebt in Brooklyn; die ist vor ein paar Jahren gestorben, usw.* Schließlich sah sie Danya an und sagte: *Bis ich diese Bilder sah, dachte ich, ich hätte mir das alles nur eingebildet.* Sie weigerte sich auch danach noch, mit den Menschen, deren Bilder und Adressen sich in diesem Katalog befanden, Kontakt aufzunehmen. Und nun, hier in Nveh Shalom, war es der BBC-Produzentin gelungen, einige Farbkopien der Gemälde von Danyas Mutter aus dem Museum in Düsseldorf zu bekommen und mitzubringen. Ich hatte das Gefühl, daß wir uns hinein- und herausbewegen, vor und zurück in der Zeit, zusammen mit Danya und ihrer Mutter, die sich ‚alles nur eingebildet' hatte, aber die alten schmerzvollen Bindungen nicht wiederherstellen konnte oder wollte.

Tamar eröffnete dann die Nachmittagssitzung mit einer neuen Frage: Wie können wir mit soviel Tod unter uns denn überhaupt leben? Ihre Großmutter war wenige Tage zuvor gestorben, und obwohl sie das schon seit einiger Zeit erwartet hatte, fühlte sie sich dadurch sehr betroffen. Sie machte sich auch Sorgen um ihren Vater, was für Auswirkungen würde das wohl auf ihn haben? Tamar sagte: „Ich spüre all die Toten in diesem Raum, und manchmal kann ich es nicht ertragen". Sarah trägt ihre eigenen Bilder aus dem Gedicht dazu bei, das sie nach der Wuppertaler Begegnung geschrieben hatte (siehe oben). Da ist der Kreis oder Brunnen (des Todes) in der Raummitte, und wir bewegen uns um ihn herum, vor und zurück. Sarah hat manchmal das Gefühl, daß die Gefahr besteht, hineinzufallen und darin zu ertrinken. Bis zum heutigen Tag hat sie das Gefühl, daß jedesmal, wenn sie sich nach einem Besuch bei ihren Eltern verabschiedet, etwas Drohendes mitschwingt, daß etwas Endgültiges in dieser alltäglichen Geste liegt.

Plötzlich war der ganze Raum voller schmerzlicher Erinnerungen. Jean erzählt Tamar, daß sie beim Tod ihrer Großmutter schwanger gewesen sei und wütend auf ihren Vater war, da der ihr nichts davon gesagt hatte, *weil er Angst hatte, daß es dem Kind schaden könnte.* Monika dagegen hatte ihrer Mutter nichts vom Tod der Großmutter erzählt, *weil sie im Urlaub war.* Hiltrud und Antonia weinen. Antonia erzählt, wie sie keine Zeit hatte, ihrem Bruder Lebewohl zu sagen; er war ganz plötzlich an Krebs gestorben, und sie vermißt ihn so sehr. Chava erzählt von einem Freund ihres Bruders, der gerade in Gaza ums Leben gekommen war. Ihre Eltern hatten ihr nie erzählt, wie krank sie selbst waren. Sie glaubten, sie davor schützen zu können, aber sie verstanden nicht, daß sie ihr damit in Wirklichkeit Angst einjagten, weil sie immer befürchten muß, daß etwas passiert und sie nichts davon erfährt.

Die Diskussion entwickelte sich daraufhin weiter und wandte sich plötzlich Familiengeheimnissen zu. Kurt hatte erst vor kurzem, als seine Mutter krank war, erfahren, daß sie nach dem Krieg von einem russischen Soldaten vergewaltigt worden war. Er konnte sich noch aus seiner Kinderzeit an diesen Ort erinnern, und er hatte immer das Gefühl gehabt, daß sich dort etwas ereignet haben müsse, aber sie hatte ihm nie erzählt was passiert war. Seit kurzem bekommt sie ihre Träume, in denen sich diese Szenen ständig wiederholen, nicht mehr unter Kontrolle. Maya war erst von einer Tante davon informiert worden, daß ihr Vater nur ihr Stiefvater sei, als diese wütend auf ihre Mutter war. Renate hatte ihrer Tochter nichts von der Täterrolle ihres Vaters erzählt, bis er gestorben war. Selbst dann noch war es ihr (geschiedener) Mann, der sich die Freiheit herausnahm, ihrer Tochter davon zu erzählen. Renate weint: „Ich wollte ihre Beziehungen nicht so beeinträchtigen, wie diese Tatsache meine Beziehung zu meinem Vater beeinträchtigt hat".

Ich versuchte zusammenzufassen, indem ich Sarahs Metapher benutzte: „Das war eine schwierige Sitzung. Wir haben Angst, im ‚Brunnen' des Schmerzes und Todes zu ertrinken, aber wir können auch nicht zu weit davon weggehen, indem wir ihn einfach ignorieren. Gibt es so etwas wie eine optimale Distanz zu diesem Brunnen? Kann es hilfreich sein, wenn wir zusammen versuchen, es herauszufinden? Ich mache einen kurzen Spaziergang, bevor ich mich schlafen lege. Wir müssen uns erst mit soviel Tod befassen, bis wir das Glück des Lebens genießen können. Ist es nicht zuviel für solch eine kleine Gruppe von Menschen, den Holocaust auf sich zu nehmen, gleichzeitig von der Seite der Überlebenden und der TäterInnen, während sie noch versuchen, ihren eigenen Weg im Leben zu finden? Aber was für andere Möglichkeiten haben sie? Das trocken-heiße Wetter in Nveh Shalom wurde unerträglich, aber das galt auch für die Verantwortung und die Einsamkeit, von denen diese Diskussionen begleitet wurden.

Ich lud die deutschen Gruppenmitglieder dazu ein, ihre Gefühle, die sie bei ihrem ersten Besuch in Israel hatten, mit uns zu teilen. Nun weint Renate. Sie war gestern abend nicht auf die Party bei Bernd gekommen, weil sie sich schrecklich fühlt, seit sie in Israel angekommen ist. Sie hatte geglaubt, vor allem nach dem Treffen im letzten Juni, daß sie sich in Israel wohl fühlen würde und vielleicht sogar vor dem Workshop ein bißchen Urlaub machen könnte. Aber sie kann nicht so gelassen sein wie sie erwartet hatte. Sie hatte sich beispielsweise zusammen mit ihrem Mann ein Zimmer bei Tiberias genommen, und eines Abends war eine israelische Familie gekommen und hatte all ihre Lebensmittel aus dem gemeinsamen Kühlschrank gegessen. Sie hatte nicht protestiert, weil ihr Akzent ihre deutsche Herkunft verraten würde: *Und wenn sie nun Überlebende des Holocaust wären?* Sie konnte es nicht ertragen, wenn Leute einfach nett zu ihr sein und deutsch reden wollten. Bevor sie hergekommen war, hatte sie sich vorgestellt, daß es, falls sie von AraberInnen getötet werden würde, nur eine kleine Wiedergutmachung für die Taten ihres Vaters sein könne.

Monika und Fritz schlossen sich Renate an und erzählten ihre eigenen „archaischen" Vorstellungen voller Bereitwilligkeit, ihr Leben zu opfern, um für das, was ihre Väter „Euch als Volk" angetan hatten, zu sühnen. Monika erzählt Renate jedoch auch, daß sie sich hier besser fühlt als erwartet. Irgendwie kann sie ihren Vater jetzt auch beiseitelassen, nach alledem, woran sie in den letzten Jahren gearbeitet hatte, und auch die israelische Seite sehen, sogar im arabisch-israelischen Konflikt. Meiner Meinung nach war das eine sehr interessante Verbindung. Solange man sich noch im Kampf mit den Greueltaten des eigenen Vaters befand, konnte man im aktuellen Konflikt mit den PalästinenserInnen entweder für oder gegen Israel sein, sobald man aber mit seinem Vater zurechtkommt, kann man beide Seiten des Konflikts sehen.

Chavas Reaktion auf Renates Erzählung ist: *Ich habe das Gefühl, daß ich hierher gehöre.* Nathan fügt hinzu: *Ich habe das Gefühl jetzt sehr kurze Wurzeln zu haben, aber sie sind der Anfang von etwas, was wir nie hatten.* Danya antwortet darauf mit einem emotionalen Beitrag: *Ich beneide dich, denn diese ‚kurzen Wurzeln‘, die du hast, sind mehr als wir als amerikanische Juden haben. Ich habe das Gefühl, wir haben überhaupt keine Wurzeln.* Bernd erzählt: *Ich bin aus Sinai gekommen, auf den Spuren der Israeliten aus der Vorzeit, ich war fasziniert, zu sehen, was hier erreicht wurde, und ich liebe Israel.* Ich weine wortlos. Ist das die Reaktion auf Bernds herzliche Worte, auf Nathans einfühlsamen Ausdruck, oder reagiere ich auf meine eigenen Gefühle – wie schwer ich es finde, jetzt gerade hier zu leben, mitten in diesem *Meer aus Haß auf beiden Seiten,* wie ich es den Gruppenmitgliedern später schreiben werde?

Auf der anderen Seite haben uns solche schwierigen Augenblicke auch geholfen, unseren eigenen Humor und unseren ganz speziellen Diskurs zu entwickeln. Am nächsten Morgen sitzen Renate und ich zusammen am Frühstückstisch, und sie erzählt mir, daß sie sich die ganze Nacht über einen Moskito geärgert habe. Ich lächelte und antwortete: *Einen israelischen Moskito.* Renate lacht ungezwungen: *Ja, aber wenn ich gekonnt hätte, hätte ich ihn trotzdem getötet.* Einige Stunden später, während einer dieser ernsten Sitzungen, schlägt sich Renate plötzlich auf den Schenkel und wir fangen beide an, laut zu lachen. *Ich habe einen israelischen Moskito umgebracht,* verkündet sie stolz und erklärt der erstaunten Gruppe, worum es geht. Die Diskussion in der Gruppe macht es Renate später einfacher (sie konnte die restlichen drei Wochen ihres Aufenthalts in Israel viel mehr genießen). Und trotzdem war ‚der Moskito-Vorfall‘ nicht einfach nur lustig. Das Niveau der wahrgenommenen Empfindsamkeit zwischen ‚ihnen‘ und ‚uns‘ ist so hoch, daß sogar das Töten eines (israelischen) Moskitos durch eine (deutsche) Person eine Erklärung erforderlich machen kann.

Am nächsten Morgen haben wir die Sitzung mit dem Bericht zweier Frauen aus Nveh Shalom angefangen, die uns erzählten, wie sie es schaffen, ihr gemeinsames Leben mit Juden/Jüdinnen und AraberInnen in der Siedlung zu regeln und was sie in ihren jüdisch-arabischen Bildungsseminaren vermitteln. Sie fragten uns auch, wie wir unsere Sprachprobleme regelten, weil sie sich unentwegt mit diesem Thema beschäftigten. Die Juden und Jüdinnen sprachen kein Arabisch, und so hatte sich Hebräisch zu einem Mittel entwickelt, mit dem die Begegnungen kontrolliert werden konnten. Diese letzten Sätze gaben uns die Berechtigung, die Sprachprobleme in unser eigenen Gruppe zu thematisieren. Am nächsten Morgen kündigten Hiltrud und Helga an, daß sie wegen ihrer Sprachprobleme nicht nach Boston kommen würden. Die Übersetzung war ihrer Meinung nach nicht ausreichend. Ihre Position konnte dabei ähnlich wie in der Situation in Nveh Shalom interpretiert werden. Englisch wurde von den „Amerikanern" (Juden und Jüdinnen) als ein Mittel benutzt, um die Begegnungen zu steuern.

Das Thema Sprache, von den Frauen aus Nveh Shalom eingebracht, machte dann auch den Weg für die Klärung des Thema **Asymmetrie** innerhalb unserer Gruppe frei: dem Gefühl einiger deutscher TeilnehmerInnen, daß die jüdischen Mitglieder und die Themen, die sie einbringen, innerhalb der Gruppe eine zentrale Stellung einnehmen, und daß durch die Sprache, die sie fließend sprechen, der Gruppendiskurs kontrolliert wird. „Wer ist wichtiger" wurde plötzlich zum Kernpunkt unserer Diskussionen. Einige Gruppenmitglieder führten dabei die Tatsache an, daß es auch unter den jüdischen Teilnehmenden eine versteckte Hierarchie gebe, „wer am meisten gelitten hätte". Dadurch wurden dann auch alte Spannungen innerhalb der deutschen Gruppe wieder hervorgeholt. Kurt und Hiltrud waren ärgerlich auf Renate und Monika: *was auch immer die Konditionen sind, die sie festlegen, die Gruppe muß sie akzeptieren. Sie spielen sich hier aufgrund der Rolle ihrer Väter während des Naziregimes als Primadonnas auf.* Monika wurde wütend: *So ein Scheißdreck. Wie kannst du es nur wagen, so zu denken, nach alledem was wir mitgemacht haben, im Hinblick auf dieses Thema.* Sie schreit, indem sie auf Kurt, Helga und Hiltrud zeigt: *Ihr habt keine Ahnung wie schrecklich es ist, so einen Vater zu haben. Wie schwer es ist, damit zu leben. Was hier gerade passiert ist pervers.*

Ich trage meine Interpretation bei: Einige der deutschen TeilnehmerInnen sind enttäuscht, weil sie gehofft hatten, daß die Probleme, die sie innerhalb der deutschen Gruppe nicht hatten lösen können, sich automatisch im Zusammentreffen mit der jüdischen Gruppe lösen würden, und nun hatten sie herausgefunden, daß die ungelösten Konflikte immer noch vorhanden waren. Darüber hinaus kann es auch sein, daß Renate, Monika und ein Stück weit auch Bernd eine außergewöhnliche Rolle in der Gruppe haben, und zwar nicht wegen dem, was ihre Väter während des Naziregimes getan haben, sondern wegen dem, was sie verarbeiten mußten, um dazu fähig zu sein, im Schatten dieser Väter emotional zu überleben. Die Hierarchie, auf die Hiltrud und Kurt sich bezogen, war ein Artefakt der Gesellschaft und der Medien außerhalb der Gruppe, die sich an der Sensationswut orientierten, deren Werte jedoch eher fallengelassen als akzeptiert werden sollten. Kurt und Hiltrud konnten diese Interpretation aber nicht akzeptieren, sie hatten das Gefühl, ich versuchte, Renate und Monika zu ‚helfen', genauso wie ich sie immer auf irgendeine Weise ‚vorzöge'.

Die Spannungen innerhalb der deutschen Gruppe könnten auch als Teil der Tatsache interpretiert werden, daß die TeilnehmerInnen eine gemeinsame Gruppengeschichte hatten, die in der jüdischen Gruppe nicht vorhanden war, wobei dann zu erwarten wäre, daß die Spannungen innerhalb der letztgenannten Gruppe zu einem späteren Zeitpunkt auftreten würden. Ihre Geschichte als Selbsthilfegruppe beinhaltete jedoch auch, daß sie nicht die notwendige Unterstützung oder Betreuung erfahren hatten, um sich mit bestimmten Themen auseinanderzusetzen. Monika und Kurt beispielsweise gerieten in Brandeis erneut aneinander. Diesmal war es Monika, die Kurt angriff, nachdem er der Gruppe erzählt hatte, daß er auf seine eigene Veranlassung hin Chaims Mutter besucht hatte, um ihr gegenüber seine Gefühle auszudrücken, nachdem er ihre Geschichte während der Wuppertaler Begegnung von Chaim gehört hatte. Monika konnte seinen Wunsch, Chaims Mutter zu sehen, nicht als wirkliches Bedürfnis akzeptieren. Sie konnte die Verbindung zwischen der Geschichte von Chaims Mutter und seiner eigenen Mutter, die nach dem Krieg von russischen Soldaten vergewaltigt worden war, nicht sehen.

Dieses Mal versuchten Mitglieder der deutschen Gruppe, Renate und Fritz vor allem, Kurt und Monika dabei zu helfen, die zwischen ihnen bestehende Spannung zu verarbeiten. Dabei kam heraus, daß Monika wegen Kurts Verhalten, nachdem sie das BBC-Video in Wuppertal vorgeführt hatte, verbittert gewesen war. Sie hatte das Gefühl, von den deutschen Mitgliedern der Gruppe keinerlei Unterstützung erfahren zu haben, dies sei nur bei jüdischen Teilnehmenden der Fall gewesen. Dabei wurde auch deutlich, daß die deutschen Mitglieder in der Vergangenheit, wenn sie bei einem von ihnen eine Verwundbarkeit spürten, dazu neigten, nach innen auf ihre eigene Verletzlichkeit zu schauen, anstatt diese beiseite zu lassen und die Hand ausstrecken, wie es Renate und Fritz diesmal gekonnt hatten. Unter den jüdischen Mitgliedern der Gruppe war das anders. Das könnte natürlich auch in einem kulturellen Unterschied zwischen Deutschen und Juden/Jüdinnen begründet sein. Aber die Gruppenmitglieder hatten eher das Gefühl, daß es einen der Kernpunkte in der deutschen Selbsthilfegruppe widerspiegelte, den sie nicht ansprechen und aufarbeiten konnten.

Gegen Ende der zweiten Begegnung in Nveh Shalom versuchte Renate, zu erklären, warum sie nie dazu fähig sein würde, in der Öffentlichkeit über ihren Vater zu sprechen: *Ich fange immer an zu weinen, wenn ich über meinen Vater spreche. Ich traure immer noch über den Verlust von ihm als Vater. Wie kann ich damit in der Öffentlichkeit umgehen?* Zwei Tage später, während des öffentlichen Treffens im Goethe-Institut, wird sie genau das tun, wovon sie uns vorher versichert hatte, daß sie es nicht tun könne: Sie wird ohne Vorwarnung aufstehen, von ihrem Vater sprechen, weinen, und dann mit dem Gefühl, etwas in sich selbst überwunden zu haben, weitermachen. Sie hatte es doch gekonnt; sogar als eine Überlebende Renate mit den Worten angriff: *Wenn deine Mutter wußte, was dein Vater getan hat, wie konnte sie dich dann zur Welt bringen?* ging Renate geschickt mit der Situation um, antwortete sehr ruhig und war nicht ein bißchen eingeschüchtert. Bernd dagegen war von dieser Frage wie gelähmt und konnte den ganzen Abend nicht ein Wort sagen. Später schrieb Fritz mir einen Brief, in dem er erklärte: *Ich habe meiner Mutter und mir selbst diese Frage oft gestellt. Deshalb fühlte ich mich dadurch nicht angegriffen.* In Brandeis wird Renate während des Abends mit Facing History and Ourselves wieder in der Öffentlichkeit sprechen. Sie wird uns erzählen, daß sie inzwischen auch in Deutschland ein zögerliches „coming out" gehabt hat, indem sie mit FreundInnen und bei der Arbeit über ihren Vater sprach.

Am Sonntag morgen, dem letzten Tag unseres Workshops in Nveh Shalom, wird in der ganzen jüdischen Welt Yom Hashoah, der Erinnerungstag an den Holocaust, begangen. Ein extremer Fall von Bedürfnissen innerhalb und Forderungen außerhalb unserer Gruppe: Können wir den Tag nur ganz still für uns begehen, wenn die Welt um uns den Holocaust betrauert, der uns ja ursprünglich zusammengeführt hatte?[9] Um 10 Uhr morgens klingen in Nveh Shalom keine Sirenen. Von den BewohnerInnen hören wir, daß das ein Teil des Preises für das Zusammenleben von Juden/Jüdinnen und AraberInnen ist. Sie haben sich darauf geeinigt, nur die Tage zu zelebrieren, die für beide Gruppen eine Bedeutung haben, und das trifft auf diesen Tag nicht zu. Chava und Tamar werden wütend: Trägt es etwa zur jüdisch-arabischen Solidarität bei, den Holocaust in der Öffentlichkeit nicht zu erwähnen? Ich bin vorsichtiger: *Vielleicht findet die Gruppe auch andere Wege. Die Fragilität beim Brückenbau zwischen Feinden kann es auch erforderlich machen, seine wichtigsten Symbole zu opfern, zumindest eine Zeitlang.*

Ich bat Jonathan darum, ein Gedicht vorzulesen, das er während des Wuppertaler Treffens geschrieben hatte. Das Gedicht war lang und machte eine abschnittsweise Übersetzung erforderlich. Dabei entstand ein Augenblick völliger Stille: Jonathan sprach von dem Feuerfunken, mit dem die Sabbatkerzen angezündet werden, die unseren Weg durch das Dunkel des Lebens erhellen. Danach gingen wir zusammen nach Yad Vashem, wodurch es uns nicht möglich war, uns richtig zu verabschieden. An diesem Tag waren die äußeren Einflüsse so gewaltig, daß der innere Gruppenprozeß nachgab, was später eines der Hauptthemen in Brandeis werden sollte: Wir brauchten einen angemessenen Abschied, und den hatten wir nicht gehabt, vor allem nach den Erfahrungen beim Besuch in Yad Vashem und am Goethe-Institut. Im Gegensatz zum Wuppertaler Treffen gingen die Mitglieder nach der zweiten Begegnung mit ihrem ganzen Kummer nach Hause, der sich erst dann löste, als wir uns in Brandeis wieder trafen.

In Brandeis wurden noch verschiedene andere Themen angesprochen, mit denen wir uns in Nveh Shalom nicht befaßt hatten. Die Israelis in der Gruppe hatten sich in Nveh Shalom ausgeschlossen gefühlt. Chava erklärte, warum sie ihre Anspannung nicht hatte mitteilen können: Sie hatte Schwierigkeiten mit ihrer Mutter. Viele Jahre lang hatte sie versucht, einige schwierige Erinnerungen aus ihrer Kindheit zu unterdrücken, die damit verbunden waren, daß ihre Mutter sich nicht um ihre und ihres Bruders physische Probleme kümmern konnte, und daß ihr Vater sie beschuldigte, der Grund für den Selbstmordversuch ihrer Mutter gewesen zu sein. In ihrem Kopf war das mit der Tatsache verbunden, daß ihre Mutter als fünfjähriges Kind mit ihrem zwei Jahre alten jüngeren Bruder alleingelassen worden war und sich einige Monate lang um ihn kümmern mußte, bis sie von der russischen Besatzungsmacht befreit wurden. Chava hatte jetzt das Bedürfnis, mit ihrer Mutter zu reden, was sie schon seit vielen Jahren nicht mehr getan hatte. Vielleicht würden sie auch eine Therapie machen, zuerst jede für sich und später zusammen. Die Gruppe hatte ihr die Hoffnung gegeben, daß an solchen Themen gearbeitet werden kann.

Nathan brachte das Thema der TäterInnen unter uns auf: Können wir sie identifizieren? Können sie zu den Opfern in uns sprechen? Was haben sie einander zu sagen? Dabei handelte es sich um Nathans Reaktion auf ein Video, das Igmar in Nveh Shalom gezeigt hatte und mit dem sie im Rahmen ihrer Psychodramastudien mit ihrem israelischen Kollegen versucht hatte, an diesem Thema zu arbeiten. Er hatte das Gefühl, daß sie es übertrieben und durch ihr Rollenspiel einen unnatürlichen Effekt erzielten. Er hatte während seines letzten Reserveaufenthaltes in den besetzten Gebieten den Dialog zwischen den beiden Seiten bei sich selbst und bei anderen erfahren. Durch seine Erfahrungen in unserer Gruppe konnte er auch zum ersten mal mit einem palästinensischen Kämpfer reden, der sich in IDF-Gefangenschaft befand und auf sein Urteil wartete.

Diese Geschichte war auch mit einer Frage verbunden, die einige der deutschen Mitglieder sich während der Sitzung gestellt hatten, sie sagten: *Wir wissen, was wir von diesen Begegnungen haben; die Anerkennung und Legitimation unserer eigenen Probleme.* Igmar, z.B. erzählte, daß sie zum erstenmal das Gefühl hatte, irgendwo dazuzugehören. *Aber was habt ihr, die Juden, von unseren Sitzungen?* Danya antwortete als erste: *Ich möchte, daß die Welt immer noch in gute und schlechte Menschen aufgeteilt ist, und daß ich dabei auf der ‚richtigen' Seite bin. Diese Gruppe hilft mir dabei, eine solche zu einfache Einteilung zu konfrontieren.* Tamar beschreibt detailliert ihre Begegnung mit zwei Tanten, die in Auschwitz gewesen waren und die sie in der Woche zuvor in New York getroffen hatte. Es war eine äußerst schwierige Begegnung gewesen, vor allem aufgrund der geistigen Verfassung der beiden, die völlig entwurzelt und ihrer Umgebung entfremdet waren. Tamar hatte das Gefühl, daß sie nicht die Geduld gehabt hätte, mit ihrem Besuch in der Art und Weise umzugehen, wie sie es getan hatte, wenn sie nicht ein Mitglied dieser Gruppe gewesen wäre.

Jean und Chava stimmten zu. Sie betonen den äußeren Druck, der auf uns ausgeübt wird, um die klare Trennung zwischen gut und böse aufrechtzuerhalten, eine Diskussion, die auch mit dem schon zuvor erwähnten Thema der **Versöhnung** in Verbindung steht. Der Begriff wird erneut untersucht. Wenn hinter der Versöhnung die Voraussetzung der Gleichheit und Gegenseitigkeit steht, dann brauchen wir darüber hinaus noch einen anderen Begriff, durch den auch die **Asymmetrie ausgedrückt** wird: Die TäterInnen, nicht die Opfer, sind verantwortlich für das, was mit den letzteren während des Holocaust passiert war. Jean faßte dies zusammen, indem sie von einem Vortrag erzählte, den sie über unsere Begegnungen gehalten hatte. Ein Mitglied ihrer religiösen Gemeinde hatte auf eine sehr bewegende Art darauf reagiert. Er sagte, daß wir uns trotz des Bösen, das als Potential in jedem von uns existiert, darum bemühen müssen, die Möglichkeit seiner Verbreitung so gering wie möglich zu halten, und lernen müssen, andere Menschen über unsere **Stammes-Ich (tribal ego)** Perspektive hinaus anzusehen. Das Konzept des ‚tribal ego' wurde sogleich zu einer der Metaphern der Gruppe, genauso wie Sarahs ‚Brunnen', Renates ‚Israelischer Moskito' und die Geste von Danyas Mutter, wenn sie etwas als irrelevant abtat. Wir sind dabei, unsere Biographie auf einer neuen gemeinsamen Basis zu rekonstruieren, über die vorherrschenden ‚Stammes-Identitäten' (tribal identities) beider Seiten hinaus.

Damit hatte die Gruppe das letzte Stadium der dritten Begegnung erreicht, mit dem Gefühl, das diese bei weitem die beste gewesen sei. Viele persönliche und zwischenmenschliche Themen waren angesprochen und durchgearbeitet worden. Danya hat das Bedürfnis, Deutsch zu lernen. Fritz sagt, daß er und Maya im Winter anfangen werden, Englisch zu lernen. Ich weise darauf hin, daß mit Ausnahme der Begegnung in Nveh Shalom der größte Teil der Leitung von den Gruppenmitgliedern selbst übernommen worden war. Nach dem Abend mit Facing History war ich darauf angesprochen worden, daß es sich um eine Gruppe von Führungspersönlichkeiten handle, weshalb eine ganz andere Art von Interventionen erforderlich sei.

Mein Beitrag zur Entwicklung des Gruppenprozesses hatte darin bestanden, Fragen zu stellen, die dazu beitrugen, schwierige Themen neu zu fassen, und Momente der destruktiven Schuld oder Hilflosigkeit zu überwinden. Ich fragte Jean beispielsweise: *Steht es dir zu, damit anzufangen, dein eigenes Leben zu leben, unabhängig vom Kontext deiner Eltern?* Darüber hinaus brachte ich die Diskussion über das Angehen externer Projekte versus interner Gruppenprozesse erneut in Gang (was auch ein wichtiges Thema war, jedoch zu früh, um von der Gruppe gelöst werden zu können). Ich machte den Vorschlag, daß das Hierarchiethema von außen auferlegt war, und daß das Wesentliche für uns nicht darin bestand, was unsere Eltern während der Nazizeit getan hatten, sondern darin, was ihre Nachkommen zum Thema machten und durcharbeiteten, wodurch eine positive Bedeutung für eine anfänglich negative Definition angeboten wurde. Nicht alle meiner Vorschläge wurden jedoch begrüßt, und ich habe nie versucht, sie der Gruppe aufzuzwingen, da ich das Recht der Teilnehmenden respektierte, sich in die Richtung und in dem Tempo fortzubewegen, das sie für sich am geeignetsten hielten. Ich entdeckte dabei, daß ich immer stärker daran interessiert war, selbst ein Mitglied der Gruppe zu werden, anstatt weiterhin ihr Leiter zu sein. Ich glaube wirklich, daß die Verdienste für das, was erreicht wurde, der Gruppe zustehen, was insbesondere für die weiter reichenden Auswirkungen dieses Gruppenprozesses gilt.

In der Gruppe besteht ein Bedürfnis, sich wieder zu treffen, weiter an unseren eigenen Prozessen zu arbeiten und gleichzeitig anzufangen, externe Projekte anzugehen. Danya und Igmar werden in New York ein Projekt anfangen. Monika und Chaim haben vor, eine Gruppe von österreichischen Nachkommen von TäterInnen und Überlebenden zu gründen. Kurt, Tamar und Dan planen, nächstes Jahr mit einer Gruppe von israelischen und deutschen Studierenden zusammenzuarbeiten. Das Zusammentreffen mit den Mitgliedern von Facing History gab den Mitgliedern unserer Gruppe die Bestätigung, daß allein die Begegnung mit uns dazu beitrug, auch bei anderen Menschen etwas positives auszulösen. Es besteht der Wunsch, einen Autor oder eine Autorin zu finden, der oder die mit den Transkripten unserer Sitzungen arbeitet und versucht, auf deren Basis ein Buch über unsere Entwicklung zu schreiben. Einige der Mitglieder werden im September zu einer Konferenz nach Hamburg kommen, und darüber hinaus wird sich die Gruppe im Juli 1994 in Berlin wieder treffen.

d. Erörterung: der persönliche und gesellschaftliche Prozeß der Aufarbeitung

Wir hatten unsere Begegnungen mit der Frage eingeleitet, ob ein Treffen zwischen Nachkommen von Holocaust-Überlebenden und Nachkommen von Holocaust-TäterInnen überhaupt gerechtfertigt sein konnte. Erstens, würde es den Mitgliedern beider Gruppen bei ihrem eigenen Aufarbeitungsprozeß helfen? Zweitens, würde es eine weitreichendere Bedeutung haben, für Juden/Jüdinnen und Deutsche, oder auch für andere, ähnliche soziale Kontexte?

Aus den obenstehenden Aufzeichnungen könnte entnommen werden, daß der persönliche Gewinn für alle diejenigen, die beim dritten Treffen in Brandeis zugegen waren, über das hinausging, was sie selbst erreicht hatten, entweder in ihrem persönlichen Kontext oder in der ihrer Gruppe. Wenn wir Renate zuhören, wie sie im Goethe Institut und später beim Treffen mit Facing History in Erscheinung trat, oder Danya, wie sie mit ihren „schwarz-weiß"-Vorstellungen kämpft, oder Chava, wie sie uns von ihrem Bedürfnis erzählt, Kontakt zu ihrer Mutter zu suchen, dann sind das nur ein paar Beispiele für diese Entwicklung. Wir sollten dabei jedoch nicht vergessen, daß wir auch ein paar Gruppenmitglieder ‚verloren' haben, die nicht nach Brandeis gekommen waren. Bei Maya und Bernd könnte es sich um einen vorübergehenden Verlust handeln, da sie aus persönlichen Gründen an dieser Sitzung nicht teilnehmen konnten.

In Hiltruds Fall könnte das Sprachproblem abträglich gewesen sein; die meisten Gruppenmitglieder können kein Deutsch. Ich glaube, daß die jüdischen Mitglieder weniger das Bedürfnis hatten, den Dialog zu steuern, als das Bedürfnis, flüssig zu reden (und fühlen), ohne daß dieser Prozeß ständig durch Übersetzungen gebremst und Igmar und Jean persönlich als unsere Übersetzerinnen belastet wurden. Die Gruppenmitglieder werden wahrscheinlich nicht zu kontinuierlichen Übersetzungen zurückkehren, nachdem sie in der Begegnung von Brandeis die Vorteile eines fließenden Diskurses genossen haben, und Hiltrud wird es nicht möglich sein, dem Prozeß ohne Übersetzungen zu folgen. Antonia könnte der Gruppe immer noch beiwohnen, so wie sie es auch diesmal vorgehabt hatte (eine plötzliche Erkrankung verhinderte jedoch ihr Kommen). Sie könnte sich allerdings auch entscheiden, aufgrund des Rückzugs ihrer

Mutter nicht zu kommen. Für sie ist die Frage: habe ich das Recht, ein eigenes Leben anzufangen? noch nicht gelöst.

Die einzige wirkliche ‚Abgängerin' unserer Gruppe war Helga. Sie fühlte sich zu sehr als Außenseiterin der Gruppe, sowohl aufgrund der Sprache, als auch wegen der Inhalte. Sie hatte sich eigentlich schon bis zu einem gewissen Maße in der deutschen Gruppe als Außenseiterin gefühlt, weil sie keine Tochter eines Täters/einer Täterin war. Sie würde entweder innerhalb der Gruppe sehr viel Aufmerksamkeit brauchen, oder sich völlig ausgeschlossen fühlen. Wenn wir die deutschen Mitglieder auf einer persönlichen Basis ausgewählt hätten, dann wären Helga und Hiltrud aufgrund der Sprachbarriere wahrscheinlich von vornherein ausgeschlossen gewesen. Da sie jedoch als Teil der deutschen Gruppe anwesend waren, wurde ihr Ausschluß ihnen nicht auferlegt, sondern war eine Wahl, die sie selbst nach dem Versuch, an den ersten beiden Begegnungen teilzunehmen, treffen mußten. Dennoch sind Sprachprobleme ein Teil und eine Bürde solcher Begegnungen und müssen gründlich thematisiert werden, vor allem, wenn dabei das Gefühl entsteht, daß eine der Gruppen versucht, den gemeinsamen Diskurs zu steuern.

Bei den drei ‚offenen' Begegnungen konnte man spüren, daß diese Gruppe auch eine Wirkung auf weitere Kreise von Deutschen und Juden/Jüdinnen hatte, wobei dies eher auf die amerikanische als auf die israelische Öffentlichkeit zutraf und sich vor allem bei Menschen zeigte, die persönlich daran interessiert und involviert waren. Die deutschen Mitglieder der Gruppe fürchteten sich immer noch, sich der Öffentlichkeit in Deutschland auszusetzen, die, ihrem Gefühl nach, für eine solche offene Begegnung noch nicht reif war, und sie sofort in eine Schublade stecken würde. Auch in der israelischen Öffentlichkeit bekamen wir einige Feindseligkeiten und Befürchtungen zu spüren. Diese lassen sich aus den aktuellen politischen Spannungen in Israel erklären, die sich dadurch definieren, oder definiert werden, daß Menschen sich als TäterInnen und Opfer des arabisch-israelischen Konfliktes betrachten, bei gleichzeitiger Unwilligkeit, diese Begriffe mit den Holocaust-Erfahrungen der Generation ihrer Eltern in Verbindung zu bringen.

Die Fragen, die diese Gruppe zum Thema machte und durcharbeitete, sind auch in einem viel breiteren sozialen Kontext relevant. Dabei handelt es sich um Themen wie: **gruppeninterne Prozesse versus externer Druck, interne Bewertungen und externe Hierarchien, wer war damals oder heute wichtiger? Physische und psychische Entwurzelung; die Fähigkeit, eine gemeinsame Perspektive über das vorherrschende Stammes-Ich (tribal ego) hinaus zu rekonstruieren; die Legitimation, die eigene Lebensgeschichte, unabhängig vom Erbe der Vergangenheit, zu entwickeln; das Vermögen, beide Seiten aktueller Konflikte zu thematisieren (wie AraberInnen und Juden/Jüdinnen):** all das sind zentrale Themen, mit der jede Gesellschaft sich auseinandersetzen muß, vor allem, wenn ihr sozialer Vertrag durch Gewaltmaßnahmen einer vorhergehenden Regierung gebrochen worden ist. Die Fähigkeit, mit diesen schwierigen Themen umzugehen und sowohl die Unterschiede innerhalb der jeweiligen Gruppen, als auch Gegensätze zwischen den beiden Gruppen zu thematisieren, wurde zu einer zentralen Tugend dieser Gruppe, zusätzlich zu Einfühlungsvermögen und Offenheit gegenüber den persönlichen Geschichten ihrer Mitglieder.

Die Gruppe suchte also nach einem Pfad zwischen den weitreichenderen Themen der **Versöhnung** und **Asymmetrie** und ihren jeweiligen Fallstricken, wobei es sich um eine sehr fragile Wegfindung zu handeln scheint. Sobald in der Gruppe Spannungen auftraten, entweder aufgrund von Konflikten innerhalb der Gruppe, oder zwischen Mitgliedern der Gruppe und der Außenwelt, stand diese Balance immer wieder auf dem Spiel. Die zentrale Position der Nachkommen der Opfer und der Wunsch nach Symmetrie seitens der Nachkommen der TäterInnen werden sowohl von der Gesamtgesellschaft ständig aufoktroyiert (Suche nach ‚Gerechtigkeit'), als auch von den Mitgliedern selbst (Suche nach psychischer Gesundheit), und kann immer wieder auftauchen, wenn sie keine befriedigende Lösung für den Druck von innen (warum und auf welcher Basis ist jemand wichtiger?) oder von außen (soziales Schubladendenken und Rechtfertigungsmechanismen) finden.

Schließlich entwickelte die Gruppe eine Form, Geschichten zu erzählen, Gedichte zu verlesen, und kultivierte ihren eigenen fein entwickelten Humor und Gesten. Jonathan möchte sogar einen Roman schreiben. Das Geschichtenerzählen hatte dazu beigetragen, viele Spannungen abzubauen, von anderen Gruppenmitgliedern einfühlsame Unterstützung zu bekommen und trug darüber hinaus dazu bei, wieder einen wirklichen Diskurs herzustellen. Im Vergleich dazu begünstigt der externe ‚als-ob' Diskurs die Stammes-Identitäten (tribal identities), und er tut dies auf der Basis des Verschweigens der Vergangenheit und deren Effekte auf die Gegenwart. Diese Begegnungen stellten also den Beginn der Rekonstruktion einer gemeinsamen Biographie dar, auf der Basis der Anerkennung dessen, was während des Holocausts geschehen war und in der Reflexion darüber, aber auch in dem Versuch, eine andere Zukunft zu entwerfen und sich um sie zu bemühen. Dies hätte innerhalb der ursprünglichen Stammes-Identitäten (tribal identities) der beiden Gruppen wahrscheinlich nicht erreicht werden können.

Anmerkungen

[1] Ich habe mich entschieden, den Ausdruck Nachkommen an Stelle der Bezeichnung Kinder zu wählen, weil es sich hier um eigenständige Personen handelt, die keine Kinder mehr sind. Der Ausdruck Nachwuchs klang mir zu 'biologisch': In diesem Zusammenhang sollte man mit biologischen Konnotationen sehr vorsichtig sein.

[2] Wir danken dem Erziehungsministerium Nordrhein-Westfalen und dem deutschen Außenministerium für ihre großzügige finanzielle Unterstützung, sowie Professor Davyd Greenwood und dem Center for international Studies an der Cornell University für ihre Spende, durch die die erste Begegnung finanziert wurde.

[3] Ein primäre Versöhnung kann, nach dem Talmud, nur persönlich zwischen TäterInnen und Opfern stattfinden. Da dies von Deutschen und Juden/Jüdinnen nach dem Holocaust nicht mehr geleistet werden kann, wird, nach Dorff, aufgrund der Art und des Ausmaßes der Gewalt seitens der Deutschen in der Vergangenheit auch eine größere Last auf den Schultern der Deutschen liegen.

[4] Die ursprüngliche Idee, Kinder von TäterInnen und Kinder von Überlebenden zusammenzuführen, wurde von Dr. Mona Weissmark in einem Brief vom April 1991 an mich herangetragen, nachdem sie mein Buch Legacy of Silence (Harvard University Press, 1989) gelesen hatte. Wir konnten uns dabei jedoch nicht auf eine Vorgehensweise einigen und sind deshalb jeder unsere eigenen Wege gegangen. Ich hatte damals schon Erfahrungen mit einer Begegnung einiger meiner InterviewpartnerInnen auf zwei Konferenzen der Universität Wuppertal 1988 und 1989 gesammelt. In der deutschen Selbsthilfegruppe gab es bereits ein

jüdisches Mitglied, eine Frau, die mit dem Sohn eines Täters verheiratet war. Darüber hinaus habe ich von der Erfahrung Dr. Scheffel-Baars profitiert, die 1989-90 in einer holländischen gemischten Therapiegruppe mit Kindern von Nazi-Kollaborateuren und Kindern von Überlebenden gearbeitet hatte (Kombi). 1991 traf dann eine Gruppe meiner isrealischen Studierenden, die sich mit den Nachwirkungen des Holocausts beschäftigten, eine Parallelgruppe deutscher Studierender, die sich für dasselbe Thema interessierten (Bar-On, 1992). Während meines Forschungssemesters in Boston 1992 lernte ich eine deutsch-jüdischen Dialoggruppe kennen, die sich seit vier Jahren trafen. Zwei der jüdischen Mitglieder dieser Gruppe beschlossen, sich unserer gegenwärtigen Gruppe anzuschließen.

5 Es gibt zunehmend Hinweise darauf, daß dies eher zu einer Regel wird anstatt eine Ausnahme darzustellen (Toll, 1992). Meine eigene Vermutung dabei ist, daß, während die Zahl derjenigen, die den Holocaust überlebt haben, langsam abnimmt, ihre Nachkommen in zunehmenden Maße das Wort ergreifen. Dabei haben viele von ihnen ein Bedürfnis, der jeweils anderen Seite als Teil ihres eigenen „Heilungsprozesses" gegenüberzutreten (Work, 1993), obwohl dies im Widerspruch zu der elementaren Forderung nach „Unversöhnlichkeit" steht.

6 Alle hier erwähnten Namen sind Pseudonyme. Einige dieser Namen sind bereits in Legacy of Silence (1989) verwendet worden.

7 PTSD (post traumatic stress disorder): Posttraumatische Belastungsstörung [A.d.Ü]

8 Paradoxer Diskurs ist als Diskurs definiert, in dem die erzählten Geschichten nicht erzählte oder verschwiegene Fakten überdecken (Bar-On, 1993).

9 Jeans Reaktion auf diese Frage war folgende: *Meinem Gefühl nach hatte es etwas damit zu tun, wie wir mit ‚unseren' Gefühlen im Licht der ‚ihren' umgehen können. Die Intensität der Gefühle und das Bedürfnis nach Unterstützung stiegen fast ins unerträgliche. Aber wir haben es geschafft!*

Literatur

Bar-On, D. (1989). Legacy of Silence: Encounters with Children of the Third Reich. Cambridge: Harvard University Press. Paperback edition, 1991. Französisch: Eshel, 1991. Japanisch: Jili Tsushin Sha, 1992. Deutsch: Campus (Die Last des Schweigens), 1993.

Bar-On, D. (1990). Children of Perpetrators of the Holocaust: Working through one's moral self. In: Psychiatry, 53, S. 229-245. Dt.: In: Integrative Therapie, 1990, 3, S. 222-245

Bar-On, D. (1992). Israeli students encounter the Holocaust through a group Process: 'Partial relevance' and 'working through'. In: International Journal of Group Tensions, 22, 2, S. 81-118

Bar-On, D. (1993). Normalcy after Auschwitz. Präsentiert auf der Hegel Conference, Stuttgart

Barocas, H. A. & Barocas, C. B. (1979). Wounds of the fathers: The next generation of Holocaust victims. In: International Review of Psycho-analysis, 6, S. 1-10

Brendler, K. & Rexilius, G. (1991). Drei Generationen im Schatten der NS-Vergangenheit. Wuppertal: University of Wuppertal, Nr. 4

Dahl, R. A. (1989). Democracy and its Critics. New Haven: Yale University Press

Danieli, Y. (1988). Confronting the unimaginable: Psychotherapists reactions to victims of the Holocaust. In: Wilson, J. P. & Harel, Z. & Kahane, B. (Eds.). Human Adaptation to Extreme Stress. New York: Plenum, S. 219-238

Davidson, S. (1980). The Clinical Effect of Massive Psychic Trauma in Families of Holocaust Survivors. In: Journal of Marital and Family Therapy, 1, S. 11-21

Dorff, E. N. (1992). Individual and communal forgiveness. In: Frank, D. (Ed.). Autonomy and Judaism. New York: State University of New York Press, S. 193-217

Hardtmann, G. (1991). 'Partial relevance' of the Holocaust: Comparing interviews of German and Israeli students. In: Report to the GIF, Jerusalem, Israel

Keilson, H. (1992). Sequential Traumatization. Jerusalem: Magness

Scheffel-Baars, G. (1988). Self-help groups for children of collaborators in Holland. In: Bar-On, D. & Beiner, F. & Brusten, M. (Eds.). Der Holocaust - Familiale und gesellschaftliche Folgen - Aufarbeitung in Wissenschaft und Erziehung? Wuppertal: University of Wuppertal, pp. 80-94

Sichrovsky, P. (1987). Schuldig geboren. Köln

Toll, T. (1992). Persönliche Mitteilung

von Westernhagen, D. (1988). Die Kinder der Täter: Das Dritte Reich und die Generation danach. München

Work, V. (1993). Persönliche Mitteilung

Psychische Auswirkungen der Shoah bei der „Zweiten Generation"

René Raanan Manu

Die Nachkommen der Juden, die die Shoah in Konzentrations- und Vernichtungslagern überlebt haben, sind durch die Nachwirkungen der nicht-verarbeiteten Schreckenserlebnisse ihrer Eltern mit geprägt worden. Die Transmission des Traumas von den Eltern auf die Kinder beeinflußt das Leben der heute erwachsenen „Zweiten Generation". Auch für die Nachkommen ist die Shoah nicht Vergangenheit, bewußt oder unbewußt sind sie mit ihr in Berührung. Neben dem theoretischen Teil wird ein Fallbeispiel über eine Tochter von Überlebenden in Deutschland dargestellt.

Der Schriftsteller Broder sagte einmal, daß man einen Juden zwar aus einem KZ holen kann, aber nicht das KZ aus einem Juden. Für mich stellt sich die Frage, ob man das KZ aus dem Kind von KZ-Überlebenden holen kann.

Der Unterschied zwischen den Überlebenden und den Nachkommen, d.h. zwischen der ersten und zweiten Generation, besteht darin, daß letztere sekundär von den Extremtraumatisierungen ihrer Eltern betroffen sind und die KZ-Haft eine imaginäre ist, während die Überlebenden selbst diese Extremtraumatisierungen im KZ real erlebt haben. Die Gemeinsamkeit besteht darin, daß für beide Generationen die Shoah nicht mit Ende des Zweiten Weltkrieges aufhört. Die geschichtliche Erfahrung der Shoah ist ebenfalls Bestandteil des Lebens der Nachkommen. Im übertragenen Sinne sind die Kinder der Überlebenden, obwohl nach 1945 geboren, innerhalb der Shoah und in sie hineingeboren worden. Sie leben mit der Geschichte ihrer Eltern, eines der wichtigsten Ereignisse ihres Lebens ist vor ihrer Geburt passiert.

In den sechziger Jahren entdeckte man ähnliche Symptomatologien bei den Überlebenden und den Nachkommen und sprach in Bezug auf das „survivor-syndrom" – auch bekannt als KZ- und Überlebendensyndrom – von einem „child-of-survivor-syndrom" (vgl. Rakoff & Sigal & Epstein, 1966). Dem liegt die Annahme zugrunde, daß Menschen, die Opfer von Extremtraumatisierungen geworden sind, – nach der Theorie der transgenerationalen Transmission – ihre psychischen Störungen und Verhaltensauffälligkeiten auf ihre Kinder übertragen haben.

Durch Identifizierung in der frühen Kindheit zeigen sich gewisse Ähnlichkeiten in den Symptomatologien beider Traumen (vgl. Grubrich-Simitis, 1979). Bei den Nachkommen werden Alpträume festgestellt, die inhaltlich denen der Eltern gleichen. Weiter diagnostiziert werden unter anderem ein gestörtes Zeitgefühl, Depressionen, negative bis vernichtende Zukunftserwartungen, eine rege Phantasietätigkeit bis hin zur Abwehr der Realität, eine Vermeidung intensiver Objektbeziehungen, sowohl masochistische Tendenzen als auch eine tief verwurzelte Identifizierung mit dem Aggressor, Schwierigkeiten mit der Affekt- und Aggressionskontrolle, geringes Selbstwertgefühl und vieles mehr. Ein relativ einheitliches „child-of-survivor-syndrom" findet sich jedoch nicht. Die vielfältigen Symptome lassen sich dadurch erklären, daß sowohl die relative Einheitlichkeit wie auch die physische Gewalt der Extremtraumatisierungen der Eltern bei den Kindern fehlen. Kestenberg (1972; 1974) führte in den siebziger

Jahren den meiner Meinung nach passenden Begriff „child-of-survivor-complex" ein, der im Gegensatz zum „child-of-survivor-syndrom" ein Spektrum von Gefühlen, Phantasien und Ideen beinhaltet, die bei den Nachkommen anzutreffen sind. Sie bleiben nicht von den Extremtraumatisierungen der Eltern verschont und sind bewußt oder unbewußt mit der schrecklichen Vergangenheit in Berührung. Anstelle des stigmatisierenden Schwerpunktes auf die pathologischen Strukturen des Syndroms interessiert hier jedoch die Bewältigung und Adaption dieses Komplexes.

In Überlebendenfamilien ist die normale psychische Entwicklung und der Separations-/Individuationsprozeß vor dem Hintergrund der Shoah gestört. Jeder Entwicklungsschritt wird begleitet durch aggressive und aktive Anteile. Diese Aggression wird jedoch von den Eltern als bedrohlich empfunden und weckt bei ihnen wiederum Aggressionen und Angstgefühle. Das Kind erlebt dann die ängstliche Überversorgtheit der Eltern als Aggression und Einengung, was wiederum Wut entstehen läßt und den Ablösungsprozeß erschwert. Besonders die Trennung vom Elternhaus wird von den Überlebenden selbst oft als Auflehnung erlebt und führt zu einer schweren Krise. Plakativ ausgedrückt ist die Überlebensschuld der Eltern die Trennungsschuld der Kinder. Die Phantasie, durch den Separationsprozeß die Lebensgrundlage der Eltern zu entziehen, und auf diese Weise zu ihren Verfolgern bzw. Mördern zu werden, führt bei den Nachkommen häufig zu einer Aggressionshemmung und Ich-Einschränkung, die mit einer Aufweichung der Realitätsschranke verbunden ist (vgl. Grubrich-Simitis, 1979; Grünberg, 1987; Haesler, 1989).

In Überlebendenfamilien ist oft eine Rollenverschiebung der Familienstruktur zu beobachten. Anstatt daß die Eltern auf die Bedürfnisse der Kinder eingehen, erhoffen sie von ihnen Unterstützung und Befriedigung ihrer eigenen Bedürfnisse. Dies zeigt sich am deutlichsten in dem Verlangen, daß die Kinder die Verluste der Vergangenheit ausgleichen, das alte zerstörte Leben wieder aufbauen und Ersatz für die in der Shoah ermordeten Verwandten sein sollen (vgl. Rakoff & Sigal & Epstein, 1966). Von den Kindern wird die Zuwendung erwartet, die sonst keiner mehr geben kann, weil die Angehörigen verhungert oder erfroren sind, erschlagen, erschossen oder vergast wurden. Viele Nachkommen erhielten Namen von ermordeten Verwandten. Unter diesem hohen Erwartungsdruck können die Nachkommen nur leiden, und die Enttäuschung ist vorprogrammiert, da die Kinder nicht den idealisierten ermordeten Familienmitgliedern entsprechen können. Gleichzeitig sollen sie in der Gegenwart leben und im Hier und Jetzt erfolgreich und unabhängig sein. Die Nachkommen leben in der Verfolgtenwelt der Eltern und in ihrer eigenen Welt. Letztere darf aufgrund der erdrückenden Last der Vergangenheit nicht ausreichend in ihren Rechten realisiert werden (vgl. Kestenberg, 1980; 1991).

Der Versuch, durch die Kinder die Shoah ungeschehen zu machen, kann nur scheitern. Die dauerhafte Spannung, während der KZ-Haft überlebensnotwendig, hört nach der Befreiung nicht auf. Der Zwiespalt der Eltern besteht dann darin, real Kinder großzuziehen und dabei die Affekte zu unterdrücken, die durch Identifikation mit dem hilflosen Baby aus der Verdrängung aufzutauchen drohen. Die Selbstzweifel und Ängste der Eltern, ihr Kind vor möglichen Gefahren nicht schützen zu können, ebenso wie sie ihre Familienmitglieder nicht vor der Vergasung schützen konnten, verhindern bei ihren Kindern wahrscheinlich das Gefühl von Sicherheit. Die Hilflosigkeit der Kinder macht den Eltern Angst und weckt in ihnen Erinnerungen an ihr früheres Ausgelie-

fertsein während der Shoah (vgl. Brainin & Ligeti & Teicher, 1989). Einige Gründe
für die eingeschränkte Fähigkeit der Eltern bzw. der Mutter, den Trennungsprozeß von
der ursprünglichen Symbiose zur Individuation zu vollziehen und Urvertrauen einzu-
flößen, können sein: unbewußte Ablehnung gegen eine Besetzung neuer Objekte aus
Angst vor erneutem Objektverlust, bestehende Besetzung der alten Objekte, Nachhol-
bedürfnis nach eigener Bemutterung durch absolutes Fehlen emotionaler Zuwendung
im KZ etc. (vgl. Grubrich-Simitis, 1979).

Inder KZ-Welt durften die Überlebenden keine adäquaten Emotionen wie Wut, Är-
ger, Trauer etc. auf das Erlebte zeigen, danach konnten sie es häufig nicht mehr. Es
gab in der KZ-Welt keinen Platz für Emotionen, da sie den Tod bedeutet hätten, es gab
nur Depression. Trauerarbeit ist in Bezug auf die Shoah kaum möglich, da die Erinnerung den Schmerz immer wieder von neuem aufwühlt. Dies zwingt zu einem Kampf
gegen die Erinnerung, für den andauernde psychische Energie aufgebracht werden
muß. Dieser Kampf beeinflußt natürlich auch die Überlebenden in ihrer Haltung als
Eltern. Die Kinder haben für die Eltern nach der totalen Destabilisierung des Lebens
durch die Shoah und in ihrer Unmöglichkeit, zu trauern, eine stabilisierende Bedeutung und Funktion angenommen. Alle Emotionen, die diesem stabilisierenden Faktor
widersprechen und sich störend auf das Familienleben auswirken können, sind unerwünscht und sollen ausgegrenzt und abgespalten werden. Das hat eine große Wirkung
auf die Internalisierungsprozesse der Kinder: die Shoah und die Dynamik von Verfolger und Verfolgtem sind zum Inhalt der identifikatorischen Systeme geworden. Die
Phantasieinhalte der Kinder verlieren ihre natürliche Beliebigkeit, sie sind um Verfolgung und Massenmord zentriert und können in allen Phasen der Triebentwicklung zu
Abwehrfunktionen verwendet werden. Die Eltern-Kind-Beziehung wird auf bewußter, vorbewußter und unbewußter Ebene durch die Präokkupation der Eltern mit ihrem
Verfolgungsschicksal gestört und in den verschiedenen Phasen der kindlichen Entwicklung aktualisiert. Diese möglichen Störungsfelder beeinflussen in unterschiedlicher Weise und mit unterschiedlichem Gewicht die Entwicklung der Nachkommen
(vgl. Haesler, 1989).

Hier fällt mir wieder auf, wie schwer es ist, innerhalb dieser Thematik die richtigen
Worte zu finden. Mit „Shoah" fängt es an. Shoah beschreibt besser als Holocaust die
versuchte Ausrottung der europäischen Juden, denn es bedeutet nicht Brandopfer, sondern Vernichtung. Doch auch eine Naturkatastrophe kann vernichtend sein. Diesem
Begriff fehlt der verbrecherisch-mörderische Aspekt, die beabsichtigte Ausrottung eines Volkes durch eine eigens dafür entwickelte perfekte Vernichtungmaschinerie mit
den effektivsten Vernichtungsfabriken, welche die Welt bis heute gesehen hat. Auch
die Begriffe „erste und zweite Generation" sind mißverständlich. Ist die Generation
vor der Endlösung die „nullte Generation" und tritt damit nicht alles Vorhergegange-
ne zu sehr in den Hintergrund? Ebenso Fachtermini wie z.B. die eben erwähnte Trauerarbeit sind unangemessen. Im Sinne von Ablösung von Verlorenem und schrittwei-
ser Anerkennung des Verlustes ist sie auf Auschwitz nicht anwendbar. Die Erinnerung
an die Hölle auf Erden wühlt den Schmerz immer wieder von Neuem auf und verlangt
eher nach einer Abwehr der traumatischen Erinnerungen.

Mordechaj Podchlebnik, einer der beiden Überlebenden des Vernichtungslagers
Chelmno, äußert in einem Interview mit Claude Lanzmann (1986, S. 22f): „Alles ist
gestorben, aber man ist nur ein Mensch, und man will leben. Deshalb muß man ver-

gessen." Kurz darauf antwortet er auf die Frage, weshalb er die ganze Zeit lächelt: „Was soll ich Ihrer Meinung nach tun, weinen? Einmal lächelt man, einmal weint man. Und wenn man lebt, lächelt man besser … ".

Doch zurück zur „zweiten Generation". Die Symptome der Nachkommen haben eine äußerst komplexe Struktur und sind thematisch oft mit der Shoah verbunden. Selbst wenn die Ursache der Symptome nicht die Shoah ist, so bestimmt sie zumindest die Erscheinungsform. Die Erlebnisse der Eltern während der Shoah haben auf komplexe Weise dynamische Wirkungen bei den Nachkommen hervorgerufen, wobei weniger die Verfolgung an sich die Störungen bei den Nachkommen verursacht, als vielmehr die emotionale Nichtverfügbarkeit der Eltern aufgrund der Nichtverarbeitung der Shoah. Im Sinne eines „child-of-survivor-complex" sind diese Wirkungen als spezifisch-dynamische Konstellation und Bedingung der Eltern-Kind-Beziehung von Überlebenden zu verstehen. Dieser „child-of-survivor-complex" ist einerseits von den Primärpersönlichkeiten der Eltern und den „neurotischen Anteilen", die sie in die Verfolgungssituation mitbrachten, und mit der sie deren Auswirkungen einzugrenzen und zu bewältigen vermochten, abhängig. Andererseits sind z.B. auch die individuelle Stellung des Kindes im Familiensystem, situative von der jeweiligen Entwicklung abhängige Augenblicke, soziokulturelle Faktoren etc. von großer Bedeutung. Nichts kann verallgemeinernd auf die Gesamtpopulation der Nachkommen bezogen werden. Was bei dem einen behindernd und beeinträchtigend wirkt, kann bei dem anderen zu reparativen und kompensatorischen Fähigkeiten führen (vgl. Haesler, 1989; Kestenberg, 1980; Levine, 1982).

Eine wichtige Frage ist für mich, inwieweit die sozialen, kulturellen und politischen Einflüsse der Gesellschaft, in denen die Nachkommen aufwuchsen, Einfluß auf die Entstehung der Symptome haben. Anders ausgedrückt: Wie wirkte und wirkt Deutschland, das Land der Dichter und Denker, das Land der Richter und Henker, das Land, das Auschwitz realisierte, auf die Nachkommen?

Deutschland hat eine Sonderstellung inne, weil es das Land der Täter ist und somit der Problematik der Opfer eine zusätzliche Dimension gibt. So wie es „normal" ist, daß junge Juden in Deutschland der zweiten Generation angehören, so „normal" ist es, daß junge Deutsche aus einer Täter- oder Mitläuferfamilie kommen. Weder der Vernichtungswille der Täter noch der Leidensdruck der Opfer wurden in dieser Nachkriegsgesellschaft wirklich zur Kenntnis genommen. Die Täter zeigen kein Interesse für die Opfer, im Gegenteil, sie sind ihnen lästig. Die Nichtaufarbeitung der Verbrechen des Dritten Reiches nach 1945 nennt Giordano (1987) die „zweite Schuld" der Deutschen. Die kollektive Verdrängung und Verleugnung einerseits und der „große Frieden mit den Tätern" andererseits bestimmen die politische Landschaft und staatliche Geschichte der Bundesrepublik Deutschland bis heute. Militärisch wurde Hitler vernichtet, aber ideologisch wirkte und wirkt er weiter, wie in letzter Zeit immer deutlicher zu beobachten ist.

Die „zweite Generation" ist in Deutschland mit zwei konträren Welten konfrontiert: Der Familie einerseits und der von den Eltern als feindselig und gefährlich empfundenen Umwelt andererseits. Hier pochen die Eltern besonders darauf, daß ihre Kinder einerseits jüdisch leben und heiraten, andererseits ihre jüdische Identität verstecken sollen (vgl. Brainin & Ligeti & Teicher, 1989; Grünberg, 1983, 1987; Kestenberg, 1991). Ich habe einen Bekannten, der von seinen Eltern zur Weiterführung der jüdischen Familientradition einen außergewöhnlichen und auffälligen alttestamentarischen Vornamen bekam. In der Schule jedoch meldeten sie ihren Sohn aus Angst vor Antisemitismus und erneuter Verfolgung als Hans an und verboten ihm, seinen wahren Namen kundzutun.

In Deutschland ist es problematischer als in jedem anderen Land, zwischen der nationalen Identität des Landes und der jüdischen Identität der Eltern die eigene zu finden, da die Identifizierung mit den Sitten und Bräuchen des Landes, das für Auschwitz verantwortlich ist, zu Schuldgefühlen gegenüber den Eltern führen kann. Zur üblichen Ablösungsproblematik kommt erschwerend hinzu, daß sich ein Nachkomme vielleicht zu einer Ehe mit einem nichtjüdischen deutschen Partner entscheidet und somit eine Verbindung zwischen einer Opfer- und einer Täter-Mitläufer-Familie herstellt (vgl. Grünberg, 1987). Man kann sich vorstellen, zu welchen Loyalitätskonflikten dies führen kann.

Nicht selten werden Konflikte vor dem Hintergrund der Leben-Tod- bzw. Opfer-Täter-Thematik ausgetragen, welche die Kinder auf der Opferseite zu binden versuchen. Ein anderer Bekannter z.B. entwickelte seinen Eltern gegenüber Schuldgefühle, sobald es ihm gut ging. Sein Vater erinnerte ihn oft daran, indem er ihm die rhetorische Frage stellte, ob er denn wisse, wo er in seinem Alter gewesen sei. Natürlich wußte er es: In Auschwitz! Wie eng und verhängnisvoll die gegensätzlichen Identifikationen mit Opfer und Aggressor verknüpft sein können, formuliert Prince (1975, S. 167f) in einem Fallbeispiel mit folgenden Syllogismen: 1) „Die Nazis haßten meinen Vater. Ich hasse meinen Vater. Ich bin ein Nazi." 2) „Mein Vater haßt mich. Ich bin ein Jude. Mein Vater ist ein Nazi." Innerhalb der Überlebendenfamilien zeigen sich auch oft Strukturen von NS-Ideologien. Zum Beispiel indem sich ein Nachkomme immer wieder die Frage nach seiner Existenzberechtigung stellt und glaubt, daß nur der verdient zu leben, der stark ist und nicht versagt. Deshalb muß er sich und seinen Eltern ständig beweisen, daß er es wert ist zu leben.

Die Überlebendenfamilien sind durch die Shoah in ihren Gefühlen von Stabilität und Sicherheit erschüttert. Sie empfinden Angst und Mißtrauen allen anderen Menschen gegenüber, und selbst das Gefühl von Sicherheit wirkt verdächtig und wird zurückgewiesen. Dieses Verhalten, im KZ ein wichtiger Überlebensmechanismus, nach der Shoah eher behindernd, hat zu einer Integrationsproblematik bei den Nachkommen geführt. Sie sprechen oft von Einsamkeit und Isolation. Die Angst, ähnliche Objektverluste wie die Eltern zu erleiden, äußert sich bei ihnen in der Schwierigkeit, persönliche und berufliche Bindungen einzugehen. Die Nachkommen suchen verstärkt nach symbiotischen Beziehungen und sind gleichzeitig hochsensibel für realen oder eingebildeten Objektverlust. Viele sprechen von existentieller Einsamkeit. Ein Grundmißtrauen allem und jedem gegenüber und ein starkes Bedürfnis nach Kontrolle, sowohl über sich selbst wie auch über die Umgebung, ist zu beobachten (vgl. Barocas & Barocas, 1979; Brainin & Ligeti & Teicher, 1989; Prince, 1975; Savran & Fogelman, 1979).

Selbst wenn ein Leben sicher, ruhig und friedlich verläuft, gibt es nie wirkliche Sicherheit. Die Befürchtung, daß eine Gefahr irgendwo lauert und jederzeit kommen kann, läßt sie in dauernder Spannung leben. Besonders hier in Deutschland steht ihr kultureller und religiöser Bezugsrahmen im Widerspruch zur Majorität. Hier leben sie in einer Subkultur ohne gesellschaftliche Anerkennung, hinter Panzerglas und mit Polizeischutz gehen sie unbemerkt ihrem kulturellen und religiösen Leben nach.

Mich interessiert, wie Angehörige der zweiten Generation hier in Deutschland leben, was für Probleme sie haben, und wie diese Probleme möglicherweise mit der KZ-Haft ihrer Eltern zusammenhängen. Dazu habe ich im Rahmen meiner Studie fünf Angehörige der zweiten Generation in Deutschland befragt. Im zweiten Teil möchte ich nun einen dieser Fälle beschreiben.

Rosa Mendelssohn, so will ich sie hier nennen, wird 1957 in Deutschland als einziges Kind einer Fabrikantenfamilie geboren.

Ihr Vater kam 1922 in Polen auf die Welt. 1941 folgte er einem Aufruf, sich in der Synagoge zu versammeln und wurde als erster der Familie deportiert. 1942 kam er in das KZ Buchenwald, aus dem er 1945 befreit wurde. Er und drei Geschwister überlebten, die Eltern und vier weitere Geschwister wurden ermordet. Nach dem Aufenthalt in einem DP-Camp[1] baute er sich mit seinen Brüdern eine Existenz in Deutschland auf. 1956 lernten sich Rosas Eltern kennen und heirateten.

Rosas Mutter wurde 1932 als Polin in der Schweiz geboren. Als deren Mutter in den zwanziger Jahre einen polnischen Juden heiratete, verlor die Familie ihre schweizer Staatsbürgerschaft. Die ganze NS-Zeit verbrachte die mütterliche Familie in der Schweiz, immer in der Angst, an die Deutschen ausgeliefert zu werden.

Von Anfang an gibt es in der Ehe der Eltern Streit, und Rosa fragt sich, weshalb die Eltern überhaupt geheiratet haben. Schon im ersten Ehejahr will sich der Vater scheiden lassen, tut dies aber nicht, weil seine Frau schwanger ist. Die Tochter wird für die Existenz der schlechten Ehe verantwortlich gemacht. Als einzig mögliche Alternative benennt Rosa Abtreibung und sagt: *Ich bin dann also doch geboren worden, meine Eltern sind doch zusammengeblieben und seit ich denken kann, gibt es Streit.*

Über die Mutter äußert sie sich negativ und stellt sie als Opfer der Shoah dar. Alles ist Ausdruck ihrer jahrelangen Angst, ausgeliefert zu werden. Sie will eine Tochter, um mit ihr zu *strahlen, also um zu zeigen, hier meine Verlängerung, mein Kind, sehr erfolgreich.* Mit autoritärem Erziehungsstil, Lob bei bedingungslosem Gehorsam und subtilen psychischen Strafen bei kleinen Verfehlungen, will sie Rosa zu einer kulturell gebildeten Schweizerin machen, damit sie in Deutschland und ausschließlich unter polnischen Juden lebend nicht ganz isoliert ist.

Auch den Vater stellt sie als Opfer dar, jedoch nicht als Opfer des KZ's, sondern als Opfer seiner Frau: *Er ist eigentlich ein optimistischer und fröhlicher Mensch ... wenn er nicht Pech gehabt und die falsche Frau geheiratet hätte.* Rosa relativiert stets ihre positiven Äußerungen über den Vater, z.B. könne er sehr viel Wärme geben – wenn er nur da wäre. Der Vater arbeitet ununterbrochen und versucht, mit finanzieller Absicherung seiner Familie die größtmögliche Sicherheit zu bieten.

Den wenigen Erzählungen des Vaters über die Shoah traut Rosa zu recht nicht. Es ist höchst unwahrscheinlich, daß es für einen Juden in Buchenwald nicht so schlimm war. Er verdrängt, versucht zu vergessen und seine Emotionen zu vergraben. Es ist auch unbegreiflich für Rosa, weshalb die Großeltern zuließen, daß man ihnen ihr Kind wegnahm, und weshalb der Vater selbst sich nicht wehrte. Für Rosa ist es mehr als nur Verstehen-wollen, dies sind Anklagen gegen ihn, weil er sich in Polen hat erwischen lassen, wie sie sich ausdrückt, und gegen die Großeltern, weil sie sich nicht für ihre Kinder geopfert haben.

An ihre Kindheit hat sie wenig Erinnerungen. Noch heute leidet sie darunter, daß sie zur Unselbständigkeit erzogen wurde. Unselbständigkeit scheint für Rosa Abhängig-sein, Ausgeliefert-sein, Schutzlos-sein, letztendlich Vergast-werden-können zu bedeuten. Der Traum, an den sie sich erinnert, beinhaltet die Angst, im Augenblick der Gefahr von den Eltern im Stich gelassen zu werden: *Räuber kommen und wollen mich stehlen oder so, irgendwas mit Räubern, also Angst mit Räubern im Wald und solche Geschichten. Ich weiß nur, daß ich halt dann gebrüllt habe, und meine Mutter kam oder so und saß dann noch eine Weile an meinem Bett, bis ich wieder eingeschlafen war. Sie hat mich nie zu sich in das Bett genommen. Also das kann ich heute wieder nicht verstehen.* Wieder wird ein Kind, diesmal sie und nicht der Vater, abgeholt. Die Mutter ist da, nimmt es aber nicht schützend zu sich.

Eckpfeiler in der Erziehung sind Bildung und jüdisches Leben. Besonders in den ersten fünf Jahren ist die Trennung zwischen Familie und Umwelt extrem: *Ich durfte keine Wurzeln schlagen, im wahrsten Sinne des Wortes. Irgendwie war ich zwar hier, aber ich gehörte nicht dazu und war was ganz anderes.* In der Schulzeit bricht die Isolation etwas auf, aber sowohl ihre Freunde als auch ihre Freizeitaktivitäten finden bei den Eltern wenig Anklang. Glückliche Momente in ihrer Jugend gibt es nur außerhalb, zu Hause dagegen nur Depression. Als Jugendliche beginnt Rosa, sich gegen ihre Mutter zu wehren, die dann mit noch härterer Autorität versucht, ihre Tochter an sich zu binden. Rosas Individuationsschritte und emotionale Bindung zum Vater treiben die Mutter noch mehr in die Isolation. Rosa tendiert zu ihrem Vater, *weil ich mich auch wehre dagegen, so zu werden wie meine Mutter. Also ich möchte alles, nur nicht so werden wie meine Mutter.*

Aufgrund einer Finanzkrise in der Familie überschlagen sich in der zweiten Hälfte der siebziger Jahre die Ereignisse. Auch hier stellt Rosa die Mutter als eigentliches Opfer dar: *Also meine Mutter ist fast zusammengebrochen, mein Vater war derjenige, der hätte zusammenbrechen müssen, der hat es natürlich prima überstanden.* Für Rosa scheint es einfacher zu sein, die Mutter als unliebsames Opfer darzustellen und den Vater als den Starken, der KZ, Frau und Finanzkrise überlebt. Die Aggressionen gegen ihn, weil er sich hat erwischen lassen, die falsche Frau geheiratet hat und im falschen Land lebt, dürfen nicht aufkommen. Als reales Opfer muß der Vater geschont werden. Auch das Gefühl der Ablehnung der Mutter gegenüber, weil sie kein wirkliches Opfer war und sich in der schönen Schweiz aufhielt, während Millionen anderer Juden ermordet wurden, unterdrückt Rosa. Statt noch tiefer in der Depression zu versinken, tritt sie jedoch die Flucht nach vorne an und wagt einen doppelten Sprung in das kalte Wasser der Selbständigkeit und Unabhängigkeit.

Sie zieht nicht nur von zu Hause aus, nein, sie emigriert auch nach Israel. Dies macht sie einerseits aus Opposition zu ihren Eltern, die heute im sicheren aber emotional ambivalenten Deutschland leben, andererseits aus Solidarität mit ihnen, da sie damals in unsicheren und gefährlichen Ländern lebten. Wahrscheinlich auch, weil sich der Vater in Polen hat erwischen lassen und weil die Mutter in der Schweiz überlebt hat. In einem unsicheren und gefährlichen Land scheint sie sich und den Eltern beweisen zu wollen, daß sie überleben kann.

In Israel wird sie von ihrer Geschichte eingeholt. Sie lernt einen gebürtigen Slowenen kennen und lieben. Aufgrund von Eifersucht und Machtkämpfen trennen sie sich erst einmal, um kurz darauf doch zu heiraten. Die Eltern sind dagegen: *Wer bist du denn, daß du meine Tochter heiraten willst, und womit willst du sie denn ernähren?*, muß sich ihr Partner anhören. Die Eltern quälen sie mit Briefen, in denen steht *wage ihn ja nicht zu heiraten,* und, was für sie das schlimmste ist, *wir haben deine Wege nie akzeptiert.* Rosa entscheidet sich gegen die Eltern und für die Ehe, und entwickelt ihnen gegenüber so große Schuldgefühle, daß sie monatelang nicht mit ihrem Mann schlafen kann.

Ihre Ehe zeigt Parallelen zu der der Eltern. Trotz Streit bleiben die Partner zusammen, die Machtkämpfe steigern sich aber, und Jähzorn kommt hinzu. Die Geburt der Tochter ist die Krönung von Rosas Leben, aber die Ernüchterung folgt bald. Alle Last liegt auf ihren Schultern, sie verausgabt sich und hat nach zweieinhalb Monaten keine Milch mehr, was ihr große Gewissensbisse bereitet. Sie erzählt zwei Beispiele für den rapiden Verfall der Ehe: Er geht mit einer gemeinsamen Freundin fremd und schiebt ihr die Schuld zu. Und als er einmal in seinem Leben Geld besitzt, behält er alles für sich, obwohl sie ihn jahrelang mitfinanziert hat. Er beginnt, sie zu beschimpfen, sie sei nicht intelligent genug und hätte keinen Humor. Rosa muß sich Beleidigungen und Vorwürfe anhören, die die Mutter zeitlebens an ihre Umwelt und ihren Mann gerichtet hat, erträgt aber die Ehe ihrem Kind zuliebe dennoch weiter. Schließlich folgt sie ihrem Mann nach Deutschland, um damit doch noch die Ehe zu retten. Mit diesem Schritt tut sie es ihrer Mutter gleich, die wegen ihres Mannes nach Deutschland kam. Ein Jahr später lassen sie sich scheiden.

Rosa setzt die mütterliche Familientradition fort. Ihre Großmutter mütterlicherseits heiratete einen polnischen Juden, ihre Mutter ebenfalls, sie selbst einen slowenischen Juden, d.h. alle Männer stammen aus osteuropäischen Ländern. Ein mögliches Motiv kann sein, dadurch die jüdische Kultur und Tradition aufrechterhalten zu wollen.

Als erwachsene Frau und Mutter bringt Rosa ihren Eltern mehr Verständnis entgegen, verzeiht ihnen aber nicht: *Wenn man halt Verantwortung kriegt für noch ein kleines Lebewesen, Menschenkind, und da eben dann doch irgendwelche Ängste kommen und so was alles.* Wie ihre Eltern hat sie Angst, ihr Kind nicht genügend schützen zu können, ihre Eltern aber haben ihre Ängste an ihr ausgetobt, sie hingegen versucht, ihre Ängste an sich selbst auszutoben und ihr Kind am Leben zu lassen. Damit scheint sie unbewußt anzudeuten, daß ihre Eltern sie nicht haben leben lassen.

Die traumatischste Vorstellung für Rosa ist, daß man ihr das Kind wegnimmt. Sie erwartet, daß sich die Geschichte nicht wiederholt, und daß die Familie, der Vater und Freunde helfen würden, es zu retten. Für Rosa ist es das schlimmste, wenn man die Kinder nicht ausreichend schützen kann, wie die Großeltern 1941. Ihre Eltern konnten ihr auch nicht das Gefühl von Schutz geben, entsprechend hat sie Angst, ihr Kind selbst nicht ausreichend schützen zu können. Sowohl Rosa als auch ihre Tochter sind Einzelkinder. Die Angst, als Eltern ihre Kinder nicht retten zu können, scheint ihnen nicht zu erlauben, mehrere Kinder auf die Welt zu bringen.

Rosa schmerzt, daß sie keine Großeltern hat und nichts über sie weiß. Es schmerzt sie, keine normale Familie zu haben. Sie wird aggressiv, wenn sie an die Ohnmacht der Opfer denkt. Sie fragt sich, was ihrem Vater wirklich passiert ist und vermutet schlimmes: *Gefoltert wurde er nie oder hat es jedenfalls nie erzählt. Er hat auch nie erzählt oder zugegeben, daß er irgendwelche Erschießungen oder so was erlebt hat.* Sie kann sich nicht vorstellen, wie ihr Vater wäre, wenn es keine Shoah gegeben hätte, weil sie nicht weiß, was er erlebt und wie er überlebt hat. Diese beiden Fragen haben höchste Priorität bei ihr: *Wichtig ist es, sich mit dem, was da ist, Gedanken zu machen, wie man das Beste daraus macht und einigermaßen lebensfähig bleibt. Und möglichst wenig Traumata weitergibt, an die zweite Generation, an die dritte Generation.*

Sie vermutet, daß ihr Vater überlebt hat, weil er positiv zum Leben und zu sich eingestellt war und körperlich kräftig genug, sowas zu ertragen. Natürlich wird sich ihr
Vater im KZ auch angepaßt haben. Sich unterzuordnen lehnt Rosa ab, als Überlebensstrategie hingegen akzeptiert sie es: *Wenn es hilft um zu überleben, dann ist es
auch ganz gut, wenn man es kann*. Als Tochter eines Überlebenden kann sie sich nur
vorstellen, ebenfalls überlebt zu haben. Zum Nicht-überleben sagt sie: *den Gefallen
tue ich niemandem. Ich lasse es mir von niemandem nehmen, und ich werde immer alles überleben, egal wie weh es tut*. Was der Vater erlebt hat, den Verlust der Autonomie, das Ausgeliefertsein, das Duckenmüssen scheint für Rosa ein Alptraum zu sein.

Der Vater tabuisiert die Shoah. Er lehnt ab, daß er sich durch Buchenwald verän-
dert hat, und daß seine Tochter in irgendeiner Form damit zu tun hat. In Bezug auf die
Shoah und deren Folgen ist er *psychisch zu*, Gefühle könnten einen Abgrund öffnen.
Welche Gefühle würden wohl bei dem Vater und bei Rosa auftauchen, wenn sie das
Tabu brechen würden? Schuld? Scham? Verachtung? Haß? Vieles wäre möglich!

Rosa fühlt sich weder als Deutsche, noch als Israelin, sondern als Jüdin. Es scheint,
daß sie sich keinem Land wirklich zugehörig fühlen kann, und die landungebundene,
universelle jüdische Identität Ersatz für ihre Heimatlosigkeit ist; z.B. weiß sie nicht
einmal, aus welcher Stadt die Familie väterlicherseits stammt. Sie scheint die ermor-
dete Welt zu suchen und gleichzeitig Berührungsängste zu haben. Deshalb verlagert
sie die Suche von der persönlichen, familiären auf eine theoretische Ebene und studiert Judaistik.

In Deutschland gibt es *keine wirkliche Normalität zwischen Deutschen und Juden.
Man braucht ja nur das Wort Jude zu erwähnen, dann geht es ja gleich los, also pro
und contra und hin und wider das alles*. Alltagsbegegnungen können bei ihr Assoziationen mit der Shoah hervorrufen. Mit dreizehn trifft sie in der Straßenbahn einen Mann
mit schwarzem Ledermantel und Hut und assoziiert, die Gestapo kommt und will sie
holen. Herzklopfen und Panik stellen sich ein, an der nächsten Station steigt sie aus
und rennt nach Hause. Ein Beispiel von heute: Wenn alte Leute von ihrer Tochter fasziniert sind und sagen *hach, ist das ein süßes kleines Mädchen und so. Und dann denke ich mir, hmh, vor fünfzig Jahren hättet ihr sie vergast oder zugeguckt, wie sie ab-
transportiert wird zumindest und hättet nicht mit der Wimper gezuckt*. Sie seufzt, alles läuft bei ihr gedanklich durch dieses Holocaust-Prisma.

Nach ihren Vorstellungen über die Zukunft gefragt, antwortet sie, daß sie, wenn die
Bedingungen stimmen würden – der richtige Mann und gute Bildungs- und Ver-
dienstmöglichkeiten für das Kind – noch ein zweites Mal auswandern würde, am liebsten nach Israel. Das schöne an diesem Land ist *die Tatsache, daß man dort eben Jude
sein kann. Man ist Jude unter vielen Juden und die Probleme, die man hat, sind einfach Probleme, die Leute überall haben. Und nicht überlagert sind mit dem Konflikt
Deutscher/Jude, der hier über allem lastet. Der Ghettogedanke – nicht rausschreien,
daß du jüdisch bist und dich andererseits nur in jüdischen Kreisen aufhalten – ist dort
unnötig und dieses nichts-besonderes-mehr-sein-müssen auf Teufel komm´ raus und
auch nichts besonderes zu sein, auch*.

Und diese Erfahrung, erzählt Rosa zum Schluß, hat ihre Persönlichkeit und ihr jüdisches Selbstverständnis positiv verändert. Mit ihren letzten Interviewsätzen, positiv
gemeint, aber mit bitterem Beigeschmack, komme ich auch zum Ende dieses Artikels.
*Es kommt halt schnell heraus, daß ich jüdisch bin, also automatisch auch, weil wenn
ich, egal was ich gefragt werde, was ich beruflich mache, was ich studiere, oder ob*

ich immer in Berlin gelebt habe, spätestens nach drei Sätzen ist es halt draußen, aber es macht mir auch gar nichts aus. Ich bin, ich sitze da gut drin, also das ist ein Teil meiner Persönlichkeit, daß ich sowieso nicht davonlaufen kann davor. – Sie möchte davonlaufen, hinlaufen zur Normalität, zu einem Leben, in dem sie nicht mehr durch dieses Holocaust-Prisma sehen muß.

Anmerkungen

[1] DP-Camp (displaced persons): Lager für Überlebende der Konzentrationslager

Literatur

Barocas, H. A. & Barocas, C. B. (1979). Wounds of the Fathers. The next Generation of Holocaust Victims. Intern. Rev. Psychoanal. 6, S. 331-340

Brainin, E. & Ligeti, V. & Teicher, S. (1989). Die Zeit heilt keine Wunden. Pathologie zweier Generationen oder Pathologie der Wirklichkeit? Psychoanalytische Überlegungen. Unveröffentlichtes Referat gehalten während des Kongresses „Psychische Schäden alternder Überlebender des Nazi-Terrors und ihrer Nachkommen" vom 11. –14. Oktober 1989 an der Medizinischen Hochschule Hannover

Giordano, R. (1987). Die zweite Schuld oder Von der Last ein Deutscher zu sein. Hamburg: Rasch und Röhring

Grubrich-Simitis, I. (1979). Extremtraumatisierung als kumulatives Trauma. Psychoanalytische Studien über seelische Nachwirkungen der Konzentrationslagerhaft bei Überlebenden und ihren Kindern. Psyche 33, S. 991-1023

Grünberg, K. (1983). Folgen nationalsozialistischer Verfolgung bei Kindern von Überlebenden/Juden in der BRD. Unveröffentlichte Diplomarbeit, Marburg/Lahn

Grünberg, K. (1987). Folgen nationalsozialistischer Verfolgung bei jüdischen Nachkommen Überlebender in der Bundesrepublik Deutschland. Psyche 41, S. 492-507

Haesler, L. (1989). Die Unmöglichkeit zu trauern und deren Bewältigung durch Identifizierung. Ein Modus transgenerationaler Transmission des Traumas. Unveröffentlichtes Referat gehalten während des Kongresses „Psychische Schäden alternder Überlebender des Nazi-Terrors und ihrer Nachkommen" vom 11. –14. 10. 1989 an der Medizinischen Hochschule Hannover

Kestenberg, J. S. (1972). Psychoanalytic Contributions to the Problems of Children of Survivors from Nazi Persecution. Isr. Ann. Psychiatry Relat. Dis. 10, S. 311-325

Kestenberg, J. S. (1974). Kinder von Überlebenden der Naziverfolgung. Psyche 28, S. 249-265

Kestenberg, J. S. (1980). Psychoanalyses of Children of Survivors from the Holocaust. Case Presentations and Assessment. J. Am. Psa. Assn. 28, S. 775-804

Kestenberg, J. S. (1991). Kinder von Überlebenden und überlebende Kinder. In: Stoffels, H. (Hrsg.). Schicksale der Verfolgten. Psychische und somatische Auswirkungen von Terrorherrschaft. Berlin & Heidelberg: Springer

Lanzmann, C. (1986). Shoah. Düsseldorf: Claassen

Levine, H. B. (1982). Toward a Psychoanalytic Understanding of Children of Survivors of the Holocaust. Psychoanal. Quart. 51, S. 70-92

Prince, R. M. (1975). The Legacy of the Holocaust. Psychohistorical Themes in the Second Generation. Ann Arbor, Michigan: UMI Research Press

Rakoff, V. & Sigal, J. J. & Epstein, N. B. (1966). Children of Families of Concentration Camp Survivors. Can. Ment. Health 14, S. 24-26

Savran, B. & Fogelman, E. (1979). Psychological Issues on the Lives of Children of Holocaust Survivors. The Children as Adults. In: Steinitz, L. Y. & Szondyi, D. M. (Hrsg.). Living after the Holocaust. Reflections by Children of Survivors in America. New York: Bloch

Spätfolgen bei den Opfern der Shoah[1]

Johan Lansen

Obwohl der Holocaust bereits 50 Jahre zurückliegt, werden die Juden und Jüdinnen, die im Einflußbereich Nazi-Deutschlands gelebt haben sowie ihre Kinder noch immer mit den psychischen Folgen konfrontiert. Es handelt sich dabei nicht nur um das Überlebenden-Syndrom, sondern auch um andere klinische Beschwerdebilder, die vor allem bei „Child Survivors" nach einer langen Latenzphase auftreten können.

Untersuchungen in den Niederlanden, auch über andere verfolgte Gruppen des zweiten Weltkrieges, haben darauf hingewiesen, daß 30 bis 60 Prozent solcher extrem traumatisierter Personen psychosoziale Unterstützung brauchen. Am hilfreichsten bei diesen im Prinzip unheilbaren Beschwerden ist ein differenziertes System von Versorgung („care") und Behandlung („cure").

Wenn wir an die Folgen des Nazi-Holocaust denken, sehen wir vor unserem inneren Auge die Bilder der Mordfabriken, wie sie denen, die dies nicht erlebt haben, in Büchern und Filmen geschildert werden. Was Deutschland und Österreich – zwei gut organisierte und bewunderte Staatsmächte – einem gewissen Teil ihrer Bürgerschaft, sowohl im eigenen Land als auch in den von ihnen besetzten Staaten angetan haben, bleibt eine ewige Schande. Die staatlichen Behörden haben bestimmte Bürgerinnen und Bürger massenhaft vernichtet, als wären sie gefährliches ‚Ungeziefer'. Und die meisten übrigen Menschen haben weggesehen, auch in den besetzten Ländern.

Diese Erlebnisse waren und sind nicht zu verkraften. Wenn ich davon erzähle, daß ich mich im täglichen Leben mit Hilfe für Opfer des Holocaust befasse, kommt sehr oft die Frage: „Sind die jetzt nicht alle tot?" Dahinter steckt die Meinung, daß nur die wenigsten überlebt hätten, und daß diese jetzt fast alle hochbetagt wären. Oder man denkt, daß die Kinder von damals, die in Theresienstadt oder im Versteck überlebt haben, zu jung gewesen seien, um sich an all das Schreckliche erinnern zu können und daß sie deswegen wohl keinen Schaden genommen hätten. Diese Naivität findet man nicht nur bei ‚Laien', sondern auch bei Fachleuten. Deshalb möchte ich zuerst folgendes feststellen:

„Jede jüdische Frau und jeder jüdische Mann, die 50 Jahre oder älter und im damals besetzten Europa aufgewachsen sind, gehören zu einer jetzt psychisch schwer gefährdeten Personengruppe".

Das Risiko, in der Jugend schwere psychische Schäden erlitten zu haben, ist sehr groß: aufgrund der ständigen Atmosphäre von Furcht, dem Verlust eines oder beider Elternteile, des Hungers, der Ohnmächtigkeit, nicht helfen zu können, weil man als Kind aus Sicherheitsgründen von einer Untertauchadresse zur anderen mußte, dem Ausschluß von Schulbildung – diese Aufzählung ließe sich noch lange fortsetzen. Die nächste Feststellung könnte also lauten:

„Je jünger man war, als man diese Erfahrungen gemacht hat, desto größer ist der Schaden in bezug auf die weitere Entwicklung."

Unter dieser Voraussetzung kommt man zu anderen Schlußfolgerungen, als wenn man der Ansicht folgt, Kinder seien weniger geschädigt, weil sie sich der Ereignisse

weniger bewußt gewesen seien. Aus der fehlenden Erinnerung wird dann die Schlußfolgerung gezogen, daß es keine Verletzungen gegeben habe. Auf diese Weise erklärt
man das Gedächtnis zum Barometer für Traumata. Eine solche Sicht wird den Kindern
von damals nicht gerecht.

Die Auswirkungen der Nazi-Verfolgung sind erst vorbei, wenn auch die letzten der
jetzt 50-Jährigen gestorben sind. Dieses ‚vorbei‘ bezieht sich allerdings nur auf die
sog. erste Generation, die direkt Betroffenen. Die Auswirkungen des Holocaust reichen aber sehr viel weiter, nämlich auf die Kinder von Verfolgten, die nach 1945 geboren sind. Dies trifft auch dann zu, wenn nicht beide, sondern ein Elternteil dies durchlebt hat. Aus Untersuchungen (Eland et al., 1990) ist uns bekannt, daß auch die Nachkommen eine Risikogruppe bilden. Ich werde mich in diesem Beitrag primär auf die
erstgenannte Gruppe beziehen.

Einige Zahlen

Offizielle Zahlen kann ich nur über die Niederlande geben (Den Haag 1988). Ich will
mit diesen Zahlen verdeutlichen, wie groß die Dimension der Verfolgung heute immer noch ist. Diese Angaben schließen die Verfolgten aus verschiedenen Bevölke-
rungsgruppen ein: Juden und Jüdinnen, die sogenannte Indische Gruppe (Niederländische Staatsbürger aus Japanischen Lagern) und andere. So unterschiedlich ihre Lage
auch gewesen ist, sie können alle als Extremtraumatisierte betrachtet werden.

1995 werden noch etwa 87.400 von diesen Verfolgten leben (1985 waren es noch
119.200). Nach gewissen praktischen Kriterien gibt es unter ihnen:
– mindestens 53.000 und höchstens 65.000 leicht Hilfsbedürftige
– mindestens 6.400 und höchstens 7.800 schwer Hilfsbedürftige
Sogenannte leicht Hilfsbedürftige werden meistens durch differenzierte Sozialarbeit,
z.B. vom „Joods Moatschappelijk Werk" (Jüdische Sozialarbeit) oder „Pelita" (Sozialarbeit für die „Indische" Gruppe) unterstützt.

Die Gruppe der sogenannten schwer Hilfsbedürftigen braucht eine sehr intensive
persönliche Hilfe, die meistens unter „cure" (Behandlung) zusammengefaßt wird. Dazu
gehört z.B. die psychiatrische Behandlung, sozialpsychiatrische Betreuung, spezielle
Psychotherapie oder Behandlung in einer Klinik.

Aus eigenen Akten (Sinai Centrum) und aus Daten der Jüdischen Sozialarbeit ent-
nehme ich, daß in Holland und in Israel heute noch etwa 10.000 Juden am Leben sind,
die damals den Holocaust erlebt haben, davon etwa 1.500, die Konzentrationslager
überlebten. Der größte Teil dieser Überlebenden, wahrscheinlich etwa 7.500, lebt in
Holland.

Was die Auswirkungen der verschiedenen Bedingungen betrifft, unter denen Jüdinnen und Juden überlebt haben, dazu läßt sich kurz folgendes festhalten: Im allgemeinen sieht man hinsichtlich der klinischen Folgen wenig Unterschiede zwischen
denjenigen, die die Lager überlebt haben und denjenigen, die untergetaucht überlebt
haben; das existenziell-emotionale Syndrom findet man aber eher bei Lager-Überle-
benden.

Die Jüdische Bevölkerung in Holland umfaßt heute insgesamt ungefähr 30.000 Menschen. Die Jüdische Sozialarbeit hat durchschnittlich 3.000 Klienten und das Sinai Cen-

trum 1.500; davon sind resp. 1.200 und 600 direkt vom Holocaust betroffen. Der jähr-
liche Durchlauf liegt bei ungefähr einem Drittel. Da sich ein Teil der jüdischen Bevölkerung an nicht-jüdische Instanzen um Hilfe wendet, sind die Zahlen der Hilfesuchenden in Wirklichkeit höher.

Aus diesen Zahlen geht hervor, daß von den extrem traumatisierten Menschen aus
der Gruppe der Überlebenden nach 50 Jahren 30 – 60 Prozent eine Art von „care" und
10 – 30 Prozent eine Art von „cure" brauchen. Ob es Überlebende gibt, die diese
schrecklichen Erfahrungen ohne schwere Beschädigung überstanden haben, ist schwer
vorstellbar. Mir ist darüber nichts bekannt.

Klinische Bilder

Das Überlebenden-Syndrom

Dieses Syndrom wurde u.a. von Krystal (1968) und Niederland (1980) beschrieben
und ist am bekanntesten. Der Eindruck, daß es sich um ein Hauptsyndrom bei Traumatisierung durch Konzentrationslager und Verfolgung handelt, wurde bestätigt.

Das Beschwerdebild sieht folgendermaßen aus: Der Mensch verliert seine Vitalität,
zeigt eine Form von chronischer Angst, ist chronisch depressiv und mißtrauisch und
kann seine Leiden und Gefühle eigentlich nicht in Worte fassen (Alexithymia). Er hat
seine elementaren Gefühlsqualitäten verloren (Anhedonia). Er fühlt sich sozusagen in
einem Zustand ständiger Bedrohung. Dabei befindet er sich nicht mehr im Stadium
von „fight-flight" wie ein bedrohtes Tier, sondern in einer Art von „conservation –
withdrawal", also in einem Zustand, der dem eines bedrohten Tieres ähnelt, das keinen Ausweg mehr offen hat.

Diese Beschwerden gibt es und wir wissen, wie schwierig es ist, hier zu helfen. Varianten dieses Bildes haben wir auch da gesehen, wo nach und nach die Beziehungen
mit anderen Menschen in einer Art von psychischer Atrophie verloren gehen – wohl-
gemerkt, ich meine damit keine geistige Demenz. Es ist m.E. noch nicht möglich, diese Pathologie ausreichend in Begriffe unserer klassischen Psychiatrie, Psychoanalyse
oder anderer psychologischer Konzepte zu fassen. In Holland spricht man in bestimmten Kreisen vom „existentiell-emotionalen Syndrom" (Blijham, 1992).

Dieses Bild endet nicht selten mit dem Freitod. Es trifft auch auf Menschen zu, die
zuvor ein augenscheinlich normales, sogar kreatives Leben geführt haben; wahrscheinlich ist Primo Levi ein Beispiel dafür.

Andere Folgen:

Es gibt aber auch viele klinische Folgen, die mit Konzepten aus neuerer Zeit annähernd
beschrieben werden können. Eines dieser Konzepte ist das „Post-traumatic Stress Disorder" (PTSD, Posttraumatische Belastungsstörung).

Dieses Konzept basiert auf der Arbeit von Horowitz (1986), einem amerikanischen
Psychiater, der Ansichten aus der psychoanalytischen Theorie mit Konzepten aus dem
modernen stress-approach und aus Theorien über die Verarbeitung kognitiver Informationen zusammengefügt hat.

Für PTSD sind folgende Äußerungen kennzeichnend:
1. *Wiedererleben* (intensive symptoms), wie z.B. wiederholte und sich aufdrängende

Erinnerung an die traumatischen Ereignisse (z.B. flashbacks); wiederholte, stark belastende Träume; psychische Zerrüttung, wenn man Stimuli ausgesetzt ist, die mit dem Trauma assoziiert sind.

2. *Verneinung/Vermeidung* (denial symptoms), wie z.B. Versuche, Gedanken, Gefühle und Situationen zu vermeiden, die mit dem Trauma irgendwie in Verbindung stehen; Unfähigkeit, sich an wichtige Aspekte des Traumas zu erinnern; Gefühle der Isoliertheit bzw. der Entfremdung von anderen und Einschränkung der Gefühle überhaupt.

3. *Erhöhtes Erregungsniveau* (hyperarousal symptoms), z.B. Mühe mit Ein- und Durchschlafen, Reizbarkeit und Wutausbrüche, Konzentrationsschwierigkeiten, Hypervigilanz und übertriebene Schreckreaktionen. Wahrscheinlich ist diese dritte Kategorie durch neurophysiologische Prozesse verursacht, die bis heute aber nur zum Teil als neurophysiologische Veränderungen nachgewiesen werden können.

Der Begriff PTSD hat zwar bei Extremtraumatisierung Bedeutung, scheint aber über längere Zeit gesehen bei kurzer, nicht allzu lange dauernder Einwirkung eines traumatischen Geschehens passender zu sein. Holocaust-Opfer haben meistens einzelne Symptome aus den drei Kategorien der PTSD. Bei Retraumatisierung können sie aber plötzlich ein klassisches PTSD nebst anderen Möglichkeiten haben.

Aus unseren niederländischen Untersuchungen (nicht immer veröffentlicht) geht hinsichtlich von Spätfolgen folgendes hervor:

1. das über viele Jahre, auch jahrzehntelange Persistieren von einem oder mehreren hartnäckigen und schwer heilbaren Symptomen aus den drei Kategorien des PTSD als isolierte Symptome.

2. Depressionen, die mehr oder weniger positiv auf anti-depressive Medikation reagieren.

3. eine Reihe von somatoformen Störungen: klassisch psychosomatische Beschwerden, psychogene Schmerzen, physiologische Beschwerden (De Loos, 1990)

4. Verschiedene Störungen in der Persönlichkeit, vom Trauma verursacht, wie z.B.
   - Problematik im Sinne des Selbstwertgefühls (meistens zu niedrig und labil)
   - elementare Störungen der Objekt-Beziehungen (Aggressor- Opfer-Polaritäten im Umgang mit der Welt, die aber vor allem die intimen Beziehungen vergiften)
   - Identitätsstörungen

5. Sucht- und Abhängigkeitsphänomene: Alkohol (weniger der Jüdinnen und Juden, umso mehr bei ehemaligen WiderstandskämpferInnen), Medikamente, aber auch Arbeit (workoholic).

Natürlich gibt es viele gemischte Bilder, z.B. ein Mensch mit einer tiefen Identitätsstörung, der dauernd Magenschmerzen hat und nachts nicht schlafen kann sowie ab und zu sehr depressiv ist. Und man darf nicht vergessen, daß daneben auch das oben genannte existenziell-emotionale Syndrom nicht selten ist.

Bei Kindern, die überlebt haben, ist die Lage insofern anders, als ihre psychische Entwicklung schwer beeinträchtigt sein kann. Dasberg (1994) hat von Studien über die inzwischen erwachsenen „Child Survivors" eine Übersicht gemacht:

„Die ehemals verfolgten Kinder zeigen als Erwachsene eine unerwartet gute gesellschaftliche Anpassungsleistung und eine erfolgreiche Lebenskarriere. Aber nach

40 Jahren beginnt sich das Bild zu ändern: Es zeigt, daß sie zu einer besonders verletzbaren Bevölkerungsgruppe gehören. Auch wenn die Kinder in einem sicheren Versteck überlebt haben, so bot das Versteck doch häufig nur eine physische Sicherheit. […] Es besteht ein Anschein von Normalität. Auffallend ist jedoch eine Unfähigkeit, die Erfolge ohne übertriebene Schuldgefühle zu genießen. Es zeichnen sich neue Lebenskrisen ab, wenn die psychosozialen Aufgaben des mittleren Lebensalters, also der Altersstufe der 40 – 50jährigen, nicht erfolgreich bewältigt werden können."

Die erste systematische Studie über „Child Survivors" wurde von Keilson (1979) gemacht. Sie bezog sich auf über 206 Fälle in Holland, etwa 25 Jahre nach Kriegsende. Keilson betonte, daß manchmal für die Kinder die dritte Phase der Traumatisierung schlimmer war, d.h., wenn sie nach dem Krieg in Waisenhäusern oder in Familien von Holocaust-Überlebenden aufwuchsen. Diese ehemals verfolgten Kinder litten unter emotionalen Problemen, natürlich unter gehemmten Trauerreaktionen, aber auch unter Identitätsproblemen, Minderwertigkeitsgefühlen und Schwierigkeiten im Umgang mit anderen. Bei einigen waren chronische Persönlichkeitsstörungen manifest.

Indirekt Betroffene

1. *Die LebenspartnerInnen.* EhepartnerInnen von Extremtraumatisierten leiden oft unter der Betroffenheit ihrer Partner. Jahrzehntelanges sich um sie Sorgen machen oder sich abmühen und grübeln, üben einen starken Einfluß aus. Die Person des Opfers mit ihren Identitätsstörungen ist im Umgang oft unbewußt und ungewollt nicht einfach.

   Das Weltbild des Opfers, das oft durch einfache Schemen von Angreifer/Feind und Opfer gekennzeichnet ist, erschwert den Alltag und den Kontakt mit dritten Personen.

2. *Die Kinder* von Traumatisierten können in ihrer Entwicklung schwer beeinträchtigt werden. Dabei spielt die sogenannte transgenerationelle Dynamik in der Familie eine Rolle. Das Kind wird parentifiziert, kann als Tröster der Eltern dienen und soll große Leistungen vollbringen (stark und bedeutend sein, damit die Familie in der Zukunft überlebt).

   Zusammengefaßt kämpft die jüdische zweite Generation mit Problemen aus der Phase der Separation-Individuation, die sich meistens im Bereich der Autonomie, der Identität und des Aggressionshaushalts äußern.

3. Eine kleine Gruppe von indirekt Betroffenen sind interessanterweise manchmal die HelferInnen und TherapeutInnen von Extremtraumatisierten, weil bei der Behandlung Erfolge oft so schwer zu erreichen sind und weil während der Behandlung der Therapeut bzw. die Therapeutin mit dem „Reinszenieren" eines Täter-Opfer-Introjekts konfrontiert wird. Zusätzlich droht auch eine besondere Art von Burn-out, weil die Geschichten so schrecklich sein können. Intensive Empathie, starke Identifikation mit den PatientInnen kann daher zu Trauma-ähnlichen Bildern bei TherapeutInnen führen, für die es noch keine richtigen Namen gibt: Der Begriff „Gegenübertragungsphänomene" ist zu schwach und statt „vicarious traumatisation" (Mc Cann und Pearlman 1990) spricht man wohl besser von induzierter oder übertragener Traumatisierung.

Andere Untersuchungen

Es gibt viele Untersuchungen von einzelnen TherapeutInnen, die ihre klinischen Ergebnisse publiziert haben. Darunter gibt es sehr wichtige Untersuchungen, wie z.B. von Krystal (1968) und Niederland (1980), gegen die man allerdings methodische Einwände haben könnte. Die sorgfältigen Untersuchungen zu den Folgen des Nazi-Holocaust verdanken wir Leo Eitinger (1991). Seine Untersuchungen sind epidemiologisch und in methodischer Hinsicht unanfechtbar. Bei ehemaligen norwegischen KZ-Häftlingen stellte er u.a. folgendes fest:
1. Überlebende der KZ-Lager leben weniger lang als die Normalbevölkerung.
2. Ihre körperlichen Krankheiten, auch die, an denen sie sterben, sind identisch mit dem breiten Spektrum üblicher Körperkrankheiten.
3. Unter den Todesursachen sind häufiger Suizide oder suizidähnliche Unfallereignisse oder parasuizidales Handeln (z.B. übermäßiges Rauchen oder Alkoholmißbrauch).
4. Sie haben etwa 20 Prozent mehr Psychosen als die Normalbevölkerung.
Eitinger zieht daraus die Schlußfolgerung, daß die Überlebenden der KZ-Lager eine allgemein verminderte Widerstandsfähigkeit haben.

Die Ergebnisse niederländischer Untersuchungen gehen tendenziell in die gleiche Richtung. Auch Dasberg (1994) sagt über die Untersuchungen in Israel: Die ehemaligen KZ-Opfer sind, was ihre psychische Gesundheit anbelangt, eine Risikopopulation. Dekompensation droht vor allem dann, wenn bei einem scheinbar guten Gleichgewicht zusätzliche Belastungen hinzukommen.

Zusammenfassung

Auf dem Hintergrund der Literatur und unserer Erfahrungen und Eindrücke kommen wir zu folgenden Einschätzungen:
1. Die Störungen bei Verfolgungsopfern bestehen oft aus schweren psychischen Dauerschäden.
2. Nicht nur die KZ-Haft, sondern auch andere Verfolgungserlebnisse, wie z.B. das Untertauchen, der Verlust von Verwandten sowie von Hab und Gut oder die aufgezwungene Emigration können schwere Dauerschäden zur Folge haben.
3. Die Störungen werden oft nach einer langen Latenzphase manifest. Manchmal haben sie keine Tendenz zur Besserung, manchmal aber zeigen sich Tendenzen zum Abklingen, auf die später wieder Verschlimmerung folgen kann.
4. Es gibt keine hundertprozentige Heilung.
5. Durch aktuelles Geschehen in der Gesellschaft kann Retraumatisierung stattfinden, manchmal als (erneute) PTSD-Erfahrung, manchmal auch anders (Depression, somatoforme Störung usw.).
6. „Normale" Lebensereignisse, wie Eintreten in den Ruhestand, können eine erste oder wiederholte Dekompensation des psychischen Gleichgewichts auslösen.
7. Bei Verfolgten im Kindes- und Jugendalter treten oft schwere Entwicklungsbeeinträchtigungen auf. Diese können zu Persönlichkeitsstörungen führen.
8. Die Gesellschaft hat im allgemeinen nicht verstanden, wie schwer die Folgen des

Holocaust sind. Dies trifft insbesondere auf MedizinerInnen und Psychotherapeut-
Innen zu, was in vielen Fällen zur Isolation und dadurch zur Verschlimmerung der
Folgen beigetragen hat.

Schlußbemerkungen

Die Langzeitprobleme der Traumatisierten werden von der Allgemeinbevölkerung
meistens nicht verstanden. Dies ist eine Art von Verneinung oder Verleugnung, die
sich in Verwunderung, Mißverstehen oder Bagatellisierung äußert und bis zu regel-
rechter Beschimpfung, Demütigung und Neid reichen kann. Im allgemeinen entsteht
nach kürzerer oder längerer Zeit eine Art von Spannung oder sogar psychologischer
Spaltung und Entfernung zwischen einer traumatisierten Bevölkerungsgruppe und der
Allgemeinbevölkerung eines Landes. Die Hilfeleistenden wie ÄrztInnen und SozialarbeiterInnen in Institutionen und Behörden verstehen die Opfer nicht mehr, vor allem
wenn sie so jung sind, daß sie die Ereignisse nicht erlebt haben.

Solch eine traumatisierte Bevölkerungsgruppe braucht besonders vielseitige Unterstützung, die man als eine besondere Art von ‚Community Care' bezeichnen kann.
Seit der Zeit der Befreiung gibt es in den Niederlanden die Stiftung 40-45 für die WiderstandskämpferInnen. Statt ihre Arbeit nach fünf Jahren beenden zu können, wie es
ursprünglich beabsichtigt war, hat sie ihre Arbeit differenzieren müssen. Auf diesem
Hintergrund hat sich in den Niederlanden nach und nach ein System von „care" und
„cure" für die verschiedenen Verfolgten-Gruppen entwickelt.

Im Laufe der Zeit wurden für die Jüdische und die Indische Gruppe, sowie für andere Verfolgte, verschiedene Institutionen gegründet: Die Jüdische Sozialarbeit, Pelita (für die Inder), S.B.O. (für die Bürgeropfer) usw. Die Jüdische Sozialarbeit in diesen besonderen Stiftungen ist speziell auf die Probleme und Bedürfnisse ihrer KlientInnen ausgerichtet. Sie hat dafür eine besondere Antenne. Sie unterstützt Selbsthilfegruppen, hilft bei der Arbeit für Gedenkfeiern und Trauertage und sorgt dabei für notwendige Ersthilfe. Zudem regt sie die Entwicklung von eigenen kleinen Zeitschriften
an, sowie gemeinsame Treffen. Das heißt sie leistet auch eine Anregung zu ehren-
amtlicher Arbeit. Die SozialarbeiterInnen helfen bei der Prozedur zur Anerkennung
als Verfolgte und vermitteln bei Gutachten und Verfahren um Kompensationsgelder
(Wiedergutmachung).

Im allgemeinen zielt diese Art von Hilfe und das ‚Care-System' als ganzes darauf
ab, diesen Menschen ein Gefühl der Anerkennung und Geborgenheit zu verleihen. Sie
können sich aussprechen und lernen, mit ihrer Kriegs- und Verfolgtengeschichte besser umzugehen, wenngleich sie die Ursache ihrer Problematik nicht als solche lösen
können. Diejenigen, die ein derartiges Unterstützungsangebot nutzen und die dadurch
ihr Gleichgewicht halten können, nennen wir ‚leicht Hilfsbedürftige'.

Aber trotz dieser Maßnahmen kommt es öfters zu Krisensituationen. In diesen Situationen, oder auch bei den Fällen, wo sich die Problematik in den oben erwähnten
klinischen Problemen äußert, ist eine intensive Behandlung („cure") notwendig. Diese wird in erster Linie vom Centrum 45 (Oegstgeest-Leiden) und vom Sinai Centrum
(Amersfort-Amsterdam) geleistet. Dabei handelt es sich um Rehabilitations- und Be-
handlungsarbeit, die auf verschiedenste Methoden und Disziplinen zurückgreift.

Natürlich gibt es außerhalb dieses „care" und „cure" Systems auch andere Maßnahmen. Es gibt gesetzliche Maßnahmen zur Unterstützung der anerkannten Verfolgten. Es gibt auch ein einzigartiges Zentrum für Dokumentation und Information, sowohl für die Betroffenen als auch für die Hilfeleistenden: das Icodo[2] (Utrecht).

Es ist wichtig zu wissen, daß viele von diesen Maßnahmen und Institutionen zuerst im nicht-institutionellen Rahmen als Initiativen begonnen haben und später von Politikern und vom Staat unterstützt wurden. Ich betrachte es als Merkmal des Zivilisationsgrades eines Staates, welche Maßnahmen er für die Opfer dieser und anderer Extremtraumatisierungen ergreift.

Anmerkungen

[1] Das Wort *Shoah* bedeutet im Hebräischen „Katastrophe, Massenvernichtung", insbesondere durch die Nazis. Es ist m.E. ein besserer Begriff als *Holocaust*, was Brandopfer bedeutet. Die Shoah kann sicher nicht als Brandopfer für den Ewigen gesehen werden, das wäre eine schreckliche Verleumdung der Opfer! Das Wort ,Holocaust' ist aber aus dem englischen Sprachgebrauch geläufig geworden und deswegen wird es in diesem Artikel dann weiter benutzt.

[2] Icodo ist ein Dokumentationszentrum, in dem Informationen über die Betroffenheit der Opfer koordiniert werden. Seine Angebote richten sich sowohl an die Opfer selbst, als auch an hilfeleistende Personen und Organisationen. Auch was die Entwicklung von Ausbildungsmaterialien und Kursangeboten angeht, ist das Icodo eine wichtige Adresse.

Literatur

Blijham, H. (1992). Het dilemma von het existentieel getraumatiseerd zijn. In: De actualiteit van het traumatisch verleden. S. 37 – 50, Utrecht: Icodo

Dasberg, H. (1994). Kindliches Verfolgungstrauma und späte Trauerreaktion. Falldarstellung. In Stoffels, Hans (Hrsg.). Terrorlandschaften der Seele. Regensburg: S. Roderen Verlag

Eitinger, L. (1991). Lebenswege und Lebensentwürfe von Konzentrationslager-Überlebenden. In Stoffels, Hans (Hrsg.). Schicksale der Verfolgten. S.3-16, Berlin: Springer Verlag

Eland, J. & Van der Velden, P.G. & Kleber, R.J. & Steinmetz, C.H.D. (1990). Tweede generatie Joodse Nederlanders. Deventer: Van Loghum Slaterus

Horowitz, M.J. (1986). Stress Response Syndromes. New York: Jason Aronson

Keilson, H. (1979). Sequentielle Traumatisierung bei Kindern. Formen der Psychiatrie. Stuttgart: Enke Verlag

Krystal, H. (1968). Massiv Psychic Trauma. New York: International University Press

De Loos, W. (1990). Psychosomatic manifestations of chronic post- traumatic stress disorder. In Wolf, M.E. & A.D. Mosnaim (eds). Posttraumatic Stress Disorder: etiology, phenomenology and treatment. Washington D.C.: American Psychiatric Press

Mc Cann & I.L. & Pearlman, L.A. (1990). Vicarious traumatization. Journal of Traumatic Stress, vol 3 (1), S. 131 – 149

Niederland W.G. (1980). Folgen der Verfolgung. Das Überlebenden- Syndrom. Frankfurt/Main: Suhrkamp

Hulp bij verwerken von geweld. Eindadvies van de Projektgroep Behandeling Oozlogs – en geweldsgetroffenen (PBOG) Ministerie van WVC, Rijswijk (1988)

II.

Erfahrungen mit Rassismus, Migration und Flucht

Rassismuserfahrungen von Anderen Deutschen – einige Überlegungen (auch) im Hinblick auf Möglichkeiten der psychotherapeutischen Auseinandersetzung[1]

Paul Mecheril

Rassismus ist ein gesellschaftliches Phänomen, das als Herrschafts- und Machterscheinung sinnvoll gesellschaftskritisch (etwa Miles, 1991; Kalpaka & Räthzel, 1990; Osterkamp, 1989) bzw. diskursanalytisch (etwa Jäger, 1992; van Dijk, 1987) betrachtet werden kann. Die Erfahrung von Rassismus ist – wie jede Erfahrung – ein individuelles Phänomen. Die Spannung zwischen gesellschaflich formiertem Bedingungskontext und individueller Erfahrung wird im Moment ihrer Auflösung problematisch, dann also, wenn eine Seite außer Acht gelassen wird.

Sofern Rassismuserfahrungen im Kontext von Psychotherapie und Beratung zum Thema werden, haben wir es mit einer Variante der weitgehend einseitigen Fokussierung individueller Erfahrung zu tun. Diese Einseitigkeit schmeckt bitter, kommt in ihr doch zum Ausdruck, daß die Negativfolgen einer bestimmten Gesellschaftsordnung auf der Seite der Opfer dieser Ordnung so gut es geht – und das heißt häufig: notdürftig – geflickt und in einem gewissen Sinne kaschiert werden. Dem Rassismus der Täter und Täterinnen begegnen wir mit Psychotherapie der Opfer. In diese Worte gefaßt kann die Frage nach der Legitimität von Psychotherapie in diesem Bereich gar nicht positiv beantwortet werden. Aus einer anderen Perspektive formuliert heißt dies, daß die psychotherapeutische Beschäftigung mit Rassismuserfahrungen keine antirassistische Arbeit darstellt.

Aber: Unser Alltag ist grauenvoll, beängstigend, schrecklich und bedrohlich. So ist es gelegentlich im Hinblick auf individuelle Entlastung sinnvoll, die Dienstleistungen von Mitgliedern der eigens für die Auseinandersetzung mit dem Grauen, der Angst, dem Schrecken und der Bedrohung funktionalisierten Profigilden in Anspruch zu nehmen – sinnvoll zumindest dann, wenn Mitglieder dieser Gilden entsprechende Kompetenzen aufweisen. In bezug auf die psychotherapeutische Auseinandersetzung mit Rassismuserfahrungen ist das Vorhandensein entsprechender Kompetenzen bei psycho-sozial Tätigen keine Selbstverständlichkeit. Wie auch, wenn sich in der psycho-sozialen Landschaft doch allgemeingesellschaftliche Phänomene der Ausgrenzung bestimmter Gruppen von den Rekreations-, den Reproduktions-, und Restitutionsmitteln in bezug auf Arbeitskraft, Liebesfähigkeit und Kreativität widerspiegeln? Ob eine psycho-sozial Tätige, ob ein psycho-sozial Tätiger Rassismuserfahrungen sensibel und kompetent begegnet, ist weitgehend ihr oder ihm persönlich überlassen und somit Glückssache. Dies ist ein veränderungsnotwendiger Zustand, weil wir in einer pluralen und interkulturellen Gesellschaft leben, in der Teile der Gesellschaft Rassismuserfahrungen ausgesetzt sind. So verknüpft sich mit diesem Artikel der Hinweis auf die Notwendigkeit, daß die systematische Vermittlung von Kompetenzen zur psychotherapeutischen und beraterischen Arbeit mit Rassismuserfahrungen in die Statuten psycho-sozialer Ausbildungsinstitutionen in Deutschland Eingang zu finden habe[2].

Im folgenden wird eine bestimmte Personengruppe betrachtet und unter dem Namen „Andere Deutsche" vorgestellt, die Rassismuserfahrungen ausgesetzt ist: Migranten und Migrantinnen (bzw. Kinder von Migranten und Migrantinnen), die in Deutschland aufgewachsen sind. Vor dem Hintergrund von Bedeutungen, die Rassismuserfahrungen für Mitglieder dieser Gruppe haben, werden Überlegungen zu Möglichkeiten der psychotherapeutischen Auseinandersetzung mit Rassismuserfahrungen angeführt. Zunächst aber ist es notwendig zu klären, was der Ausdruck „Rassismuserfahrung" bedeutet.

„Rassismuserfahrung"

Ich habe eine Klassifikation von Rassismuserfahrungen vorgestellt (Mecheril, 1994a, S. 59ff), die zwischen der Erfahrung des groben, des subtilen und des antizipierten Rassismus unterscheidet:

1. Erfahrung des groben Rassismus: Jede Erfahrung von Angriff gegen die eigene Person oder nahestehende Personen durch andere, die willkürlich gewählte körperliche Merkmale (wie Haarfarbe, Hautfarbe) oder soziale Merkmale (wie Kleidung, Sprache, Handlungen) als Indizien moralischer oder intellektueller Unterschiede zu ihren Gunsten verstehen und sich bei dieser Art von Unterschieden in einem Recht auf Angriff wähnen.
2. Erfahrung des subtilen Rassismus: Jede Erfahrung von Geringschätzung der eigenen Person oder nahestehender Personen durch andere, die willkürlich gewählte soziale oder körperliche Merkmale als Indizien moralischer oder intellektueller Unterschiede zu ihren Gunsten verstehen und sich bei dieser Art von Unterschieden in einem Recht auf Geringschätzung wähnen.
3. Erfahrung des antizipierten Rassismus: Jede Erfahrung der Vorwegnahme, der Befürchtung, der Vorstellung von Angriff oder von Geringschätzung der eigenen Person oder nahestehender Personen durch andere, die willkürlich gewählte Merkmale als Indizien moralischer oder intellektueller Unterschiede zu ihren Gunsten verstehen und sich bei dieser Art von Unterschieden in einem Recht auf Angriff oder Geringschätzung wähnen.

Dieser Versuch, Rassismuserfahrungen zu sortieren, sei im Hinblick auf einige Charakteristika erläutert:

Zunächst einmal geht es um Erfahrungen. Es geht um Rassismuserfahrungen, um subjektive Zustände und nicht um Rassismus als ein gesellschaftliches Phänomen, das aus einer gesellschaftsanalytischen Perspektive zu beschreiben ist. So werden in meinem Verständnis von „Rassismuserfahrung" nicht die Fragen beantwortet, die im Zuge der Beschäftigung mit dem Rassismusbegriff zu stellen wären: ob „Rassismus" notwendig eine entsprechende Intention der Täterin bzw. des Täters voraussetze, ob die Täterin bzw. der Täter notwendig zur Majoritätsgruppe und das Opfer notwendig zur Minoritätsgruppe gehören müsse und ob „Rassismus" allein in der negativen Kategorisierung entlang ethnischer Merkmale bestehe.

Die Ebene, auf der „Rassismuserfahrungen" in diesem Versuch charakterisiert werden, ist so allgemein, daß Parallelen etwa zu Sexismuserfahrungen von Frauen, zu Diskriminierungserfahrungen von Behinderten, zu Stigmatisierungserfahrungen von Homosexuellen, zu Anormalitätserfahrungen von „Verrückten" offenkundig sind. Es stellt sich die Frage, inwieweit es angemessen ist, diese Erfahrungen – auf der Ebene subjektiven Erlebens, subjektiver Repräsentation und Verarbeitung – als ähnliche Phänomene des unbeabsichtigten, aber folgenreichen Abweichens von einem gesellschaftlich konstruierten „Selbst-Modell" (vgl. Devereux, 1984, S. 192)[3] zu behandeln. Da ich mir bei der Antwort auf diese Frage unschlüssig bin, erlaube ich mir, sie an Sie, lieber Leser und liebe Leserin, weiterzureichen – vielleicht teilen Sie mir Ihre Position ja mit.

Der Begriff der Rassismuserfahrung in obiger Klassifikation ist so angelegt, daß auch Deutsche „weißer Hautfarbe" – wenn sie sich um ihnen nahestehende Menschen „nicht-deutschen Aussehens" ernsthaft sorgen und deren Erfahrungen teilen – Erfahrungen von Rassismus ausgesetzt sein können. So kann im Lebenszusammenhang biethnischer Partnerschaften und Familien die Erfahrung faktischer und angedrohter Gewalt gegen den Partner, die Partnerin, die Tochter oder den Sohn bei Deutschen „weißer Hautfarbe" eine Art von Rassismuserfahrung darstellen, die im rassistischen Deutschland kein punktuelles, sondern andauerndes Charakteristikum der gemeinsamen Lebenssituation darstellt.

Die Differenzierung von Rassismuserfahrungen in die Erfahrung des groben, subtilen und antizipierten Rassismus verdeutlicht, daß Rassismuserfahrungen nicht allein auf mehr oder minder offensichtliche Akte der Feindseligkeit beschränkt sind. Rassismus ist für Menschen, die in Deutschland dieser Art von Erfahrung ausgesetzt sind, alltäglich und allgegenwärtig, als faktische oder befürchtete Attacke, als faktische oder befürchtete Degradierung, als Angriff gegen nahestehende Personen und als Angriff auf die eigene Person. Rassismuserfahrungen sind Erfahrungen, die die Person als Person in Frage stellen, weil „nicht-deutsches Aussehen" zwar nicht von allen Deutschen, aber auf allen Ebenen der deutschen Gesellschaft als Symbol von Minderwertigkeit gehandelt wird. Dieses Symbol der eigenen Minderwertigkeit und die subtilen, sich der Möglichkeit einer Erwiderung entziehenden Zeichen der Geringschätzung und Gewalt zeigen sich auch in Vorstellungsbildern, in Tag-und Nachtträumen, die – da sie ihre Kraft in einem Bereich jenseits des ohne weiteren Vermittelbaren entfalten[4] – wie ein böser Schatten, wie ein schwer drohendes Unheil auf einem und einer lasten.

Wer ist Rassismuserfahrungen in Deutschland ausgesetzt?

Menschen „nicht-deutschen Aussehens" sind in Deutschland der alltäglichen Erfahrung von Rassismus ausgesetzt, aber: Was ist „nicht-deutsches Aussehen" und was ist „deutsches Aussehen"?

Diese Frage kann nicht positiv beantwortet werden, weil im Grunde alle Deutschen nicht-deutsch aussehen: klein, groß, blond, krummnasig, schwarzhaarig, geradnasig, gedrungen, wohlproportioniert, dick, schlacksig. „Deutsches Aussehen" ist eine Konstruktion, die von einem fiktiven Idealtyp genährt wird. Die Deutsche und noch vielmehr der Deutsche – das sind Ideen und Vorstellungen, Programme und Phantasien, doch keine greifbare Realität: sie und ihn gibt es nicht (vgl. Mecheril & Teo, 1994, S. 9ff). Was es gibt, sind Annäherungen an ideale, konstruierte Typen. Wie nah eine Person einem Idealtyp kommt, und ob sie zu sehr von dem idealen Typ abweicht und welche Konsequenzen die Abweichung mit sich bringt, das bestimmen vor allem die faktischen und vorgestellten anderen, die Vorgaben der sozialen Ordnung. Menschen, die vom fiktiven Typus des oder der „Deutschen" abweichen und zugleich als einer „kulturellen" oder „ethnischen" Gruppe zugehörig konstruiert werden, die im Vergleich zur konstruierten Gruppe, der die bewertende Person sich zugehörig fühlt, als minderwertig konstruiert wird, sind Rassismuserfahrungen ausgesetzt.

Rassismuserfahrungen sind Folgen einer Konstruktion von Differenzen naturalisierter Qualität, die der Bewahrung von gesellschaftlichen Machtverhältnissen dient (vgl. etwa Kalpaka & Räthzel, 1990, S. 14). Diese Konstruktion entfaltet sich über körperliche und soziale Merkmale. Die perfide Doppelschrittigkeit des Rassismus besteht darin, daß er Andersartigkeit konstruiert und das Konstruierte bekämpft. Die Körper werden zum Ausgangspunkt und zur Zielscheibe der Konstruktion. Die Erfahrungen aber, denen Menschen als Objekte dieser Konstruktion ausgesetzt sind – als Abweichendes, Anormales, Minderwertiges, Angreifbares behandelt zu werden –, sind real. So können wir zwar nicht angeben, was „deutsches" und was „nicht-deutsches" Aussehen ist, wir können aber spezifizieren, wann jemand Rassismuserfahrungen ausgesetzt ist: immer dann, wenn er oder sie die Erfahrung macht, aufgrund des eigenen Aussehens als abweichend, anormal, minderwertig, angreifbar behandelt zu werden. Das Kriterium für Rassismuserfahrungen ist schlicht die Erfahrung von Rassismus.

Die folgenden Überlegungen im Hinblick auf Rassismuserfahrungen und Möglichkeiten der psychotherapeutisch-beraterischen Auseinandersetzung mit Rassismuserfahrungen beziehen sich auf die Lebenssituation von Menschen „ausländischer Herkunft", die in Deutschland aufgewachsen sind, eine Personengruppe, die wir als „andere Deutsche" bezeichnet haben (Mecheril & Teo, 1994). Bevor die Gründe für die Thematisierung von Rassismuserfahrungen unter diesem spezifischen Bezug angeführt werden, seien die „Anderen Deutschen" vorgestellt.

„Andere Deutsche"[5]

„Andere Deutsche"[6] sind Menschen, die keine „konventionelle deutsche Geschichte" aufweisen, weil sie zwar in Deutschland aufgewachsen sind, aber aufgrund ihres Aussehens von der Öffentlichkeit als Fremde behandelt werden. „Andere Deutsche" sind Menschen, die in Deutschland leben, in Deutschland ihre Lebensmitte haben, also hier arbeiten, studieren oder erwerbslos sind, hier ihre Familie und Freunde haben, hier lieben und streiten, verzweifelt und vergnügt sind, mithin all das tun, was man an dem Ort tut, an dem man seine oder ihre Lebensmitte hat.

Für diese Personengruppe gibt es eine Reihe von weiteren Bezeichnungen wie „Menschen ausländischer Herkunft", „Menschen multiethnischer Herkunft", „Deutsche Ausländer", „Ausländische Deutsche", „Mitglieder von Migrationsfolge-Generationen", „Menschen multikultureller Herkunft", „Schwarze Deutsche", „Ausländische Inländer", „Zweite Ausländerinnen-Generation" oder „Deutsche nicht-deutschen Aussehens". Jede dieser Bezeichnungen ist problematisch, weil sie einen bestimmten Gesichtspunkt fokussiert und die Dominanz dieses Gesichtspunktes nahelegt.

Auch der Ausdruck „Andere Deutsche" ist eine selektierende und nuancierende Konstruktion. Die Bezeichnung bringt einerseits zum Ausdruck, daß die Gültigkeit des Anspruchs, deutsch zu sein, sich vorrangig an der Frage bemißt, ob jemand seinen oder ihren Lebensmittelpunkt in Deutschland hat. Andererseits trägt der Ausdruck „Andere Deutsche" einem zentralen Lebensgefühl vieler „Anderer Deutscher" Rechnung, nämlich dem doppelten Anders-Sein: anders als „die Deutschen" und anders als „die Ausländerinnen und die Ausländer" (vgl. genauer Mecheril & Teo, 1994, S. 10f).

Warum mache ich mir nun Gedanken zu Rassismuserfahrungen und den Möglichkeiten der psychotherapeutischen Auseinandersetzung mit Rassismuserfahrungen spezifisch in bezug auf die Lebenssituation von Anderen Deutschen? Im Hinblick auf zwei Aspekte kann die Frage beantwortet werden: Spezifität der therapeutischen Interaktion und Spezifität der Lebenssituation Anderer Deutscher.

1. Therapeutische Interaktion: Andere Deutsche sind – anders als beispielsweise Mitglieder der ersten Migrationsgeneration oder Flüchtlinge – in Deutschland aufgewachsen, sprechen in der Regel deutsch und sind mit den spezifischen Regeln und Eigenarten deutscher Kommunikationskontexte selbstverständlich vertraut, so daß im therapeutischen Prozeß basale Möglichkeiten der deutschsprachigen Verständigung vorausgesetzt werden können und die Kommunikationssituation betreffende Übereinkünfte bestehen (das heißt natürlich nicht, daß die therapeutische Beziehung eine vernachlässigbare Ebene sei; siehe dazu weiter unten). Auf die Spezifika von therapeutischen Interaktionssituationen, in denen diese Übereinkünfte nicht vorausgesetzt werden können, und die Kompetenzen, die in solchen Situationen angemessen sind (zum Beispiel in der therapeutischen Arbeit mit einem Dolmetscher oder einer Dolmetscherin) komme ich nicht weiter zu sprechen.

2. Lebenssituation: Die Brisanz von Rassismuserfahrungen ist in ihren Konsequenzen zum Beispiel für eine Studentin türkischer Herkunft, die in Deutschland geboren ist und hier ihren Lebensmittelpunkt hat, einen iranischen Ingenieur, der sich seit zwei Monaten als Flüchtling in Deutschland aufhält und einen Namibier, der seit drei Jahren in Deutschland lebt und arbeitet, unterschiedlich. Das spezifisch Brisante der Erfahrung von Rassismus für Andere Deutsche – in Abgrenzung beispielsweise zu Mitgliedern der ersten Migrationsgeneration – besteht darin, daß sie die Erfahrung von Ausgrenzung, Gewalt, von zugeschriebener und möglicherweise internalisierter Minderwertigkeit in dem gesellschaftlichen Kontext machen, in dem sie großgeworden und ansässig sind.

Mögliche Bedeutungen der Erfahrung von Rassismus für Andere Deutsche

Sofern es so etwas wie „punktuelle" oder „einmalige" Rassismuserfahrung gibt, handelt es sich bei ihr möglicherweise vorrangig um eine Erfahrung von Gewalt gegen die eigene Person. Für Menschen, die aber in einem Erfahrungsklima von Rassismus großgeworden sind, hat die vergangene, gegenwärtige und zukünftige Erfahrung von Rassismus vielfältige Bedeutungen und ist für die Entwicklung ihres Selbstkonzeptes, ihres Selbstwertgefühls und die Entwicklung ihrer sozialen Handlungsbereitschaft – um eine Operationalisierung von personaler Identität (Hausser, 1983) zu verwenden – von grundlegender Bedeutung. Das ist zugleich Chance und Risiko (genauer Mecheril, 1994a, S. 80ff). Die Chance besteht darin, daß frühe Rassismuserfahrungen zu früh erworbenen Kompetenzen im Umgang mit diesen Erfahrungen führen können. Riskant sind frühe Rassismuserfahrungen, weil sie zu einem früh erworbenen defizitären Bild meiner selbst führen können.

Die Erfahrung von Rassismus birgt für Andere Deutsche eine Vielzahl von Bedeutungsdimensionen und kann vielfältige Konsequenzen zur Folge haben. Einige mögliche belastende Konsequenzen[7] liste ich auf, um deutlich zu machen, wie weitreichend die Erfahrung von Rassismus ist und das heißt: wie umfassend die Person als Person bedroht und in Frage gestellt ist. Die möglichen subjektiven Bedeutungen von Rassismuserfahrungen können als subjektive Erfahrungskonsequenzen und somit selbst wieder als Erfahrungen verstanden werden. Diese Erfahrungen erzeugen Reaktionen, die konstitutiv für die Qualität der Rassismus-Erfahrung sind: Wut, Entsetzen, Haß, Verbitterung, „reaktiver Rassismus" (Teo, 1993) sind Reaktions-Modi, ebenso wie Angst, Verzweiflung, Unsicherheit, Schreckhaftigkeit und Scham. Letztere ist wohl eine der perfidesten Auswirkungen des Rassismus: Die Opfer schämen sich ihrer Haut und ihres Aussehens.

Subjektive Bedeutungen von Rassismuserfahrungen für Andere Deutsche:

* Erfahrung von Gewalt
* Erfahrung von Geringschätzung
* Erfahrung, bedroht zu sein
* Erfahrung von Angst und Furcht

* Erfahrung von Ohnmacht
* Erfahrung von Hilflosigkeit
* Erfahrung, daß über mich verfügt wird
* Erfahrung von Fremdbestimmtheit
* Erfahrung, daß ich als jemand angesehen werde, als die oder der ich nicht angesehen werden möchte
* Erfahrung, daß ich keine Möglichkeit habe, mich gegen zugeschriebene Bilder dauerhaft wirkungsvoll zur Wehr zu setzen
* Erfahrung, daß mir Möglichkeiten verwehrt werden
* Erfahrung, daß ich benachteiligt werde
* Erfahrung, daß meine Benachteiligung für andere selbstverständlich, sogar natürlich ist

* Erfahrung, nicht anerkannt zu sein
* Erfahrung, unerwünscht zu sein
* Erfahrung, nicht zugehörig zu sein
* Erfahrung, daß ich nie erwünscht sein werde

* Erfahrung, ständig auf der Hut sein zu müssen
* Erfahrung, niemandem auf der Straße ohne weiteres vertrauen zu können (mit Ausnahme der ebenfalls potentiell Gefährdeten)

* Erfahrung, daß die eigene Zukunft, aber auch die Zukunft nahestehender Menschen und hier vielleicht insbesondere die der eigenen Kinder bedroht und ungewiß ist

* Erfahrung, anders behandelt zu werden und anders zu sein
* Erfahrung, von anderen (als) unnormal behandelt zu werden und im Zuge dessen auch unnormal zu sein
* Erfahrung, minderwertig zu sein (denn manche, die die Erfahrung machen, „nicht-deutsch" auszusehen, geraten in den Strudel dessen, daß „nicht-deutsches Aussehen" in der deutschen Gesellschaft als Symbol von Minderwertigkeit gehandelt wird)

* Erfahrung, auf das äußere Erscheinungsbild reduziert zu werden
* Erfahrung, nicht als der oder die erkannt zu werden, als der oder die ich mich kenne

Diese Bedeutungen von Rassismuserfahrungen bergen eine Vielzahl von Gefahren für diejenigen, die der Erfahrung von Rassismus ausgesetzt sind. Natürlich zuallererst die Gefahr an Leib und Leben. Daneben gelten aber auch – und das ist für einen psychotherapeutischen Zusammenhang, in dem es ja um die Thematisierung von Leid geht, sicher relevant – Belastungen, die, in einer wohl vielen Klinischen Psychologinnen und Psychologen verständlichen Sprache formuliert, bezeichnet werden können als:

* soziale Ängstlichkeit
* Selbstwertproblematik
* Depressionen.

Denn soziale Ängstlichkeit (verwiesen sei beispielsweise auf die Erfahrung, bedroht zu sein oder die Erfahrung, unerwünscht zu sein), Selbstwertproblematiken (verwiesen sei beispielsweise auf die Erfahrung, minderwertig zu sein) und Depressionen (verwiesen sei beispielsweise auf die Erfahrung von Hilflosigkeit) können Folgen der Erfahrung von Rassismus darstellen. An dieser Stelle könnte das entsprechende Wissen, wie psychotherapeutisch mit sozialer Ängstlichkeit, mit Selbstwertproblematiken und Depressionen umzugehen sei, in spezifisch modifizierter Form einsetzen und zur Grundlage psychotherapeutischer Intervention werden. Doch Überlegungen in diese Richtung sollen uns hier nicht weiter beschäftigen, weil Depressionen, Selbstwertproblematiken und soziale Ängstlichkeit meines Erachtens *Folge*zustände der Erfahrung von Rassismus darstellen. Die eigentliche Erfahrung des massiven, subtilen und antizipierten Rassismus bedarf einer therapeutischen Auseinandersetzung auf einer anderen, grundlegenderen Ebene.

Vorab ist es dabei notwendig, sich ins Gedächtnis zu rufen, daß gerade in der Arbeit mit Menschen, die in Deutschland Rassismuserfahrungen ausgesetzt sind, die Programmatik der psychotherapeutischen Interventionsbemühungen nicht darin bestehen kann, individuell – und zwar auf der Seite der Opfer – auszubügeln, was gesellschaftlich schief läuft. Aber auch, wenn das im Bewußtsein ist, und auch, wenn es für Betroffene hilfreich sein kann, psychotherapeutische Unterstützung in Anspruch zu nehmen, bleibt doch ein fahler Restgeschmack, der meines Erachtens ein prinzipieller Geschmack von Psychotherapie ist.

Therapeutische Handlungsmaximen in der Auseinandersetzung mit Rassismuserfahrungen

Ermöglichung der Auseinandersetzung mit Rassismuserfahrungen

Das Sprechen über Rassismuserfahrungen ist mit Angst besetzt, weil die Angst, Rassismus zu erfahren, sich auf das Sprechen über Rassismuserfahrungen übertragen kann.

Angst vor dem Sprechen erhöht die Wahrscheinlichkeit, daß das Sprechen vermieden wird. Wer über seine Erfahrungen nicht spricht, wer keine Begriffe für seine Erfahrungen kennt, kann seine oder ihre Erfahrungen auch nicht begreifen. Die Unbegreiflichkeit von Rassismus-Erfahrungen sollte in der therapeutischen Arbeit über die sensible Beschäftigung mit den Rassismus-Erfahrungen in eine umfassende, also kognitiv-emotional-körperliche Begreiflichkeit der Rassismus-Erfahrungen überführt werden.

Der Klient oder die Klientin sollte zur Auseinandersetzung mit Rassismuserfahrungen angeleitet werden, wobei „Auseinandersetzung" die Erinnerung von Erfahrungen, die Artikulation von Gefühlen, die Vergegenwärtigung von Wünschen, Hoffnungen und Utopien, die Rekonstruktion eigener und fremder Bewertungen sowie die Erkundung von Handlungsmöglichkeiten umfaßt. Dies kann und wird in erster Linie durch Gespräche geschehen, aber gegebenenfalls auch durch bestimmte Techniken, wie durch die Zwei-Stühle-Technik: Auf den anderen Stuhl wird eine bestimmte Täter-Person imaginiert, die beschimpft, befragt, angesprochen und angeschrieen, möglicherweise auch angegriffen werden kann.

Das Beispiel weist darauf hin, daß es in der psychotherapeutischen Beschäftigung mit Rassismuserfahrungen auch um eine kathartische Auseinandersetzung mit Rassismuserfahrungen und in der Folge darum gehen wird, eine Sprache für die eigenen Erfahrungen zu finden. Eine Sprache, die unter anderem ermöglichen sollte, daß der durchsichtige Vorhang der Peinlichkeit zerrissen wird, hinter dem die Opfer sich ihrer Haut schämen.

Die Thematisierung von Rassismuserfahrungen im Kontext von Psychotherapie kann aber auch weitere Möglichkeiten der Auseinandersetzung mit Rassismus und Rassismuserfahrungen aufzeigen und gegebenenfalls anregen; zu nennen wären hier die Beschäftigung mit Literatur und Filmen, der Besuch von Ausstellungen, das Niederschreiben von Erfahrungen und der Austausch mit anderen von Rassismus Betroffenen.

Ermöglichung der Anerkenntnis der rassistisch durchsetzten Lebenswelt

Die Realität Anderer Deutscher, die Realität von Menschen „nicht-deutschen Aussehens" ist dadurch gekennzeichnet, daß sie in einer Welt leben, in der ihnen allein aufgrund ihres Aussehens gelegentlich, wiederholt oder fortwährend Schwierigkeiten entstehen.

Diese Realität gilt es anzuerkennen. „Anerkenntnis" heißt nicht, daß die betroffene Person ein Einverständnis zur rassistischen Struktur ihrer Lebenswelt geben soll. „Anerkenntnis" heißt aber: so ist es (Witze und Pöbeleien in Kneipen, abfällige Blicke im Restaurant, offene Degradierungen bei Wohnungs- und Jobsuche, Übergangen-Werden an der Ladentheke, Beleidigungen auf der Straße), und so wird es einstweilen bleiben (auch für die eigenen Kinder), und jeder und jede muß schauen, wie er oder sie sich zu diesem Umstand verhalten will, welche Konsequenzen für sie oder ihn am angemessensten sind. So geht mit der Anerkenntnis der rassistisch durchsetzten Lebenswelt die Frage einher, wie Andere Deutsche mit dieser objektiven Benachteiligung und Herabwürdigung ihrer selbst umgehen möchten und können:

* Deutschland verlassen (Andere Deutsche aber fragen sich: In welche Richtung?)
* Besuch eines Selbstverteidigungskurses
* Erwerb eines Waffenscheins
* Abwarten und das Beste hoffen
* Schreiben, Malen, Sublimieren
* Öffentlichkeits- und politische Arbeit
* Austausch mit anderen „Betroffenen" (es bilden sich ja zunehmend entsprechende Gruppen, wie beispielsweise die „Initiative Schwarzer Deutscher").

Wie auch immer die Antwort ausfallen wird, sie wird vorerst nur wenig daran ändern, daß Deutschland als Lebensraum für Menschen „nicht-deutschen Aussehens" spezifisch unwirtlich und spezifisch gefährlich ist. Die spezifische Gefahr und Unwirtlichkeit Deutschlands für Andere Deutsche gilt es in der therapeutischen Situation zu markieren. Sowohl Therapeutinnen und Therapeuten wie Klientinnen und Klienten stellt sich hier die Aufgabe, von einer wie auch immer motivierten Verdrängungspraxis gesellschaftlicher Zustände Abstand zu nehmen: Wir leben in einer Gesellschaft, die rassistische Diskurse, Gesetzgebungen und rassistische Gewalthandlungen pflegt.

Ermöglichung einer differenzierten Wahrnehmung von Rassismuserfahrungen

Wer der permanenten Erfahrung von Angriff oder Geringschätzung der eigenen Person ausgesetzt ist, kann in bezug auf das Verhalten seiner oder ihrer (deutschen) Umwelt Wahrnehmungsmuster entwickeln, die einem entspannten Leben in Deutschland abträglich sind, wie beispielsweise: „Alle Deutschen sind Rassisten". In diesem Zusammenhang kann es sinnvoll sein, vergangene, gegenwärtige und zukünftige Erfahrungen differentiell zu thematisieren, zum Beispiel mittels Fragen: „In welchen Zusammenhängen – mit Deutschen – machen Sie die Erfahrung, daß Ihnen Möglichkeiten verwehrt werden?" und „In welchen Zusammenhängen – mit Deutschen – machen Sie die Erfahrung, daß Ihnen keine Möglichkeiten verwehrt werden?".

Ermöglichung einer differentiellen Sensibilität für Gefahrensignale („In welchen Situationen können Sie relativ sicher sein?" und „Welchen Situationen sollten Sie lieber aus dem Weg gehen?") oder Realitätsprüfungen können in diesem Zusammenhang als therapeutische Mittel eingesetzt werden, setzen aber notwendig voraus, daß eine vertrauensvolle therapeutische Beziehung besteht, insbesondere dann, wenn die Therapeutin oder der Therapeut der Gruppe der potentiellen Täterinnen und Täter zugehört (ein möglicher thematischer Fokus aus der Perspektive der Klientinnen und Klienten „schwarzer Hautfarbe"[8]) bzw. wenn die Therapeutin oder der Therapeut „weißer Hautfarbe"[9] ist (ein möglicher thematischer Fokus aus sozialisationstheoretischer Perspektive).

Therapeutische Beziehungsmaximen in der Auseinandersetzung mit Rassismuserfahrungen

Anerkenntnis der Rassismuserfahrungen des Gegenübers

„Niemand kokettiert mit der Opfer-Rolle". Dies sollte der Leitsatz in der therapeutischen Auseinandersetzung mit Rassismuserfahrungen sein und garantieren, daß Bagatellisierungen und Diskreditierungen der Erfahrungen des Gegenübers vermieden werden. Bagatellisierungen und Diskreditierungen können als Folge einer unangemessenen Naivität des Therapeuten bzw. der Therapeutin im Hinblick auf berichtete Rassismuserfahrungen oder als Folge der Abwehr eigener Reaktionen auf die Erfahrungen des Gegenübers verstanden werden. Diese Bedingungen der Verharmlosung seien konkretisiert. Die Gefahr der Verharmlosung von Rassismuserfahrungen ist groß:

* wenn die Therapeutin sich der Reichweite und Bedeutung von Rassismuserfahrungen nicht bewußt ist,
* wenn die mit dieser Art von Erfahrungen verbundenen Affekte des Gegenübers für den Therapeuten nicht handhabbar sind,
* wenn die Therapeutin sich vom Rassismus (Faschismus, Nationalismus) ebenfalls angegriffen fühlt und den damit verbundenen Ängsten aus dem Weg gehen möchte,
* wenn sich der Therapeut – als Angehöriger der (Majoritäts-)Gruppe, aus der die Täter und Täterinnen stammen, – aufgrund der Schilderung seiner Klientin bzw. seines Klienten angegriffen fühlt,
* wenn die Therapeutin – insbesondere als Angehörige der (Majoritäts-)Gruppe, aus der die Täter und Täterinnen stammen, – einer impliziten politischen oder ethischen Verantwortung entgehen möchte.

Die „Anerkenntnis der Rassismuserfahrungen des Gegenübers" fordert also insbesondere Therapeuten und Therpeutinnen „weißer Hautfarbe" auf, für die beschriebenen Verharmlosungstendenzen empfindsam und wach zu sein, und sich in der therapeutischen Arbeit nicht von diesen Tendenzen, sondern der Achtung der Erfahrungen des Gegenübers leiten zu lassen. Die therapeutische Interaktion sollte an der Qualität ansetzen, die das Berichtete subjektiv für den oder die Berichtende hat. Hier ist eine Sensibilität und Wachheit gefordert, die sich angesichts unser aller Verstrickungen im „Interdiskurs" des Rassismus (Link, 1986) nicht auf „gute Absichten" und Bekenntnisse beschränken kann: Psychotherapeuten und Psychotherapeutinnen – aber nicht nur sie – sind aufgefordert, die durch das Phänomen des Rassismus und durch Rassismuserfahrungen (von anderen) in ihnen ausgelösten Bewertungen, Gefühle, Wünsche, Worte und Handlungsbereitschaften zu explizieren (eine Art Selbsterfahrung), auf ihre Angemessenheit hin zu befragen und gegebenenfalls zu verändern (eine Art Selbstbeeinflussung). Dies ist selbstverständlich eine Aufgabe, deren Realisierung an erster Stelle im institutionalisierten Rahmen psychotherapeutischer Ausbildungsgänge –

bzw. allgemeiner: im Rahmen der Ausbildung psycho-sozial Tätiger – zu geschehen hat.

Sensibilität für die Affektgeladenheit des Themas „Rassismus"

Nicht allein diejenigen, die der Erfahrung von Rassismus ausgesetzt sind, reagieren affektiv. Angst, Wut oder Scham sind Reaktionen, die auch von Rassismuserfahrungen nicht unmittelbar Betroffenen in der Identifikation mit den Opfern oder den Täterinnen und Tätern rassistischer Akte erfahren werden können. Die Sensibilität für die und die Anerkenntnis der Affektgeladenheit des Themas „Rassismus" soll ermöglichen, daß ein Gespräch über Gefühle, Erinnerungen, Stereotype und Bilder von allen Beteiligten im Bereich der sozialen Konstruktion „Rasse" möglich wird. Für Therapeutinnen und Therapeuten gilt es, die Affektgeladenheit des Themas „Rassismus" in der oben beschriebenen Sequenz von „Selbsterfahrung" und „Selbstbeeinflussung" wahrzunehmen. Dies erfordert insbesondere von Therapeutinnen und Therapeuten „weißer Hautfarbe" eine dreifache Wahrnehmungskompetenz:

* Wahrnehmung der eigenen Affekte (also z.B. daß ich in einer dunklen Straße vor einem „Schwarzen" mehr Furcht habe als vor einem „Weißen"; daß ich es befremdlich fände, wenn mein Sohn eine „Schwarze" und noch viel mehr, wenn meine Tochter einen „Schwarzen" heiratete)
* Wahrnehmung der Affekte des Gegenübers (also z.B. der Zurückhaltung, Furcht und vielleicht sogar Arroganz, mit der meine Klientin Deutschen „weißer Hautfarbe" als den potentiellen Täterinnen und Tätern begegnet)
* Wahrnehmung der eigenen Affekte als Reaktion auf die Affekte des Gegenübers (also z.B. daß die mißtrauische Zurückhaltung des Klienten „schwarzer Hautfarbe" Kränkungen oder Verärgerung bewirkt).

Nur wenn die Affektgeladenheit des Themas „Rassismus" zugestanden wird, ist ein Gespräch möglich, das helfen kann, in uns bewahrte Bilder, die über das Aussehen unseres Gegenübers, seine Kleidung oder seinen biographischen Hintergrund aktualisiert werden, so zu verändern, daß sie sich den sich verändernden Bildern unseres Gegenübers annähern.

Eingeständnis möglicher Verstehensklüfte

Einem Klienten, der aufgrund von Rassismuserfahrungen eine Therapeutin „weißer Hautfarbe" aufsucht, sollte mitgeteilt werden, daß ihrer beider Erfahrungshorizonte sich unterscheiden, denn nur wenige Deutsche „weißer Hautfarbe" machen die Erfahrung von Rassismus. Die Divergenz der Erfahrungen, aber auch die Divergenz der Formulierungen, Bewertungen, Reaktionsweisen und dessen, was selbstverständlich ist, kann fruchtbar sein, wenn sie eingestanden wird und die Therapeutin beispielsweise sagt: „Ich tue, was ich kann. Es kann aber vorkommen, daß ich Sie unbeabsichtigt verletze. Sie nicht zu verletzen, dafür kann ich nicht garantieren. Wofür ich garantieren kann, ist, daß ich aus meinem unbeabsichtigten Tun lernen werde. Also bitte ich Sie, es anzusprechen, wenn ich Sie kränken oder verletzen sollte".

Anmerkungen

[1] Ergänzte und überarbeitete Fassung eines Vortrags, gehalten auf dem 10. Kongreß für Klinische Psychologie und Psychotherapie der dgvt in Berlin.

[2] Eine Forderung, die im Rahmen der dgvt von der im Februar 1992 gegründeten Arbeitsgruppe „Gegen Rassismus und Antisemitismus in der psychosozialen Arbeit" vertreten wird.

[3] Die relevante Passage bei Devereux (1984, S. 192) lautet: „Der Mensch konstruiert sich ein mehr oder weniger unbewußtes und teilweise idealisiertes Selbst-Modell, das ihm dann als eine Art Prüfstein, Standard oder Richtlinie für die Einschätzung anderer Lebewesen und sogar materieller Objekte dient".

[4] Genau hier setzt eine der Hauptaufgaben der (professionellen) Auseinandersetzung mit Rassismuserfahrungen an: das Mit-teilen ermöglichen, das Sprechen ermöglichen (siehe dazu weiter unten).

[5] Ich habe lange überlegt, welche Bezeichnung ich der Personengruppe geben soll, um die es hier geht. Letztendlich habe ich mich gegen die Bezeichnung „Menschen multikultureller Herkunft" - unter der dieser Text seinem Inhalt nach auf dem dgvt-Kongreß in Berlin vorgetragen wurde - entschieden, weil diese Bezeichnung in Berlin zu heftigen Reaktionen geführt hat. Eine inhaltlich angemessene Kommunikation über den Sinn, die Funktion und das Veränderungspotential von Zeichen und Sprache hat die Heftigkeit der Reaktionen aber verhindert - dieser Gefahr wollte ich, nunmehr „sehend", aus dem Weg gehen.

[6] Gruppennamen erzeugen Gruppen, selbstverständlich gibt es den Anderen Deutschen oder die Andere Deutsche nicht. Ich bespreche also einen fiktiven und idealen Typ. Die gewissermaßen empirischen Annäherungen an diesen Typ sind vielfältig und in etlichen Fällen äußerst vage.

[7] Die psychotherapeutisch-beraterische Perspektive auf bestimmte Personengruppen läuft Gefahr, diese zu pathologisieren, indem sie sie in den Anforderungen, die ihnen zukommen, als überfordert und den Möglichkeiten, die sie auszeichnen, als beschränkt darstellt: An anderer Stelle habe ich Rassismuserfahrungen im Hinblick auf ihre mögliche Qualität als Freisetzungserfahrung aus dem Verbindlichkeits- und Vorgabenpool sozialer Gemeinschaften und den mit dieser Freisetzung einhergehenden Möglichkeiten einer selbstbeeinflußten Lebensgestaltung betrachtet (Mecheril, 1994b).

[8] „Schwarze Hautfarbe" soll auf einen bestimmten, sozial vermittelten idealtypischen Erfahrungshorizont verweisen, der damit einhergeht, einer - unter der Perspektive der „kulturellen", „ethnischen" oder „rassischen" Differenzierung - gesellschaftlichen Minorität anzugehören.

[9] „Weiße Hautfarbe" soll auf einen bestimmten, sozial vermittelten idealtypischen Erfahrungshorizont verweisen, der damit einhergeht, einer - unter der Perspektive der „kulturellen", „ethnischen" oder „rassischen" Differenzierung - gesellschaftlichen Majorität anzugehören.

Literatur

Devereux, G. (1984). Angst und Methode in den Verhaltenswissenschaften. Frankfurt a. M.: Suhrkamp

Dijk, T. van (1987). Communicating Racism. Ethnic Prejudice in Thought and Talk. Newbury Park: Sage

Hausser, K. (1983). Identitätsentwicklung. New York: Harper & Row

Jäger, S. (Hrsg.) (1992). BrandSätze. Rassismus im Alltag. Duisburg: DISS

Kalpaka, A. & Räthzel, N. (Hrsg.) (1990). Die Schwierigkeit, nicht rassistisch zu sein. Leer: Mundo

Link, J. (1986). Diskurs. Interdiskurs. Macht. kultuRRevolution, 11, S. 4-7

Mecheril, P. (1994a). Die Lebenssituation Anderer Deutscher. Eine Annäherung in dreizehn thematischen Schritten. In P. Mecheril & Th. Teo (Hrsg.). Andere Deutsche. Zur Lebenssituation von Menschen multiethnischer und multikultureller Herkunft. Berlin: Dietz

Mecheril, P. (1994b). „Erfahrung Hautfarbe". Einige Gedanken im Anschluß an die Ausführungen von S. Bonadie-Arning und F. Dalal. Arbeitshefte Gruppenanalyse, 9, 1, S. 10-16

Mecheril, P. & Teo, Th. (1994). Zur Einführung: Andere Deutsche. In P. Mecheril & Th. Teo (Hrsg.). Andere Deutsche. Zur Lebenssituation von Menschen multiethnischer und multikultureller Herkunft. Berlin: Dietz

Miles, R. (1991). Rassismus. Einführung in die Geschichte und Theorie eines Begriffs. Hamburg: Argument

Osterkamp, U. (1989). Gesellschaftliche Widersprüche und Rassismus. In O. Autrata, G. Kaschuba, R. Leiprecht & C. Wolf (Hrsg.). Theorien über Rassimus. Hamburg: Argument

Teo, T. (1993). Zur Differentialsemantik im Begriffsfeld des Rassismus. Vortrag auf der 6. Tagung Friedenspsychologie, Berlin, Juni 1993

Psychotherapie als „Glaubenssystem"
Probleme der psychosozialen Versorgung am Beispiel der ArbeitsmigrantInnen aus der Türkei

Birsen Köse

Die Arbeitsmigration prägt seit den 50er Jahren das wirtschaftliche und soziale Leben westeuropäischer Industrieländer, besonders in Deutschland. Die entgegen allen politischen Absichtserklärungen entstandene de-facto-Einwanderung zwang die politischen Entscheidungsträger, Maßnahmen für die Integration der ArbeitsmigrantInnen zu treffen. Diese Integrationskonzepte wurden jedoch erst unter einem politisch-administrativen Druck entwickelt, um drohende soziale Konflikte zu verhindern. Integration wird dabei nicht in erster Linie als politische, rechtliche und soziale Gleichstellung aufgefaßt, sondern als eine Anpassungsleistung der einzelnen MigrantInnen an die Kultur des Aufnahmelandes. Die arbeitsmigrationsbedingten Probleme werden in dieser Perspektive auf Kulturkonflikte reduziert.

Der gesellschaftliche Diskurs produziert einen Mechanismus der Psychologisierung und Sozialpädagogisierung sozialer Konflikte und deren sozialpädagogisch-psychotherapeutische Bearbeitung. Diese Reduzierung der arbeitsmigrationsbedingten Probleme auf einen reinen Kulturkonflikt bekommt im Falle der ArbeitsmigrantInnen aus der Türkei, deren Anwerbung im Jahre 1961 begann, eine besondere Zuspitzung. Die Auseinandersetzung mit der westdeutschen „Ausländerforschung" bestätigt die Vereinseitigung der Probleme als „Türken-Problem" in öffentlichen wie in wissenschaftlichen Diskursen. Mit der Begründung, ihre Andersartigkeit als Angehörige einer nicht-abendländischen und nicht-christlichen Kultur sei viel weitreichender und grundlegender als bei sonstigen ArbeitsmigrantInnen, wurde eine stärkere Bedrohung vermutet, die im Falle einer mißlungenen Integration von dieser Population ausgehen würde. Mit diesem Argument wurden sie in die sozialstaatlichen Integrationsbemühungen stärker einbezogen als die anderen. Auf der anderen Seite wurden sie rechtlich stärker diskriminiert. Im Gegensatz zu anderen ArbeitsmigrantInnen, die bereits im Rahmen der EG-Bestimmungen das Recht auf Freizügigkeit und auf politische Mitbestimmung hatten, waren und sind sie benachteiligt.

Der Aufenthalt der MigrantInnen aus der Türkei ist geprägt von einer Vorläufigkeit und politisch-rechtlichen Ungewißheit, die vom Aufnahmeland – um die Kosten der Arbeitskräftewanderung möglichst gering zu halten – aus politisch-strategischen Überlegungen heraus konzipiert ist. Diese von Vorläufigkeit gekennzeichnete sozialstrukturelle Lebenssituation der MigrantInnen berge, so die Meinung vieler SozialwissenschaftlerInnen, ein erhöhtes Konfliktpotential bei gleichzeitig verminderten Bewältigungsressourcen. Als Konsequenz werden schwerwiegende Beeinträchtigungen der psychischen Gesundheit prognostiziert. Die Tatsache der Vorläufigkeit wird jedoch vielfach – so auch von den Angestellten psychosozialer Institutionen, die in eigener Untersuchung befragt wurden – bei den einzelnen MigrantInnen lokalisiert. In dieser Perspektive ist das provisorische Leben auf der einen Seite eine Unfähigkeit, die das Einleben in die deutsche Gesellschaft verhindert, auf der anderen Seite jedoch eine Überlebensstrategie, die die migrationsbedingte Entwurzelung besser ertragen hilft.

An der Stelle, wo die Entwurzelung und Lösung von traditionellen Lebenszusammenhängen mit der dadurch bedingten Orientierungs- und Haltlosigkeit beginnt, müßten analog zum Prozeß der Individualisierung und Modernisierung im Abendland die Institutionen der psychosozialen Versorgung in Aktion treten. Die sozialstaatlichen Institutionen übernehmen in modernen Industriegesellschaften die traditionell in der Zuständigkeit der Familie bzw. Gemeinschaft gelegenen Sozialisations- und Integrationsaufgaben. In dieser Hinsicht stellt die sozialstaatliche Versorgung von ArbeitsmigrantInnen eine Herausforderung für ExpertInnen dar, durch bessere Aufklärung diese Klientel in das Netz der psychosozialen Versorgung einzubinden. Diese Einbindung wird im Hinblick auf das durch Vorläufigkeit bedingte Leben sogar als unvermeidlich erachtet. Warum das ein schwieriges Unterfangen darstellt, wurde anhand von Interviews mit psychosozialen Fachkräften untersucht.

Die Methode zur Nachzeichnung eines gesellschaftlichen Diskurses

Den Anstoß für die Untersuchung gaben die Erfahrungsberichte und Diskussionen während der Fortbildungsveranstaltungen für Einzelfall- und FamilienhelferInnen, die ausländische Kinder und ihre Familien – in der Mehrzahl solche aus der Türkei – betreuen. Die meisten TeilnehmerInnen waren Diplom-PsychologInnen, gefolgt von Sozial/PädagogInnen und anderen SozialwissenschaftlerInnen, die sich alle in einer therapeutischen Zusatzausbildung befanden. Sie beklagten die mangelnden psychosozialen Versorgungsangebote für dieses besondere Klientel und die geringe Inanspruchnahme existierender Dienste. Es wurde über die Gefahr der Verschlimmerung von Auffälligkeiten und Störungen und die Skepsis gegenüber psychosozialen Versorgungsmaßnahmen als Folge der Angst vor einer möglichen und folgenschweren Stigmatisierung im Falle einer Inanspruchnahme kontrovers diskutiert. Einerseits wurde die Notwendigkeit der Modifikation beraterischer Interventions- bzw. Interaktionsstrategien zum Abbau der Widerstände gegenüber staatlicher Hilfe betont, andererseits wurde die empirische Benachteiligung und Stigmatisierung sowie das vor dem kulturellen Hintergrund erklärliche Unverständnis gegenüber staatlich organisierter Hilfe hervorgehoben.

Ziel war die Nachzeichnung des gesellschaftlichen Diskurses, die manche Aspekte des Phänomens als relevant erachtet und andere wiederum als Selbstverständlichkeiten beläßt, die nicht in Frage gestellt werden. Die Aufmerksamkeit galt solchen Selbstverständlichkeiten als Teil eines „normalen" gesellschaftlichen Diskurses, die als Erkenntnisraster fungieren.

Den Einstieg in die Diskussion ermöglichte ein Anschreiben, worin das Thema als „der problematische Umgang der ArbeitsmigrantInnen mit psychosozialen Versorgungsangeboten" grob umrissen war. Es wurden insgesamt sechs Angestellte in staatlichen Versorgungsinstitutionen (wie Erziehungs- und Familienberatungsstellen; Sozialpsychiatrische, Kinder- und Jugendpsychiatrische Dienste; Krisenberatungszentren; Therapeutische Wohngemeinschaften und Stadtteilberatungszentren) aus West-

Berliner Bezirken mit hohem AusländerInnenanteil interviewt. Fünf der Befragten waren Diplom-PsychologInnen, eine/r von ihnen LehrerIn, und alle waren therapeutisch ausgebildet. Etwa die Hälfte der Befragten kamen aus der Türkei, die andere Hälfte waren Deutsche. Schon die ersten Kontaktaufnahmen bestätigten die Annahme, daß der Begriff „ArbeitsmigrantInnen" gleichgesetzt wird mit „ArbeitsmigrantInnen aus der Türkei". Die relativ offene Themenvorgabe und offene Gesprächsführung ermöglichte die Entwicklung relevanter Aspekte durch die Befragten. Die diskursive Entwicklung des relevanten Gegenstandes in den Befragungen wurde nach der Methode der Strukturalen Hermeneutik auf der Suche nach „unwahrscheinlichen Lesarten"[1] sequenzanalytisch nachgezeichnet. Diese Analyse ermöglichte die Entwicklung von Strukturhypothesen bezüglich der relevanten Aspekte und im psychosozialen Feld wirksamen Handlungsproblemen. Es wurde ausgearbeitet, welche Fragen die Interviewten als relevant erachtet, welche Fragen sie nicht gestellt bzw. übergangen und/oder wieder fallengelassen haben.

Bei der Eingrenzung des Themas durch die Befragten fällt die weitgehende Vernachlässigung der institutionellen Aspekte und die geringe Hinterfragung der Konzentration auf das therapeutische Handlungsmuster auf. Aufgrund ihrer Herkunft fällt es den türkischsprachigen Befragten leichter, sich in das kulturelle Denksystem ihrer KlientInnen einzufühlen. Die implizite Kenntnis kultureller Eigentümlichkeiten spielt, jenseits der einfachen sprachlichen Verständigung (auch die deutschen Befragten verfügten über fundierte Kenntnisse der Sprache und der Kultur der Klientel), eine große Rolle bei der therapeutischen Interaktion und bestimmt sicherlich auch die Art und die Akzeptanz der Interventionen. Da sie aber durch ihr Studium der Psychologie die Wertvorstellungen der westlichen Zivilisation vermittelt bekommen haben und einer anderen Schicht als der der KlientInnen angehören, bleibt die soziale Distanz zwischen ihnen und ihrer Klientel bestehen, ähnlich wie bei deutschen BeraterInnen.

„Und dann kommt die Institution einfach mit rein."

Unter welchen Umständen es zu einer Inanspruchnahme psychosozialer Beratung kommt, ist für ihr Gelingen von entscheidender Bedeutung. Wie es trotz der fehlenden Vertrautheit mit dieser Art von Hilfe und der mangelhaften Information über den Umfang der psychosozialen Beratungsangebote überhaupt zu ihrer Inanspruchnahme kommen kann, ist eine grundsätzliche Frage.

Der folgende Interviewausschnitt verdeutlicht die Umstände des Zustandekommens psychosozialer Interventionen.[2]

A: *Also man sagt zwar immer Arbeitsmigranten und setzt eigentlich an die Stelle Türken, häufig, also will ich es wieder konkret machen, wenn ich an türkische Familien denke, ist so meine Erfahrung, daß sie dann kommen, wenn schon gar nichts mehr geht in der Familie*

I: *Ja, was heißt „nichts mehr geht"?*

A: *Also wenn sich die Probleme dermaßen zugespitzt haben, daß innerfamiliäre Konfliktlösungen eh * nicht mehr wirken. Also wenn man innerhalb der Familie zu der Entscheidung * kommt, also < das klingt jetzt so'n bißchen theoretisch, manchmal* *sind es dann ja dann nur ganz praktische xxx es ist irgendwie 'ne Krise da, und eh einer geht weg von zu Hause, oder es passiert irgendwas anderes, ganz Furchtbares * und < dann kommt die Institution einfach mit rein. eh, * ja, also ich denke, in türkischen Familien ist es häufig so, daß sehr lange versucht wird, mit Schwierigkeiten inner Familie umzugehen * ja, nicht nur die Leute, die zusammenleben, sondern auch weiterer Verwandtenkreis, ist klar.*

Alle Befragten haben generell die Erfahrung gemacht, daß die ArbeitsmigrantInnen „sehr lange versuchen, die Konflikte innerfamiliär zu lösen, so wie sie das auch im Herkunftskontext gelernt haben". Es gilt die Maxime: Alles bleibt zwischen den vier Wänden. Auch wenn die traditionellen Bewältigungsversuche keine optimale Wirkung erzielen sollten, besteht an sich kein plausibler Grund, mit den privaten Schwierigkeiten irgendwann doch „nach außen zu gehen", wie die Inanspruchnahme psychosozialer Hilfe von den BeraterInnen – in Anlehnung an die Einstellungen der Klientel – bezeichnet wird. Die Fallbeispiele weisen auf die Situationen hin, in denen das institutionelle Intervenieren erforderlich wird: Dies sind meist psychische wie soziale Auffälligkeiten, deren Behebung im Sinne der Gesellschaft liegt. Es sind meist Extremfälle, die staatliche Interventionen erforderlich machen. Dieses Faktum, „und dann kommt die Institution einfach mit rein", verdeutlicht die Wahllosigkeit der potentiellen Klientel. Die Analyse der Interviews ergibt, daß in der Tat der Zeitpunkt der Inanspruchnahme psychosozialer Dienste in überwiegenden Fällen auf das Versagen individueller Lösungsversuche folgt und von den Betroffenen eher mit Gefühlen des sich-Auslieferns begleitet wird. Insofern ist es selten eine bewußte Suche nach professioneller Hilfe, was eine optimale Motivation erzeugen würde, sondern vielmehr eine von Demoralisierungsempfinden und zunehmender persönlicher Indifferenz begleitete Hinnahme fremder Interventionen.

Warum gelingt den ArbeitsmigrantInnen die Bewältigung psychischer wie sozialer Konflikte nicht aus eigener Kraft? Wie kommt es überhaupt zur Notwendigkeit der Berührung mit staatlichen Institutionen?

„Wenn der Rahmen stimmen würde"

Eine der nächstliegenden Antworten auf die obige Frage ist die der Unwirksamkeit traditioneller Bewältigungsmuster, wie sie im folgenden Diskussionsausschnitt entwickelt wird.

B: Wer geht denn da // wäre da hingegangen, wenn die Tochter den nicht heiraten wollte (ALLGEMEINE ZUSTIMMUNG). Da geht man doch nicht zum Psychologen oder Sozialpsychiatrischen Dienst, da wußte man Lösungen für, diese Lösungen GREIFEN hier nicht mehr.
C: Hhm. Genau
*B: xxx und dann setzte man die da oder da oder hier hin. Und wenn der RAHMEN stimmen würde, sozusagen, die gesellschaftlichen Regeln genauso wären wie DORT, * dann würde es das auch nicht geben. (ALLGEMEINES ZUSTIMMEN)*
C: Ich denke auch, daß sozusagen die Regeln dann nicht mehr in KRAFT sind und daß

*dann irgendwie so bruchlos, wie wir das, oder so // wie ich das mal am Anfang for-
muliert habe, daß diese // daß es irgendwie auch kollektive Konfliktbewältigungsmuster gibt, eh, das ist eben einfach HIER, eh, bei den Lebensbedingungen
BRÜCHIG geworden. Das funktioniert nicht mehr so nahtlos. Ich würde also von
mir aus auch sagen, daß es in der Türkei auch nicht unbedingt NOCH so GLATT
funktioniert. * ehm, Aber hier ist sicherlich die Herausforderung, dadurch daß die
dauernde Konfrontation mit ner ganz anderen KULTUR und ganz anderen Vorstellungen von Individualität und so weiter, bestehen natürlich viel krasser und
brüchiger.*

Der Begriff des **Rahmen**s, der im Zusammenhang mit der Lebensweise zur Beschreibung der Familiensysteme von türkischen ArbeitsmigrantInnen in diesem Diskussi-
onsabschnitt verwendet wird, weist auf die Rigidität gemeinschaftlicher Regeln hin.
Die oben erwähnte Maxime, „alles bleibt zwischen den vier Wänden", verleitet ebenso zu der Annahme, die Familie müsse eine Festung um sich errichtet haben, um die
privaten Schwierigkeiten nicht nach außen durchsickern zu lassen. Das wäre als ein
Versuch zu verstehen, die traditionellen Werte und Überzeugungen auch in Deutschland trotz aller Herausforderungen, welche die aktuellen Lebensbedingungen stellen,
nicht aufzugeben. Es sei quasi der Versuch, so zu tun, „(als wären) die gesellschaftlichen Regeln genauso wie dort."
  Das Leben in einem Provisorium erfordere den Einsatz besonderer psychischer Mechanismen, die das praktische Bewältigen der Herausforderungen der fremden Umwelt ermöglichen. Nachfolgend wird anhand von Metaphern skizziert, von welchen
Annahmen bezüglich solcher Mechanismen die Befragten ausgehen:
  Die Metapher des Rahmens eignet sich sowohl zur Beschreibung der Klientel, die
sich einen „rigiden" gesellschaftlichen bzw. „familiären Rahmen" errichtet, als auch
zur Kennzeichnung des beraterischen Handlungsfeldes als eines „therapeutischen"
bzw. „offiziellen Rahmens".
  Die BeraterInnen beschreiben das Leben der ArbeitsmigrantInnen als ein „Leben
mit einer Fluchtphantasie von der Rückkehr in die alten Bezüge". Die Errichtung innerer Mauern, hinter denen Regeln gelten, an welchen „ähnlich wie an Gottesgesetzen
nicht zu rütteln" ist, halte diese Fluchtphantasie aufrecht. Das eigentliche Leben werde auf spätere, bessere Zeiten verschoben, was die Entbehrungen, die Kränkungen und
das Gefühl der Unerwünschtheit im Alltag besser ertragen helfe. Dieses „so tun als ob"
scheitere jedoch angesichts der Herausforderungen der fremden Umwelt. Die Mauern
dieser familiären Festung würden durch die Konfrontation mit der deutschen Kultur
bröckeln.
  Die Phase, bis die Institution „einfach reinkommt", wird in Bildern von großer Orientierungslosigkeit und Chaos beschrieben. So gleiche die Heilungssuche einer Kranken bei „Ärzten und Nervenärzten" einer „jahrelangen Odyssee", einer Irrfahrt,
währenddessen die Leidenden – wie der mythologische Held – von einer echten Heilung abgehalten werden. Die Heilungssuche bei den „traditionellen Heilern" bspw. den
„Hodschas" und den „Dschinndschis"[3] sei vergleichbar dem Versuch einer Ertrinkenden, „sich an einer Schlange festzuhalten". So verirren sich die Menschen in fremden
Gewässern und erblicken am Ufer Institutionen, vor denen sie Angst haben, weil sie
„deren Macht nicht einschätzen können". Diese Irrfahrt endet, wenn die mit eigenen

Lösungsversuchen Gescheiterten bei irgendeiner Institution „landen". So gelangen sie in den offiziellen Rahmen staatlicher Institutionen, die Orientierung und Halt versprechen.

Im therapeutischen Rahmen gelten spezifische Regeln bezüglich der Art der Interaktion und der Behandlungstechniken. Die Regeln des „therapeutischen Rahmens" sollen das Chaos bannen und eine Neuorientierung ermöglichen. Um therapeutisch arbeiten zu können, müßten erst „die Rahmenbedingungen geschaffen werden". Die Grundvoraussetzung hierfür ist „der Glaube an den Therapeuten", zu dessen Herstellung die Befragten verschiedene Strategien einsetzen. Einen wichtigen Streitpunkt bilden diese Strategien zur Modifizierung therapeutischer Regeln, „um die KlientInnen halten zu können". Es bestehe die Gefahr, daß die TherapeutIn durch „unstrukturiertes Arbeiten" und „ohne theoretischen Bezugsrahmen" ihre „Haltung und Position verliert". Die Befragten beschreiben die Therapie als aktiv und dynamisch, die „Entwicklungsprozesse in Gang setzt". Die Dynamik der Therapie würde jedoch „an die Grenzen der Familiensysteme stoßen", die aufgrund ihrer Starrheit keine Veränderungen ermöglichten.

Eine deutsche Befragte thematisiert den Grund für die Therapieabbrüche nicht nur als ein Problem der KlientInnen, sondern auch als eines der Grenzen therapeutischer Kompetenz.

C: *Ich glaube, dieser dieser Abbruch des KONTAKTS, der ja immer so viel beschworen wird, der der // die Gründe dafür liegen auch auf beiden Seiten. * Ich glaube schon, daß die Klienten aus anderen Kulturen, eh, die deutschen Therapeuten sozusagen mit mit dem mit dem VERLUST ihrer Kompetenz * BEDROHEN, quasi. Sie können irgendwie nicht so nicht so ohne weiteres auf ihre Konzepte, auf ihren auf ihren Rahmen, (ZUSTIMMEN) auf ihren theoretischen Bezugsrahmen zurückgreifen und das dann irgendwie alles anwenden und * eh, und ihre gewohnten therapeutischen Interventionen machen, * sondern sie müßten sich vielmehr * fragen * in jeder Situation, ist es jetzt stimmig, paßt das, wird das sozusagen diesen Lebensformen überhaupt gerecht? Oder was * was werden hier für Erwartungen an mich gerichtet, wie weit kann ich darauf eingehen, wie weit muß ich mich da distanziert halten? Alle diese Fragen müssen ja immer wieder neu gestellt und beantwortet werden.*

Diese Feststellung, die in der Gruppendiskussion ohne Resonanz blieb, beschreibt die Therapiesituation in sehr pointierter Weise als eine Situation der „gegenseitigen Verunsicherungen". So bleibt „der therapeutische Rahmen" – trotz aller Bemühungen seitens der BeraterInnen zur Herstellung von Vertrauen – immer ein „offizieller Rahmen", der die Gefühle der Ohnmacht noch verstärkt.

Erwartungen an eine vermittelnde Instanz

Nach Ansicht der Fachkräfte verhindert das provisorische Leben nicht nur das Einleben in die deutsche Gesellschaft, sondern auch das Aufbauen fundamentaler Beziehungen und informeller Hilfsnetze innerhalb der MigrantInnengemeinschaft. So ent-

steht eine selbstverursachte Isolation, in der auch ein Rückgriff auf „kollektive Konfliktbewältigungsmuster" nicht möglich ist. So haben sie nur wenig FreundInnen, mit
denen sie sich beraten können. In der Türkei bittet man bei Schwierigkeiten die eng-
sten Verwandten, Freunde oder die Begleiter, die die Gemeinschaft der/dem Einzelnen für wichtige Lebensabschnitte wie Beschneidung oder Heirat als quasi initiierende Meister zur Seite stellte, um Rat oder Hilfe. Das Fehlen eines sozialen Netzes verursacht somit auch eine Desorientierung, weil eine Anleitung und Warnung bei potentiell schädlichen Verhaltensweisen durch Freunde oder Begleiter wegfällt. Im übrigen sind die Probleme, mit denen die ArbeitsmigrantInnen konfrontiert werden, zum
Teil ganz neu und anders geartet als die gewohnten. Die fehlenden Kontakte rauben
ihnen auch eine Vergleichsmöglichkeit, was manchmal Trost bringen könnte. Die familiären Katastrophen, wie beispielsweise das Weggehen eines Kindes von zu Hause
oder die zunehmende Drogenabhängigkeit bei Jugendlichen, führen sie zu der be-
schämenden Annahme, sie wären die einzigen, die unter hiesigen Lebensumständen
gescheitert sind.

Möglicherweise ist die erste Generation in ihren Erwartungen und Forderungen an
die Umwelt bescheidener gewesen und konnte das eigentliche Leben mit Hilfe des
Traumes von der baldigen Rückkehr in die Heimat auf bessere Zeiten vertagen. Zweifelsohne spielt dabei auch die Religion, als ein die Sinnfrage ins Jenseits verschieben-
des und das Ertragen des Weltlichen erleichterndes Symbolsystem, eine wichtige Rolle. Die zweite Generation kann sich jedoch – aufgrund obligatorischer Kontakte – der
unmittelbaren Konfrontation mit der deutschen Kultur nicht entziehen. Der zwischen
den Generationen unvermeidliche Konflikt wird wegen der größeren Diskrepanz zweier Lebenskonzepte verschärft ausgetragen.

Die Befragten exemplifizieren die Berührung mit staatlichen Institutionen an Fällen von pubertierenden Mädchen, die von zu Hause wegrennen bzw. durch einen Sui-
zidversuch auf sich aufmerksam machen, und von männlichen Jugendlichen, welche
eher durch Delinquenz und schwere Drogenabhängigkeit auffallen. Da die männlichen
Jugendlichen aber größere Toleranz und oft den fatalen Schutz der Mütter vor den Vä-
tern genießen und die soziale Kontrolle durch die Gemeinschaft und Anpassungsfor-
derungen hier meist fehlen, erscheinen sie in der Regel selten oder erst viel später in
staatlichen Institutionen. Es bleibt meist bei (Beschaffungs-)Kriminalität innerhalb der
Familie. Mädchen hingegen fallen zwar weniger auf, schaffen aber in problematischen
Situationen den Gang nach außen früher als die Jungen, weil bei ihnen der Anpassungsdruck früher einsetzt.

Mit dem „nach Außen gehen" sprengen die Jugendlichen den „familiären Rahmen"
und tragen die privaten Probleme, entgegen der traditionellen Maxime, in die Öffentlichkeit. Es ist zwar nicht unbekannt, daß eine Jugendliche sich an die Gemeinschaft
wendet. Unbekannt ist aber die Interventionsweise hiesiger Institutionen, die im folgenden Interviewausschnitt verdeutlicht wird.

E: *Meistens sind die Onkel, Tanten und die großen Brüder die Helfer. Wenn ein Kind*
von zu Hause wegrennt, dann geht es zu denen und diese kommen zu den Eltern,
als Gesandte des Kindes und versuchen zu vermitteln. Oder der Vater läßt Dinge,
die er dem Kind nicht direkt sagen kann, über diese Vermittler sagen. Er geht dann
zu dem großen Bruder oder dem Onkel, und sagt, „sagt unserem Jungen, er soll

nach Hause kommen." Dieser geht dann zu dem Jungen, bringt ihn nach Hause und versöhnt ihn mit dem Vater. Wenn ein Kind von zu Hause wegrennt, geht es zu Leuten, Verwandten, zu denen es Vertrauen hat. Hier in der Industriegesellschaft, wenn ein Kind von zu Hause weggeht, geht es zum Sozialamt oder in irgendwelche Heime. Die hiesigen Institutionen übernehmen keine Vermittlerfunktion. Das weiß auch der Jugendliche, und Mutter-Vater auch. Diese Institutionen versuchen gar nicht, eine Atmosphäre der Einigung herzustellen. Wenn zu Hause einiges nicht in Ordnung war, versuchen die Institutionen gar nicht, das Kind zurückzuschicken. Sie behalten das Kind da und bezwecken die eigenständige Entwicklung des Kindes als Individuum. Das ist deren Mentalität. Sie begreifen sich als Individuen.

Die Tradition erwartet von einer vermittelnden Instanz, zu der das Kind flüchtet, die Übernahme der vorläufigen Rolle einer Autorität und die Wiederherstellung der familiären Ordnung über die Einigung. Sie schränkt die Macht des Vaters ein, ohne ihn jedoch zu entmachten, und ohne das Kind mit einer schweren Entscheidung zwischen den Eltern und (scheinbar) sich selbst zu überfordern. Der hauptsächliche Konflikt patriarchal strukturierter Gesellschaften scheint in der Tradierung väterlicher Gesetze zu bestehen. „Die Religion […] als die gesellschaftliche Organisation von Vaterschaft" (Freud) übernimmt vielfach diese Rolle der Festschreibung (gott-)väterlicher Gesetze und fordert deren strikte Einhaltung. Eine Parallele wäre ebenso zu Gesetzen des (Vater-) Staates möglich. Stiller Gehorsam und strikte Einhaltung dieser Gesetze würden jede Veränderung der Gesellschaft unmöglich machen. Da der Vater die Außenwelt repräsentiert, ist das Sich-Behaupten gegenüber dem Vater für einen Adoleszenten die größte Bewährungsprobe. Der Machtanspruch des Vaters wird insbesondere mit Hilfe der Mutter von den Kindern untergraben. Die Mutter vermittelt im familiären Rahmen zwischen dem Kind und dem Vater. Bei schweren Konflikten werden Außenstehende eingeschaltet. Diese Tatsache bezeichnen die Interviewten als ein „Verbot der Kommunikation zwischen den Generationen". Richtiger scheint es sich um eine indirekte Kommunikation zwischen der Autorität und den Nachfolgern zu handeln. Die Gesellschaft schützt einerseits durch solch eine Art indirekter Kommunikation die Schwächeren, ermöglicht andererseits die Aufrechterhaltung der Macht des Vaters. Der typische Patriarch ist abwesend, ja geradezu unerreichbar. Indem der Vater sich dem Alltag und den konkreten Auseinandersetzungen mit dem Kind entzieht, ermöglicht er die Projektion von Größe, Macht und Unbeirrbarkeit. Auch wenn ein Jugendlicher einer direkten Konfrontation gewachsen sein sollte und sich vor möglichen Sanktionen nicht zu fürchten brauchte, werden die VermittlerInnen eingeschaltet. Der Grund wäre – von der Gefahr gesellschaftlicher Mißbilligung abgesehen – in den Schuldgefühlen zu suchen, den Vater bewußt entmachtet zu haben. Hinzu kommt, daß oft die Eltern ihre Autorität in einem fremden Land gegenüber fremden Institutionen recht früh verlieren, weil vielfach die Kinder eine Vermittlerrolle zwischen den staatlichen Instanzen und ihren „sprachlosen" Eltern spielen.

Diese Perspektive erklärt, warum viele Mädchen – zur Verwunderung der Expert-Innen – nicht in den Institutionen bleiben, sondern zur Familie zurückgehen, und warum eine Interventionsstrategie als eine alle Familienmitglieder einbeziehende offene Konfrontation, wie sie in Institutionen vielfach eingesetzt wird, fehlschlägt. Der Vater (bzw. die Gemeinschaft) ist nicht nur eine tyrannische Instanz, die dem Kind nur

Grenzen setzt und blinden Gehorsam fordert, sondern auch eine schützende, Anleitung und Orientierung bietende.

Das wesentliche Element der Erwartungen an eine HelferIn/BeraterIn ist – vom kulturellen Hintergrund her, – diese möge für eine gewisse Zeit die Verantwortung für das hilflose Individuum übernehmen und die gestörte soziale wie psychische Ordnung durch ihre Vermittlung zu höheren materiellen wie immateriellen Instanzen wiederherstellen: als VermittlerIn zwischen den Machtlosen und den Autoritäten (bspw. ein „großer Bruder", die Mutter), als eine LehrerIn, initiierende MeisterIn und HeilerIn. So berichtet ein Mittdreißiger von einem 60jährigen Vater, der ihn mit „Abi" (türkisch: großer Bruder) anspricht.

E: *Ein sechzigjähriger Vater nennt mich großer Bruder. „In Ordnung, großer Bruder" sagt er. „Der Kerl soll hier bleiben, aber " und so weiter. Er // ich weiß, daß, wenn er mich großer Bruder nennt, weiß ich, daß er mich eigentlich nicht großer Bruder nennt. Er will sagen, „ich habe vor dir Respekt. Du bist die Autorität. In einigen Bereichen sollst du über mich, über meine Familie und mein Kind entscheiden. Ich geb dir stückweise frei' Hand." möchte er sagen.*

Diese Wünsche nach Anleitung und Beratung werden von den BeraterInnen und TherapeutInnen als unzulässige Forderungen zurückgewiesen, da sie der Grundhaltung der therapeutischen Neutralität widersprechen. Das Konfliktbewältigungsideal des autonomen Individuums besteht in der selbständigen Organisation von Expertenhilfe, die das Individuum lediglich bei der Findung des eigenen Weges unterstützen soll. Die psychosoziale Versorgung soll lediglich dazu dienen, die Autonomie des Individuums durch neutrale Unterstützung wiederherzustellen.

Anpassungsforderungen staatlicher Sozialisationsinstanzen

In vielen Fällen, wenn ein Familienmitglied nach außen geht, kommt es vielfach zur Depotenzierung der Eltern als Erziehungsberechtigte. Es wird ihnen mit Sorgerechtsentzug gedroht, falls sie dem Verbleib des Kindes in der Institution nicht zustimmen. Die Angst der Eltern vor dem Autoritätsverlust angesichts fremder Institutionen gewinnt bei Anforderungen an die Erfüllung der Leistungsnormen und Verteilung der Erziehungsaufgaben eine neue Zuspitzung. Die Palette erstreckt sich von Verhaltensauffälligkeiten bis hin zu Entwicklungsverzögerungen bei Kindern, die das reibungslose Funktionieren der öffentlichen Erziehungs- und Sozialisationsinstanzen gefährden. Ein Kind, das „in der Krippe nicht einschlafen will", stört den Tagesablauf ebenso wie eins, das kein Wort deutsch sprechen kann oder durch übermäßige Vitalität herausragt. Die öffentlichen Erziehungsinstanzen organisieren den Spiel- und Lernrhythmus der Kinder nach Stunden- bzw. Entwicklungsplänen. Die „Funktionsstörungen" der Kinder werden nicht als Herausforderungen aufgefaßt, denen sich die ErzieherInnen oder LehrerInnen stellen müssen, sondern werden als Hinweise auf tieferliegende Störungen in der Persönlichkeit des Kindes bzw. des Familiensystems gedeutet, zu deren Behebung spezielles Expertenwissen herangezogen werden muß. Das Einbeziehen von Erziehungs- und Familienberatungsstellen entspricht dem arbeitsteiligen Sozialisationsstil der modernen Industriegesellschaften. Die Erziehungsaufgabe der Kindergärten und der Schulen reduziert sich somit auf die materielle Versorgung, Verwahrung und Wissensvermittlung. Mit der Einschaltung von Erziehungsberatungsstellen wird die Erziehungsaufgabe an die Eltern zurückdelegiert.

A: *Und in vielen Fällen erleben die Eltern ja erstmal so ** (STÖHNT) als VORWURF an sie selber. eh, daraus entwickelt sich die Sorge, ja, „hat die Lehrerin etwas gegen unser Kind? Warum gerade // warum grad spricht sie grad unser Kind an?" (STAUNEN AUSDRÜCKEND) „Zu Hause ist er doch ganz in Ordnung." ... Daß ich bei türkischen Eltern dann häufiger erlebe, daß sie sich dann aufeinmal GANZ GANZ viel Sorgen machen. So nach dem Motto: „Jetzt muß ich da hin, wer weiß, was ansonsten passiert." Und viel eher dann manchmal noch solche Phantasien dabei sind, ob, „Was passiert jetzt mit meinem Kind? Nimmt man mir das jetzt weg?"*

Meist können die Eltern die Beschwerden der LehrerInnen nicht nachvollziehen, da ihr Kind „zu Hause ganz in Ordnung ist". Im Hinblick auf unterschiedliche Erziehungsvorstellungen (etwa der Art, daß die Kinder zu Hause keinen strengen Tagesrhythmus befolgen müssen, das Einnässen eines Vorschulkindes keine große Besorgnis erregt und die Vitalität des Kindes nicht als störend empfunden, sondern im Gegenteil sogar unterstützt wird), klingt dieses Argument auch plausibel.

Die Zurückweisung der Erziehungsaufgabe an die Eltern macht schließlich diese für die Funktionsuntüchtigkeit der Kinder in Sozialisationseinrichtungen verantwortlich. In diesem Sinne ist es ein Vorwurf an sie, als Eltern versagt zu haben. Dieser Vorwurf mobilisiert Ängste, der Staat würde ihnen das Recht auf die Erziehung ihrer Kinder gänzlich entziehen. Die Befragte betont im Verlauf des Interviews, das sei natürlich eine irrationale Angst, die auf Unwissenheit und falsche Informationen zurückgehe. In türkischen Medien würden die Fälle von einigen wenigen Kindern, die „aus ihrer Familie rausgehen oder rausgenommen werden", auf dramatische Weise aufgebauscht, so „daß es mitunter so aussieht, da kommt nun also die deutsche Frau oder der deutsche Sozialarbeiter von der Familienfürsorge, reißt die Tür auf, nimmt das Kind raus, und die Eltern wissen gar nicht warum und wieso". Begründet wird diese Angst mit schlechten Erfahrungen der ArbeitsmigrantInnen, die die staatlichen Institutionen überwiegend als „Zwangsinstitutionen" und „nie als unterstützend erlebt" haben. Dies wird verdeutlicht am Beispiel der Ausländerbehörde, die von ArbeitsmigrantInnen durchgehend Ausländerpolizei genannt wird. Die MigrantInnen müssen sich regelmäßig bei der „Ausländerpolizei" melden und gegen die Erbringung des Beweises, nicht auffällig geworden zu sein, um die Verlängerung der Aufenthaltserlaubnis bitten. Die MigrantInnen hätten vor staatlichen Institutionen im allgemeinen Angst, so die Befragte, weil sie die Macht dieser Institutionen nicht einschätzen können. Die Grundlage dieser Ängste bilde jedoch die eigene Unsicherheit der Einzelnen, die einer fremden Umwelt und ihren fremden Institutionen gegenübersteht und diese nicht einordnen kann. Die Begründung beinhaltet einen Zirkelschluß („man erlebt sich selber unsicher, und das verunsichert ja"), worin die Besonderheit der psychologischen Argumentationsweise deutlich zum Ausdruck kommt. Dieser Zirkelschluß verdeckt den Urheber der Unsicherheit bzw. der Angst und lokalisiert diese bei der einzelnen

MigrantIn, die diese Unsicherheit überwinden muß. Von hier aus ist es nicht mehr weit zu einer Aufforderung an die ArbeitsmigrantInnen, „aus ihrer Opferrolle rauszugehen" und sich „von der deutschen Umwelt zu holen, was ihnen zusteht". Diese Argumentation nivelliert die Auswirkungen der staatlichen Politik, die sich auf die regelmäßige Anpassungs- und Funktionalitätskontrolle der Einzelnen konzentrierte und ihr Leben willkürlichen, von der wirtschaftlichen Konjunktur bestimmten Restriktionen unterwarf.

Diese Angst vor der nicht einschätzbaren Macht staatlicher Institutionen bestimmt den Umgang der (potentiellen) Klientel mit den psychosozialen Versorgungsangeboten.

„Wer ins Meer fällt, klammert sich sogar an eine Schlange" Die Heilungssuche in Magie versus Individualismus

Außer den KlientInnen, die mehr oder weniger unfreiwillig in staatlichen „Institutionen landen", gibt es eine weitere Gruppe von KlientInnen, die die Dienste psychosozialer Institutionen selbständig aufsuchen, da sie den Hinweis von ihnen vertrauten Beratungsstellen (wie Türk Danis: Bürgerberatungsstelle der Arbeiterwohlfahrt) oder über „Mund-zu-Mund-Propaganda" von ihren Landsleuten erhalten oder von ÄrztInnen überwiesen werden.

F: *Also die sind, es gibt so eine Gruppe, die zum Beispiel so mehr somatisch orientiert sind und die denken, daß wir Ärzte sind, ja? Und dann sagen sie, „verschreiben bitte das Medikament." Aber das ist also zugegebener Weise, verglichen mit meinen Erfahrungen in den ersten Jahren, wo ich '78 angefangen habe, das ist diese Zahl sehr wenig, aber mein Eindruck ist es, es gibt inzwischen Erwachsene, die ganz eindeutig kommen und sagen: „Ich will Therapie."*
I: *(STAUNEN SKEPSIS) hhm!*
F: *Ja? * „Wissen sie, was Psychotherapie ist?" (DRAMATISIEREND) „Nein, aber eh * man hat mir schon vor Jahren gesagt, aber damals wollte ich nicht." Und das und das. „Aber jetzt will ich wirklich. DOCH."*

Die Bezeichnung dieser Klientel als somatisch orientiert läßt auch ahnen, mit welchen Erwartungen sie kommen, und welche Fallen diese Erwartungen für das „therapeutische Arbeitsbündnis" bergen. Mit Psychotherapie verbinden sie eine Heilkunst, die ähnlich wie die traditionellen Heilungsrituale oder Medizin funktioniert. Beide behandeln den Körper mit Methoden, die dem/der PatientIn weitgehend verborgen bzw. unverständlich bleiben. Auch wenn sie sich vom Grad der Wissenschaftlichkeit her voneinander unterscheiden, ähneln sie sich mehr, als es den MedizinerInnen lieb ist. Beide erwecken mit der Gestaltung des äußeren Rahmens die gleichen Gefühle der Ehrfurcht und den Eindruck von großer Kompetenz. Vermittelten die primitiven Medizinmänner zwischen dem Individuum und der Geisterwelt, um die Orientierungslosigkeit der PatientIn zu beseitigen und in einem symbolischen Kampf das Leiden zu besiegen, so richtet sich die Aufmerksamkeit der modernen MedizinerIn auf die Wiederherstellung des biochemischen Gleichgewichts. Diese Haltung wird von der Psychologie am heftigsten kritisiert: Sie erzeuge eine künstliche Trennung des Körpers von der Seele und doktere lediglich an Symptomen herum und werde der Ganzheitlichkeit des Menschen nicht gerecht. Das Symptom diene im Grunde als Symbol der gesamten Biographie. Nur eine Bewußtwerdung eigentlicher Ursachen mit Hilfe der Rekonstruktion könne eine Heilung ermöglichen.

Die Psychotherapie ist ein Produkt des Modernisierungs- und Individualisierungsprozesses in Europa. Mit der Auflösung traditioneller Bindungen entstand die Notwendigkeit gesellschaftlicher Organisation von Vor- und Fürsorge sowie die Sozialisation von Individuen, die vorher in der Zuständigkeit der Familien und der Gemeinschaft standen. Mit der Aufklärung setzt auch die Ablösung der Seele von ihrem transzendenten Bezug ein (Geulen, 1991). Die Folge ist die Anthropomorphisierung und die Psychologisierung der Welt und die Definition der Welterkenntnis als reine Selbsterkenntnis. Die Suche nach der Wahrheit ist nicht mehr die Suche nach einer allumfassenden göttlichen Wahrheit, als deren Teil der Mensch sich selbst erkennt, sondern die individuelle Selbsterkenntnis und -erfüllung. Wenn die Gemeinschaft als Zeuge des Gelebten fehlt, und das Individuum in seiner Identität nicht bestätigt werden kann, treten Institutionen auf, die die Funktion der Orientierung und der Sinngebung übernehmen, so wie die Beichte und die Psychoanalyse. Die Selbsterkenntnis wird insbesondere in der Therapie reflexiv durch Erzählen erzeugt, und ist somit eine Konstruktion biographischer Wirklichkeit. Ein in der Erzählung dargestelltes Selbstbild ist immer nur eine Abstraktion, eine Auswahl des Gelebten und kann daher nicht die Totalität der Biographie wiedergeben (vgl. Hahn et al., 1991). Die gesellschaftlichen „Wertvorstellungen, Wirklichkeitsauffassungen, Richtigkeits- und Wichtigkeitskriterien" bestimmen und formen das Selbstbild. Es gibt in allen Gesellschaften „Grenzen des Ausdrückbaren und Kommunizierbaren" und „Formen des Sagens und des Schreibens", die bestimmen, wie weit es zu einer Selbstenthüllung der Gesellschaftsmitglieder kommt. In religiösen Institutionen wie der Beichte dient die Schuld als Selektionskriterium für das, was erzählt wird, und in der Psychoanalyse ist es die Sexualität. In der anatolischen Kultur spielt die Ehre, die die Beziehungen der Gesellschaftsmitglieder untereinander regelt, eine wichtige Rolle. Der Ehrenkodex legt die Grenzen und die Formen der Kommunikation fest. In Anbetracht dieser Tatsache ist der Eingriff staatlicher Institutionen eine Verletzung der Ehre und somit ein schwerer Angriff gegen die Integrität der Familie.

Die Befragten berichteten, daß es für die Klientel aus der Türkei noch keine Selbstverständlichkeit ist, daß sie, „wenn sie Beratung oder Therapie aufsuchen, über sich reden". Auf den ersten Blick verwundert diese Feststellung, da es doch eine kulturell geteilte Überzeugung ist, daß das Reden, insbesondere „sich den Kummer aus der Seele reden" und „sein Inneres nach außen ergießen" Entspannung bringt. Dieses Reden dient jedoch eher dazu, bei FreundInnen Trost oder Rat zu finden, oder über die ausweglose Situation hinaus in der eigenen Identität bestätigt zu werden. Auch die Suche nach dem Sinn des Lebens in einem religiösen Meister-Novizen-Verhältnis ist nicht unbekannt. Nicht *von sich reden*, von seinem Kummer erzählen scheint fremd zu sein, sondern *über sich aus der Distanz* heraus. Diese Form des stillen Redens und über sich Nachdenkens geschieht zu Krisenzeiten in der Einsamkeit der Selbstreflektion. Die christlichen Institutionen haben jedoch eine eigentümliche Form des Dialoges hervorgebracht, wo ebenfalls eine Selbstreflektion stattfindet: die Beichte. In der Beichte wird

der Priester symbolisch abwesend, da er nicht als Kommunikationspartner auf das Erzählte unmittelbar reagiert. Er als konkreter Mensch verschwindet. Die Beichte war
somit zu Beginn eine Art vermittelter Dialog mit Gott. In der Psychoanalyse wird es
zu einem vermittelten Dialog mit der Gesellschaft bzw. dem eigenen Unbewußten. Das
Prinzip der Neutralität und der Abstinenz ermöglichen in der Psychoanalyse diesen
vermittelten Dialog. Mit der Reformation fällt auch die Entlastung von der Schuldhaftigkeit durch die Absolution weg. Das ganze Leben, jede einzelne Tat und sogar
die Phantasien werden für den Protestanten zum Gegenstand einer unaufhörlichen
Selbsterforschung zum Zwecke der Selbstkontrolle. Der Glaube an die primäre Schuldhaftigkeit des Menschen erzeugt eine Leistungsethik, um die eigene Schlechtigkeit
über Leistung wettzumachen. In dem Ausdruck „Arbeitsbündnis" zwischen TherapeutIn und KlientIn setzt sich diese Vorstellung fort. In therapeutischen Heilungskon-
zepten überwiegt die Auffassung, daß die Selbsterkenntnis viel Mühe und Anstrengung erfordert, um die Gnade der Heilung zu erhalten.

Die Schuld bildet in christlichen Gesellschaften die Grundlage des Selbst- und Welt-
bezugs. In der anatolischen Kultur hingegen scheinen Scham und Stolz als Verhal-
tensregulatoren zu fungieren. Scham dient als ein inneres Signal für die Mißbilligung
der Gemeinschaft, und Stolz drückt die Einigkeit mit ihr aus. Daß der Islam keine der
Beichte entsprechende Institution hervorgebracht hat, mag auch daher rühren, daß diese Religion nicht die Schuld an den Anfang der Menschheitsgeschichte stellt und jeden Menschen mit einer Erbsünde belastet. Die psychoanalytische Auslegung der Erbsünde vernachlässigt das Gefühl der Scham, die mit dem Genuß der Frucht des Er-
kenntnisbaumes einsetzt, als das Gewahrwerden der eigenen Trennung von der para-
diesischen Existenz und die Wahrnehmung der eigenen Nacktheit, die die Empfindung
der Verletzbarkeit auslöst. Die Angst vor dem Gesichtsverlust und der damit verbundenen Verstoßung von der Gemeinschaft, die als eine typische Reaktion der türkischen
Klientel auf staatliche Interventionen von den Befragten hervorgehoben wird, weist
auf die Wichtigkeit der Beachtung eigener Grenzen hin. Die Wichtigkeit der Scham
und der damit verbundenen Angst vor Verletzung wird von einer Befragten als ein
prägnanter Unterschied zur deutschen Kultur hervorgehoben. Dies resultiert aus der
Gegenüberstellung der deutschen (abendländisch-christlichen) Kultur als Schuldkul-
tur und der anatolischen als Schamkultur. Die Schamkultur legt großen Wert auf die
Beachtung der Grenzen. Die Grenzen zwischen den Menschen werden insbesondere
von gegenwärtigen „Psychobewegungen" als von außen auferlegt begriffen. Sie verlangen die Aufhebung aller zwischenmenschlichen Grenzen zur Bildung eines mensch-
licheren und wärmeren Miteinanders. Unter dem Diktat dieses neuartigen Gefühl-
sprotestantismus (Sennett, 1983) wird versucht, die eigenen Empfindungen von In-
authentizitäten zu bereinigen, um an den wahren Kern des Menschen vorzustoßen. Daß
die Wahrheit unter vielen Hüllen verborgen und im Kern liege, beherrscht seit Jahrhunderten das westliche Denken. Demgemäß wird die Erforschung der Gründe subjektiven Leidens in der Therapie von der Idee der Aufdeckung und Bloßlegung der
Wahrheit geleitet. Der Blick der ErforscherIn menschlichen Verhaltens und Empfin-
dens (d.i. der Psychologie) ist ein voyeuristischer und mißtrauischer Blick, der unentwegt danach trachtet, der Wahrheit noch mehr Hüllen zu entreißen. Scham entzieht
sich jedoch solch einer Bearbeitung, während es bei der Schuld möglich ist, zu argumentieren, abzustreiten und sie materiell wiedergutzumachen. Scham hingegen erfor-

dert ein betretenes Schweigen, hinter dem der Mensch am liebsten verschwinden möchte, um sich vor weiteren Verletzungen (da seine Grenzen penetrierbar erscheinen) zu schützen. Die TherapeutIn bleibt zwar im Kontext der Therapie mit Hilfe der Neutralität unpersönlich, – wird analog zum Beichtvater symbolisch abwesend – sitzt jedoch KlientInnen gegenüber, für die solch eine Art Kommunikation fremd ist und deren Wirksamkeit ihnen auch nicht einleuchtet, weil sie von anderen Vorstellungen als Krankheitsursachen ausgehen.

Nach der Psychoanalyse bringen verinnnerlichte Schuldgefühle Symptome hervor, die den Konflikt zwischen eigenen Es-Impulsen und sozialer Anpassungs- bzw. Entsagungsforderungen symbolisieren. In der Schamkultur hingegen werden als Ursachen von Krankheiten böse Blicke und Geister vermutet. An dieser Stelle werden sofort die Deutungen psychoanalytisch ausgebildeter und aufgeklärter Intellektueller hörbar: Es handele sich natürlich um Projektionen eigener aggressiver Regungen. Die KlientInnen jedoch glauben an die Beeinflussung durch böse Blicke neidischer Mitmenschen oder Geister und erwarten von Heilern, daß sie durch rituelle Handlungen das Böse nach außen verlegen und symbolisch besiegen oder ihnen Amulette geben, um böse Geister fernzuhalten. Obwohl der Islam solchen Aberglauben verbietet, hat sich in Anatolien eine Art Volksislam gebildet, der viele polytheistische Elemente der Magie und der Zauberei mit Islam verbindet. So berichtet eine Befragte, es gebe zwar noch „echte, in der Familientradition ausgebildete Schamane, die wirklich was können" und es gebe auch „Leute, denen es hilft". Diese richtigen Schamane lebten jedoch „in einem weit, weit abgelegenen Dorf in Anatolien" und die ArbeitsmigrantInnen in Deutschland wären „von vielen Scharlatanen umgeben." Wenn die TherapeutIn die KlientInnen mit „(ihren) Angeboten nicht überzeugen kann", gehen viele der Therapiewilligen schließlich doch zu diesen Heilern. Die Heilungssuche in Mystik und Zauberei wird von der Befragten, mit einer Mischung aus Gleichgültigkeit und zynischer Ohnmacht, als ein Verzweiflungsakt gedeutet, als der Versuch einer Ertrinkenden, sich an einer Schlange festzuhalten. Unüberhörbar ist die Enttäuschung einer angestellten AufklärerIn, die sich weitgehend am Ideal vom freien und autonomen Individuum, das sein Leben gemäß wissenschaftlicher Erkenntnisse gestaltet, orientiert.

Die Medizinmänner, Priester und Lehrer waren die wichtigsten Vorfahren der psychotherapeutischen Profession. Die Psychotherapie wurde von ihrem namentlichen Gründer Freud als eine medizinische Heilslehre konzipiert und operierte anfänglich mit physikalisch-biochemischen Gleichgewichtsvorstellungen. Auch wenn die Bemühungen, die Pädagogik und die Medizin von Magie und Religion zu trennen und sie nach objektiven aufklärerischen Kriterien zu gestalten zum Teil geglückt sind, kehrt die Psychotherapie zu diesen Wurzeln zurück. So arbeiten viele systemtheoretische Familientherapien mit magisch anmutenden Ritualen und Symptomzuschreibungen. Die Psychotherapieforschung belegt, jenseits aller Schul- und Methodenkontroversen, die Wirksamkeit eines einzigen Faktors: Es ist das Vertrauen der Hilfesuchenden in die Kompetenz der HeilerIn/TherapeutIn.

„Der Glaube an den Therapeuten ist noch nicht so da wie bei den Deutschen"

Im Zusammenhang mit der psychosozialen Versorgung werden meist Begriffe wie Hilfe, Beratung, Angebot und Psychotherapie in einem Zug genannt. Diese meist als gleichwertig genannten Arten zwischenmenschlicher Unterstützung und Versorgung unterscheiden sich in vieler Hinsicht voneinander, was von fundamentaler Bedeutung ist und deren begriffliche Vermischung zu Problemen führen muß. Eine Vermischung bedingt eine Diffusität des Settings, etwa der Art, daß die KlientInnen andere Unterstützungsmöglichkeiten erwarten als tatsächlich angeboten werden. Für die befragten TherapeutInnen bedeutet psychosoziale Beratung psychotherapeutische Behandlung. Durch die Gestaltung des „Erstgesprächs als Aufnahmegespräch" setzt diese schon im ersten Kontakt ein und führt zu einer von der jeweiligen Institution angebotenen Therapieform. Auffällig ist die Verbreitung der Familientherapie unterschiedlicher Provenienz. Die als „ein neues Paradigma" gefeierte Systemtheorie hat sicherlich auch deswegen viele AnhängerInnen gefunden, weil sie durch das Einbeziehen voneinander abhängiger Subsysteme der Komplexität menschlicher Beziehungen gemäßer zu sein scheint. In der Praxis sitzen aber, um das Beispiel eines „verhaltensauffälligen" Kindes aufzugreifen, schließlich nur die Eltern mit dem Kind einer BeraterIn und einem TherapeutInnenteam hinter einer Einwegscheibe gegenüber und lassen alle Sitzungen audiovisuell festhalten. Die von den Befragten als wesentlich erachtete Frage nach der Angemessenheit der Angebote stellt sich bei näherem Hinsehen nicht als eine der Erarbeitung einer angemessenen Problemlösungsstrategie, sondern als eine der interaktionsstrategischen Modifizierung therapeutischer Methoden, um die Aufnahme therapeutischer Behandlung und deren Kontinuität zu gewährleisten. So sind sie zum Teil bereit, die betont verbal orientierten „Westliche-Mittelschichts-Methoden" etwas aufzuweichen, um die Klientel durch übermäßiges nondirektives Vorgehen nicht zu überfordern. Sie gestalten das therapeutische Setting manchmal sogar als einen Besuch bei einem hilfreichen Freund und bestehen nicht unbedingt auf Pünktlichkeit und auf Befolgung anderer therapietypischer Vereinbarungen wie Abstinenz.

Das Prinzip der „Gegenseitigkeit der Hilfe" ist von enormer Bedeutung, falls die Asymmetrie der HelferIn-Schützling-Interaktion von vorübergehender Natur sein soll. In der Psychotherapie ermöglicht das Honorar – als eine Gegengabe für die Gabe der Aufmerksamkeit und des Wissens der TherapeutIn – der KlientIn die Kontrolle über die Situation. Selbstverständlich geschieht die Hilfe in psychosozialen Institutionen im Rahmen eines Gesellschaftsvertrags, der über Steuern und demokratische Instanzen indirekt den Staat und die Verteilung gesellschaftlicher Güter organisiert. Die in Rede stehende Klientel erfährt jedoch vielfältige Diskriminierungen durch den Sozialstaat. So ist die Skepsis gegenüber plötzlichen und unbekannten Hilfsangeboten verständlich. Die allgegenwärtige Asymmetrie in der konkreten BeraterIn-KlientIn-Interaktion bringt immer wieder die eigene Ohnmacht ins Bewußtsein. Daher kann die staatlich organisierte psychosoziale Hilfe kein Ersatz für das fehlende soziale Netz sein.

Was das Selbstverständnis der Therapie ausmacht, nämlich die Erarbeitung von Lösungen für eine problematische Situation über Reflektion in einem speziellen Setting, gehört für die untersuchte Klientel noch nicht zu einer Selbstverständlichkeit. Diese

Tatsache wird von einem Befragten spitzfindigerweise als mangelnder „Glaube an den Therapeuten" beschrieben, der sich bei der türkischen Klientel bemerkbar mache. Der „Glaube an den Therapeuten" habe sich bei dieser Klientel noch nicht wie bei den Deutschen entwickelt. Die folgenden Ausführungen belegen, daß dieser „Glaube an den Therapeuten" im Grunde der Glaube an sich selbst ist:

B: *Also ich würde sagen, da ist das Angebot, was wir haben, also, dem // der Erwartungshaltung in wenigen Situationen entspricht und deswegen ist es häufig so, daß nicht mehr als kurzfristig unterstützende Maßnahmen zustande kommen. Und wenn der akute Druck weg ist (HEFTIGE WIDERREDE VON D) dann bleiben viele auch weg.*

D: *Also so würde ich das auch nicht sagen, es gibt also auch schon Fälle, die eh ** die länger gekommen sind, wo man auch eh helfen konnte ne. eh, Also muß es irgendwie noch andere Dinge geben, die die eh therapeutische Beziehung sehr stark beeinflussen, zum Beispiel der GLAUBE, ja? Also ich denke, wenn jemand, der an Gott glaubt oder an Hodjas, ne, der wird nicht kommen. Oder jemand, der mit einem Glauben (UNDEUTLICH) zu einem Psychologen kommt, ja, und erzählt bekommt, diskutiert, der wird vielleicht auch zweimal kommen und danach nicht mehr, ja. ähm ***

C: *(TROTZEND) Warum?*

D: *Hä?*

C: *Warum? Also ich meine, das ist erstmal so'ne Feststellung, woran*

D: *Ich denke, daß hat irgendwie mit * mit dem GLAUBEN zu tun, also ob jemand an den Therapeuten glaubt oder nicht. ** eh, Ich weiß ja nicht, was für * ja was für 'ne Voraussetzung dafür wichtig ist. Also, mir fällt jetzt zum Beispiel die Geschichte aus der Bibel ein, als ich jung war, habe ich gefragt, wo ist denn Gott, den gibt es nicht. Dann hat man mir gesagt, „du mußt FEST daran glauben. * dann wirst du ihn sehen," neh? Du kennst ja diese Geschichten.*

B: *Ja. Ja.*

D: *Und * eh * > Das stimmt auch. (LACHEND) Um Gott zu sehen, muß man fest an ihn glauben. (LACHT) Und so ist es auch mit Therapie oder Intervention, wenn jemand, der kommt, der muß fest an den Psychologen glauben, ja, daß der ihm helfen wird. Und diese Einstellung ist noch nicht SO da, wie eh bei den Deutschen. Und ich denke da ist das, was du gesagt hast, diese, die Geschichte der psychosozialen Beratung * oder * Versorgung, sehr wichtig. Die ist ja in Deutschland viel, viel älter, ne? Also ich sag mal Sozialpsychiatrie ist glaub ich, Ende der Vierziger hat sie angefangen und in der Türkei, eh, da gibt es kaum, ne? Da geht man anders mit solchen Sachen um. ... Aber wenn ich jetzt wieder in meine Arbeit zurückgehe, ja, gibt es Leute, die länger kommen, die länger Gebrauch machen. Das sind meistens so Menschen aus der * zweiten Generation ** ja, die länger hier waren, die schon länger mit der * westlichen Kultur in Kontakt waren oder Leute zum Beispiel aus Istanbul, aus den Großstädten, die halt halt mit der westlichen Kultur sehr stark in Kontakt, * in Berührung gekommen sind. Die können so einen Glauben entwickeln, ja. Ich denke, > dieser Glaube, ja, wenn man // wenn der sich entwickelt, der Glaube an den Therapeuten, * eh, individuell unterschiedlich, ja. Der kann natürlich seinen Ursprung in der Kultur haben, ja, in der Religion haben, in* *der Türkei, oder in den Umständen, die hier passieren, ja? * Muß man gucken, man muß damit individuell umgehen.*

Die obigen Ausführungen unterstellen, die Entwicklung der psychosozialen Versorgung im Zuge der Modernisierung und Individualisierung würde durch die Lebensumstände hier und über den Kontakt zum Westen auch in der Türkei von den Angehörigen der türkischen Kultur ebenso nachvollzogen. Der Westen stellt ein mächtiges Vorbild dar, weil er, geleitet von Fortschrittsglauben und unhaltbarem Fleiß, gemessen an Lebensqualität und Reichtum es viel weiter gebracht hat als die restliche Welt. Eine der sozialstaatlichen Versorgung zugrundeliegenden Ideen ist der starke Glaube an die Machbarkeit und Manipulierbarkeit menschlichen Glücks. Darin stellen die USA für Europa ein wirkungsvolles Vorbild dar. Die größten Innovationen und neue Techniken kommen (meist über einen Umweg der Entstehung in Europa und der ideologischen Verformung in den USA) seit vielen Jahrzehnten aus den USA. Diejenigen, die mit dem Westen in Kontakt getreten sind, sind für ideologische Beeinflussung sehr empfänglich. Die Spuren der Beeinflussung von Aufklärungsidealen auf die türkischen Intellektuellen sind anhand der Einstellungen zur traditionellen Heilungssuche als ein Beweis des Lebens in Aberglaube und Unwissenheit sichtbar. In dieser Hinsicht füllt die psychologische Sinnstiftung nicht die durch die Auflösung traditioneller Bindungen entstandene Lücke, sondern sie fordert sogar zur Lösung von diesen als bloße Fesseln empfundenen Bindungen auf. Die Aufklärung erzeugt selber das Bedürfnis nach humanwissenschaftlicher Anleitung.

Die Wünsche der Klientel werden auch mit dem Hinweis auf diese Autonomie zurückgewiesen:

*F: Ich meine das ist ja so für alle Therapie, jeder Mensch ist anders, nicht nur weil er Türke ist, weil er Deutscher ist, sondern jeder Mensch, nich, das ist wichtig, jeder Mensch ist anders. Wenn wir die Flexibilität besitzen, ja?, diesem Menschen wirklich zu begegnen, was er braucht, das denke ich, das ist das. Das IST Grundsatz, nich? Wenn wir nicht können, is in Ordnung, dann kann man ja sagen, das kann ich nicht, ja? Gut. Aber ich denke, daher eigentlich die Therapie, also bis jetzt ich hab nie das Gefühl gehabt, aha, ah nie, also, Therapie ist dem oder dem nicht anwendbar, sondern eh, * also meine Methode, wieweit, was braucht der andere. Kann man ihn ja fragen, ne? „Was denken Sie, was sind Ihre Erwartungen, was soll hier geschehen?." Das, ne? Und so. * ne? Also, sicherlich natürlich, unsere Landsleute sagen dann, „ja, ich möchte, daß Sie mir sagen, was ich zu tun habe." Ne? Ja? Das verlangen sie dann ab und zu mal. ne? Aber nach einer Weile WIRD GELERNT, * daß ich da nicht da bin, um für sie ein REZEPT zu geben, sondern, daß sie das selber rausfinden und ich sie da nur unterstütze, ne? Daß sie das rausfinden, was für SIE, weil sie ja eigentlich sozusagen die Individuen sind in dieser Welt. Was für SIE gut ist. Was sie verkraften können. Das ist nicht mein Job. * nich?*

Die Frage, „was denken Sie, was sind Ihre Erwartungen, was soll hier geschehen?",
ist eine der Standardfragen der Familientherapie, der jedoch in erster Linie andere Überlegungen zugrundeliegen, als die Erkundung der Bedürfnisse, um die Methode ent-

sprechend modifizieren zu können. Diese Frage intendiert in der Familientherapiesituation meist die Erschließung der Therapiemotivation. Die Art der Antworten und des Kommunikationsstiles unter den Familienmitgliedern ermöglicht auch Rückschlüsse auf die Familienstruktur und fungiert gleichermaßen als Diagnosemittel. Diese Frage ist insofern keine Aufforderung an die Klientel, die Gesprächsführung zu übernehmen, die Therapiesituation umzuformen, und die Grundsätze der therapeutischen Behandlung außer Kraft zu setzen, als eine Antwort folgender Art keine Gültigkeit hat: „Ich möchte, daß Sie mir sagen, was ich zu tun habe". Da die Klientin sich in einer ausweglosen Situation befindet, wird sie für jeden Rat dankbar sein, auch wenn er in nur geringem Maße Aussicht auf eine Lösung oder Entspannung verspricht. In der Auswertung einer der wichtigsten Aussagen hatte die Befragte die Situation vieler mit dem Versuch einer Ertrinkenden verglichen, sich an eine Schlange zu klammern. Der obige Ausdruck verdeutlicht den Wunsch der Klientin, ihr Leben vorübergehend in die Hände einer Besserwissenden zu überlassen. Die TherapeutIn ist in dieser Sicht eine MeisterIn des Lebens, die die Verzweifelte leiten wird. Sollte sie sich diesen Erwartungen beugen, so müßte sie der Klientin vorschreiben, was diese tun sollte bzw. was die richtige Lösung des Problems wäre. Damit würde scheinbar die Autonomie des Individuums aufgehoben, weil die Entscheidung über konkrete Handlungsschritte nun in der Hand der TherapeutIn wäre. Das konkrete Leben belehrt uns aber eines besseren: Viele RatgeberInnen haben vielfach erlebt, daß die Schützlinge den Handlungsanweisungen nicht gefolgt sind und mit einem unverhohlenen Triumph der RatgeberIn berichteten, wie unnütz ihr Rat war, und wie sie es selber anders gelöst bzw. noch verschlimmert haben. Ein sehr wirkungsvoller Trotz bewegt offenbar Menschen zu Handlungen, die allen vernünftigen Ratschlägen und Einsichten widersprechen. Gerade das Wissen um den Trotz des Menschen wird in sogenannten „paradoxen Interventionen" eingesetzt, um Verhaltensänderungen zu bewirken. Beispielsweise wird die Unlösbarkeit des Problems betont oder das problematische Verhalten wird den KlientInnen „verschrieben", um denen die bewußte Steuerbarkeit des Symptoms einsichtig zu machen. Auf diese Art provoziert also auch ein „Rezept" die Hilfsbedürftigen zum eigenständigen Handeln.

Gewinnung zur therapeutischen Zusammenarbeit

Eine der wichtigsten Fragen ist, ob die psychosoziale Beratung und Therapie, wie sie in Institutionen unter den Umständen ihres Zustandekommens praktiziert wird, den Ansprüchen der Wahrung und Wiederherstellung individueller Autonomie gerecht werden kann.

In diesem Zusammenhang verdient eine Aussage aus dem obigen Interviewausschnitt besondere Aufmerksamkeit. Mit der Verweigerung, Ratschläge zu erteilen, weist die Befragte ihre potentiellen KlientInnen auf ihre freie Entscheidungsmacht. Die Äußerung „Das verlangen sie dann ab und zu mal. Aber nach einer Weile WIRD GELERNT" definiert den Therapieprozeß als einen Lernprozeß, im Laufe dessen die KlientIn die Weltsicht und die Konfliktbewältigungsmuster der TherapeutIn übernimmt. Weil die Befragte anfänglich behauptete, sie wäre noch nie einem nicht-therapierbaren Individuum begegnet, liegt die Annahme nahe, daß aus den in die psycho-

soziale Beratungsstelle eingebrachten lebenspraktischen Problemen durch eine Um-
deutung Syptome einer gestörten Persönlichkeit wie eines Familiensystems gemacht
werden. Die BeraterIn/TherapeutIn muß die KlientInnen von der Notwendigkeit einer
therapeutischen Behandlung überzeugen und das Beratungsgespräch als Aufnahmegespräch gestalten. Die BeraterIn muß in anderen Worten die KlientInnen über die angemessene Auseinandersetzung mit psychischen wie sozialen Problemen aufklären
und auf die Therapie vorbereiten. Diese Überzeugungsarbeiten werden von der Befragten als „Vorfeldarbeit" und „Therapieanbahnung" bezeichnet.

Nachfolgend wird beschrieben, wie die Gewinnung zur therapeutischen Zusammenarbeit erfolgt:

In Anbetracht der durch Vorläufigkeit bedingten Gefahren für das Individuum und
für die Gesellschaft stellt sich die Inanspruchnahme psychosozialer Versorgung aus
der Sicht einer ExpertIn als die Wahrnehmung individueller Rechte und darüber hinaus die Ermöglichung einer gerechten Verteilung gesellschaftlicher Güter und Errun-
genschaften dar. Es wurde bereits ausgeführt, daß türkische KlientInnen mit staatlichen Institutionen v.a. negativ gefärbte Erfahrungen gemacht und diese hauptsächlich
als Zwangsinstitutionen erlebt haben. Daher lösten die Versorgungsangebote und die
Anforderungen dieser Institutionen Angst vor Sanktionen, staatlichen Eingriffen und
Verlust von Rechten aus. Die BeraterIn bemüht sich in so einem Falle, die Ängste und
Bedenken der Klientel zu beseitigen, indem sie über die Institution berichtet und die
Inanspruchnahme der Beratung als ein Recht darlegt, das den ausländischen Mitbür-
gerInnen ebenso zusteht wie den Deutschen. Mit dieser Haltung übernimmt die/der
PsychologIn eine vermittelnde Rolle zwischen den Individuen und dem Staat als ei-
nem Organ der sozialen Kontrolle.

Der Wunsch nach vorübergehender Autoritätsabgabe und der vermittelten Kommunikation wurde als eine der typischen Erwartungshaltungen an eine/n HelferIn festgestellt. Nachfolgend wird eine andere Strategie der Autoritätsübernahme beschrieben, die auf den ersten Blick keine Vermittlung zu sein scheint.

Ein/e PsychotherapeutIn berichtete in einem Vortrag von einem etwa 10-jährigen
Schüler, der mit der Klage der Lehrerin, der Junge sei „verhaltensgestört" und somit
„nicht mehr tragbar", in der Erziehungs- und Familienberatungsstelle angemeldet wird.
Das Kind wird von dem durch die Klage der Lehrerin gekränkten Vater, der die Diagnose nicht nachzuvollziehen vermag, in die Beratungsstelle gebracht. Die BeraterIn
stellt fest, daß es sich um ein vitales Kind handelt, und diese Vitalität keine Störung
im pathologischen Sinne darstellt. Sie macht diese Diagnose dem Vater kenntlich, betont aber gleichzeitig, dieser möge das Kind eine Weile in die Beratungsstelle bringen,
damit die Lehrerin keinen Grund mehr zur Beanstandung hat. Der Lehrerin gegenüber
erklärt sie ihre Zustimmung zu ihrer Klage, daß es ein schwieriges Kind sei. Als einen
Erfolg ihrer Interventionen betrachtet sie, daß der Vater einmal die Woche mehrere
Stunden für das Kind reservieren muß, um mit ihm in die Beratungsstelle zu einer der
wenigen türkischsprechenden PsychologInnen zu fahren. Dieser Umstand habe den
Vater genötigt, sich für das Kind Zeit zu nehmen, was er früher aufgrund seiner selbständigen und mit Existenzängsten verbundenen Arbeit nicht tat. Die halbwegs erzwungene Zuwendung des Vaters zu dem Sohn habe das Verhältnis zu bessern geholfen. Die Therapie, die nur mit dem Jungen stattfand, habe diesem einen Raum ge-
boten, wo er sich austoben konnte.

Festzuhalten ist die Art des Erfolges einer therapeutischen Intervention: die Verhinderung einer Stigmatisierung oder Ausgrenzung des Kindes durch das bewußte Mitspielen in der arbeitsteiligen staatlichen Sozialisation. In dieser Hinsicht bedarf es auch keiner Aufklärung darüber, was Therapie ist. Diese Strategie wird unten weiter expliziert:

B: *... Aber man MERKTE immer, äh * da ist doch irgendwas nicht richtig, wie wir das hier konstruieren. Und so'n Gefühl habe ich bei den meisten auch bei den ANGEBOTEN, die wir letztendlich hier gelernt haben **, ne. WO es klappt, wo sie langwierig, aber das weißt du ja auch, weiß ich auch, wo sie LANGWIERIGE Angebote in Anspruch nehmen, wenn es um ihre KINDER geht. Und da kann man sie kriegen, wenn man sagt, „Sie müssen Ihr Kind bringen. Wissen Sie, wenn Sie wollen, daß Ihr Kind noch erfolgreich irgendwas auf die Beine stellt." Dann verstehen sie es zwar trotzdem nicht, aber dann denken sie, „vertraue ich dem Kerl mein Kind an, der macht das beste daraus, damit das Kind nicht mehr auffällig in der Schule ist, damit das Kind vernünftig lernt." Das ist eine andere Motivationsgeschichte. Aber, dann wird das KIND hingeschoben, bei den Eltern gestritten, (ZU D) was thematisierst du da? die Paarbeziehung, sicherlich nicht ***

Das Gefühl, „da stimmt etwas nicht", wird von dem Befragten zur Beschreibung der Therapiesituation als etwas diffuses, nicht eindeutig definierbares Unbehagen der KlientInnen verwendet. Das Anvertrauen der Kinder an einen Experten scheint der einzige Bereich zu sein, wo sie nicht mit Irritation und Skepsis reagieren. „Vertrau ich dem Kerl mein Kind an, der macht das beste daraus," drückt eine traditionelle Haltung türkischer Eltern aus, ihre Kinder LehrerInnen und MeisterInnen anzuvertrauen, und ihnen die ganze Entscheidungsmacht zu überlassen. Daher mögen die Eltern auch erstaunt sein über die Zurückweisung der Verantwortung durch die Schule. Vielfach sind die Eltern – insbesondere aus der ersten Generation – aufgrund von Sprach- und Bildungsdefiziten nicht in der Lage, die Verantwortung für die schulische Bildung der Kinder mitzutragen. Es ist unter diesem Aspekt zu erwarten, daß sie das Anliegen der Schule bzw. der einzelnen LehrerIn nicht nachvollziehen können. Der Therapeut scheint diese Haltung zu akzeptieren, da er offenbar nicht versucht, die Eltern in die Therapie miteinzubeziehen. Er übernimmt die an ihn herangetragene Rolle eines Meisters, der den Einblick in das institutionelle Netz hat und weiß, wie ein Kind in diesem Netz funktionsfähig gemacht werden kann.

Unter dem institutionellen Aspekt wird die Verantwortung von der pädagogischen Institution in die psychologische verlagert. Das oben erwähnte Beispiel ließ vermuten, daß der Experte das Spiel der Verantwortungsverschiebung im institutionellen Kontext bewußt mitspielt. Als ein Professioneller hat er noch ein weiterführendes existentielles Interesse, welches in der folgenden Passage zum Ausdruck gebracht wird:

B: < Ich habe da noch zwei Sachen im Kopf, die ich da noch anfügen möchte. Das eine ist das mit diesem Glaubenssystem. Mir ist das zum Beispiel persönlich nicht unwichtig *jetzt, wo ich in einer freien Praxis arbeite, ich auch ziemlich deutlich sage, bei den Kindern habe ich habe ich keine Probleme, da bin ich überzeugt, daß die so anbeißen, eh, aber wenn jetzt so'n Erwachsener kommt, ehm, da formulier' *ich das so, „Sie müssen doch in gewisser Weise daran GLAUBEN, vielleicht, wenn Sie jetzt hierherkommen und denken, das bringt nüscht, das ist vergeudete Liebes- mühe, wozu bin ich eigentlich hier, da brauchen wir gar nicht erst anzufangen. Wenn Sie gar nicht den Glauben haben, daß das Ihnen helfen könnte, mit mir hier zu arbeiten."* Da ist es schon im Vorfeld notwendig abzustecken, ob er der Metho- de, der Sache als solches vertraut, und daran glaubt.*

Diese Sichtweise widerspricht auf den ersten Blick der Idee von der Absolutsetzung des autonomen Individuums, das sein Leben nur von aufgeklärten Prinzipien und Er- kenntnissen leiten läßt. Die TherapeutIn verlangt ohne Aufklärung, daß das Individu- um seine Seele wie seinen Leib in ihre Verantwortung übergibt und sich „behandeln" läßt. Das ist eine der Paradoxien des Ideals vom autonomen Individuum und der In- stitutionen zur (Wieder-) Herstellung dieser Autonomie. Zu der Paradoxie der Ab- hängigkeit des autonomen Individuums von der Versorgung und Anleitung durch In- stitutionen gehört zwangsläufig die Paradoxie der Dienstleistung. Der Dienst einer The- rapeutIn soll die Wahrung und gegebenenfalls die Wiedererlangung der Autonomie fördern. Die TherapeutIn würde sich aber überflüssig machen, wenn sie eine intakte Autonomie bereits am Anfang feststellen würde (indem sie beispielsweise der Indika- tionsstellung für die Therapie nicht zustimmte) oder wenn sie sich für eine schnelle Behebung der Beeinträchtigung einsetzen würde.

Diese Ausführungen lassen vermuten, daß die Nondirektivität der therapeutischen Interaktion möglicherweise nur ein fernes Ideal darstellt. Auch wenn diesem Ideal in der Therapie entsprochen wird, muß dieses Vorgehen nicht unbedingt in jedem Fall zur Wiedergewinnung der Autonomie führen. Die längsten Therapien tauchen im Ge- genteil in den Berufskarrieren der neutralsten und abstinentesten AnalytikerInnen auf (vgl. Schütt, 1993). Im Zusammenhang mit der Beratung wurde die Wirkungsweise paradoxer Interventionen als eine quasi-natürliche Trotzreaktion der Menschen zur Wahrung der eigenen Autonomie erkundet. Eine neutrale, schweigende und un- berührbare Instanz hat offensichtlich mehr suggestive Macht als eine, die sich zu er- kennen gibt und ihre Interaktions- wie Interventionsstrategien offenlegt.

Ist Hilfe gleich Therapie?

Die Befragten gehen von der Unvermeidbarkeit psychosozialer Interventionen aus. Die Beschränkung des Handlungsrepertoires auf das Therapeutische vernachlässigt aber die Frage der Motivation und der Indikation. Insbesondere wird die familienthera- peutische Interventionsstrategie als die angemessene Form für diese Klientel aufgefaßt, da in der türkischen Kultur die Familie eine wichtige Rolle spiele. So berichtete eine Psychotherapeutin, daß auch die sprachliche Verständigung kein Hindernis darstelle: Sollte es vorkommen, daß einige Familienmitglieder kein Deutsch können, so unter- halte sie sich mit ihnen in türkischer Sprache und übersetze simultan ins Deutsche für ihre KollegInnen hinter der Einwegscheibe. Im Hinblick auf die Brisanz der Proble- me, mit denen diese Klientel in den Beratungsstellen auftaucht und den damit ver- bundenen Gefühlen der Scham und des Ausgeliefertseins dürfte das Setting irritieren und die erwähnten Gefühle noch verstärken. Die Familientherapie ist im Hinblick auf die indirekte Kommunikation zwischen den Generationen und die Gefahr der Mobilisierung unlösbarer Loyalitätskonflikte vielleicht sogar die verkehrteste Interventionsmethode. Sie mißachtet die kulturellen Schamschranken, die zur Wahrung der individuellen und der familiären Integrität dienen.

In der Auseinandersetzung mit den Erwartungen an die TherapeutInnen wurde erwähnt, daß diese Erwartungen als der neutralen Haltung widersprechende unzulässige Forderungen zurückgewiesen wurden. Weil die KlientInnen „eigentlich sozusagen die Individuen sind", müßten sie mittels Selbstthematisierung mit Hilfe einer TherapeutIn herausfinden, „was für sie gut ist". Diese Sichtweise erhebt die individuelle Orientierung zum Ideal. Ein Blick in die Gesellschaft dieser Individuen führt leider zur schnellen Desillusionierung: Die individuellen Wege und Lebenskonzepte ähneln einander so sehr, daß die Individualität nur in der Einbildung zu existieren scheint. Das Versprechen einer individuellen Wahrheit und des Sinnes ist irreführend. Es legt sogar durch sein methodisches Inventar die individuellen Sinne von vornherein auf ein bestimmtes Muster der Selbsterkenntnis fest.

Möglicherweise ist das Leben des einzelnen Individuums auch zu kurz, um eine Wahrheit der Welt und des Selbst zu erkennen. Traditionen überliefern Antworten und damit Orientierung bezüglich der Grundfragen der menschlichen Existenz, gewisse Selbstverständlichkeiten des irdischen Lebens sozusagen, welche die Sinnfrage über viele Stadien des Lebens nicht notwendig machen. Die Selbstverständlichkeiten des Alltags ermöglichen eine Ruhe und Geborgenheit, die den Menschen von den schwierigen Sinnfragen entlasten und kleine Konflikte und Enttäuschungen verkraften helfen. Die Bindung an Tradition wird in modernen Gesellschaften als bloße Fessel diffamiert und die Auflösung von Tradition als Fortschritt zum autonomen Individuum gesehen. Die Gesellschaft bringt sich mit dieser Einstellung um eine Möglichkeit der Beruhigung und Entlastung von unaufhörlichen Seinsfragen.

Die starke Betonung der Abstinenz schadet in vielen Fällen der KlientIn mehr, als daß sie ihr nützt. Abstinenz dient eher zur Aufrechterhaltung der Macht der TherapeutIn und verwickelt die KlientIn somit in einen langen Therapieprozeß, der nicht immer positive Folgen für die KlientIn haben muß. Durch die Neutralität macht sich die TherapeutIn unberührbar. Würde sie ihr Wissen und Können offen zeigen und sich in den Entwicklungsprozeß verwickeln lassen, wäre sie auch angreifbar. In der Therapie geschieht die Führung jedoch viel subtiler als beispielsweise im Kontakt zwischen einer MeisterIn und einer NovizIn. In der Türkei gibt es für wichtige Lebensbereiche Begleiter, die das Individuum in neue Entwicklungsstadien einführen, begleiten und beraten. Diese Leute sind dadurch charakterisiert, daß sie selbst die zur Disposition stehende Bewährungsprobe durchgestanden und daraus ihre Weisheit gezogen haben.

Wenn die BeraterIn/HelferIn sich in die Rolle „eines großen Bruders" einfügt und in einer Zeit der Desorientierung die KlientInnen leitet, ist sie eine „initiierende MeisterIn", die je nach den Umständen auch fordernd oder zurückhaltend sein kann, aber sich auch in den Entwicklungsprozeß verwickeln läßt. Diese Verwicklung ermöglicht die Transparenz der Hilfshandlungen. Eine solche Haltung erfordert zweifelsohne viel Flexibilität, da die BeraterIn auf keinen anderen „theoretischen Bezugsrahmen" zurückgreifen kann als auf ihre eigenen Erfahrungen. Diese Haltung ist im Hinblick auf die Entsprechung mit den Wünschen der Klientel und der großen Wahrscheinlichkeit ihres Erfolges als positiv zu bewerten.

Anmerkungen

1 Oevermann
2 Außer einem Interview (das in einer Mischsprache aus Türkisch und Deutsch vorlag und sinngemäß übersetzt wurde) wurden alle phonetisch möglichst genau transkribiert und in die Analyse einbezogen. Die folgenden Zitate stammen, wenn nicht anders angegeben, aus den Interviews.
Zur Konnotation:
Die Namen der Interviewten und die sonstigen Namen und Ortsangaben wurden anonymisiert. Dabei erhielten die InterviewteilnehmerInnen zur Kennung durchgehend die Buchstaben A, B, C, D, E und F. Das Kürzel I steht für die Interviewerin. Großschreibung kennzeichnet auffällige Betonung und paraverbale Äußerungen. * steht für Redepausen, > und < für steigende bzw. fallende Tonhöhe. Der Wortabbruch wird durch doppelten Schrägstrich markiert. Einzelne unverständliche Wörter werden durch xxx ersetzt.
3 Dschinndschi: Geisterbeschwörer, Hodscha: islamischer Geistlicher

Literatur

Brose, H.-G. & Hildenbrand, B. (Hg) (1988). Vom Ende des Individuums zur Individualität ohne Ende. Westdeutscher Verlag, Opladen

Bude, H. (1988a). Beratung als trivialisierte Therapie. Über eine Form „angewandter Aufklärung" im Angestellten-Verhältnis. Zeitschrift für Pädagogik 34

Castel, F. & Castel, R. & Lovell, A. (1982). Psychiatrisierung des Alltags. Vermarktung der Psychowaren in den USA. Suhrkamp, Frankfurt a.M.

Dittrich, E. J. & Radtke, F.-O. (Hg) (1990). Ethnizität. Wissenschaft und Minderheiten. Westdeutscher Verlag, Opladen

Foucault, M. (1977). Die Ordnung des Diskurses. Inauguralvorlesung am College de France - 2.Dez. 1970. Ullstein, Frankfurt a.M

Foucault, M. (1987). Das Subjekt und die Macht. In: Dreyfus, H.L. & Rabinow, P. Michel Foucault. Jenseits von Strukturalismus und Hermeneutik. Suhrkamp, Frankfurt a.M., S. 243 -261

Freud, S. (1939). Der Mann Moses und die monotheistische Religion: Drei Abhandlungen. In: Kulturtheoretische Schriften. S. Fischer, Frankfurt/ a.M., 1974, S. 455-581

Geulen, D. (1991). Das Gesellschaftliche in der Seele. In: Jüttemann, G. et al. (Hg). Die Seele. Ihre Geschichte im Abendland. Psychologie Verlags Union, Weinheim, S. 532-552

Hahn, A. & Kapp, V. (Hg) (1987). Selbstthematisierung und Selbstzeugnis - Bekenntnis und Geständnis. Suhrkamp, Frankfurt a.M.

Hahn, A. & Kapp, V. & Winter, R. (1991). Beichte und Therapie als Formen der Sinngebung. In: Jüttemann, G. et al. (Hg). Die Seele. Ihre Geschichte im Abendland. Psychologie Verlags Union, Weinheim, S. 493-511

Kardorff, E. von & Koenen, E. (Hg) (1981). Psyche in schlechter Gesellschaft. Zur Krise klinisch-psychologischer Tätigkeit. Urban & Schwarzenberg, München

Köse, B. (1994). ArbeitsmigrantInnen in psychosozialen Institutionen. Eine empirische Untersuchung zur Nachzeichnung des gesellschaftlichen Diskurses von der Psychologisierung eines sozialstrukturellen Problems. Unv. Diplomarbeit am Institut für Psychologie der Technischen Universität Berlin

Oevermann, U. (1983). Hermeneutische Sinnrekonstruktion: Als Therapie und Pädagogik mißverstanden. Oder: Das notorische strukturtheoretische Defizit pädagogischer Wissenschaft. In: Garz, D. & Kraimer, K. (Hg). Brauchen wir andere Forschungsmethoden? Beiträge zur Diskussion interpretativer Verfahren. Scriptor, Frankfurt a.M. S. 113-155

Rommelspacher, B. (1992). Kulturelle Normen in der Therapie. Verhaltenstherapie und Psychosoziale Praxis 4, S. 503-514

Schmidbauer, W. (1971). Psychotherapie. Ihr Weg von der Magie zur Wissenschaft. Nymphenburger, München

Schmitz, E. & Bude, H. & Otto, C. (1989). Beratung als Praxisform „angewandter Aufklärung". In: Beck, U. & Bonß, W. (Hg). Weder Sozialtechnologie noch Aufklärung? Analysen zur Verwendung sozialwissenschaftlichen Wissens. Suhrkamp, Frankfurt a.M., S. 122-148

Schütt, K. (1993). Der Psychoanalytiker als homo faber. Journal für Psychologie 3, S. 25-34

Sennett, R. (1983). Verfall und Ende des öffentlichen Lebens. Die Tyrannei der Intimität. Fischer, Frankfurt a.M.

Sonntag, M. (1988). Seele als Politikum. Psychologie und die Produktion des Individuums. Reimer, Berlin

Sonntag, M. (1992). Seelendienste. Therapeutik als Sozialintegration und ihre historischen Wurzeln. Verhaltenstherapie und Psychosoziale Praxis 4, S. 459-474

Antiislamischer Rassismus in interkulturellen Beziehungen

Iman Attia

Im christlichen Abendland hatte das Morgenland die Funktion eines Gegenbildes, über das sich das Abendland selbst definierte. Dabei wurden sowohl die Wünsche und Träume des Abendlandes als auch seine Ängste und Alpträume auf das Morgenland projiziert. Während die Konstruktion des Orients den abendländischen Sehnsüchten gewidmet war, diente die Konstruktion des Islam der Abschreckung und Entlastung (vgl. Rodinson, 1980). Politisch überwiegt heute der Diskurs des Antiislamismus (vgl. Schulze, 1991 a & b). Im kulturellen und sozialen Zusammenhang finden durchaus beide Diskurse, der Orientalismus und der Antiislamismus, nebeneinander Platz, obwohl auch hier der antiislamische Diskurs im Vordergrund steht (vgl. Attia, 1994). Beide Diskurse tragen deutliche rassistische Züge.[1]

Wie andere Rassismen auch, kommt der antiislamische Rassismus ohne die direkte Begegnung mit Menschen, die islamischen Kulturen zugeordnet werden, aus. Die Untersuchung direkter interkultureller Beziehungen eröffnet jedoch die Möglichkeit, herauszufinden, wie Stereotypen trotz modifizierter Erfahrungen aufrechterhalten werden und wie die Menschen das Gelernte in ihre Praxen umsetzen und weitertransportieren.

Interkulturelle Beziehungen zu fokussieren verdeutlicht nicht nur die TäterIn- sondern auch die Opferperspektive: Auch ohne die Opfer des Rassismus nach ihren Rassismuserfahrungen zu befragen und sie damit zum Untersuchungsgegenstand zu machen, kann deutlich werden, womit vom antiislamischen Rassismus Betroffene konfrontiert sind. Menschen islamischer Herkunft, die in Deutschland leben, können sich dem Antiislamismus nicht entziehen. Es ist nur möglich, mehr oder weniger rassistische Äußerungen, Haltungen und Handlungen zu meiden. Läßt sich aber ein Mann oder eine Frau islamischer Herkunft auf eine Partnerschaft mit einem Mann oder einer Frau abendländisch-christlicher Zugehörigkeit ein, so begibt er oder sie sich in eine ganz persönliche und direkte Auseinandersetzung mit dem Antiislamismus. Dem antiislamischen Rassismus kann nicht mehr ausgewichen werden. Er wird durch den Partner oder die Partnerin, durch deren Familie, Freundeskreis oder andere gesellschaftliche Instanzen in die Beziehung hineingetragen. Im direkten Kontakt mit bikulturellen Partnerschaften werden die Stereotypen manifest und für so manche WestlerInnen, die sich für aufgeschlossen und tolerant halten, stellen sie eine kaum zu akzeptierende Zumutung dar. Es lohnt sich also gleich aus mehreren Gründen, sich bikulturelle Partnerschaften anzuschauen, und zwar aus verschiedenen Blickwinkeln, aus jenem von christlich-abendländischen Männern und Frauen, die in solchen Beziehungen leben oder lebten, aus dem Blickwinkel von Familienangehörigen und FreundInnen und aus dem von meist vermeintlich wohlmeinenden Außenstehenden wie NachbarInnen, entfernte Bekannte oder Angehörige helfender Berufe.

Bikulturelle Partnerschaften schärfen aber nicht nur den Blick für die Manifestation des antiislamischen Rassismus. In der Untersuchung dieser Art von Beziehungen liegt auch die Chance, einen zentralen Inhalt dieses Rassismus zu thematisieren: das Geschlechterverhältnis. Bikulturelle Partnerschaften seien so schwierig, so lautet ein gängiges Vorurteil, weil die Vorstellungen über die Geschlechterrollen im islamischen Kontext einerseits und im christlich-abendländischen andererseits so unterschiedlich seien.

Im folgenden stütze ich mich auf Aussagen von Frauen und Männern westlich-christlicher Herkunft, die uns im Rahmen von qualitativen Interviews zu ihren Bildern über und Erfahrungen mit Menschen islamischer Herkunft Auskunft gaben. Es handelt sich dabei um Frauen und Männer zwischen Mitte Zwanzig und Mitte Dreißig, die in unterschiedlichen sozialen Schichten aufgewachsen sind.[2] Am Anfang gehe ich ausführlich auf die erzählten Lebensgeschichten von zwei befragten Frauen ein, um exemplarisch zu zeigen, wie antiislamischer Rassismus von den einzelnen Menschen angeeignet und im Zusammenleben mit Menschen islamischer Herkunft umgesetzt wird. Antworten auf Fragen, die sich aus der Analyse dieser beiden Biographien ergeben, versuche ich mich anzunähern, indem ich in den darauffolgenden Abschnitten kürzere Interview-Interpretationen heranziehe.

Die Auswirkungen des antiislamischen Rassismus auf davon Betroffene kommen hier nicht direkt zur Sprache. Auch geht es mir im folgenden nicht um die Erörterung gesellschaftlicher Rahmenbedingungen von Rassismus, sondern vor allem um die individuelle Aneignung des antiislamischen Rassismus und seine Umsetzung in der Interaktion mit Betroffenen.

… daß da 'ne unheimliche Schranke besteht zwischen diesen beiden Kulturen, daß die nicht zusammengehören

Kerstin, 30 Jahre alt, Erzieherin und angehende Sozialarbeiterin, hat eine ‚multikulturelle' Lebensphase hinter sich und hat selbst bikulturelle Partnerschaften erlebt, eigene und von Freundinnen. Sie zieht den Schluß aus diesen Erfahrungen,

> … daß es sehr, sehr schwierig ist, so 'ne Beziehung zwischen Mann und Frau, wo die Kulturen so unterschiedlich sind. Daß es ehm, sehr sehr schwierig ist, 'ne positive Beziehung zu führen.

Schaut man sich ihre Biographie an, so wird nachvollziehbar, warum es für sie so schwierig ist, mit Menschen anderer Herkunft zusammenzuleben. Es wird aber auch deutlich, daß das nicht primär an der Unterschiedlichkeit der Kulturen liegt, sondern an den Reaktionen ihres Umfeldes, speziell ihrer Familie, und an ihrer eigenen Sozialisation, die auf die Unvereinbarkeit der Kulturen hinausläuft.

Kerstin wächst in einem Dorf als Tochter einer Hausfrau und eines Arbeiters auf. Zur engeren Familie gehören noch ein Onkel, ebenfalls Arbeiter, und eine Großmutter. Den Einfluß dieser Familienmitglieder auf ihre Sozialisation in kulturelle und rassistische Denk- und Gefühlsmuster beschreibt Kerstin sehr differenziert. Am aktivsten bezüglich Äußerungen über *Ausländer* (*Griechen* und *Türken*) erinnert sie den Onkel. Er hat über seine Arbeit am ehesten Begegnungen mit *Gastarbeitern* und läßt sich zum Teil auch auf private Kontakte mit einigen von ihnen ein. In Kerstins Erinnerung sind aber gar nicht so sehr diese Begegnungen präsent, sondern Gespräche zwischen Onkel und Vater über die Kollegen.

Ich weiß nur, daß die manchmal auch über Türken geredet haben, und wenn, dann waren das Witze. Also Witze so, wie die halt ihre Schweine schlach- ääh, Schweine nicht, ihre Schafe schlachten und so, ja, da wurde immer drüber gewitzelt. (...) als wenn die 'ne Macke haben würden. (...) Und dann halt so Witze, daß die einmal morgens, einmal mittags, einmal abends beten müssen und sich immer dann auf den Teppich schmeißen müssen. So komisch singen würden. Also ich kann das jetzt gar nicht so genau definieren, weil das ganze auch immer in Witzen so reingeknüpft wurde. Also es wurde nie offen und ehrlich darüber gesprochen.

Ihre ersten Informationen über Menschen islamischer Herkunft, an die sich Kerstin erinnern kann, sind eine Mischung aus Berichten über Arbeitskollegen und Witzen über die *komischen* Gewohnheiten der anderen. Es fällt ihr schwer, Information und Karikatur zu trennen,

... also das sind jetzt nur so subtile Sachen, so Eindrücke, ich weiß halt, daß, also hauptsächlich wurde sich drüber lustig gemacht.

Für sie als Kind gab es diesbezüglich keine Trennung, *Türken* waren so, wie sie in den Witzen ihres Onkels dargestellt wurden. Schließlich war er derjenige, der mit ihnen in Kontakt kam, der von seinen Erfahrungen berichtete:

... also ich denk' mir mal, okay, H. war trotz seiner Witze noch so der fortschrittlichste von uns. Gut. Auf der einen Seite hat er sich lustig gemacht, aber auf der anderen Seite hatte er Kontakte und, ja hat die auch eher so als Menschen akzeptiert.

Den Onkel betrachtet Kerstin wegen seiner Kontakte zu *Türken* als ihnen eigentlich wohlgesonnen und als Experten. Was er sagt, muß schon stimmen. Die Art, in der er davon spricht, nimmt sie nicht als abwertend wahr. Die Herabwürdigung von *Türken* in *Witzen* und *lustigen Geschichten* versteht sie lediglich als Übertreibung, an deren grundsätzlichem Wahrheitsgehalt Kerstin nicht zweifelt. In eine emotional angenehme Form verpackt, übermittelt sich ihr der rassistische Inhalt subtil. Als Kind kann sie sich davon nicht distanzieren.

Heute verurteilt Kerstin diese Art von Darstellungen. In ihrer Kindheit war das ein wesentlicher Teil ihrer Normalität bezüglich *Türken*: *Und teilweise hab' ich einfach auch manchmal mitgelacht. Also ich war ja auch ganz klein, ein Kind.* Es fällt ihr im Nachhinein schwer, sich selbst als Beteiligte in diesen Situationen zu sehen, sie distanziert sich entschuldigend. *Aber das waren dann immer so Situationen, wo die Stimmung gut war.* Obwohl sie sich heute von der Form der Darstellung distanziert, sind die Inhalte haften geblieben.

Vater und Onkel wurden aber nicht nur von ihrer guten Laune und durch ihre Kontakte motiviert, sich über *Türken* lustig zu machen. Diese Witze hatten eine weitere Funktion:

Also die haben dann meine Oma dann extra noch mit irgendwelchen lustigen Geschichten provoziert. Weil sie wußten, daß sie dann ausflippt und dann sagt ,diese Leute' und so.

Die Großmutter schildert Kerstin als *... die schlimmste im Denken (...) die immer auf andere Leute hetzt (...) ich möcht' nicht wissen, was für eine Rolle die in der Nazizeit gespielt hat.* Kerstin erinnert sich, daß die Großmutter *... sehr abfällig und immer sehr fremd* über *Türken* gesprochen hat: *... die wurden mehr so dargestellt, ja wie Tiere.*

Kerstin berichtet, daß sie sich von den Äußerungen ihrer Oma schon in der Kindheit abgestoßen gefühlt hat, weil sie ihr zu abfällig waren und weil sie von der Mutter korrigiert wurden:

Aber ich weiß noch genau, daß ich das nie richtig fand, was meine Oma gesagt hat. Und mir meine Mutter dann auch immer was anderes gesagt hat. Ich hab' lieber auf meine Mutter gehört. (...) weil ich halt wußte, daß meine Oma 'ne alte Ziege ist.

Von der Großmutter kann sich Kerstin schon früh distanzieren. Ihre Art, mit Menschen anderer Herkunft umzugehen, hat für Kerstin keine Vorbildfunktion. Trotzdem wird sie in ihrem antiislamischen Rassismus auch von der Großmutter geprägt, obwohl dies auf eine andere Weise geschieht als durch Onkel und Mutter, wie noch zu zeigen sein wird.

Die Mutter beschreibt Kerstin rückblickend als die vorsichtig Korrigierende. Während die Großmutter zu extrem und damit bereits für das Kind Kerstin durchschaubar war, und Vater und Onkel durch die belustigende Art ihrer Darstellungen zumindest im Nachhinein in Frage gestellt werden können, ist die Mutter diejenige, mit der sich Kerstin durchgängig und positiv identifizieren kann. Die Mutter korrigiert die abfälligen Bemerkungen der Großmutter und beteiligt sich nicht an den Witzen von Vater und Onkel. Sie vermittelt Kerstin, *... daß man Leute halt nicht so verurteilen darf, die jetzt 'ne andere Herkunft haben.*

Gleichzeitig lernt Kerstin von ihrer Mutter eine andere Art des Umgangs mit Menschen anderer Herkunft – Mitleid: *... ich weiß nur, daß meine Mutter immer gesagt hat, daß die Frauen ihr leid tun würden.* Sie bemitleidet die Frauen, weil sie keine Kontakte im Dorf hatten, weil sie nicht gegrüßt und schlecht über sie geredet wurde, aber auch, *... weil sie Kopftücher tragen mußten.* Im Nachhinein findet Kerstin, daß ihre Mutter für diese Frauen zu wenig getan hat:

Auf der einen Seite meint sie, die würden ihr leid tun und so, auf der anderen Seite hat sie auch nicht mehr getan.

Insgesamt erfährt Kerstin durch ihre Familie, *... daß da 'ne unheimliche Schranke besteht, zwischen diesen beiden Kulturen. Daß die nicht zusammengehören.* Die Großmutter vermittelt ihr das direkt, was Onkel und Vater über Witze und die Mutter über Mitleid erreichen. Und Kerstin stellt zusammenfassend fest: *... ich hab' schon gemerkt, daß ich in meinem späteren Leben auch gefühlsmäßig nicht so auf die Leute zugehen konnte.* Sie schafft es trotzdem, auf sie zuzugehen und führt eine zeitlang ein recht ‚multikulturelles' Leben. Sie selbst hat zwei bikulturelle Partnerschaften, einige ihrer Freundinnen auch. Über diese Männer kommt sie wiederum mit anderen Menschen anderer Herkunft in Kontakt. Sie beschreibt ihr bis dahin unbekannte Situationen, erlebt neue Lebensweisen, scheint offen und neugierig, neue Erfahrungen zuzulassen. Sie wendet sich aber nach einiger Zeit von diesem Leben ab und stellt fest,

... daß es sehr, sehr schwierig ist, so 'ne Beziehung zwischen Mann und Frau, wo die Kulturen so unterschiedlich sind. Daß es ehm, sehr sehr schwierig ist, 'ne positive Beziehung zu führen.

Als Schlüsselerlebnis beschreibt Kerstin ihre erste bikulturelle Partnerschaft. *Und dann war ich mit 20, 21 mit einem Mann zusammen, der aus Libyen kam.* Über ihre Beziehung zu ihm berichtet sie, daß sie viel Neues erlebt habe, neue Menschen kennenlernte, neue Umgangsformen, neues Essen. In ihren konkreten Schilderungen über die Beziehung dominiert die Neugier. Rückblickend sagt sie jedoch, daß sie, indem sie diese Beziehung einging, ihre Familie provozieren wollte: *... also eigentlich war das* *bei mir auch so Protest (...) Also daß ich so auch grade meine Familie provozieren wollte.* Diese ist dann auch entsetzt, *... also grade meine Mutter, von der ich das eigentlich gar nicht erwartet hab'.* Sie warnt Kerstin, *... daß die mich als Frau verschleppen könnten (...) daß die doch sehr eifersüchtig wären, ihre Frauen schlagen würden.*

Anfangs protestiert Kerstin: *... ich hab' dann immer gesagt, ach du spinnst doch und es ist gar nicht so.* Sie selbst erlebt nichts dergleichen mit ihrem Partner, bekommt aber im Laufe der Zeit doch Angst, daß die Warnungen ihrer Mutter berechtigt sein könnten: *Also auf der einen Seite wollt' ich das nicht glauben, und auf der anderen Seite hab' ich dann doch schon manchmal ein bißchen Angst gehabt.* Sie beendet abrupt die bis dahin gute Beziehung. Ihr verlassener Freund ist von diesem plötzlichen und für ihn unbegründeten Entschluß überrascht, kann sich die Abwendung nicht erklären und vermutet eine neue Liebe. Damit bestätigt sich für Kerstin die Warnung ihrer Mutter, daß *... die doch sehr eifersüchtig wären.* Im Nachhinein wertet sie die Beziehung insgesamt ab:

Und vielleicht hätt' ich mich auch niemals auf die Beziehung so eingelassen, wenn ich nicht so ehm, ja das Bedürfnis gehabt hätte, zu protestieren.

Kerstins Interpretation ihrer Erfahrung führt direkt zu ihrer familialen Sozialisation zurück, die Einflüsse der verschiedenen Familienmitglieder können nachgezeichnet werden:

Onkel und Vater sprechen über *Türken*, um – wie Kerstin sagt – *die Großmutter zu provozieren* und sich von ihr abzugrenzen; Kerstin geht eine Beziehung mit einem Mann aus Libyen ein, um – wie sie rückblickend selbst analysiert – die Familie zu *provozieren* und sich von ihr abzugrenzen. Kerstin folgt dabei dem von Onkel und Vater gelernten Muster, Menschen anderer Herkunft zu funktionalisieren. Bei ihnen reduzieren sich *Türken* auf ihren Unterhaltungswert für Gespräche innerhalb der Familie. Schon diese über Gespräche vermittelte Existenz von *Türken* in Deutschland ist für die Großmutter zu viel: ,*Gott, das vermischt sich alles'.*

Die rassistischen Äußerungen der Großmutter über *Türken* werden nicht thematisiert, die Abgrenzung zu ihr läuft bei Vater und Onkel über Provokationen. Kerstin hat gelernt. Auch sie führt auf ihre Weise Menschen anderer Herkunft in die Familie ein, weil sie neugierig auf Neues ist, aber vor allem, um sich abzugrenzen und um – wie sie sagt – gegen ihre *Familie zu protestieren.* Allerdings ist sie überrascht, daß sich gerade die Mutter provoziert fühlt, von der sie das nicht erwartet hätte und die sie nicht provozieren wollte.

Der Einfluß ihrer Mutter ist der stärkste auf Kerstin. Sie korrigiert die platten Rassismen der Großmutter und hält sich mit Belustigungen über *Türken* im Hintergrund. Sie äußert Mitleid und signalisiert Kerstin darüber die Minderwertigkeit und Unzulänglichkeit der *Türken.* Sie blickt wohlmeinend-mitleidig auf die *Türkinnen* herab. Für Kerstin ist das nicht als rassistisch erkennbar. Sie wundert sich zwar, daß die Mutter nicht ihrem Mitleid entsprechend handelt, hält sie aber weiterhin für tolerant. Als gerade die Mutter heftig und nachhaltig gegen die Beziehung zu einem Mann islamischer Herkunft interveniert, kann sich Kerstin von ihr nicht distanzieren. Von der Großmutter hätte sie solch ein Vorgehen erwartet – und nicht ernst genommen. Schließlich ist die Großmutter – zumindest für dieses Thema – als Beraterin inakzeptabel. Die Mutter aber, die Kerstin für einfühlsam hält, irritiert sie in der Ablehnung des Freundes aufgrund seiner Herkunft. Sie weiß nicht, ob sie ihrer eigenen Erfahrung und Einschätzung trauen kann oder ob sie weiterhin der Mutter folgt, die doch in der Kindheit immer für die ausgewogenen Aussagen über *Türken* zuständig war. Letztendlich gewinnt die Mutter, Kerstin beendet die Beziehung.

In Kerstins Auseinandersetzung mit Menschen islamischer Herkunft haben sich also diejenigen relevanten Anderen durchgesetzt, die zu einer Identifikation eingeladen haben, die für sie nicht durchschaubar rassistisch waren, sondern subtil ihren Einfluß geltend gemacht haben. Bei Kerstin kann die antiislamische Sozialisation als familiale relativ geradlinig nachgezeichnet werden. Andere Einflüsse treten in ihrer Wahrnehmung in den Hintergrund. Der gesellschaftliche Rahmen, in dem die familialen Auseinandersetzungen stattfinden, wird von ihr nicht im gleichen Zusammenhang thematisiert. Diesen kann sie, ähnlich wie sie es mit der Großmutter tut, verurteilen und sich davon distanzieren. Ihre eigene gesellschaftliche Prägung, nicht zuletzt durch die Einflüsse ihrer ebenfalls im gesellschaftlichen Kontext stehenden Familie, sieht sie nicht. An Kerstins Beispiel kann deutlich werden, wie gesellschaftliche Normen in die Familie hineinwirken und von den Einzelnen angeeignet und reproduziert werden.

… im individuellen Fall hat das gar keine Bedeutung

Ein Zusammenspielen von familialer und gesellschaftlicher Sozialisation wird bei Andrea sichtbar. Auch Andrea hat viele ‚multikulturelle‘ Erfahrungen gesammelt und sich *Gedanken gemacht*. Zum Zeitpunkt des Interviews hat sie eine Beziehung zu einem Mann aus dem Irak. Das hindert sie nicht daran, Menschen islamischer Herkunft abzulehnen. Während die Frauen unter ihrem Niveau sind, sie sind *keine Kommunikationspartnerinnen* für sie, jagen ihr die Männer Angst ein, sie *wechselt die Straßenseite*, wenn ihr *dunkeläugige, schwarzhaarige Männer entgegenkommen*. Ihre Widersprüchlichkeit ist ihr nur zum Teil bewußt. Meist schafft sie es, sie aufzulösen – auf Kosten von Menschen islamischer Herkunft. Es gibt aber Momente, da hadert sie mit sich:

… ich fühlte mich dann auch von meinen eigenen Vorstellungen ein bißchen traktiert, gefielen sie mir nicht, gefallen sie mir auch heute nicht, aber so richtig rauskriegen kann ich sie nicht.

Andrea hat keine Schwierigkeiten damit, Menschen islamischer Herkunft abzuwerten, ihnen sogar den Tod zu wünschen *… ich konnte keinen, ich hätte sie alle, sie haben mich gestört (…) ich will sie nicht.* Probleme bereitet ihr, daß sie sich selbst nicht gefällt und daß sie irritiert ist: *Ich traue meinem Gespür nicht mehr.*

Andrea ist 26 Jahre alt, Studentin der Germanistik und Politik. Sie wächst in einem Dorf als Tochter einer Hausfrau und eines Agraringenieurs auf. Obwohl sie Ende der sechziger Jahre geboren ist, kann sie sich nicht daran erinnern, als Kind Menschen aus islamischen Kulturkreisen begegnet zu sein. Sie begründet das mit der Größe und der Abgeschiedenheit ihres Geburtsortes: *… mein kleines Dorf hielt mich weg von allem.* Auch in der Erinnerung an ihre Jugendzeit, als sich ihr Bewegungsradius bis in die nächstgelegene Großstadt erweiterte, sind ihr – Ende der Siebziger, Anfang der Achtziger Jahre – keine *Türken*, keine *Ausländer* insgesamt aufgefallen. Für ihren Herkunftsort gälte das bis heute. Sie präzisiert, unter welchem Aspekt sie *Türken* wahrgenommen hätte: *Also in meinem Dorf laufen keine Türken rum, da gibt's das nicht. Da gibt es keine verschleierten Menschen.*

Die Assoziation *Ausländer – Türken – verschleierte Menschen* ist eine, die in ihrer nachträglichen Interpretation der eigenen Biographie relevant ist. Wer nicht *verschleiert* ist, keine eindeutigen Hinweise auf die Herkunftskultur gibt, ist nicht wirklich *Türke*, ist nicht *Ausländer*. Mit dieser Assoziationskette reproduziert sie einen gesellschaftlichen Diskurs: *Ausländer* sind diejenigen, die bestimmte Merkmale aufweisen, die ihnen von außen zugeschrieben werden. *Türken* als das deutsche Stereotyp des *Ausländers* fallen durch ihre *Verschleierung* auf, die symbolisch für die andere, die nicht-deutsche Kultur steht und mit dem Islam umschrieben wird.

Obwohl in Andreas Dorf *keine Türken rumlaufen*, hat sie schon früh mitbekommen, daß es andere Kulturen gibt. Vor allem ‚tausendundeine Nacht‘ war ihre Informationsquelle über den *Orient: Also als Kind war das für mich positiv besetzt oder romantisch besetzt.* Und sie bezieht sich auf Moscheen, Gewänder, Turbane und Schleier. Sie ist fasziniert von dem *Fremden*, dem *Orientalischen*. Diese Faszination hält ihre gesamte Kindheit und Jugend über an. Als sie mit 19, 20 Jahren in die Türkei reist, erlebt sie genau das, was sie im Märchen fasziniert hat, nun tatsächlich. Sie ist von der Atmosphäre, den Menschen, den Gerüchen etc. überwältigt:

Ich fand das sehr orientalisch da, so. Das traf sich dann. Das war auch einfach schön. Das war anders. Das war ganz anders.

Andrea hat zwar in ihrer alltäglichen Umgebung keine Menschen getroffen, die sie mit ihren Märchenvorstellungen in Verbindung bringt; sie hat sie aber durch diese Reise als mögliche bestätigt bekommen. Sie fühlt sich darin sehr wohl: *Das war schön, unproblematisch, lustig.*

Zwei Jahre später reist Andrea wieder in die Türkei – und ist entsetzt: *… das hat mich in Angst und Schrecken versetzt.* Von dieser Reise bringt sie *Gespenstergeschichten* mit, die ihr Bild über Menschen islamischer Herkunft insgesamt – und Türken im Besonderen – von nun an bestimmen. Was ist passiert? Wo liegen die biographischen Brüche?

Vor der zweiten Reise wird Andrea von Freundinnen gewarnt, was ihr alles in der Türkei zustoßen könne:

… wir sind sowieso sicherlich mit ein bißchen Furcht dahin gefahren, weil uns ja alle verrückt gemacht haben, was für schlimme Sachen da passieren.

Obwohl sie selbst andere Erfahrungen gemacht hat und die Warnungen als *moderne Mythen, haarsträubende Geschichten, Gespenstergeschichten* bezeichnet und ihren Wahrheitsgehalt anzweifelt, kann sie sich nicht gegen deren Einfluß wehren: *… das fing ja schon in Istanbul an, da sind wir angekommen auf dem Flughafen, daß wir uns bedroht, bedrängt fühlten.*

Sie fühlen sich während der gesamten Reise unwohl und sind damit beschäftigt, sich abzugrenzen. Sie merken, daß ihre Reaktionen immer unfreundlicher und abweisender werden und bemühen sich um eine Erklärung. Die suchen sie allerdings nicht bei sich selbst, obwohl Andrea vor nicht allzulanger Zeit andere Erfahrungen gemacht hat und sie sich über den Einfluß der *modernen Mythen* auf ihre Einstellung bewußt ist. Sie suchen die Erklärung ausschließlich bei den anderen:

Und wir haben uns dann natürlich Gedanken gemacht, was ist da eigentlich los und sind dann beide zu dem Schluß gekommen, es kann nicht anders sein, als daß das Wort einer Frau, daß sie einfach nicht das Recht dazu hat zu sagen nöö oder ja. Oder einen eigenen Willen zu artikulieren und auch eigenständig zu handeln. So. Das war der erste Schritt und dann haben wir gesagt, wie kann denn das sein und dann haben wir gesagt, das muß am Islam liegen. (...) das war dann die Lösung.

Diese Argumentation zieht sich durch die gesamte Reisebeschreibung, alle Widersprüche werden damit geglättet. Andrea zieht diesen Zusammenhang jedoch nicht erstmals in diesem Urlaub und in direktem Kontakt mit *dem Islam,* sondern sie hat vorher und unabhängig von Menschen aus islamischen Kulturkreisen gelernt, daß ... *Frauen im Islam einfach keine Rolle spielen.* Sie weiß zwar nichts über den Islam ... *ich kenne den Koran nicht, ich weiß nicht, was da drin steht, ehm, aber es muß was damit zu tun haben,* ... hat sich aber mit *Frauenfragen* beschäftigt, das scheint zu reichen. Sie fängt zwischen den beiden Türkeireisen an, sich mit der Frauenbewegung zu identifizieren. Rückblickend wertet sie ihre Einstellung während ihrer ersten zwanzig Lebensjahre vollständig ab:

Also ich denk' schon, daß ich, bis auf dieses verklärte romantische Bild aus der Kinderzeit, dann später im Rahmen von meinem Interesse für Frauenfragen da anders rangegangen bin.

Auch ihre erste Türkeireise unterzieht Andrea einer Neuinterpretation:

Das war schön. Ja, das war was anderes, das war was Neues, aber ich hab' da auch beim ersten Eindruck eben nicht den Islam gedacht. Und das änderte sich dann, als ich später dann auch bewußt war.

Im Interview war ihr diese Reise zuerst sogar völlig entfallen.

Andrea studiert Politik. Sie hätte die Möglichkeit, ihre ‚Bewußtwerdung‘ zu vertiefen, indem sie, wenn sie schon nicht ihre eigenen Erfahrungen reflektiert, dann zumindest ihre feministische Auseinandersetzung mit Schlußfolgerungen, die sie aus ihrem Politikstudium zieht, in Verbindung zu bringen. Sie läßt es bleiben:

... ich hab' zum Beispiel in meinem Studium Politikwissenschaft mich immer um den arabischen Raum rumgedrückt. (...) weil ich glaube, daß es ganz schwierig ist, mit politikwissenschaftlichen Methoden andere Kulturen, andere Länder richtig einzuschätzen. (...) Und daß man als Europäer meines Erachtens nach immer falsche Maßstäbe ansetzen wird, weil man die Kultur nicht kennt.

Andreas Vorsicht, mit der sie möglicherweise eine Überprüfung ihrer bisherigen Einstellungen abwehrt, die aber auch ihren Respekt vor dem für sie Unverstehbaren ausdrücken könnte, gilt jedoch nicht für ihre Auseinandersetzung mit dem gleichen Thema in einem feministischen Zusammenhang   weshalb auch die Vermutung einer Abwehrstrategie bei ihr als Grund für die vermeintliche Toleranz wahrscheinlicher ist. Im feministischen Zusammenhang bemüht sie sich allerdings gar nicht erst, vorsichtig zu erscheinen, hier urteilt sie, ohne sich zu informieren. Sie selbst räumt ein, daß sie nichts über den Islam weiß und auch die anderen Frauen, mit denen sie über den Islam verhandelt, wissen darüber nichts. Trotzdem fühlen sie sich berechtigt, das ihnen Unbekannte abzuwerten.

Andrea verwirft ihre positiven Bilder und Erfahrungen im Zusammenhang mit dem Islam, als sich ihr ein Denk- und Handlungsmodell bietet, das sie aus der Verantwortung entläßt, über sich selbst und ihre Erfahrungen differenziert zu reflektieren. Über die Bestätigung der *modernen Mythen* ordnet sie sich ein in eine ideologische Gemeinschaft, die sie persönlich und als Angehörige einer Gruppe entlastet, indem sie ihr erlaubt, sich ausschließlich als Opfer zu verstehen. Zugunsten einer ideologischen Widerspruchsfreiheit verdrängt Andrea ihre positiven Erlebnisse und Empfindungen oder wertet sie ab, indem sie sie einer vor-bewußten Zeit zuordnet.

Nun lernt sie einen Mann aus dem Irak kennen und lieben. Sie gerät in Widerspruch zu ihrer neuen ‚Heimat', ihrer ideologischen Einbindung in die Frauenbewegung. Hier hat sie gelernt:

… also mit Männern ist nix. Mit den deutschen Männern schon nicht und mit den Männern generell nicht und der Islam dann eben auch nicht, schon gar nicht.

In ihrer Beziehung zu einem Mann aus dem Irak verletzt sie diese Regel in ihrer extremen Variante: sie hat sich nicht nur *generell* für einen Mann entschieden, sondern mit ihm auch noch für den *Islam*. Andrea nimmt diese Gelegenheit nicht wahr, um das Gelernte an ihren Erfahrungen zu überprüfen. Sie wählt den bequemeren Weg und versucht dem Dilemma, in das sie geraten ist, zu entfliehen. Das gelingt ihr, indem sie spaltet: *TürkInnen* in der Türkei und in Deutschland ordnet sie dem Islam zu und lehnt sie vehement ab. Konsequenterweise ‚vergißt' sie die erste Türkei-Reise, die ihr so gut gefiel. Den Freund und die Märchen aus ‚tausendundeiner Nacht' ordnet sie dem Orient zu und löst den Islam heraus. *Die haben aber auch gar nichts damit zu tun. Also das hat, das bring' ich auch heute noch nicht zusammen.* Zu Hilfe kommt ihr da, daß sie die Märchen mit dem Irak assoziieren kann. *Für mich ist Bagdad da immer die Zentrale gewesen.* Das ist auch das Land, in dem ihr Freund aufgewachsen ist, das er vermißt und in positiven Bildern beschreibt. *… ich denke auch, daß sein Herz im Irak ist.* Den Islam abgespalten, kann Andrea ungetrübt die Sehnsucht der Märchenerzähler und ihres Freundes teilen. Sie geraten indes zu Realitäten, die ihr helfen, sich selbst zu rechtfertigen, indem sie ihren – sie selbst erschreckenden – *Haß auf Türken* durch ihre Liebe zum Irak auszugleichen versucht.

Ich bin überzeugt, daß Irak was anderes ist als Türkei. Und daß die sich auch wie Tag und Nacht unterscheiden.

Das abendländische Gegenbild Orient/Islam hat Andrea aktiv reproduziert.

Andrea gelingt es so, gleichzeitig ihre Opferrolle im Feminismus und den Freund und die Märchen im Orient zu retten, indem sie den Islam abspaltet und verteufelt und mit ihm die gesamte Türkei und die größte Eingewandertengruppe in Deutschland.

Andrea ordnet ihren Freund nur solange dem Orient zu, wie sie seine ihr fremde Herkunft nicht leugnen kann. Ansonsten sagt sie über ihn: *Daß er eine sehr nordeuropäische Denkweise angenommen hat.* Andrea und ihr Freund thematisieren seine andere Herkunft – in Erzählungen über seine Kindheit im Irak, in seinen Sorgen über seine Familie im Golfkrieg, in gemeinsamen Gesprächen über den Einfluß von Islam und Christentum auf ihre jeweilige kulturelle Zugehörigkeit. Nun ist der letzte Punkt besonders interessant, da Andrea den Irak und den Islam vorher voneinander getrennt hat, aber im Kontext der kulturellen Herkunft ihres Freundes einen Zusammenhang voraussetzt. Dieser Aspekt verdient also eine genauere Betrachtung. Andrea beschreibt sowohl sich als auch ihren Freund als nicht religiös. Sie wundert sich, warum sie trotzdem so häufig über die verschiedenen Religionen diskutieren.

Wir führen halt wie gesagt immer diese Religionsgespräche, wo man dann merkt, es geht immer um die Authentizität der Bibel und des Koran, wo wir uns immer streiten, was die wahre ist, und da legen wir auch ein Engagement rein.

Gleichzeitig betont Andrea immer wieder, wie *antireligiös* sie erzogen wurde und daß Religionen für sie keine Rolle spielen. *Also Religion als solche fand ich immer überholt und deswegen wollte ich mich damit auch nicht auseinandersetzen.* Allerdings stuft sie die generelle Ablehnung von Religion ab: *... gegen den Koran will ich die Bibel doch verteidigt wissen.* Sie hält die Bibel für *authentischer* als den Koran. Auch ist sie empört, *... daß die Moslems zum Beispiel unsere Grundlage erstmal anzweifeln – die Bibel.*

Trotz ihrer fehlenden Religiosität und geringer Kenntnisse hält Andrea an der Bibel fest. Sie versteht die Bibel allerdings nicht als Religionszeugnis, sondern als *Grundlage* einer Kultur, der sie sich verbunden fühlt. Andrea beendet ihren Satz über *die Moslems*, die *... letztlich unserer Kultur kritisch gegenüber stehen. So, ich meine, die abendländische Gesellschaft ist nun mal, das Christentum ist da eine ganz wichtige Säule in der Entwicklung des Abendlandes.* Unausgesprochen bleibt, welche Bedeutung sie dem Islam für die Entwicklung des ‚Morgenlandes' beimißt.

Andrea bezeichnet ihren Freund also abwechselnd als Orientalen, als Moslem und als Europäer. Je nachdem, welcher Aspekt gerade wichtig ist, stellt sie diesen in den Vordergrund. An sich ist daran nichts auszusetzen. Nicht nur für MigrantInnen ist es völlig alltäglich, mal den einen und mal den anderen Aspekt der Persönlichkeit zu betonen. Interessant ist allerdings, daß sie betont, daß sie nur deswegen mit ihm in einer Beziehung leben kann, weil er am ehesten noch Europäer ist:

... ich würde auch wirklich sagen, daß er sich da sehr angepaßt hat. Daß er eine sehr nordeuropäische Denkweise angenommen hat. (...) ich kann's mir nicht vorstellen, wenn er anders wäre, ob ich das dann mögen würde.

Andreas Freund hat also kulturell bedingte Defizite ausgeglichen: Er hat etwas *angenommen*, war nicht immer schon so, er hat sich *angepaßt*, er hat sich entwickelt. Assimilation besetzt Andrea positiv, Anpassung an Nordeuropa wertet sie als Entwicklung zum Positiven. Damit entwertet Andrea ihren Freund mitsamt seiner Herkunftskultur zu einem Entwicklungsland. Den Freund islamischer Herkunft verarbeitet sie, indem sie ihn – trotz phasenweiser Orientalisierung oder Islamisierung – letztlich europäisiert. Andrea nimmt ihren Freund aus ihrem Antiislamismus heraus und bestätigt diesen damit. *Ich denke, daß das Prinzipielle geblieben ist.*

Auch andere Menschen islamischer Herkunft, die nicht in Andreas antiislamische Einstellung passen, bewältigt sie auf die gleiche Weise. Sie macht sie zu Ausnahmen, die ihre grundsätzliche Haltung bestätigen.

... im individuellen Fall, also wenn ich Menschen kennengelernt habe, hat das gar keine Bedeutung, überhaupt nicht, nie gehabt.

Auch bei Andrea spielt die Vermittlung ausgrenzender Diskurse durch die Eltern eine große Rolle. Von ihrem Vater lernt sie: *... umso weiter die Kulturen voneinander entfernt ist, desto schwieriger wird das mit den Partnern.* Er bezieht das allerdings vor allem auf verschiedene Klassenzugehörigkeiten. Andrea übersetzt seinen Einfluß in ihren Lebenszusammenhang und erweitert die unterschiedlichen Kulturen auch auf religiöse und ethnische. Obwohl sie ihrem Vater früher widersprochen hat, gibt sie ihm heute Recht:

... vorher hab' ich's nicht geglaubt, wollt' ich das auch nicht, fand ich für mich keinen guten Ansatz von vornherein schon zu sagen, es ist unterschiedlich, weil ich mich ja auch immer gegen Unterschiedlichkeit gewehrt habe. Und dann, mit Reisen und mit mehr Erfahrung, bin ich dazu gekommen – ja, anders ist es schon. Und anders kann Probleme bringen.

Während sie die eigene Prägung durch den Vater sieht und zuläßt, grenzt sich Andrea von der Mutter vehement ab. Aber auch da sind die Einflüsse unübersehbar. Über ihre Mutter sagt sie:

... ich denke, für sie ist das sehr fremd, aber sie kann sich dann wiederum, wenn es die eigene Familie trifft, sehr gut mit sowas anfreunden. (...) daß sie sich das so zurechtmachen würde, der ist ja eigentlich gar kein richtiger Moslem mehr, der ist eigentlich auch gar kein richtiger Araber mehr. Der ist nämlich schon so lange hier und überhaupt ist das was ganz, ganz anderes. Die vielen anderen Araber, denen sie vielleicht auf der Straße begegnen würde, ja das sind dann richtige Araber. (...) Wenn das dann so naherückt, dann macht sie sich das auch wieder passend. Und dann, dann kann sie auch wieder Sachen trennen.

Daraufhin angesprochen, ob sie diesbezüglich Parallelen zwischen ihrer Mutter und sich selbst sieht, reagiert sie abweisend, spöttisch, unversöhnlich. Möglicherweise liegt in ihrer Beziehung zu der Mutter eine Erklärung für ihre absolute Ablehnung von Frauen islamischer Herkunft – *... die waren keine Kommunikationspartnerinnen für uns ...* – und die ebenso bedingungslose Vergötterung der Frauenbewegung. Die Strategie einer Individualisierung von positiven ‚Ausnahme‘-Erfahrungen erlaubt es ihr, ihre allgemeine Ablehnung nicht in Frage stellen zu müssen. Diese Strategie entspricht dem gesellschaftlichen Diskurs, der im Zusammenhang mit rassistischen Äußerungen alltäglich ist.

Insgesamt, so die Einschätzung von Andrea, würden ihre Eltern einen islamischen Schwiegersohn akzeptieren, *... das ändert natürlich nichts daran, daß es ihnen lieber wäre, wenn er nun nicht gerade Iraker wäre.* Und es ändert nichts am antiislamischen Rassismus, weder ihrem eigenen, noch dem ihrer Eltern.

Also für mich wär' das ein Rückschritt ...

Bikulturelle Partnerschaften sind nicht gerne gesehen in deutschen Familien. Entweder werden sie verhindert (wie bei Kerstin) oder, wo das nicht klappt, zur Ausnahme erklärt (wie bei Andrea). Es sind aber nicht nur die Familien, die ein Gelingen solcher Partnerschaften verhindern wollen, es besteht ein gesellschaftlicher Konsens darüber, daß Partnerschaften zwischen Menschen aus islamischen und aus westlichen Kulturen nicht funktionieren können – beziehungsweise nicht funktionieren dürfen. Entsprechend sind die Reaktionen des Umfeldes von Menschen, die dennoch bikulturelle Partnerschaften eingehen. Neben der Strategie, gelingende Beziehungen zu Ausnahmen zu erklären, sind in den Interviews noch weitere Umgangsformen zu finden: das Paar oder der/die islamische PartnerIn wird ignoriert, Auseinandersetzungen werden mit der kulturellen Zugehörigkeit des Partners oder der Partnerin islamischer Herkunft begründet, das Paar findet keine Unterstützung – außer mit dem Ziel der Trennung.

Im Zusammenhang mit bikulturellen Partnerschaften kommt der antiislamische Diskurs zugespitzt zum Ausdruck. Werden aus der Ferne *Türken und Araber* manchmal noch ertragen oder – exotisiert – als Bereicherung empfunden, schlägt die tolerante Haltung auch hier in Ablehnung um, wenn Grenzen überschritten werden. Doch während die offene Ablehnung noch durchschaubar und damit handhabbar ist, sind verständnisvolle rassistische Diskurse subtiler und erschweren damit sowohl eine offene Auseinandersetzung als auch eine eigenständige Position. Sie kommen häufig als Sorge um das Wohlergehen des westlichen Partners oder der westlichen Partnerin daher und/oder als Sorge um gemeinsame Kinder, die bei der Trennung des Paares – von der scheinbar stets ausgegangen wird – zusätzliche und nachhaltige Probleme bereiten. Die ‚verständnisvollen‘ RassistInnen *machen sich Gedanken*, warum bikulturelle Partnerschaften nicht funktionieren können. Ein herrschender Diskurs dazu ist der des Kulturkonflikts: deutsche und islamische Kulturen sind demnach unvereinbar, eine Partnerschaft zwischen Angehörigen dieser Kulturen nicht möglich. Begründet wird dies meist damit, daß deutsche Frauen besonders emanzipiert und islamische Männer rückständig sind. *Nun sind wir hier besonders emanzipiert ...* , so eine Befragte. Für eine andere ist klar: *Ich könnte mir zum Beispiel nicht vorstellen, mit so'm Mann zusammenzusein, weil dazu setz' ich viel zu sehr meinen eigenen Kopf durch.* Die Männer bestätigen aus ihrem Blickwinkel ihre Überlegenheit gegenüber Männern islamischer Herkunft: *... daß die Männer die Frauen da so unterdrücken.* Umgekehrt funktionieren diese Zuweisungen ebenso: deutsche Männer sind emanzipiert und islamische Frauen rückständig. Dazu Sebastian:

... ich denke, det is schwierig, wenn die Frau det gewohnt ist, daß der Mann das Sagen im Haus hat. Er ist die Dominanz im Haus. Und der, der deutsche Mann, der ist aber gar nicht so. Der will det gar nich, der will eher 'ne Gleichberechtigung in seinem Haus. Und sie hält aber daran starr fest und er will det nicht. Da wird det schwierig, wie soll det klappen, ja. Wenn sie nicht offen ist. Oder umgekehrt der Fall ja. 'Ne deutsche Frau, die äh, äh fortschrittlich, also die einfach die Gleichberechtigung will, und nun 'n ausländischer Mann, der det nich will. Der det nich kann. Und daran festhält. Wie soll det klappen? Und ick denk' mir, det ist schwierig, det wird so nich klappen, ja.

Fest scheint zu stehen, ‚die Deutschen‘ – egal ob Frauen oder Männer – sind fortschrittlich, emanzipiert, wollen die Gleichberechtigung, während *die Moslems, die Araber und Türken* – wieder unabhängig ob Mann oder Frau – zurückgeblieben sind, sich nicht entwickeln wollen und auch gar nicht können. Ein gelingendes Zusammenleben wird deswegen als unmöglich eingeschätzt.

Im folgenden stelle ich drei InterviewpartnerInnen vor, die als Betroffener (Otto), als Familienangehöriger (Ulrich) und als Freundin (Gabriele) bikulturelle Partnerschaften kommentieren. In ihren Äußerungen wird deutlich, wie in der Ablehnung von bikulturellen Beziehungen das eigene Selbstbild als fortschrittlich und frei konstruiert und bestätigt wird. Auch das aktive Einschreiten gegen solche Beziehungen dient letztlich der Aufrechterhaltung dieser Konstruktion.

Otto, 32, Student der Psychologie, Sohn eines Polizeihauptmeisters und einer Hausfrau, hatte mit einer Frau islamischer Herkunft *'ne sehr schwierige Affäre*, wie er sagt. Die Frau, eine Nachbarin, lebt mit einem anderen Mann zusammen. Die Beziehung zu Otto geht sie parallel zu ihrer eigentlichen Partnerschaft ein. Otto wertet diese *Affäre* als eine sehr schwierige, weil *... sie konnte irgendwie so 'ne gesunde Distanz oder Nähe oder so ein konstantes Verhalten nicht, nicht äußern.* Er selbst hat damit keine Schwierigkeiten: *Ich meine, gegen Affären kann ich nichts einwenden, ...* Komplikationen sind auf die türkische Herkunft der Frau zurückzuführen: *Wo sie also gar nicht klargekommen ist mit dieser Situation.* Otto erklärt sich das damit, daß sie mit der Affäre ihren Kulturkonflikt bewältigen wollte:

Wo ich jetzt im Nachhinein, ja auch durch die Tatsache, daß sie mit mir eine Affäre angefangen hat, (...) daß sie einfach mit diesem Zwischen-den-Stühlen-sitzen von Kulturen nicht klargekommen ist, ne. Ich glaube, daß sie tief moralisch oder strikt erzogen worden ist in bezug auf Männer, aber durch diese Liberalisierung oder – sag ich mal, obwohl das natürlich nicht so ist – aber durch diese offene Gesellschaft, westliche Gesellschaft, in die Bredouille gekommen ist. Daß sie nicht wußte, für welche sie sich entscheiden wollte, und dann die Flucht nach vorne angetreten hat.

Otto sieht keinen eigenen Anteil am unerfreulichen Ende dieser Affäre. Das Problem sieht er alleine im unbewältigten Kulturkonflikt der Frau islamischer Herkunft: Ihre Sozialisation und die westliche Gesellschaft sind nicht miteinander zu vereinbaren. Ihr Versuch, sich durch die Affäre mit Otto zu ‚verwestlichen‘, muß scheitern. Otto setzt hier Affären mit Offenheit und westlicher Gesellschaft gleich, ohne diese Zusammenhänge und seine Position darin zu reflektieren. Seine eigene Sozialisation und Ansprüche stellt er dabei nicht in Frage, sondern setzt sie unreflektiert als Norm und als berechtigt, während die Frau türkischer Herkunft sich erst dahin entwickeln muß.

Während sich für Otto das Problem mit Hinweis auf einen bestehenden Kulturkonflikt löst, bedient sich Ulrich, der im folgenden Abschnitt zu Wort kommt, der Ausnahmeregelung. Ähnlich wie Andrea individualisiert er funktionierende Partnerschaften, erklärt sie zu Ausnahmen, um seine prinzipielle Skepsis bzw. Ablehnung nicht aufgeben zu müssen. Interessant an Ulrichs Geschichte ist allerdings, daß die gleiche Partnerschaft (jene seiner Schwester), die er zwar zur Ausnahme macht und für gelungen hält, von seinen Eltern als gescheitert betrachtet wird. Am Beispiel dieser widersprüchlichen Interpretationen wird deutlich, daß sowohl die Reaktionen des Umfeldes als auch die eigenen Darstellungen von Stereotypen geprägt sind, die die Wahrnehmung der Wirklichkeit derart beeinflussen, daß sie den gesellschaftlichen Diskurs des Antiislamismus wiederum bestätigen.

Ulrich ist 36 Jahre alt, Krankenpfleger und als Sohn einer Hausfrau und eines Hausmeisters in einer Großstadt aufgewachsen. Von frühester Kindheit an spielte er mit den benachbarten Kindern der türkischen EinwandererInnen auf dem Hinterhof, im Treppenhaus und in den verschiedenen Wohnungen. Er erlebt vieles als fremd, auch schon als Kind, ist davon aber weder angezogen noch abgestoßen. Er nimmt es als gegeben hin. Seine Erfahrungen sind genauso alltäglich wie die aller InterviewpartnerInnen und auch er schafft es irgendwann, seine Erfahrungen umzuinterpretieren, statt die gesellschaftlichen Klischees in Frage zu stellen. Sie werden auch zu seinen.

Ulrich selbst kann sich nicht vorstellen, in einer bikulturellen Partnerschaft zu leben:

... wenn ich da so 'ner interessanten Frau gegenübersitze, daß ich dann lieber sage: nein nein, also für mich eben sage: Finger weg, laß die Finger weg, ja. Sicherlich 'ne Menge Angst auch.

Ulrichs Ängste beziehen sich auf die erwartete Einmischung der Großfamilie in eine Partnerschaft: *da gibt es dann oftmals auch noch 'ne Oma, die schwingt dann ihr Zepter aus Anatolien* und *der Bruder, der denn da immer kuckt und überwachen muß.* Selbst kann er sich in eine solche Situation nicht hineindenken:

Und wenn ich mich dann, wenn ich mir vorstelle, da auch noch ein Bein reinkriegen zu wollen in so'ne Familie und mich dann noch mit der, mit der türkischen Familie noch einigen muß, also da seh' ich dann schon Schwierigkeiten für mich.

Ulrichs Schwester lebt seit zwanzig Jahren mit einem türkischen Einwanderer zusammen. Sein Schwager ist die Ausnahme, er ist anders als andere *Türken*, weil ohne Großfamilie in Deutschland – so Ulrichs Erklärung. Damit kann er es vermeiden, seine grundsätzliche Ablehnung zu modifizieren:

... da war eben nicht viel mit, mit äh, orientalisch oder türkisch oder was fremdartiges (...) das ist schon verdeutscht sag ich mal, also er ist nicht der klassische Türke (...) dazu muß ich sagen weil, er hat keine Familie hier in Berlin.

Die Eltern weisen den Partner ihrer Tochter aufgrund seiner Herkunft zurück. Vor allem der Vater – so Ulrich – versucht, der Tochter den türkischen Freund *auszureden*:

... hat auch massiv dann auf meine Schwester einwirken wollen. Naja und sie hat sich dann für ihn entschieden, ist dann sehr früh von uns ausgezogen.

Ulrich beschreibt die Ehe seiner Schwester als gut. Die Eltern lehnen seit zwanzig Jahren den Kontakt zum Schwiegersohn ab ... *obwohl da nie was passiert ist.*

Ulrichs Schwester und ihr Partner haben sich durchgesetzt. Allerdings hat die Schwester dafür einen hohen Preis gezahlt. Sie mußte sich früh zwischen ihren Eltern und ihrem Partner entscheiden. Nach der Entscheidung für den Partner lehnen die Eltern weiterhin den Schwiegersohn ab, obwohl sie mit der Tochter wieder verkehren. Die vermeintliche Sorge der Eltern scheint ein vorgeschobenes Argument zu sein, um sich nicht offen rassistisch äußern zu müssen.

Die mehr oder weniger subtilen Versuche, eine bikulturelle Partnerschaft zu unterminieren, gehen auch von NachbarInnen, KollegInnen, FreundInnen, HelferInnen aus. Auch Gabriele, 28 Jahre alt, Studentin der Sozialarbeit, und ihre Mutter, von Beruf Buchhalterin, beherrschen den verdeckten antiislamischen Diskurs perfekt. Ganz unverhohlen erzählt Gabriele davon, wie sie und ihre Mutter die bikulturelle Partnerschaft einer Freundin auf ein konfliktreiches Ende hin beobachten und kommentieren. *Und jetzt kuckt man eben, wie das überhaupt klappt.* Im Mittelpunkt stehen dabei ihre und ihrer Mutter Assoziationen. Phantasien vermischen sich mit detaillierten Schilderungen der Freundin. Eigene Befürchtungen und Interpretationen werden dieser Freundin in den Mund gelegt. Die Sichtweise des Mannes algerischer Herkunft bleibt vollständig ausgeblendet.

Besagte Freundin ist 45 Jahre alt und hat zusammen mit ihrem Freund, mit dem sie seit einigen Jahren befreundet ist, gerade ihr erstes Kind bekommen. Wie alt der Mann ist und ob er bereits Kinder hat, erfahren wir nicht. Gabrieles und ihrer Mutter Beobachtung ist ganz deutlich nur von einem Interesse motiviert, nämlich bestätigt zu bekommen, daß die Beziehung nicht glücken kann:

... daß da noch große, große Probleme aufkommen werden und tja daß eventuell eben 'ne Trennung eben bevorsteht.

Gabriele illustriert ihre Befürchtungen mit verschiedenen Begebenheiten, die alle dem gleichen Schema folgen: der Mann algerischer Herkunft hat kein Recht, sich und seine kulturelle Herkunft bemerkbar zu machen, vor allem steht ihm nicht zu, sich um die Belange des gemeinsamen Kindes zu kümmern. Der Wunsch des Vaters, mit der Freundin und dem Säugling die Verwandten in Algerien zu besuchen, verleitet Gabriele und ihre Mutter zu der sicheren Annahme, daß eine Entführung des Kindes bevorstehe. Die Suche der Eltern des Neugeborenen nach einem Namen gibt wieder Anlaß zu Gabrieles und ihrer Mutter Entrüstung. Sie werfen dem Vater vor, daß er dem Kind einen algerischen Namen geben möchte. Die Frau will ihm einen deutschen Namen geben, ... *weil sie gemeint hat, das Kind hätte hier Probleme mit einem algerischen Namen.* Die Beweggründe des Mannes bleiben bei Gabriele völlig außer Acht. Seine Sichtweise interessiert sie nicht. Das Paar – so berichtet Gabriele – einigt sich auf einen deutschen als ersten Namen und einen algerischen als zweiten Namen. Gabrieles Kommentar dazu: ... *also hier kann sie sich noch durchsetzen.*

Auch können Gabriele und ihre Mutter nicht nachvollziehen, daß der Vater sich in die Erziehung des Kindes einmischt. Gabriele kritisiert, daß es

... für ihn wichtig ist, daß das Kind auch nach seinem Glauben erzogen werden soll. Und die Frau Angst hat, daß er dadurch eben zu anders erzogen wird. (...) Also klar, schon daß das Kind mit dem Glauben in Berührung kommt oder daß es diesen Glauben erfährt (...) Aber, ich denk' mir, das wär' zu schwierig, das Kind mit beiden Glauben irgendwie so zu erziehen.

Deutlich wird, daß der Vater nicht beansprucht, daß das Kind ausschließlich nach seinen Vorstellungen aufwachsen soll. Der Mutter hingegen wird unterstellt, daß sie nicht möchte, daß das Kind *zu anders* erzogen wird. Während dem Vater offensichtlich die Einflüsse beider Kulturen wichtig sind, möchte die Mutter den eigenen Einfluß betonen. Für Gabriele steht außer Frage, daß die Wünsche der Mutter erfüllt werden müssen. Gabriele diskutiert nur noch die Möglichkeit, inwieweit die Wünsche des Vaters berücksichtigt werden können, ohne jene der Mutter allzusehr zu stören. Dabei zieht sie Bikulturalität nicht als Möglichkeit in Betracht, auch nicht, um die deutsche Sozialisation positiv zu beeinflussen oder dem Kind eine Identifikation mit beiden Anteilen zu ermöglichen. Völlig unkritisch übernimmt sie hier die Höherwertigkeit ‚des Deutschen' gegenüber ‚dem Algerischen'. Letzteres kann für sie nur ein Zugeständnis sein und weder ein Recht noch eine Chance.

Insgesamt geben Gabriele und ihre Mutter der Beziehung keine Chance. Durch ihre Haltung drängen sie die Freundin eher zu einer Trennung. Gabriele meint, daß so eine Beziehung auch unabhängig von diesen beiden Personen nicht gut gehen kann:

Also ich denk' mir eben, weil 'ne europäische Frau ganz andere Vorstellungen oder Ziele hat (...) Also für mich wär' das ein Rückschritt und deshalb find' ich das nicht erstrebenswert.

Vielleicht profitieren die türkischen Frauen dann auf lange Sicht am meisten von einem Leben in Deutschland.

Dem dominierenden rassistischen Diskurs entsprechend, gehen unsere InterviewpartnerInnen von der Unvereinbarkeit der Kulturen aus. Dabei seien die Kulturen nicht nur durch ihre Unterschiedlichkeit, sondern auch durch ihren jeweiligen Entwicklungsstand unverträglich. Gelinge ein bikulturelles Zusammenleben doch, dann sei das eine Ausnahme, die der *Verdeutschung* des nicht-deutschen Partners zu verdanken sei. Grundsätzlich wird jedoch das Scheitern von bikulturellen Partnerschaften prognostiziert. Den Beteiligten wird es schwer gemacht, sich für die Partnerin oder den Partner islamischer Herkunft zu entscheiden. Und diejenigen, die selbst in solch einer Partnerschaft leben, halten die Widersprüchlichkeit ihrer eigenen Erfahrung zu dem, was sie gelernt haben und was ihnen gesellschaftlich und interaktionell vermittelt wird, häufig nicht aus. Um den Widerspruch aufzulösen, nehmen sie ihre Erfahrung als Ausnahme aus dem antiislamischen Diskurs heraus und bestätigen damit die gesellschaftliche Norm, ohne ihre persönliche Erfahrung in Frage stellen zu müssen.

In der Konsequenz heißt das, daß trotz allem Reden von Toleranz und Multikulturalität, trotz Einkäufen in türkischen Läden, Reisen in den Orient, Besuchen von Bauchtanzkursen, Einstellen von türkischen Putzfrauen, trotz multikultureller Kontakte die interkulturellen Begegnungen beschränkt bleiben sollen auf möglichst flüchtige, begrenzte, funktionalistische. Ein intensives Miteinander wird weitestgehend abgelehnt. Begründet wird dies mit der Unvereinbarkeit der Kulturen. Das legt den Schluß nahe, rassistische Äußerungen seien vor allem ‚Überfremdungsängsten‘ geschuldet. So gesehen, müßten Partnerschaften ‚untereinander‘ unterstützt, die Trennung von vermeintlich unvereinbaren Kulturen als Lösung angesehen werden. Daß auch dies nicht befriedigt, wird aus der Analyse der Interviews deutlich. Viel mehr als um die Separierung, geht es im antiislamischen Rassismus um die kulturelle Herabsetzung des anderen mit dem Ziel, sich selbst als höherwertig zu bestätigen.

Doris, 28, Erzieherin und Studentin der Sozialarbeit, kommt über ihre Arbeit in einer Kindertagesstätte in Kontakt mit Menschen islamischer Herkunft. Über die Kinder lernt sie auch einige Eltern kennen. In ihren Erzählungen über die Familien thematisiert sie ausschließlich die Geschlechterrollen der Frauen. Sie versucht, den Frauen immer wieder klar zu machen wie unterdrückt und unfrei sie seien. Sie möchte, daß sich die Frauen ... *mehr lösen, weil sie eben eingebunden sind in diesem Ehe- oder Familienbund.*

Doris schildert ihre Befreiungsversuche bei einer türkischen Mutter, deren Kind sie betreut. Sie spricht sie immer wieder auf ihre Beziehung zu ihrem Mann an – ... *das Thema hatt' ich auch öfter mit ihr ...* -. Sie erzählt über ihre Bemühungen, der Frau deutlich zu machen, daß sie unterdrückt ist. Doris räumt ein, den Mann dieser Frau sehr nett zu finden, ... *absolut sympathisch und nett,* sowohl ihr selbst gegenüber, als auch im Umgang mit Frau und Kindern:

Ich hab' jetzt nicht irgendwie 'ne Unterdrückung also vor meinen Augen gespürt oder so. (...) Nett und okay, wie er mit seinen Kindern umging und auch mit seiner Frau umging.

Obwohl die betreffende Frau zufrieden ist, drängt Doris sie dazu, ihr Leben zu ändern. Sie meint, das Recht dazu zu haben, weil sie als Außenstehende den Überblick hat, während die Frau selbst durch ihre Betroffenheit nicht über ihre eigene Situation urteilen kann:

Und, ja, hab' ich gemerkt, sie ist da einfach so sehr drin verstrickt, das ist meine Meinung und sie bleibt eben bei ihrer Meinung.

Aber weder das beeindruckt Doris, noch ihre eigene Einschätzung des Mannes: ... *das ärgert mich, obwohl ich fand ihn einfach sehr nett.*

Eine Beziehung zu einem Mann islamischer Herkunft kann bzw. darf einfach nicht gelingen, weder mit einer deutschen Frau, noch mit einer Frau, die selbst islamischer Herkunft ist. Die Unvereinbarkeit der Kulturen dürfte hier als Begründung ausscheiden. Doris argumentiert hier zwar mit der islamischen Herkunft des Mannes, um ihn herabzusetzen. In bezug auf die Frau macht sie allerdings die kulturelle Herkunft lediglich für deren vermeintlich fehlende Entwicklungseinsicht verantwortlich. Daß sie die gleichen Bedürfnisse und Vorstellungen haben muß wie Doris steht außer Frage, die Möglichkeit und Akzeptanz unterschiedlicher Lebensweisen sprengt Doris' Vorstellungsvermögen. Doris bemüht also hier nicht die Unvereinbarkeit der Kulturen, um ihr Mißfallen an dieser Beziehung zu begründen. Vielmehr versucht sie glauben zu machen, daß es ihr um das Geschlechterverhältnis geht. Indem sie aber das Geschlechterverhältnis in einen kulturellen Zusammenhang bringt, in dem ,der Westen' und ,der Islam' sich diametral gegenüberstehen, verwendet sie den rassistischen Diskurs des Gegenbildes Islam. Viel eher als um eine Aussage über das Geschlechterverhältnis im allgemeinen, geht es hier um die Bestätigung des westlichen Selbstbildes, das sich auch über das Geschlechterverhältnis definiert. Darin idealisieren sich Männer und Frauen als fortschrittlich:

... nun sind wir hier besonders emanzipiert ...
... eine europäische Frau hat ganz andere Vorstellungen ...
... der deutsche Mann will Gleichberechtigung ...

Dieses Selbstbild wird nicht nur als vorherrschendes und bereits realisiertes formuliert, sondern auch als höherwertiger und für alle anderen Menschen erstrebenswert. Entsprechend werden die darin zum Ausdruck kommenden Vorannahmen in der Projektion auf Frauen und Männer islamischer Herkunft und deren Beziehungen zueinander reproduziert. Nicht nur bikulturelle Partnerschaften können nicht als gelingende akzeptiert werden, sondern jede Partnerschaft mit einem Mann oder einer Frau islamischer Herkunft, auch wenn sie sich beide ähnlichen Werten verpflichtet fühlen oder den gleichen Kulturkreisen zugerechnet werden. In der Konsequenz heißt das, ein partnerschaftliches Zusammenleben mit Menschen islamischer Herkunft ist nicht möglich, egal für wen und in welcher Konstellation. Mit dieser Haltung wird also nicht nur bikulturellen Paaren begegnet, sondern auch Beziehungen zwischen zwei Angehörigen islamischer Kulturen. Hier sind allerdings keine deutschen Familienangehörigen vorhanden, und auch enge Freundschaften scheinen selten zu sein. Unsere InterviewpartnerInnen berichten entsprechend nur im professionellen Kontext von solchen Partnerschaften – und ihren Bemühungen, destruierend einzugreifen.

Die Schilderungen unserer Interviewten geben Aufschluß darüber, womit Menschen aus islamischen Kulturkreisen konfrontiert sind, wenn sie sich an psychosoziale Einrichtungen wenden, die nicht bereit sind, ihre Rassismen zu reflektieren.

In seiner Arbeit erlebt Ulrich zum Beispiel viele türkische Frauen, die sich in die psychiatrische Abteilung einweisen lassen. Ihm fällt auf, daß sich die Symptome wiederholen und die Frauen immer wieder kommen: sie brauchen ab und zu Ruhe, müssen abschalten – *... da nehmen sie dann ihre Auszeit ...* – die Frauen lassen sich von der Familie verwöhnen, die sie täglich und lange im Krankenhaus besucht – *... daß die Frauen das sichtlich genießen.* In dieser Abteilung scheint das akzeptiert zu sein; die Frauen bekommen keine Medikamente, sondern die nötige Ruhe und Gesprächsangebote: *Aber überwiegend war der Teil der Ruhe eigentlich ausschlaggebend für die Genesung oder für das Durchhalten ein weiteres Jahr.* Doch in den Gesprächen werden die Frauen aufgefordert, über ihre Beziehungen zu ihren Männern zu reden:

Wo wir denen versuchen auch zu erklären, wobei das sehr schwierig ist also für türkische Frauen, das also auch zu akzeptieren. ,Alles ist gut, Herr Doktor. Mein Mann ist gut, Herr Doktor. Mein Mann ist fleißig, Herr Doktor' und so. Aber so, worum es eigentlich geht, und warum jetzt diese Frau so erkrankt ist, ja, das kann man eigentlich gar nicht so, ihr jetzt, der Betroffenen, erklären. Wir versuchen's immer wieder.

Keinen Augenblick ist Ulrich bereit, von seinen Erklärungen abzurücken oder zumindest die betreffenden Frauen in Ruhe zu lassen. Ähnlich wie Doris ist er so überzeugt, daß er sich von nichts irritieren läßt.

Und dann kommen eben auch ab und zu auch mal mutige Frauen, mutige türkische Frauen (...) Patientinnen, die dann schon berichten von den Mißständen innerhalb der vier Wände, innerhalb der Wohnung.

Ulrich erlebt also einige Frauen, die von *Mißständen innerhalb der vier Wände* berichten und andere, die sagen, *alles ist gut.* Er ist jedoch nicht bereit, beides als mögliche Erfahrungen der betroffenen Frauen gelten zu lassen. Vielmehr entscheidet er sich, diejenigen Frauen, die von *Mißständen* berichten als *mutige Frauen* zu bezeichnen und die anderen damit als feige. Vorausgesetzt wird, daß sie alle *Mißstände* erleben. Eine andere Sichtweise findet im antiislamischen Rassismus keinen Platz, jede Beziehung mit einem Menschen islamischer Herkunft muß problematisch sein. Ulrich steigert sich vollends hinein:

... oh Gott oh Gott! Was da an Elend manchmal so mmh ähm ähm ja sichtbar wird ja! Das ist unfaßbar! Mmh. Na ja, was soll man da dann raten? Man kann ja nicht sagen – liebe Leute laßt euch scheiden, ihr paßt einfach vom, ihr paßt einfach nicht zusammen. Das kann man nicht sagen. Ist traurig, ja. (...) und so verschleppen sich die Jahre und das kleine Kind wird immer größer und das Elend wird immer härter und, also da ist wirklich 'ne Menge 'ne Menge 'ne Menge hier in B., in K. an Elend in den Familien.

Trotzdem berichten einige Interviewte von gelungenen Beziehungen zwischen Menschen islamischer Herkunft. Auch diese Paare werden zur Ausnahme. Bezeichnend ist, daß diese Menschen unseren InterviewpartnerInnen gar nicht erst einfallen. Viel präsenter sind ihnen die negativen Erlebnisse, Bilder aus Medien, *Gespenstergeschichten* von FreundInnen. Im Laufe des Interviews kommen dann meist doch auch noch andere Schilderungen über ihre Erfahrungen. Diese werden dann aber uminterpretiert. So auch von Thorsten.

Thorsten ist 29 Jahre alt und Arzt, Sohn eines Geologen und einer Bibliothekarin. Auch er kann sich anfangs an keine Menschen islamischer Herkunft erinnern. Dann kommen die üblichen Schreckensmeldungen. Und plötzlich, ganz unvermittelt:

... jetzt fällt mir echt was ein. In A. hab ich anfangs, das erste halbe Jahr, in ,ner kleinen Wohnung gewohnt, die hab ich mir geteilt mit zwei, mit einem (lacht) mit einem jungen türkischen Ehepaar. Nee, das war noch kein Ehepaar, aber die wollten dann heiraten. Aber die waren eigentlich ganz, wie soll ich sagen, die waren irgendwie eher westlich orientiert. (...) Es war so anders. Es war so anders, es war – Es war nicht so, wie ich das vielleicht erwartet hab. (...) Eigentlich waren das keine Türken, so wie ich sie äh, wie ich mir damals vorstellte, wie Türken sein müssen. (...) vielleicht haben die sich gelöst. Vielleicht waren das auch Kurden, wer weiß, Kurden, die geflüchtet sind und gar nicht so stark eingebunden waren in ihre Familien.

Eine Erklärung für die Ausnahme ist schnell bei der Hand. Das Paar kann alles mögliche sein, es darf nur nicht seine Vorstellungen über *Türken* in Frage stellen.

Wer nicht so ist, *wie Türken sein müssen*, ist also *eher westlich orientiert*, hat *eine sehr nordeuropäische Denkweise angenommen*, ist *verdeutscht*. Diese Zuschreibungen werden positiv verwendet. Unsere InterviewpartnerInnen rechnen sich dem ,progressiven' politischen Spektrum zu und halten sich für gesellschaftskritisch. Aber im antiislamischen Gegenbild heben sie sich selbst als Deutsche positiv heraus. Mehr noch, ein Leben in Deutschland befreit auch andere:

Vielleicht profitieren die türkischen Frauen dann auf lange Sicht am meisten von einem Leben in Deutschland. Weil sie sich letztendlich befreien können.

Ausblick

Im antiislamischen Rassismus konstruieren Männer und Frauen westlicher Prägung sich selbst als progressiv, fortschrittlich und frei. Menschen islamischer Herkunft werden als Gegenbild wahrgenommen, dienen also nur dazu, das westliche Selbstbild zu bestätigen. Die Perspektive der anderen, ihr eigenes Selbstbild, ist nicht nur uninteressant, sondern ist auch störend, könnte es doch das westliche Bild über die anderen und damit auch das eigene Selbstbild beeinträchtigen. Kommt es doch zu Situationen, in denen sich westlich sozialisierte Menschen mit Menschen islamischer Herkunft konfrontiert sehen, führt das nicht unbedingt zur Revision gelernter Bilder und Vorstellungen. Vielmehr werden die anderen nicht ernstgenommen in ihren eigenen Aussagen über sich. Sie seien zu involviert in ihr eigenes Leben, könnten nicht über sich reflektieren, seien eben auf allen Ebenen zurückgeblieben. Menschen islamischer Herkunft, die professionelle psychosoziale Unterstützung suchen, sind häufig mit solchen Rassismen konfrontiert. Statt Unterstützung erfahren sie den Rassismus der professionellen HelferInnen. Bestenfalls können sich davon Betroffene distanzieren und diese Angebote nicht mehr in Anspruch nehmen, schlimmstenfalls werden Menschen in ihren Möglichkeiten beschnitten, mit neuen Problemen belastet, zur Übernahme eines negativen Selbstbildes veranlaßt, zur Leugnung ihrer Herkunft gedrängt, in verschiedene Stereotypen ein- und ausgegrenzt. Will psychosoziale Theorie und Praxis sich nicht mit der (Re-)Produktion westlich-christlich-abendländischer Lebensweisheiten begnügen, so ist sie aufgefordert, sich sowohl mit den eigenen Modellen kritisch auseinanderzusetzen als auch die Existenz anderer Lebenswelten als Möglichkeit zu akzeptieren.

Anmerkungen

[1] Während in der bundesdeutschen Diskussion von ‚Antiislamismus' die Rede ist, werden in anderen Ländern andere Begriffe für das gleiche Phänomen verwendet. In Großbritannien z. B. wurde für diese Konstruktion der Begriff ‚Antiarabismus' geprägt. Die unterschiedlichen gesellschaftlichen Wirklichkeiten machen unterschiedliche Begriffe notwendig: In Großbritannien wird Menschen pakistanischer Herkunft mit einem anderen Rassismus begegnet als Menschen arabischer Herkunft, obwohl beide Gruppen aus islamisch-geprägten Kulturen eingewandert sind - weswegen eine Zusammenfassung in ‚Antiislamismus' nicht sinnvoll wäre. Demgegenüber werden in der Bundesrepublik Menschen türkischer und arabischer Herkunft mit ähnlichen Stigmata besetzt, die mit der gleichen kulturellen Zugehörigkeit zum Islam legitimiert werden. Hier von ‚Antiarabismus' zu sprechen würde den Blick für die Erfahrungen der größten EinwandererInnengruppe in der Bundesrepublik versperren. In der Verwendung unterschiedlicher Begriffe für das gleiche Phänomen wird auch der Konstruktionscharakter der zugrundeliegenden Rassismen deutlich: während die Ablehnung von Men-

schen arabischer Herkunft in Großbritannien mit ihrer Zugehörigkeit zu einer ‚arabischen Kultur‘ legitimiert wird, geschieht dies in der Bundesrepublik mit Hinweis auf ‚den Islam’.

2   Die Interviews wurden von Sommer 1993 bis Frühling 1994 von zwei weißen deutschen christlich sozialisierten Sozialpädagogik-Studentinnen geführt. Sie haben sich gegenseitig und weitere 22 weiße deutsche christlich sozialisierte Männer und Frauen mit Hilfe eines offenen Leitfaden-Fragebogens interviewt. Die Interaktion der Fragenden-Befragten ging in die Auswertung mit ein. Hintergrund dieser Vorgehensweise ist die Annahme, daß mir als Betroffene nicht so freimütig geantwortet worden wäre. Gleichzeitig sollte die Kommunikation zwischen weißen deutschen christlich sozialisierten Menschen über Menschen islamischer Herkunft untersucht werden, weswegen es notwendig war, ebensolche als Interviewerinnen zu gewinnen. Der Nachteil dieser Vorgehensweise ist, daß an vielen Stellen, die brisant und besonders interessant für die Auswertung gewesen wären, die Interviewerinnen mit den Interviewten eine Koalition des Schweigens und Einverständnisses eingingen und die entsprechenden Passagen nicht in die Krise geführt wurden. Hierin steckt gleichzeitig der Vorteil dieser Vorgehensweise: die Übereinstimmung in der Interaktion verdeutlicht in ihrer Selbstverständlichkeit einen Teil des antiislamischen Rassismus.

Literatur

Akbulut, Nazire (1993). Das Türkenbild in der neueren deutschen Literatur 1970-1990. Berlin 1993

Attia, Iman (1994). Antiislamischer Rassismus. Stereotypen - Erfahrungen - Machtverhältnisse, in: Jäger, Siegfried (Hg.). Aus der Werkstatt: Anti-rassistische Praxen. Konzepte - Erfahrungen - Forschung. Duisburg 1994, S. 210-228

Gerhard, Ute & Link, Jürgen (1992). Der Orient im Mediendiskurs - aktuelle Feindbilder und Kollektivsymbolik. In: Lüders, Michael (Hg.). Der Islam im Aufbruch? München 1992, S. 277-297

Hebenstreit, Sabine (1984). Rückständig, isoliert, hilfsbedürftig - das Bild von ausländischen Frauen in der deutschen Literatur. In: Loccumer Protokolle, 9, S. 9-29

Hourani, Albert (1991). Der Islam im europäischen Denken. Frankfurt a. M. 1994

Institut für internationale Politik (Hg.) (1992). Dritte Welt und Islam: Neue Feindbilder nach dem Kalten Krieg? Öffentlichkeit und Medien am Beispiel des Golfkrieges. Wuppertal 1992

Kabbani, Rana (1986). Mythos Morgenland. Wie Vorurteile und Klischees unser Bild vom Orient bis heute prägen. München 1993

Klemm, Verena & Hörner, Karin (Hg.) (1993). Das Schwert des ‚Experten’. Peter Scholl-Latours verzerrtes Araber- und Islambild. Heidelberg 1993

Kreile, Renate (1993). EMMA und die ‚deutschen Frauen‘: ‚an’s Vaterland, an’s teure, schließt euch an ...‘ In: Sozialwissenschaftliche Forschung und Praxis für Frauen e.V. (Hg.). beiträge zur feministischen theorie und praxis 35, S. 123-130

Lutz, Helma (1989a). Unsichtbare Schatten? Die ‚orientalische‘ Frau in westlichen Diskursen. In: Peripherie 37, S. 51-65

Lutz, Helma (1989b). Orientalische Weiblichkeit. Das Bild der Türkin in der Literatur konfrontiert mit Selbstbildern. In: Informationsdienst zur Ausländerarbeit 4, S. 32-39

Rodinson, Maxime (1980). Die Faszination des Islam. München 1991

Said, Edward W. (1978). Orientalismus. Frankfurt a. M. 1981

Said, Edward W. (1993). Kultur und Imperialismus. Einbildungskraft und Politik im Zeitalter der Macht. Frankfurt a. M. 1994

Schulze, Reinhard (1991a). Vom Anti-Kommunismus zum Anti-Islamismus. Der Kuwait-Krieg als Fortschreibung des Ost-West-Konflikts. In: Peripherie 41, S. 5-12

Schulze, Reinhard (1991b). Alte und neue Feindbilder. Das Bild der arabischen Welt und des
    Islam im Westen. In: Stein, Georg (Hg.). Nachgedanken zum Golfkrieg. Heidelberg 1991,
    S. 244-259

Schulze, Reinhard (1992). Feindbilder als Mittel der kulturellen Aneignung - Kultur im Zwei-
    ten Golfkrieg. In: Institut für Internationale Politik (Hg.). Dritte Welt und Islam: Neue Feind-
    bilder nach dem Kalten Krieg? Öffentlichkeit und Medien am Beispiel des Golfkrieges. Wup-
    pertal 1992, S. 7-13, S. 14-20

Spohn, Margret (1992). Das Türkenbild der Deutschen. In: Interkulturell, 1/2, S. 159-180

Migration als psychischer Prozeß

Elcin Kürsat-Ahlers

DAZWISCHEN

Jeden Tag
packe ich den Koffer
ein und dann wieder aus.

Morgens,
wenn ich aufwache,
plane ich die Rückkehr,
aber bis Mittag
gewöhne ich mich mehr
an Deutschland

Ich ändere mich
und bleibe doch gleich
und weiß nicht mehr,
wer ich bin.

Jeden Tag ist das Heimweh
unwiderstehlicher,
aber die neue Heimat
hält mich fest
Tag für Tag noch stärker.

Und jeden Tag fahre ich
zweitausend Kilometer
in einem imaginären Zug
hin und her,
unentschlossen zwischen
dem Kleiderschrank
und dem Koffer,
und dazwischen
ist meine Welt.
(Alev Tekinsoy)

Die Migration ist, psychologisch gesehen, ein Prozeß des Lernens, mit den Wir-Ich-Ambivalenzen umzugehen. Wie jeder andere Prozeß verläuft auch er nie geradlinig: Die Psychogenese der Migration ist mit Unterbrechungen der Entwicklung, Regressionen und retrograden Verläufen durchsetzt, denn die Wir-Ich-Balance (Elias, 1987b, S. 207ff), die sich sowohl in den individuellen Biographien als auch in der kollektiven Geschichte der Gesellschaften immer als ein labiles Gleichgewicht im Wandel erwiesen hat, muß insbesondere in solchen Umbruchsituationen wie der Migration individuell ganz neu entworfen werden. Die Konstruktion des Selbst in der Migration hat nicht nur die schwierige Aufgabe der Balanceherstellung zwischen der Ich-Identität und der Wir-Identität, zwischen dem Individuationsstreben und dem Bedürfnis nach Wir-Zugehörigkeit, sondern der weitaus schwierigeren Verortung des Selbst in Engagement und Distanzierung, in Identifikation und Gegenidentifikation, im Verhältnis zu dualen gesellschaftlichen Bindungen – d.h. im Verhältnis sowohl zur Herkunfts- als auch zur Immigrationsgesellschaft: „Jeder reifere Identifikationsvorgang besteht aus Annäherungen und Ablehnungen, Selbstverleugnungen und Selbstbestätigungen, Fremdverachtung und Fremdbewunderung (...). Man wechselt die Standpunkte und streift langsam jene Aspekte ab, aus denen man sich herausdifferenziert hat. So sind neue Rollenübernahmen möglich (...). Verkrampfte Selbstausgrenzung ist oft Reflex von Selbstunsicherheit" (Hettlage & Hettlage-Varjas, 1984, S. 380). Die Migration – ihre Ursachen, Richtung, Umfang, Globalität und ihre Folgen – ist ein gesellschaftliches Phänomen. Aber die ungeheure Aufgabe ihrer psychischen Bewältigung wird privatisiert, d.h. der Fähigkeit des einzelnen Ich überlassen, Ambivalenzen und Ängste auszuhalten.

Psychoanalytische Modelle der Trauer und Migration

Freuds Konzept der Trauer enthielt bereits 1917 (Trauer und Melancholie) nicht nur den Verlust einer geliebten Person, sondern auch solche Abstraktionen wie die Einbuße des Heimatlandes, eines Ideals, usw. Die Modelle des Trauerprozesses, die in der Literatur eine Anwendung auf die Psychogenese der Migration gefunden haben (u.a. Grinberg & Grinberg, 1990; Garza-Guerrero, 1974), beziehen sich auf Bowlby (1963), der drei Phasen der Restrukturierung des Identifikationssystems des Trauernden feststellt:
1. den Drang, das verlorene Liebesobjekt wiederzugewinnen,
2. die Desorganisation,
3. die Reorganisation durch die Annahme der Objektverluste und die entstehende Bereitschaft, neue Objekte, Identifikationen zu akzeptieren.
Die Trauer in der Anfangsphase der Migration ist eine gesunde psychische Reaktion: Trauern um das Verlorene und die defensive, umklammernde Idealisierung des Herkunftslandes, d.h. die gesamte retrospektive Affektivität sind darauf gerichtet, die bestehenden Identifikationen und internalisierten Objektbeziehungen zu reaktivieren, um das Verlorene wiederzugewinnen. Sie führen dem Selbst Sicherheit und Stütze zu. Nur diese „Moratoriumsphase" ermöglicht eine *Bestätigung der vergangenen Identität* des Fremden, die dann eine *langsame Distanz* zum Verlassenen zuläßt.

   Der Trauerprozeß führt zu einer Umformung der internalisierten Objektbeziehung unter dem Einfluß der neuen Kultur, das heißt es findet eine Reintegration der inneren Welt auf der Basis der Interaktion mit dem neuen Umfeld statt – und ebenso formt sich das Selbstkonzept auf der Basis der neuen Erfahrungen um. In diesem Sinne ist die Trauer in ihrem Verhaftetsein mit der Vergangenheit und ihrem Widerstand gegen ein kritikloses Eintauchen in die neue Kultur eine gesunde hemmende Kraft (Garza-Guerrero, 1974, S. 422f).

   Wenn der soziale Integrationsprozeß erfolgreich verläuft, sodaß die Aufnahmegesellschaft dem/der MigrantIn überhaupt neue Identifikations- und Sublimationsmöglichkeiten bietet, kann eine *selektive* Aufnahme neuer Objektbeziehungen zu der neuen Kultur und deren Fusion mit der psychischen Struktur erfolgen.

Die Phase der neuen Identität entsteht durch das an die neue Kultur *selektiv angepaßte Ich*, das die Trauer um die verlorene Heimat durch ein wachsendes Zugehörigkeitsgefühl zu der neuen Gesellschaft und durch neue Beziehungen ersetzt hat. Am Ende der Psychogenese der Migration steht ein stärkeres, reicheres Ich als zuvor. Diese intrapsychische strukturelle Transformation, die sogenannte „neue Identität" bedeutet nicht, daß die Sehnsucht nach der „verlorenen Zeit" gänzlich verschwindet. Das Verlustgefühl, das Gefühl einer unersetzbaren Leere, ein Stück Bindungslosigkeit bleiben für immer, aber man hat gelernt, damit zu leben.[1] Das Modell von Garza-Guerrero befaßt sich weder mit der Frage der psychischen Folgen der Ausgrenzungen, Stigmaerfahrungen und Feindseligkeiten durch die Aufnahmegesellschaft, noch differenziert es nach der Schichtzugehörigkeit. Ebensowenig werden Stagnationen bzw. Fixierungen in einer Phase oder gar die Reversibilität des Prozesses durch massive Zurücksetzungserfahrungen thematisiert. Die zwei typischen Reaktionsformen auf den Assimilationsdruck der Immigrationsgesellschaft können in der Wirklichkeit zu affektiven und kognitiven Regressionen führen:

1. Entweder die regressive Abwehrhaltung gegen die Abnabelung von den früheren Objektbindungen, Identifikationen, der trotzige Versuch, „der neuen Welt einen möglichst geringen Tribut zu zahlen, und die eigene Biographie davon ‚unbeschädigt' zu halten" (Hettlage & Hettlage-Varjas, 1984), sodaß diese Fixierung an einem nostalgischen Ich und Selbstideal zu einer totalen Negierung der Gegenwart und der Immigrationsgesellschaft führt, oder 2. eine manische Überkompensation der übersteigerten Anpassung, Überidealisierung der Immigrations- und Deidealisierung/Entwertung der Emigrationsgesellschaft. Die Verleugnung der Herkunftsgesellschaft und der Haß gegen sie verbergen latente Schuldgefühle.

Wenn anstatt der notwendigen Trauerphase eine übereilige „Pseudoidentifikation" mit der neuen Gesellschaft, – vielleicht sogar in der Form der unassimilierten introjektiven Vorgänge, der primitivsten Identifikationsmechanismen –, stattfindet, wird eine pathologische Krisenbewältigung durch die Konstruktion eines „falschen Selbst" (false-self) (Winnicott, 1954) erreicht.

Die Diktate der fremden, herrschenden Zivilisation und Kultur dringen in die Psyche ein – wie eine dressierende Zweitsozialisation –, die aber als fremdkörperartige Abkapselungen bleiben: sie durchlöchern das Selbstwertgefühl anstatt ihm Kreativität, Reifung und Erweiterung zuzuführen, wie es bei einer gelungenen reiferen Identifikation der Fall ist. In der Betrachtung dieser pathologischen Art der Verinnerlichungsvorgänge darf der Bezug zu innergesellschaftlichen und zwischenstaatlichen Machtunterschieden, d.h. Etablierten-Außenseiter-Figurationen (Elias & Scotson, 1990), nicht außer acht gelassen werden: Je stärker das Charisma und der herrschende Lebensstil der westlichen Zivilisationszentren bereits in ihren Herkunftsländern die individuellen und kollektiven Ideale der Außenseiter dominieren, desto fragloser werden sie nach der Immigration in einer Gefühlsambivalenz von Haßliebe dem Assimilationsdiktat der herrschenden Kultur im Immigrationsland gehorchen. Dies trifft insbesondere für die Mittelschicht und Landemigranten der Großstädte zu. Introjektion und *Schuld* (sowie Scham) scheinen mir ein immanentes Moment derartiger gewaltförmiger Trennungs- und Anpassungszwänge, Identifikations- und Distanzierungsvorgänge zu sein. Die Schuld kann m.E. in zwei Richtungen wirken: in Richtung Assimilation und in Richtung Vergangenheitsfixierung. „Zum Charakter des Introjektes gehört (…) mehr oder weniger subtile oder mehr oder weniger offene Gewaltanwendung (…) dem Subjekt gegenüber" schreibt Hirsch (1993, S. 214): Es ist die psychische Gewaltanwendung der Assimilationsforderung der mächtigen, etablierten Gesellschaft, die häufig die Elemente der Schuld enthält: als 1) die *Introjektion der Unterdrücker* oder 2) die *Selbstschuld*, den Verlust der Liebesobjekte durch die Migrationsentscheidung verursacht zu haben. 1924 betonte Abraham die Rolle der Introjektion als das wichtigste Coping-Instrument des Trauernden, das verlorene Objekt wiederzugewinnen: „My loved object is not gone, for now I carry it within myself and can never lose it." (Abraham, 1924, S. 437). Dann habe ich aber für immer „die fremde Instanz", ihre unversöhnlichen Diktate und ihre mich in einer Entwicklung einfrierenden, Wandel verbietenden Befehle in mir – seien es die des Vaters, des religiösen Führers oder der anderen traditionellen Autoritäten des Heimatlandes.

Die Psychogenese der Migration im Kontext von Kultur und Macht

Moses ordnet die Migration in die Kategorie der „akkumulativen" oder „multiplen" Traumata ein (Moses, 1978), übereinstimmend mit Freud, der bereits 1895 feststellte, daß ein Trauma von einer Kumulation zahlreicher, partiell traumatischer Ereignisse verursacht werden kann (Freud, 1895). Seine Definition von Trauma als einem Überfluß von äußeren Reizen, die die Schutzbarriere sprengen und Störungen der Ich-Funktionen verursachen können (Freud, 1920), entspricht dem Zustand des/der MigrantIn schon bei seiner Ankunft, der/die sich im Erleben grenzenloser Ohnmacht von unverstehbaren Stimuli in allen Lebensbereichen überflutet fühlt. Migration bleibt ein „Langzeittrauma". Eitinger stellt in seiner Untersuchung fest, daß die große Menge der Impulse weder absorbiert, noch zuerst zu einer Anpassungsleistung des Ichs dienlich gemacht werden kann (Eitinger, 1977): Der ganze Bezugsrahmen und die Maßstäbe zum Verständnis der sozialen Umwelt und deren Reaktion auf das eigene Ich werden zerstört. Die Verpflanzung von der eigenen Gesellschaft in eine fremde erzeugt einen dauerhaften psychischen Streß, da die Einbuße des Gewohnten in allen zwischenmenschlichen Beziehungen und das Erlernen von neuen Rollen und Verhaltensstandards unter der Angst, Fehler zu machen, aufzufallen und Verachtung zu erfahren, ein Gefühl der permanenten Überforderung erzeugt. Es wächst um so mehr, je mehr in der Tat diese unvermeidlichen kleinen Verstöße gegen die Norm zu sozialen Sanktionen, zur Entwertung des Selbst führen. Die Befragung von Ex (1966) mit Flüchtlingen zeigt, wie die Gesamtwahrnehmung der sozialen Umwelt durch Unsicherheit und Minderwertigkeitsgefühle, durch das Gefühl, ständig beobachtet zu werden – „die abwertenden Blicke starrten auf sie und verfolgten sie" – dominiert wird. Das Stigma des Fremdseins im kulturellen Kontext erscheint allgegenwärtig (Goffmann, 1967).

So beginnt die Dressuranpassung unter sozialer Angst, mit der Phase des Gehorchens, ohne zu verstehen, mit der Phase des Handelns mit Instinkten: Migration geht unabdingbar mit einer *kognitiven* und *affektiven* Regression einher, da die Kommunikationsfähigkeit, Handlungskompetenz und damit auch das Selbstwertgefühl verloren gehen. Der sogenannte „Kulturschock" unmittelbar nach der Migration ist im Kern eine Desorientierung im Vakuum der bekannten Orientierungsmittel.

Haring und Xenakis (1977) stellten auf der Basis einer Pilot-Studie (1973-74) bei griechischen Arbeitnehmern in West-Berlin drei psychische Phasen der Migration fest (Erwartungsphase, Irritationsphase, Dekompensationsphase). Die *Erwartungsphase* prägen noch die Euphorie der Zielerreichung, Mut, sogar Übermut, die Anpassungs- schwierigkeiten überwinden zu können, und das Phantasiebild des Aufnahmelandes, das sich aus Träumen, eigenen Hoffnungen und Idealisierungen der lang ersehnten, charismatischen westlichen Zivilisation der Prämigrationsphase nährt. Die euphori- sche Gemütslage der Einreisephase schlägt in der Begegnung mit der Realität recht schnell zum Selbstzweifel um. Studien aus Israel (Guttmann) und Holland (Weinberg) belegen, daß die Chancen einer erfolgreichen affektiven und sozialen Integration bei einem in der Prämigrationsphase erworbenen guten Informationsstand, der ein reali- stisches Bild der zukünftigen Lebensbedingungen und eine entsprechende psychische Vorbereitung ermöglicht, wesentlich günstiger sind (Weinberg, 1961). Insofern hat die von vielen Seiten an der mangelnden Informationspolitik im Rahmen der Anwerbung geübte Kritik eine faktische Basis.

Eingangsphase

Insbesondere in dieser Eingangsphase der affektiven Schwankungen zwischen tiefer Verunsicherung und Mut, Gefühlen der Macht und Ohnmacht, erhöht sich das affek- tive Bedürfnis, angenommen, geschützt, geliebt und eingeschlossen zu werden, im- mens: Jedes Anzeichen der Ablehnung und des Ausschlusses führt zu einer Erschüt- terung der gesamten Ich-Kohärenz. Die Frage, ob befriedigende soziale Beziehungen – gute Objektbindungen –, ("good enough mothering", wie Winnicott (1956) es aus- drückt) zur Verfügung stehen, die diese Ängste und Ich-Kränkungen auffangen und zu verarbeiten helfen und den/die MigrantIn in die neue kulturelle Welt einweisen, ist entscheidend für die weitere Ich-Entwicklung im Migrationsprozeß. Israel hat z.B. in seinem Immigrantenbetreuungsprogramm diesen quasi „Mutterersatz"[2] für jeden Ein- wanderer institutionalisiert (Mc Goldrick & Pearce & Giordano, 1982). Winnicott sagt: „Der Immigrant braucht einen potentiellen Raum, der ihm als Übergangsort und Über- gangszeit vom mütterlichen Landobjekt zur neuen äußeren Welt dient." Hier geht es um den Aufbau einer Lebenssphäre zwischen Ich und Nicht-Ich, d.h. auch zwischen dem „Drinnen" der Zugehörigkeitsgruppe und dem „Draußen" der Aufnahmegesell- schaft, um die Kontinuität zwischen der Vergangenheit und der Zukunft zu sichern. Diese ist entscheidend für eine weitere ungestörte Ich-Entwicklung (Winnicott, 1971).

Soziale Isolation und Erfahrungen der Ausgrenzung führen bei der Migration un- weigerlich zu einem Gefühlsstau von Aggressionen, welche die MigrantInnen entwe- der in Form von „Selbsthaß" und/oder Somatisierungen gegen sich selbst oder auch in Form von Überidealisierung und Fixierung auf eine Kultur mit gleichzeitiger Dämo- nisierung und Verleugnung der anderen gegen eine der beiden Gesellschaften (Her- kunfts- oder Aufnahmegesellschaft) richten. Ein stabiles integriertes Ich als Prozeß der zunehmenden Aneignung neuer Kulturelemente kann sich nicht nur in der Kindheit, sondern auch in der Migration, die eine schmerzhafte *zweite Sozialisation* darstellt, nur innerhalb Halt vermittelnder zwischenmenschlicher Beziehungen und durch die Teilhabe an Zivilisations- und Kulturgütern entwickeln, um die widersprüchlichen Anforderungen der fremden Gesellschaft und die inneren Triebregungen zu verarbeiten. Auch hier gilt der Grundsatz, daß „man eine Verinnerlichung der Kultur(verbote) bei den Unterdrückten nicht erwarten darf" (Freud, 1927, S. 146). Die Verweigerung eines *identitäts-stiftenden Dialogs* und der sozialen Partizipation an affektiven Ressourcen ist die destruktivste Form der *strukturellen Gewaltanwendung*, weil sie das Ich zerstört .[3]

In der an der Psychologischen Fakultät der Universität Njimegen (Holland) von Ex (1966) durchgeführten Langzeitstudie über Flüchtlinge wurde festgestellt, daß, während kulturelle Anpassungs- und Entfremdungsschwierigkeiten über die Jahre sanken, soziale Ablehnung und die Blockierung der Entwicklung eines neuen Wir-Gefühls zum größten psychischen Problem des „Heimatverlustes" wurden.

Dekompensationen

Die zweite *desillusionierende Phase* der Psychogenese der Migration – *Dekompensation*[4] – beginnt mit der Anerkennung der Realität, die durch eine bessere Einsicht in die eigene abgewertete Stellung in der etablierten Gesellschaft den „Wert" des Verlassenen und Verlorenen bewußt macht. Man erkennt mit Trauer an, daß mit dem Verlust der affektiven Valenzen – der Beziehungen und Bindungen – auch Anteile des Selbst verloren gegangen sind. Der Trauerprozeß um den Verlust der *Selbstkontinuität*, des Zusammenhangs von Vergangenheit und Zukunft – der übergreifenden Lebensperspektive – zeigt auch versagte Ersatzidentifikationen in der Aufnahmegesellschaft an, die die Wiederherstellung der Selbstintegrität ermöglicht hätten. Das Gefühl der inneren Entleerung kommt in dem Zitat eines Migranten plastisch zum Ausdruck: „Ich habe das Gefühl, daß ich durch das Leben mit einem geöffneten Koffer gelaufen bin, alles verschwendend."(Grinberg & Grinberg, 1990, S. 100).

Kernberg (1966, S. 236-253) charakterisiert die Ich-Identität aus den synthetischen Funktionen des Egos mit folgenden drei Aspekten:
- das Bewußtsein eines Kontinuitätssinns von Selbst,
- die Übereinstimmung zwischen den externen Objektrepräsentanzen im Verhältnis zum Selbstkonzept,
- ein Sinn von Selbstbestätigung, d.h. die Empfindung, daß die eigene Identität in Interaktion mit der Gesellschaft sozial anerkannt und bekräftigt wird.

Die Migration, die Begegnung mit einer neuen Kultur und Gesellschaft, die mit sozialen Ausschluß- und Stigmatisierungserfahrungen einhergeht, beschädigt in dieser Phase unweigerlich die Fähigkeit des Ichs zur Herstellung eines Kontinuitätssinns – die Ich-Kohärenz. Die Migration steigert die Ambivalenzen und die Angstproduktion des Ichs, dessen Integrität in dem radikalen Zugehörigkeits- und Kulturumbruch gleichzeitig zweifach bedroht wird:
- durch die Objektverluste und entsprechende Trauer und
- durch den psychischen Streß der kognitiven und affektiven Integration (Aneignung) neuer kultureller Elemente unter dem Assimilationsdruck der Aufnahmegesellschaft und daher unter sozialer Angst.

Es ist dieses zeitliche Zusammenfallen der Trauerreaktion durch den Verlust aller geliebten Objekte mit der Begegnung mit einer neuen Kultur, die sofort massive Lern- und Anpassungsansprüche stellt, was das Ich so sehr bedroht und massive Ängste produziert. Insofern ist die psychische Verarbeitung der Migration sowohl mit der Trauer um das Verlorene als auch damit verbunden, eigene Ängste aushalten zu lernen und eine innere Distanz zu ihnen zu gewinnen.[5]

Nach der Transplantation von einer Gesellschaft in eine andere ist der stets gefährdete Gleichgewichtszustand des Ichs zwischen den Ge- und Verboten des *in einer fremden Zivilisation eingepflanzten Über-Ichs*, den viel stärker und häufiger unbefriedigt bleibenden *Triebansprüchen und aggressiven Impulsen des Es in einem fremdkulturellen Kontext*, der keine Sublimationschancen bietet, und den Anforderungen der Immigrationsgesellschaft kaum mehr zu erreichen.

„Wenn das Ich seine Schwäche einbekennen muß, bricht es in Angst aus, Realangst vor der Außenwelt, Gewissenangst vor dem Über-Ich, neurotische Angst vor der Stärke der Leidenschaften im Es." (Freud, 1969, S. 15).

Desorientierung, Gefühl der Ohnmacht, Hilflosigkeit und daher Angst angesichts der Begegnung mit der Fremde gehen aus dem Unvermögen des Über-Ichs hervor, mit seinen Wert-, Urteils- und Verhaltensregeln einen ausreichenden Schutz zu geben. Die in einem anderen kulturellen Kontext gewonnenen Verinnerlichungen sind in der fremden Gesellschaft nicht imstande, ein Gefühl der Sicherheit im Umgang mit den Trieben und Wünschen im Verhältnis zur Gesellschafts- bzw. Gruppenmeinung und daher ein Selbstwertgefühl zu vermitteln (Trimborn, 1979).

„Ein Aspekt des Über-Ichs ist besonders hervorzuheben: Das soziale Über-Ich, das neben dem archaischen und dem ödipalen Über-Ich einen Teil der Über-Ich-Struktur bildet, das Triebbefriedigung entsprechend den Regeln der Gruppe gestattet, die soziale Identität absichert und Trennungsangst verhindert. Im Spannungsfeld zwischen Gruppe und Über-Ich garantiert das Erleben der psychosozialen Ich-Identität das narzistische Gleichgewicht. Jeder Wechsel des sozialen Ortes und kulturellen Raumes muß notwendigerweise Folgen für Identitätserleben und die steuernden Funktionen des Ichs haben." (Kohte-Meyer, 1993, S. 120)

Abwehrreaktionen

Die ersten medizinischen Beschreibungen der vermeintlichen Krankheit der „Entwurzelten" (Nostalgia) durch den Schweizer Arzt Hofer datieren von 1678 (Zwingmann, 1962). Daß die „Symptome" zuerst unter den Söldnern und später in anderen überwiegend marginalisierten Migrantengruppen, wie z.B. Dienst- und Kindermädchen auftauchten, d.h. daß in der Entstehung rückwärtsgerichteter Sehnsüchte den Lebensbedingungen in der Fremde eine Schlüsselrolle zukommt, fand zu der Zeit keine Beachtung. Zwingmanns Begründung der nostalgischen Reaktion trifft den Kern des psychischen Vorgangs: „Wenn die Gegenwart keine ausreichende Gratifikation gibt, kann die Psyche ihre libidinöse Befriedigung durch eine Projektion der Wünsche in die Zukunft oder durch eine Retrojektion in die Vergangenheit erhalten." (Zwingmann, 1962)

Hierin liegen die Wurzeln der in der Migrationssoziologie bekannten Phänomene der Rückkehrillusion[6], des befristeten Aufenthalts und der hohen Arbeits- und Sparleistung der Arbeitsmigranten – je diskriminierter die gesellschaftliche Stellung, umso stärker sind diese Ersatzhandlungen -: Sie sind ein Schutzmechanismus vor der psychischen Destruktion eines Außenseiterdaseins, vor den Abwertungserlebnissen und zugleich vor den Ängsten durch eine Verbindung der Überidealisierung der verlassenen Heimatgemeinschaft mit der Hoffnung auf eine zukünftige Rückkehr zu ihr mit höherem Prestige und Rang, Wohlstand und Selbstachtung. Die auf dieser Fixierung beruhenden Verzichtleistungen – Zitat eines Migranten: „Deutschland ist nur zum Arbeiten, nicht zum Leben" (Leyer, 1991, S. 103) zeigen die wahrgenommene große Diskrepanz zwischen dem realen abgewerteten Ich und einem übersteigerten Ich-Ideal durch das über die Jahre ausgehöhlte Selbstwertgefühl. Nur der angehäufte Reichtum und seine Zurschaustellung in der eigenen Herkunftsgruppe bestätigen die Richtigkeit der Migrationsentscheidung, der langen verzichtvollen Jahre. Der Prestigezugewinn bringt eine Teilkompensation für die Minderwertigkeitsgefühle und das entwertete Selbstwertgefühl in der Immigrationsgesellschaft.

In der Überidentifikation mit und Aufwertung der eigenen Gruppe als einer Widerstandsform gegen die etablierte Gesellschaft und ihre kulturellen Symbole verschmelzen Ich- und Wir-Gefühle (Chasseguet-Smirgel, 1981, S. 80-94), so daß das erniedrigte Selbstwertgefühl durch die Partizipation an der phantasierten Größe, am Charisma, der Wir-Gruppe zurückgewonnen wird – es mag in der Religion oder in imaginierten Blutbanden oder in sonst etwas begründet sein. Die Herkunftskultur erlangt in diesem defensiven Abgrenzungsbestreben einen gesteigerten Symbolwert, als die Inkarnation der Gruppe selbst. Die Schaffung kollektiver kultureller Mythen als Schutz oder Abwehr gegen den Druck der etablierten Gesellschaft bedient sich eifrig solcher Symbole und Werte, die selbst häufig auf Zuschreibungen der etablierten Gesellschaft beruhen. „A group normally guards its norms and value myths more jealously than the norms and values it actually lives. Minority feeling of identity is based more upon these myths than on practiced ones." (Ofstad, 1981, S. 53)

Die Machtungleichheit perpetuierende unbewußte Sprachverweigerung ist eine weitere mögliche Folge dieser Verleugnung der schmerzlichen Gegenwart und der unbewußten Reaktion, das eigene Ich von weiteren Verletzungen unberührt zu lassen. Denn die Sprache gehört zu den ersten Objektbindungen. Die Widerstände gegen das Erlernen der neuen Sprache können so stark sein, daß der Spracherwerb selbst bei Menschen mit akademischem Hintergrund jahrelang psychisch gänzlich blockiert wird; diese starke dissoziative Abwehr, die an sich für die Immigrationsgesellschaft gilt, tritt überwiegend unter Flüchtlingen und Exilanten, die das Trauma des erzwungenen Abschiednehmens vom Herkunftsland im Kontext der Migrationsbedingungen im Aufnahmeland nie verarbeiten konnten, und Menschen, die gleich bei ihrer Ankunft eine schwere Ich-Kränkung oder – Bedrohung durch die Aufnahmegesellschaft erfahren haben, auf. Die Angst vor der kulturellen Assimilation[7] in die Assimilationsgesellschaft, vor dem Verschwinden der bisherigen kulturellen Eigentradition, wird wie ein „kollektives Sterben" erlebt (Elias, 1987b, S. 296).

„(Das Wir-Bild) gibt dem einzelnen Menschen eine Vergangenheit weit über die persönliche, individuelle Vergangenheit hinaus, und es läßt zugleich etwas von den vergangenen Menschen in den jeweils gegenwärtigen weiterleben. ... (Die Zugehörigkeit zu einer Wir-Gruppe gewährt) kraft der Kontinuität ihrer Tradition dem Einzelnen Chancen des Überlebens über die tatsächliche physische Existenz hinaus, des Überlebens in der Erinnerung der weiterlebenden Generationenkette" (ibid S. 297.

Die Ängste, sich zu ändern, von der neuen Kultur „aufgefressen" und „aufgelöst" zu werden, sind auf die affektive Ambivalenz zwischen dem Bedürfnis, in der neuen Gesellschaft aufzugehen, sich zu vermischen, und dem Wunsch der Selbsterhaltung, Selbstkonstanz, d.h. auch sich von den anderen zu unterscheiden, zurückzuführen. Der affektive Widerstand dagegen, sich zu ändern, ist umso größer und der Kampf um die Fixierung des Ichs und der nächsten Personen (wie der Familienangehörigen und besten Freunde) umso stärker, je mehr Ausschluß, Ablehnung, Stigma und Ich-Kränkungen erfahren worden sind. Es geht um die Bedrohlichkeit der „Selbstaufgabe", ohne eine neue soziale Aufnahme, einen sozialen Einschluß und daher sozialen Platz finden zu können: um den sozialen Tod.

Eine zweite mögliche Abwehrreaktion, die häufiger die Migrationsbiographie der MittelschichtmigrantInnen prägt, ist die Fortsetzung der prämigratorischen und anfänglichen „Erwartungsphase" (nach der Ankunft) in Form einer (manischen) Überkompensation. Auch wenn sie psychoanalytisch als eine Schutzstrategie gegen die drohende Dekompensation und Depression erklärt wird (Leyer, 1991), wird sie erst durch weniger Stigma- und Diskriminierungserfahrungen und geringere kulturelle Desorientierung im Vergleich zu MigrantInnen ländlicher und Unterschichtherkunft möglich. Eine Teilkompensation erfolgt auch durch ihren hohen Status in der Migrantengruppe und die Übernahme der „Brückenkopffunktionen" zu der etablierten Gesellschaft. Der Zugang zu affektiven und materiellen Machtquellen, die Hoffnung auf einen sozialen Aufstieg ist bei ihnen größer. Die Form der Angstbewältigung der MittelschichtmigrantInnen ist das rastlose Streben nach sozialem Aufstieg, d.h. im Kern nach einer relativen Steigerung der eigenen Machtrate, nach der Akkumulation der Machtmittel, welche die Gewährung sozialer Sicherheit versprechen. Hinter dem Lob für den besonderen Eifer und daher den sozioökonomischen Wert der ImmigrantInnen liegt das Schicksal der individuellen Angstabwehr. Diese zeigt aber auch eine Verabsolutierung und Verinnerlichung der Normen und Mythen der Immigrationsgesellschaften an: Ein endloses Strampeln um die Gunst der Mächtigen, Gehorsam gegenüber dem Idealisierten, das Messen des eigenen Wertes an „erbrachten Leistungen", die als die Voraussetzung für den Zugang zu der Welt der Etablierten und daher als die Bedingung für die Annahme und Einschluß in die ersehnte Immigrationsgesellschaft betrachtet werden.

Die Maßstäbe der westlichen Zivilisation sind durch die Globalisierung und weltweite Diffusion seit dem 19. Jh. zur Idealnorm und zum charismatischen Vorbild der an sie assimilierenden Gesellschaften – insbesondere ihrer verwestlichten Mittelschichten und urbanisierten Teile ihrer Bevölkerung – geworden. Die ImmigrantInnen, die mit der Überzeugung der Überwertigkeit der westlichen Zivilisation und der kollektiven Minderwertigkeit ihrer der „Idealnorm" noch nicht entsprechenden Kultur in das ersehnte Land ihrer Träume einreisen, haben ein partiell nach den westlichen Standards aufgebautes Über-Ich und eine Ich-Idealität, die sich zum größten Teil von den verinnerlichten (introjizierten) europäischen Soll-Werten, erstrebten Zielen und Idealen nährt.

Mit der bereits in den verwestlichten Metropolen ihrer Herkunftsgesellschaft verinnerlichten Überlegenheit der westlichen Zivilisation und mit der Überzeugung von ihren eigenen Unzulänglichkeiten gehorchen sie ihrem an den Etablierten orientierten Selbstideal und stürzen sich in eine übersteigerte Anpassung, Leistung und Aktivität.

Verleugnung bzw. Verharmlosung der Intensität des Einschnittes in die eigene Biographie durch die Migration und die Überbewertung der etablierten Kultur und Überlegenheit der Aufnahmegesellschaft gehören in den gleichen Kontext. In ihrer Hyperaktivität und Aufstiegsorientierung haben sie andauernd die erlebten Verluste, Stigmatisierungen und Abwertungen verleugnet und übersehen.

Mit dem Selbstbild, das von dem negativen Fremdbild der Deutschen geprägt ist, versuchen sie der Stigmatisierung dadurch zu entgehen, daß sie sich mit dem Unterdrücker identifizieren und soziale Kontakte mit den besonders stigmatisierten TürkInnen ländlicher Herkunft zu meiden, um mit diesen nicht identifiziert zu werden. Das Image der Außenseiter wird von der Minderheit der „Schlechtesten" unter ihnen und das der Etablierten von der Minderheit der „Besten" geformt. Selbst wenn die Außenseiter von den Vorwürfen der Etablierten persönlich nicht betroffen sind, können sie die Identifikation mit der eigentlich stigmatisierten Schicht in ihren eigenen Köpfen nicht zurückdrängen. Das Beschriebene ist ein Teil des Mechanismus, wodurch die sozial dominanten Gruppen ihre Überlegenheit und Macht über die sozial unterlegenen Gruppen aufrechterhalten. Ich möchte drei Zitate aus einer Diskussion unter den privilegierten TürkInnen (Kaufleute, Dolmetscher usw.) bringen, die diese psychische Struktur verdeutlichen:

„Ich gebe den Deutschen recht. Wie sollen sie mit unseren ungehobelten, anatolischen Bären klarkommen."

„Solange wir unseren Müll auf die Straßen kippen und Dreck machen, haben die Deutschen recht, daß sie uns nicht mehr wollen."

„Es ist klar, daß der deutsche Staat uns nach Hause schicken will. Jeder, der den Koffer packt, kommt als Asylant über die Grenze."

Wenn türkische SchülerInnen sich weigern, ihre türkischen Vornamen zu behalten und sich deutsche Vornamen aneignen, ist das ein weiteres Beispiel für denselben Mechanismus: sich schämen, ein Türke oder eine Türkin zu sein, und lieber eigene Wurzeln abzulehnen, anstatt als solcher identifiziert zu werden.

Irgendwann kommt jedoch die Erkenntnis, daß der erreichte soziale und ökonomische Status doch nicht vor Diskriminierungen und der Zuweisung von Unwürde schützt, so daß eine Besinnung auf die eigene Volkszugehörigkeit – ein ethnisches Bewußtsein – reaktiv entsteht. Der Mechanismus ist vielleicht vergleichbar mit der Trotzreaktion eines Menschen, der ungeachtet seiner „Besserungsbemühungen" die erhoffte Zuneigung eines Vorbildes doch nicht gewinnt und zu einer Lebensweise zurückkehrt, die die ursprüngliche Ablehnung der Autoritätsfigur hervorgerufen hatten. Es ist für einen konstruktiven Beitrag zur Gesellschaft entscheidend, ob dieser Schicht die Möglichkeit gegeben wird, ihre Frustration in sozial anerkannte Formen des Kampfes, in Politik, in Verbände, Medien, Literatur und Wissenschaft usw. zu lenken.

Das Dilemma der Migrationsbiographie vieler MittelschichtmigrantInnen liegt im folgenden: Je mehr sie selbstreflexiv über die kulturellen Unterschiede und Abweichungen, Widersprüche wissen, und je mehr sie durch die zunehmende Identifikation mit der Aufnahmegesellschaft ihre Standards, Ideale und zivilisatorischen Werte anerkennen, sie annehmen, desto stärker wird die Wahrnehmung ihrer eigenen Defizienz. Da der/die „Nachahmende", „Nacheifernde", „Sich-Assimilierende" niemals ein gleichgestelltes Ebenbild des Vorbildes werden kann, sondern sich ein Leben lang auf einem Marathonlauf des Sich-Selbst-Auslöschens und Sich-Selbst-Neu-Konstituierens befindet, sind Ängste und Gefühle des Selbstzweifels, der Defizienz und Makelbehaftung permanente Affektlagen des Fremdendaseins: Die Normen der Herrschenden werden immer stärker zur strafenden inneren Stimme. Dem größeren psychischen Leiden der verwestlichten MittelschichtmigrantInnen aus den Metropolen und urbanen Städten ihrer Herkunftsländer liegt dieser Mechanismus zugrunde: Er trägt sowohl die Keime des Selbsthasses als auch des Protestpotentials der Migranteneliten, wie es aus den Einwanderungsländern bekannt ist.

Wenn die manische Abwehr erschöpft ist, die während der ganzen Zeit für die Durchsetzung und Erzwingung der Anpassung verwendet wurde, kommt die psychisch verzögerte Verarbeitungskrise, die Grinberg & Grinberg als „das Symptom der übergangenen Trauer" bezeichnen (Grinberg & Grinberg, 1990, S. 106). Der Auslöser ist meist der blockierte weitere soziale Aufstieg, der oft zu den Migrationsmotiven gehört, und die Zurücksetzungserfahrungen. Da die Überidealisierung der etablierten Gesellschaft mit der Verinnerlichung eines erniedrigten Wir-Bildes der Herkunftsgruppe sowie des eigenen Selbstbildes durch das Fremdbild der Etablierten einhergeht und häufig zum Eigengruppenhaß geführt hat, entsteht jetzt ein plötzliches Identifikationsvakuum, das die verzögerte Dekompensationsphase einleitet.

Reorganisation

Im Falle einer günstig verlaufenden Aufstiegs- und Partizipationsmöglichkeit, d.h. einer durch die etablierte Gesellschaft erlaubten strukturellen und identifikatorischen Integration, die Enttäuschungen und Kränkungen, schwankende Entfremdungen und Wiederannäherungen verkraften ließ und zu keiner seelischen Panzerung, Rückentwicklung oder Fixierung führte, hat der/die MigrantIn die Chance, zu einer dualen kulturellen Orientierung zu gelangen: Diese Phase der Reorganisation (Garza-Guerrero, 1974, S. 408-429) ist das Stadium des Gehorchens und der teilweisen Identifikation mit beiden Gesellschaften, der Bemühung, beiden gerecht zu werden. Dort, wo etablierte Einwandererkolonien existieren, wie in den Großstädten der Bundesrepublik, Frankreichs, Englands etc., kann diese Phase sich als sehr beharrlich erweisen, da die sozialen Zwänge und Kontrollmechanismen und die reetablierten traditionellen gesellschaftlichen Integrationsformen und Instanzen die Einhaltung der heimatlichen Normen – manchmal strenger als im Heimatland – überwachen.

Dieses Gefühl der Doppelbindungen und kulturellen Ambivalenzen – Doppeldeutigkeiten – kommt bei Zafer Senocak, einem Dichter türkischer Herkunft, der in Deutschland lebt, insbesondere an der Metapher der Sprache plastisch zum Ausdruck:

> *Ich habe meine Füße auf zwei Planeten*
> *Ich trage zwei Welten in mir*
> *Aber keine ist ganz;*
> *Sie bluten ständig*
> *Die Grenze verläuft mitten durch meine Zunge*

Auch wenn die unsichtbare Mauer zwischen dem Selbst und den neu angeeigneten Beziehungen und Bindungen nie ganz verschwindet, beginnt jetzt die Konsolidierung eines neuen Identitätsgefühls, das Wiedererlangen, sogar die Bereicherung der Ich-Fähigkeiten und Kulturleistungen. Man hat jetzt den Mut, die Gegenwart wirklich zu leben, realistische Zukunftspläne zu machen und sich die Vergangenheit und die Verluste anzueignen; sie zu akzeptieren und in das eigene Ich zu integrieren, aber sie zugleich als etwas „Abgeschlossenes" zu betrachten. D.h. die größere Reintegration des Ich führt auch zu einer höheren synthetischen Funktion des Ich, zu sublimatorischen Kreativleistungen.

Aus der Dichotomie der Wertsysteme gelangt der/die MigrantIn erst in dieser dritten Phase zu einer individuellen Synthese, d.h. man entwickelt eigene spezifische Wertvorstellungen und Maßstäbe, die ihre Wurzeln in beiden Kulturen haben. Der Preis für „reicher werden" im kulturellen Sinne ist ein Leben im Spannungsfeld von Fremd- und Selbsterfahrung. Die Distanz zu beiden Kulturen hat dann auch zunehmend zu einer Selbstdistanz geführt. Der Preis für diese Fähigkeit, beide Kulturen kritisch zu vergleichen und zu reflektieren, weil man sich zunehmend vom Diktat des direkten Engagements, der blinden Loyalität in beiden Gesellschaften befreit, ist eine zunehmende Vereinsamung. Die bisherigen nach dem Muster der Doppelzugehörigkeit, Doppelloyalität, Doppelgehorsamkeit und Fremdzwangssysteme eingegangenen Bindungen, Gruppenzugehörigkeiten und politischen Orientierungen geraten ins Wanken, indem ihre Bedeutung und absolute Geltung relativiert werden.

„In dem Maße wie der Emigrant nach und nach die Erfahrung seiner Migration verarbeiten und die verleugneten Gefühle integrieren kann, wird er wachsen und den Schmerz erleiden können. Er wird auch ein größeres Wissen aus seinen Erfahrungen erlangen. Die Wahrheit über sich, über seine Verluste, durch Introspektion zu erfahren, drückt sich im Schmerz aus."(Grinberg & Grinberg, 1990, S. 111).

Die erreichte affektive Distanz zu beiden Kulturen und Machtzentren, die Emanzipation von den Identifikationen mit den beiden Herrschaftssystemen, ermöglicht dem/der GrenzgängerIn häufig eine höhere Synthese- und Kritikfähigkeit als dem/der „Immer-dazu-Gehörigen", wie Simmel schon um die Jahrhundertwende als die Früchte seiner eigenen Selbstreflexion feststellte (Simmel, 1908). Wenn „die ursprünglichen Wurzeln" fehlen, verortet man sich im ganzen Universum; wenn die „ursprüngliche Bindung" zu einer Gruppe – sei es zu einer Sippe, Stadt oder Nation – gerissen ist, wächst der Radius der Identifikation. Erst wenn das Verstricktsein in dualen gegensätzlichen Kategorien von Herkunftsland versus Immigrationsland, und das hohe affektive Engagement von emotionalen Schwankungen zwischen Idealisierungen und Entwertungen dieser oder jener Kultur ihren Phantasiegehalt verloren haben, weil das sublimierungsfähige Ich sich von den libidinösen und aggressiven Triebregungen emanzipieren kann, wird eine wahre soziale Integration stattfinden. Diese Entwicklung setzt aber voraus, daß die mächtigere Aufnahmegesellschaft den Phantasiegehalt und die Affektivität ihres Denkens, Fühlens und Handelns gegenüber den ohnmächtigen EinwandererInnen abzubauen lernt und selbst von projektiv besetzten und differenzierten dichotomischen Denkkategorien von Wir versus Sie, eigene Kultur versus fremde Kultur, zu der höheren Syntheseebene eines neu zu konstruierenden Gesellschaftsbildes gelangt.

Anmerkungen

1   Ein ähnliches Phasenmodell entwirft Sluzki (1979, S. 381ff), das die Familie als die Migrationseinheit zugrundelegt:
    1. vorbereitende Phase
    2. physische Migration
    3. Phase der Überkompensation
    4. Phase der Dekompensation
    5. intergenerationale Erscheinungen

2   Psychoanalytisch betrachtet wird vom Verlust des „Mutterland-Objektes" mit entsprechenden Folgen der oralen Regression gesprochen.

3   Eitinger (Universität Oslo) stellte fest, daß die Gefühle der Isolation und unbefriedigte Beziehungs- und Zugehörigkeitsbedürfnisse in der Genese der späteren paranoiden Reaktionen seiner Flüchtlingspatienten eine Schlüsselrolle im Zusammenbruch der Ich-Funktionen spielte (Eitinger, 1977).

4   Haring und Xenakis (1977) stellten nach der Selbsteinschätzung der Befragten eine Veränderung ihrer Persönlichkeit fest: 10% gaben an, gehemmt geworden zu sein, 19% reizbarer, 19% ängstlich, 34% pessimistisch, alle begleitet von vegetativen Symptomen. Als Grund ihres Unwohlbefindens gaben 93% Heimweh und 67% Diskriminierungen an.

5   Der Kulturschock ist eine belastende, angsterzeugende Situation - eine gewalttätige Begegnung, die die Persönlichkeit des Neuankömmlings auf die Probe stellt, indem sie die Stabilität seiner Psyche überprüft. Wenn die Krise gelöst werden kann, ist emotionales Wachstum möglich, wenn sie nicht erfolgreich gelöst wird, treten verschiedene Formen der Stagnation oder gar pathologischen Regression auf (Garza-Guerrero, 1974, S. 410).

6   95,3% der ersten türkischen und 88,6% der ersten jugoslawischen MigrantInnengeneration, sowie 88,6% der türkischen und 70,1% der jugoslawischen zweiten Generation wollen zurückkehren.

7   Baumann (1992) zeigt auf, daß der Begriff Assimilation zuerst im 16. Jh. im biologischen Sinne verwendet wurde, als der Akt der Absorption und der Einverleibung durch einen lebenden Organismus. Die aus dieser semantischen Deutung hervorgehende Aggressivität und Urängste sind noch im Kollektivgedächtnis enthalten. „Unzweideutig stand ‚Assimilation' für Umwandlung, nicht für einen selbstgestalteten Wandel; ein Akt, der von einem lebenden Organismus an seiner passiven Umwelt vollzogen wurde. Assimilation bedeutete ‚in eine Substanz von seiner eigenen Natur umwandeln'; ‚die Verwandlung eines äußerlichen Materials in Flüssigkeiten und Gewebe, die mit den eigenen identisch sind, durch ein Tier oder eine Pflanze'... Als Teil einer biologischen Erzählung stand ‚Assimilation' für die Aktivität des nahrungssuchenden Organismus, der Teile der Umwelt seinen eigenen Bedürfnissen unterordnete, und zwar indem er sie so transformierte, daß sie mit seinen eigenen ‚Flüssigkeiten und Geweben' (mit dem Organismus, der gleichzeitig die causa finalis, causa formalis und causa efficiens des Prozesses und seines Ergebnisses war) identisch wurden. Der Begriff rief das Bild eines lebendigen, aktiven Körpers wach, der eigenmächtig und eigennützig etwas, das von ihm selbst verschieden war, seinen eigenen Inhalt eingab und ihm seine eigene Form überstülpte (er mußte es tun, um am Leben zu bleiben). Es war die Vorstellung eines Prozesses, in dessen Verlauf Form und Inhalt der anderen Entität einen radikalen Wandel durchmachten, während die Identität des ‚assimilierenden' Körpers erhalten und tatsächlich auf die einzig mögliche Weise konstant blieb - durch Absorption. Diese Bildlichkeit machte den biologischen Begriff für seine neue soziale semantische Funktion so hervorragend geeignet. Sobald er erst einmal seinem neuen metaphorischen Gebrauch zugeführt war, nahm der Begriff den neuen Trieb zur Gleichförmigkeit in sich auf, der sich am besten in dem umfassenden kulturellen Kreuzzug ausdrückte, auf den sich die neuen modernen Na-

tionalstaaten (oder Nationen auf der Suche nach einem Staat) begeben hatten. Dieser Trieb reflektierte und inaugurierte die kommende Intoleranz gegenüber der Differenz." (Baumann, 1992, S. 135-136)

Literatur

Abraham, K. (1924). Object-loss and introjection in normal mourning and in abnormal stages of mind. In: Selected Papers on Psychoanalysis. New York 1953

Baumann, Z. (1992). Moderne und Ambivalenz. Hamburg

Boroffka, A. & Pfeiffer, W. (Hg.) (1977). Fragen der transkulturellvergleichenden Psychiatrie in Europa. Symposium in Kiel 5.4.1976-8.4.1976. Münster 1983.

Bowlby, J. (1963). Processes of Mourning. In: International Journal of Psychoanalysis, 42

Chasseguet-Smirgel, J. (1981). Das Ichideal. Frankfurt a.M.

Eitinger, L. (1977). Psychiatric Symptomatology in Refugees. In: Boroffka, A. & Pfeiffer, W. (Hg.), a.a.O.

Elias, N. (1987a). Engagement und Distanzierung, Arbeiten zu Wissenssoziologie. Frankfurt a.M.

Elias, N. (1987b). Die Gesellschaft der Individuen. Frankfurt a.M.

Elias, N. & Scotson, J. L. (1990). Etablierte und Außenseiter. Frankfurt a.M.

Ex, J. (1966). Adjustment after Migration. The Hague

Freud, S. (1895). Studien über Hysterie, Gesammelte Werke I. Frankfurt a.M. 1960

Freud, S. (1917). Trauer und Melancholie. Gesammelte Werke X. Frankfurt a.M. 1960

Freud, S. (1920). Jenseits des Lustprinzips, Gesammelte Werke XIII, 1. Frankfurt a.M. 1960

Freud, S. (1927). Die Zukunft einer Illusion. Kulturtheoretische Schriften, Frankfurt a.M. 1986

Freud, S. (1930). Das Unbehagen in der Kultur, GW XIV. Frankfurt a.M. 1969

Freud, S. (1969). vorlesungen zur Einführung in die Psychoanalyse. Studienausgabe Band 1. Frankfurt a.M. 1969

Garza-Guerrero, A. C. (1974). Culture Chock: its Mourning and the Vicissitude of Identity. In: American Psychoanalytical Ass. VI, 22, 2

Goffmann, E. (1967). Stigma. Über Techniken der Bewältigung beschädigter Identität, Frankfurt a.M. 1992

Grinberg, L. & Grinberg, R. (1990). Psychoanalyse der Migration und des Exils. München & Wien

Haring, C. & Xenakis, Ch. (1977). Nostalgische Reaktionen bei griechischen Gastarbeitern in West-Berlin. In: Boroffka, A. & Pfeiffer, W. (Hrsg.). a.a.O.

Hettlage, R. & Hettlage-Varjas, A. (1984). Kulturelle Zwischenwelten - Fremdarbeiter - eine Ethnie? In: Schweizerische Zeitschrift für Soziologie

Hirsch, M. (1993). Das Fremde als unassimiliertes Introjekt. In: Streeck, U. (Hrsg.). Das Fremde in der Psychoanalyse, München

Kernberg, O. (1966). Structural derivatines of object relationships. In: International Journal of Psycho-Anal. 47

Kohte-Meyer, I. (1993). „Ich bin fremd, so wie ich bin". Migrationserleben, Ich-Identität und Neurose. In: Streeck, U. (Hrsg.). Das Fremde in der Psychoanalyse, München

Kürsat-Ahlers, E. (1985). In der Fremde leben. In: Schultz, H. J. (Hrsg.). Trennung. Stuttgart

Kürsat-Ahlers, E. (1991). Migranten - Abschiednehmen von den Wurzeln. In: Pflüger, P. M. (Hrsg.). Abschiedlich Leben. Umsiedeln-Entwurzeln-Identität suchen, Olten

Kürsat-Ahlers, E. (1992). Gefühle in der Fremde. In: Collatz, J. & Brandt, A. & Salman, R. & Timma, S. (Hrsg.). Was macht Migranten in Deutschland krank? Zur Problematik von Rassismus und Ausländerfeindlichkeit und von Armutsdiskriminierung in psychosozialer und medizinischer Versorgung. Hamburg

Kürsat-Ahlers, E. (1992). Zur Psychogenese der Migration, Phasen und Probleme. In: Informationsdienst zur Ausländerarbeit, 3/4

Leyer, E.M. (1991). Migration, Kulturkonflikt und Krankheit, Opladen

Löw-Beer, M. (1993). Zur Einschätzung von Gefühlen und Gefühlsleben. In: H. Fink-Eitel, H. & Lohmann, G. (Hrsg.). Zur Philosophie der Gefühle. Frankfurt a.M.

Mc Goldrick, M. & Pearce, J. K. & Giordano, J. (Hrsg.) (1982). Ethnicity and Family Therapy. New York

Moses, A. (1978). Adult Psychic Trauma. The Question of Early Predisposition and Soma Detailed Mechanism. In: International Journal of Psycho-Anal., 59

Ofstad, H. (1981). Identity and Minority: Value Conflicts and Conflict of Identity.In: Eitinger, L. & Schwarz, P. (Hrsg.). Strangers in the World, Bern & Stuttgart & Wien

Simmel, G. (1908). Exkurs über den Fremden. In: Soziologie-Untersuchungen über die Formen der Vergesellschaftung. Berlin. 1983

Sluzki, C. E. (1979). Migration and Family Conflict. In: Family process, 18, 4

Trimborn, W. (1979). Der progressive Abwehrcharakter des Über-Ichs. In: Cremerius, J. et al. (Hrsg.). Psychoanalyse, Über-Ich und soziale Schicht. München

Weinberg, A. A. (1961). Migration and Belonging. The Hague

Winnicott, D. W. (1954). The depressive position in normal emotional development. In: British Journal of Med. Psychol. 28

Winnicott, D. W. (1956). Primäre Mütterlichkeit. In: Vor der Heilkunde zur Psychoanalyse, München. 1976

Winnicott, D. W. (1971). Playing and Reality, London

Zwingmann, Ch. (1962). Zur Psychologie der Lebenskrisen. Frankfurt a.M.

Unterschiedliche Perzeptionen des Exils

Tahereh Agha

Immer fand ich den Namen falsch, den man uns gab:
Emigranten.
Das heißt doch Auswanderer. Aber wir wanderten
Doch nicht aus, nach freiem Entschluß
Wählend ein anderes Land. Wanderten wir doch auch nicht ein
In ein Land, dort zu bleiben, womöglich für immer.
Sondern wir flohen. Vertriebene sind wir, Verbannte.
Und kein Heim, ein Exil soll das Land sein, das uns da aufnahm.

Dieses Gedicht, das von B. Brecht im Exil geschrieben wurde, ist charakteristisch für die konstitutive Bestimmung der Begriffe Flucht und Exil, die seit Jahrhunderten und in fast allen Kulturen als „Zwang" und „Provisorium" oder sogar „Leid" und „Heimatlosigkeit" interpretiert werden. So wird denn auch bis heute eine „Analogie zwischen Exil/Emigration einerseits" und „Krankheit andererseits" hergestellt (Stamm, 1991, 33ff).

Die Themen Flucht und Exil werden vor allem in den westlichen Industrieländern durch Diskurse beherrscht, die im Zusammenhang mit juristischen wie asyl- und völkerrechtlichen Fragen stehen. Nach diesem Prinzip werden die Flüchtlinge in verschiedene formale Kategorien wie „Wirtschaftsflüchtlinge" oder „politische Flüchtlinge" unterteilt. Diese vorherrschende Klassifizierung nach „Flüchtlingstypen" fördert eine bestimmte Perzeption der Phänomene Flucht und Exil, in der die komplexe Motivationsstruktur eines Flüchtlings auf die Dichotomie zwischen politischer Verfolgung und wirtschaftlicher Not reduziert wird. Daß bei den Prozessen der Fluchtmigration die Flüchtlinge durchaus als Akteure auftreten und dabei unterschiedliche Motive haben können, ist bisher kaum zum Gegenstand der politischen oder sozialwissenschaftlichen Diskurse gemacht worden.

So wird der Begriff „Flucht" von vornherein mit „äußeren Zwängen" begründet und dient als Ausgangspunkt für die Bestimmung bzw. Legitimation des Asyls in den Aufnahmegesellschaften. Folglich erfährt der Begriff der „politischen Verfolgung" eine Vereinfachung, indem nur von staatlichen Instanzen verfolgten Flüchtlingen ein Recht auf Asyl zugesprochen wird. Die sogenannten Wirtschaftsflüchtlinge, die nicht zur Klasse der „politischen Flüchtlinge" zählen, werden mit dieser Begründung wieder in ihre Herkunftsländer zurückgeschickt. Auch die Frauen, die aufgrund ihres Geschlechts verfolgt werden, erhalten keine asylrechtliche Anerkennung.

Gleichzeitig bestimmt die einschränkende Definition der Flucht als „Zwang" auch die Wahrnehmung des Exils als einen „Erleidensprozeß". In den Aufnahmegesellschaften wird diese Perzeption des Exils sowohl explizit durch gesetzliche Regelungen als auch implizit durch theoretische Annahmen untermauert. Es wird davon ausgegangen, daß die im Exil lebenden Menschen irgendwann in der Zukunft, wenn sich die politischen Verhältnisse in ihren Herkunftsländern verändert haben, wieder dorthin zurückkehren werden. Daraus wird dann „automatisch" gefolgert, daß ihr Aufenthalt in den jeweiligen Exilländern vorübergehender Natur ist, also einen Zustand darstellt, in dem Zeit und Raum keine Rolle mehr spielen.

Diese einseitige Definition des Exils versperrt den Blick dafür, die Prozeßhaftigkeit des Exils im Hinblick auf die individuellen und gesellschaftlichen Veränderungen zu reflektieren. Das bedeutet, die Tatsache zu ignorieren, daß Veränderungen im Leben der Exilierten diese durchaus zu der Überlegung veranlassen können, für immer in ihren Exilländern bleiben zu wollen. Die Geschichte der deutschen Exilierten, die nach der Beendigung der Naziherrschaft nicht mehr nach Deutschland zurückkehrten, mag hierfür ein historisches Beispiel darstellen. Daß sich die Exilierten selbst an den Mythos der Rückkehr klammern, liegt unter anderem auch daran, daß sie in den Aufnahmegesellschaften stets als Fremde und letztendlich als unerwünschte Personen betrachtet werden.

Zusammengefaßt läßt sich feststellen, daß der Prozeß des Exils gewöhnlich als ein „Erleidensprozeß" dargestellt wird, der die Folge einer erzwungenen Flucht ist. Angesichts dieser Problematik ist es notwendig, die Definitionen von Flucht und Exil dahingehend zu erweitern, daß die vielschichtigen Lagerungen der biographischen und kollektiven Erfahrungen von Flüchtlingen sichtbar werden. Mit anderen Worten soll eine handlungsorientierte Betrachtungsweise der Phänomene Flucht und Exil ermöglicht werden.

Zu diesem Zweck habe ich im Rahmen eines zweijährigen Forschungsprojektes biographische Interviews mit Iranerinnen (der Jahrgänge 1949-1953) geführt, die unterschiedlich lange in Deutschland leben[1]. Dabei ging es mir nicht darum, die ganze Komplexität der Phänomene Flucht und Exil zu erfassen, sondern die biographischen Bedingungen und die Verarbeitung von Flucht und Exil zu rekonstruieren. Die Untersuchung stellt den Versuch dar, aus der Perspektive der Frauen einen anderen Zugang zum Verstehen des Phänomens Exil zu schaffen.

Ausgegangen war ich von der These, daß Exil zum einen im Gegensatz zu seiner begrifflichen Verankerung als „Provisorium" und „Leid", eher einen dynamischen Prozeß darstellt, in dem sich sowohl die Exilierten als auch ihre objektiven Lebensbedingungen stets verändern. Zum anderen ist Exil ein biographischer Einschnitt, in dem die Exilierten ihre Lebensentwürfe von neuem rekonstruieren müssen. Dies geschieht in der Regel durch eine Auseinandersetzung sowohl mit der eigenen „Vergangenheit" als auch der neuen Lebenssituation im Exil.

Im folgenden möchte ich die Ergebnisse der oben genannten Untersuchung in drei Teilen vorstellen. Im ersten Teil geht es um einen kurzen Überblick über die Herkunftsgeschichte meiner Interviewpartnerinnen bzw. um ihre kollektiven Erfahrungen als Angehörige einer bestimmten Generation[2]. Im zweiten Teil wird die Bedeutung des Begriffes Flucht als Handlungsfigur betont. Im dritten und letzten Teil werden die Ergebnisse der Exilerfahrungen von vier Frauen dargestellt, die jeweils unterschiedliche Wahrnehmungen des Exils repräsentieren[3].

Die Herkunftsgeschichte

Die von mir befragten Frauen gehören einer Generation der städtischen Mittelschicht an, deren frühkindliche Identitätsbildung mit den radikalen gesellschaftlichen Verän-

derungen durch die forcierte Modernisierung in den 60er und 70er Jahren im Iran verbunden war. Das bedeutete für sie, im Gegensatz zur Generation ihrer Mütter, einen
leichteren Zugang zu Bildung und Beruf, d.h. einen Einstieg in gesellschaftliche Bereiche, die bis dahin hauptsächlich die Domäne der Männer waren. Ihre ersten biographischen Orientierungen waren durch wachsende Selbstbestimmungsrechte geprägt. Sie lehnten beispielsweise die eingeschränkten normativen Regeln ab, welche
bis dahin in den traditionellen weiblichen Rollenvorstellungen ausgedrückt gewesen
waren. Die Emanzipation der Frau wurde während dieser Zeit als Bestandteil der Idee
der „Modernität" verstanden und diese Frauen waren so betrachtet die „Trägerinnen
der Modernisierung".

„Der Einstieg in die Moderne", d.h. die „Entfaltung der Individualität" geht jedoch
mit Ambivalenzen, Ängsten und Widersprüchlichkeiten einher, wenn das Streben nach
Selbstbestimmung und die Emanzipationsbedürfnisse nicht leicht realisierbar sind. Auch
der Verlust von Sicherheit und Geborgenheit begleitet die Idee der „Modernität". Die
Entfaltung der Individualität brachte bei dieser Generation von Frauen viele Probleme
mit sich, da ihre Bemühungen, eine neue frauenspezifische Position in der Gesellschaft
zu erlangen, durch weite Teile der iranischen Gesellschaft nicht akzeptiert wurden. Sie
waren daher als junge Frauen zwischen Traditionsorientierung und Modernität „hin und
her gerissen". Es war daher nicht verwunderlich, daß viele Frauen aus der städtischen
Bildungsmittelschicht eine kritische Infragestellung des vom Schahregime eingeführ-
ten Modernisierungprozesses entwickelten. Zu dieser Schicht gehören auch die von mir
befragten Frauen. Aus ihnen bildete sich schließlich eine „rebellische Generation", die
durch ihr Engagement für radikale politische und ökonomische Veränderungen im Iran
strebte und sich den Sturz des Schahregimes zum politischen Ziel setzte.

Mit den sozialen und politischen Unruhen am Ende der 70er Jahre und der Entwicklung der massiven Antischahbewegung schien dieser Wunsch in Erfüllung zu gehen. Die Revolution von 1979 hatte daher für alle meine Interviewpartnerinnen eine
wichtige biographische Relevanz.

Sie wurde auch von ihnen zuerst als „Frühling der Freiheit" gefeiert. Doch die post-
revolutionäre Entwicklung begann mit dem Aufbau eines „islamischen Gottesstaates"
durch die neue Regierung, die sich mit Gewalt gegen alle Andersdenkenden durchsetzen wollte. Diese Entwicklung widersprach völlig den politischen Idealen derjenigen gesellschaftlichen Gruppen, die eine demokratische und säkulare Staatsform an-
strebten. Auch dazu gehörten die von mir befragten Frauen, die in dieser Zeit eher zur
linken und nicht-religiösen Opposition zuzurechnen waren.

Besonders enttäuschend wirkte bei ihnen sowohl die Durchsetzung von frauendis-
kriminierenden Gesetzen durch die neue islamische Regierung als auch ihre Erfahrungen mit politischen Organisationen. Denn viele von ihnen stellten fest, daß ihre politischen Gruppen die drohende Gefahr für Frauen von seiten der neuen islamischen
Regierung nicht ernst nahmen. Ihre Sicht der Frauenfrage, sie als „Nebenwiderspruch"
zu verstehen, trug dazu bei, der zunehmenden Diskriminierung der Frauen nicht ent-
gegenwirken zu können.

Der Sieg der religiösen Fraktion nach der Revolution stellte für alle politischen Frau-
en, von denen die Revolution nun als gescheitert betrachtet wurde, eine große Niederlage dar. Die meisten von mir befragten Frauen versuchten, auch gegen den auf-
kommenden neuen Diktator Widerstand zu leisten, doch sie riskierten damit ihr Le-

ben, da eine Festnahme in der Regel ihre Hinrichtung bedeutete. Schließlich blieb ihnen die Flucht aus dem Iran als eine Alternative zu ihrer damaligen Situation, die von Angst vor politischer Verfolgung geprägt war.

Flucht als Handlungsfigur

Um die biographische Bedeutung des Exils zu erfassen, ist es wichtig zu wissen, ob die Betroffenen ihre Flucht als „Zwang" verstehen oder nicht. Denn wie bereits erwähnt, prägt bzw. beeinflußt die Wahrnehmung der Flucht als „Zwang" auch die Wahrnehmung des Exils als „Provisorium" und „Leid". Bei der Analyse der Fluchtmotive meiner Interviewpartnerinnen bin ich von der theoretischen Überlegung ausgegangen, daß der Begriff der Flucht eine Doppelbedeutung impliziert: Auf der einen Seite stehen „strukturelle" Probleme, die eine Flucht verursachen können, wie soziale Ungleichheit oder politische Verfolgung. Auf der anderen Seite hat eine Flucht durch das subjektive Handeln der Flüchtlinge, sie als Alternative zu wählen, auch den Charakter einer bewußten Entscheidung.

Diese These wurde dann auch durch die Rekonstruktion der Herkunftsgeschichte einer meiner Interviewpartnerinnen neu bestätigt. Dabei zeigte sich, daß ihre Flucht aus dem Iran zwar von äußeren Zwängen geprägt war, wie der politischen Verfolgung, dem Krieg und den unerträglichen Lebensumständen im Iran, insbesondere für Frauen wie sie. Gleichzeitig zeigte die Rekonstruktion ihrer Herkunftsgeschichte mehrfache Wiederholungen von Fluchthandlungen, die stets von der Hoffnung getragen waren, soziale und individuelle Freiräume für sich zu schaffen. Nicht der „Zwang" zur Flucht stellte sich in ihrer Biographie als der größte „Zwang" dar, sondern das Bleiben bzw. der Zwang, sich an die ungewollten Lebensverhältnisse anzupassen.

Dieses Ergebnis widerspricht den einseitigen juristischen wie sozialwissenschaftlichen Interpretationen der Flucht als „Zwang". Daß bei der Flucht sowohl die individuellen Motive der Flüchtenden als auch ihre politischen und gesellschaftlichen Bedingungen eng verflochten sind, wurde hier bestätigt. Dennoch stellten fast alle meine Interviewpartnerinnen ihre Flucht selbst als „unfreiwillig" dar und gaben ihr zuweilen einen kollektiven Charakter. Sie stellten ihre negativen Erfahrungen durch das „Scheitern der Revolution", wie sie es ausdrückten, und die Aussichtslosigkeit, im Iran zu bleiben und weiter zu kämpfen, quasi als „schicksalhaft" dar. Die Flucht wurde insbesondere bei denjenigen Frauen als „Zwang" empfunden, für die Flucht gleichzeitig den Verlust ihrer bereits aufgebauten familiären und beruflichen Existenz bedeutete.

Die Interpretation der Flucht als „Handlungsfigur" oder „rationale Entscheidung" schien daher durch ihr Selbstverständnis als politisch verfolgte Aktivistinnen schwer nachvollziehbar, obwohl ihre Fluchtentscheidungen einen starken und bewußten Überlebenswillen zum Ausdruck bringen.

Exilerfahrungen

Unter Berücksichtigung der oben skizzierten Herkunfts- und Fluchtgeschichten meiner Interviewpartnerinnen wurde versucht, ihre Exilerfahrungen einerseits im Kontext ihrer stark politisch orientierten Biographien und andererseits ihrer konkreten Aufnahmebedingungen im deutschen Exil darzustellen.

Aus der Analyse der Interviews wurden schließlich vier „Typen" entwickelt, die jeweils unterschiedliche Umgangsformen im Exil aufzeigen[4]. Die Rekonstruktion der Biographie von vier Frauen zeigt einerseits individuelle Besonderheiten im Umgang mit Exil, die auf die Einzigartigkeit der jeweiligen Lebensgeschichten zurückzuführen sind. Andererseits werden durch die Analyse ihrer Exilerfahrungen auch allgemeine Tendenzen sichtbar, die einer einseitigen Definition des Exilbegriffes als „Provisorium" und „Leid" widersprechen. Hiermit werden vor allem Möglichkeiten zu einer differenzierten Interpretation des Exilbegriffes eröffnet.

Im folgenden werde ich aus den Exilerfahrungen von vier Frauen Sara, Parvin, Bahareh und Robab[5], die oben genannten Unterschiede und Gemeinsamkeiten darstellen.

Unterschiede

Die Exilerfahrungen von Bahareh, Sara, Parvin und Robab stellen verschiedene Formen biographischer Verarbeitungen des Exils und seiner Wahrnehmungen dar. Trotz des kollektiven generations- und frauenspezifischen Hintergrunds, sowie eines gemeinsamen Status als „Exilierte" in Deutschland, haben die Frauen unterschiedliche Wahrnehmungen ihrer Exilsituation entwickelt. Diese Unterschiede basieren einerseits auf den Besonderheiten ihrer individuellen Lebensgeschichten und andererseits auf ihren unterschiedlichen Exilerfahrungen.

Bei Robab, die 1986 mit ihrem Mann und drei Kindern nach Deutschland flüchtete, erwies sich die Gestaltungsmöglichkeit eines Neubeginns im Exil als sehr schwierig. Durch das lange Warten auf einen gesicherten aufenthaltsrechtlichen Status (ihre Anerkennung als politischer Flüchtling dauerte 6 Jahre), gerieten sie und ihre Familie in eine Situation, die durch institutionelle Abhängigkeit, Arbeitslosigkeit und psychische Belastungen gekennzeichnet war. In dieser Situation verstärkten sich auch ihre Ehekonflikte, weil ihr Mann mit der neuen Situation nicht zurecht kam und sie alles (einschließlich der Versorgung ihrer Kinder) in die Hand nehmen mußte. Auch die Chancen zu einer beruflichen Karriere waren Robab verbaut, da ihre bereits im Iran abgeschlossene Berufsausbildung in Deutschland nicht anerkannt wurde. Sie mußte wieder von „Null anfangen", wie sie es selbst ausdrückt. Ihre Wahrnehmung des Exils ist daher durch die gesetzlichen Zuschreibungen und deren Hindernisse stark beeinflußt.

Baharehs Situation, die 1985 mit ihrem Mann und ihrem Sohn nach Deutschland kam, wurde genauso wie bei Robab durch rechtliche und soziale Diskriminierung geprägt. Auch sie erlebte das lange Warten auf die Entscheidung über ihren Aufenthaltsstatus und den sozialen Abstieg durch die Nichtanerkennung ihres Berufes. Die Wahrnehmung ihrer Exilsituation wird jedoch noch stärker durch die Trauer über die „Niederlage" ihrer Generation in der iranischen Revolution geprägt. Sie versteht daher ihr „Exildasein" als das Ergebnis des Scheiterns ihrer politischen und sozialen Ziele im Iran und betrachtet es als eine bittere Wahrheit, die sie akzeptieren muß.

Parvin ist als „Doppelexilierte" zu charakterisieren. Sie hatte bereits in den 70er Jahren, als sie zum Studium nach Deutschland kam, einen exilierten Status, denn sie

engagierte sich in den damaligen Exilorganisationen gegen das Schahregime und konnte daher bis zur Revolution von 1979 nicht in den Iran zurückkehren. 1981, nachdem
sie drei Jahre im Iran verbracht hatte, mußte sie aufgrund politischer Verfolgung das
Land verlassen.

Parvin's Erfahrungen im zweiten Exil sind eher durch ihre politische Auseinandersetzung mit der Situation als Angehörige einer ethnischen Minderheit in Deutschland und ihr Engagement in der Frauenbewegung geprägt. Sie drückte ihre Situation
selbst in einem Satz aus: „Auch nach 20 Jahren wirst du hier als Ausländerin bezeichnet".

Sie lebt seit Jahren in Deutschland und kann sich eine Rückkehr in den Iran unter
den dortigen Umständen nicht vorstellen. Sie will sich daher in Deutschland endgültig niederlassen. Trotz ihres langen Aufenthalts und ihrer ökonomischen Integration
wird sie immer noch als „Ausländerin" bezeichnet und kann sich dieser Zuschreibung
nicht real entziehen, obwohl sie sich selber nicht mehr als „Exilierte" begreift.

Saras Erfahrungen im Exil zeigen zwar einen deutlichen Einschnitt in ihrem Leben,
was ihre familiäre Situation betrifft (sie hatte sich von ihrem Mann scheiden lassen
und übernahm die Versorgung ihrer Kinder). Doch ihre Biographie ist so sehr durch
ihre politische Geschichte geprägt, daß sie „nichts anderes sein kann als eine Berufs-
politikerin" und zwar, „egal wo ich bin", wie sie es selber zum Ausdruck bringt. Ihre
Wahrnehmung des Exils ist widersprüchlich: zum einen versucht sie, ihr Leben im Exil
von Neuem aufzubauen und sich mit den politischen und sozialen Verhältnissen in
ihrem Exilland auseinanderzusetzen, zum anderen ist sie aber auch gegenüber einer
möglichen Rückkehr in den Iran aufgeschlossen.

Gemeinsamkeiten

Der Aufenthalt im Exil führte bei allen vier Frauen zu einer hohen Reflexion der eigenen politischen Geschichte. Erst nach der Ankunft an einem sicheren Ort, an dem
das Überleben gewiß war, gab es „Zeit", um „über alles nachzudenken". Dies geschah jedoch nicht vereinzelt, da jede von ihnen nach ihrer Ankunft die Gruppe der politisch Gleichgesinnten suchte und gemeinsam die Frage nach dem „wie das alles so
passieren konnte?" beantworten wollte. Ihre kollektiven Erfahrungen als Angehörige
einer „rebellischen Generation" – wie die Enttäuschung über das „Scheitern" der Revolution und die politische Verfolgung – sollten auch im Exil kollektiv verarbeitet werden. Alle vier setzten sich erst hier kritisch mit ihren früheren politischen Orientierungen auseinander, und reflektierten dabei entweder ihre eigenen „Fehler" oder die
„Fehler ihrer politischen Organisationen". Sie haben festgestellt, daß sie als Frauen in
den linken Organisationen eine untergeordnete Rolle gespielt haben, was schließlich
dazu führte, daß sie ihren diskriminierten Status in der Gesellschaft nicht konsequent
bekämpfen konnten. Aus diesen „Lehren" zogen sie alle Konsequenzen und stellten
ihre frühere politische Orientierung prinzipiell in Frage oder distanzierten sich davon.

Diese kritische Auseinandersetzung mit der politischen Geschichte hieß jedoch
nicht, daß sie ihr Interesse an Politik verloren. Es gab Möglichkeiten zu politischer
(Neu-) Orientierung, die – im Gegensatz zu den 70er Jahren – nicht „herkunftsorien-
tiert" war[6]. Das heißt, daß der Beschäftigung mit der eigenen Lebenssituation im Exil
eine höhere Priorität eingeräumt wurde als der Vorbereitung auf eine baldige Rück-

kehr in den Iran. Sie engagierten sich beispielsweise in den selbstorganisierten sozialen und politischen Netzwerken von Flüchtlingen und Exilierten. Dort konnten sie ihre politischen Erfahrungen für ihre neue Orientierung nutzbar machen. Sara hatte durch ihre politische Laufbahn, die mit einer jahrelangen Gefängnisstrafe ihre Biographie stark prägte, die Fähigkeiten erworben, viele politisch verfolgte Flüchtlinge aus dem Iran besonders gut verstehen und ihnen helfen zu können. Parvin schloß sich wegen ihrer bitteren Erfahrungen als Frau in der iranischen Revolution den selbstorganisierten iranischen Frauengruppen in Deutschland an, wo sie ihre Erfahrungen mit anderen Frauen austauschen konnte. Bahareh interessierte sich für das Schicksal ihrer „verlorenen Generation", wie sie es ausdrückte, und versuchte ihr „kollektives Schicksal" zu verarbeiten, indem sie über ihre Erfahrungen zu schreiben begann.

Zudem besteht bei allen vier ein enormes Durchsetzungsvermögen und der Mut zur Entwicklung von neuen Strategien, um sowohl ihren familiären als auch sozialen und rechtlichen Problemen im Exil entgegenzuwirken. Hier spielt sicherlich ihr Selbstbild als emanzipierte Frauen eine wichtige Rolle. Auch ihre Zugehörigkeit zu einer rebellischen Generation hat für sie eine identitätsstiftende Funktion, die ihnen bei der Bewältigung ihrer Schwierigkeiten verhilft.

Eine andere wichtige Gemeinsamkeit bei allen vier Frauen besteht in ihrem rechtlichen und sozialen Status in Deutschland als „Iranerinnen im Exil". Sie können ihre Selbstbilder im Exil nicht von dem Bewußtsein trennen, „Flüchtlingsfrau" bzw. „Exilierte" zu sein oder als solche bezeichnet zu werden.

Gerade dieses Beispiel macht deutlich, wie sehr Exil ein soziales Konstrukt sein kann, wenn es im Paradigma des „Provisoriums" gefangen bleibt. Denn keine von den befragten Frauen plant eine konkrete Rückkehr in den Iran. Robab entwickelte beispielsweise, trotz ihrer zahlreichen Probleme, eine Umgangsform im Exil, in der sie „aus ihrer Not eine Tugend macht". Bei ihr kann Exil nicht als Provisorium gelten, da sie zur Zeit mit einem Neubeginn im Iran nicht mehr rechnet. Bahareh vermittelt in ihrer spezifischen Haltung zum Exil eine Art „nachdenkende Zurückgezogenheit", in der sie sich mit ihrer politischen Geschichte kritisch auseinandersetzt. An eine Rückkehr denkt sie gar nicht. Sie versucht, sich eher mit dieser „bitteren Wahrheit" auseinanderzusetzen und neue Wege für ihre Zukunft zu finden. In Saras Fall kann ebenfalls gesagt werden, daß auch ihre Wahrnehmung des Exils kein statisches Bild zeichnet, sondern ein prozeßhaftes, in dem alles veränderbar ist.

Das „Nicht-Provisorium" bei allen vier Frauen zeigt, daß es im Prozeß des Exils durchaus möglich ist, keine Exilierte mehr zu sein, da sich die ursprünglichen individuellen und politischen Bedingungen der Exilierten verändert haben. Ein Festhalten an der Vorstellung, daß die Exilierten, wie auch immer, irgendwann in ihre Herkunftsländer zurückkehren werden bzw. müssen, ist eine Fremdbestimmung, mit der sich viele Exilierte nicht mehr identifizieren können. Die Definition des Exils als „Provisorium" und „Leid" führt daher nicht nur zur Legitimation von Ausgrenzung der Exilierten, sondern auch zur Schaffung des gesellschaftlichen Klimas, das den sozialen Umgang mit ihnen regelt.

In solch einem politischen und gesellschaftlichen Klima sind die Möglichkeiten, sich von diesem Paradigma zu befreien, vor allem für die/den Exilierte/n selbst sehr schwer. Es ist daher nicht verwunderlich, daß die Exilierten selbst diese Stigmatisierung übernehmen, da ihnen keine anderen Alternativen übrig bleiben. Sie werden, wie

Parvin es ausdrücklich vermittelte, ewig als „Ausländer" oder „Fremde" und schließlich als unerwünschte Menschen dargestellt, die irgendwann wieder zurückkehren müssen.[7] Die Ergebnisse meiner Untersuchung widersprechen jedoch der immer noch weit verbreiteten Interpretation des Exils als einem „Provisorium mit Rückkehr". Die Exilerfahrungen meiner Interviewpartnerinnen zeigen eher einen dynamischen Prozeß mit unterschiedlichen bzw. differenzierten Wahrnehmungen des Exils auf.

Anmerkungen

[1] Während ein Teil von ihnen zuerst durch das Schahregime und später durch die Islamische Regierung zur Flucht aus dem Iran gezwungen war, sind die anderen erst nach der Revolution von 1979 nach Deutschland emigriert. Die Ergebnisse der Untersuchung basieren auf der Auswertung von 21 biographischen Interviews.

[2] Der Begriff Generation wird hier im Sinne von Karl Mannheim benutzt, der nicht primär eine Altersgruppe anspricht, sondern vielmehr die Erfahrungszusammenhänge der Gleichaltrigen einer sozialen Gruppe vermittelt (Mannheim, 1970, 509ff).

[3] Im Aufsatz wird die Darstellung der Gesamtergebnisse gegenüber einer detaillierten Fallbeschreibung bevorzugt. Daher werden die Argumentationsketten, die zu diesen Ergebnissen geführt haben, nicht ausführlich dargestellt.

[4] Mit „Typus" ist hier keine Verallgemeinerung im quantitavien Sinne gemeint. Das heißt, daß die jeweiligen Lebensgeschichten nur für sich sprechen und keine Repräsentantinnen irgendeiner Gruppe sind. Die Untersuchung versteht sich mehr als ein Beitrag zur Explikation der Begriffe Flucht und Exil.

[5] Die Namen sind selbstverständlich Pseudonyme.

[6] Die iranische Exilcommunity in der BRD nach der Revolution war im Vergleich zu den 70er Jahren politisch sehr zerstreut und auseinander. Die Geschlossenheit, die die Antischahbewegung bei den iranischen Oppositionellen bewirkte, ging durch die bitteren Erfahrungen in der Revolution verloren. Die iranische Exilcommunity der 80er Jahre wird durch die Gründung von Selbsthilfegruppen charakterisiert, deren Hauptziel in der Verbesserung der rechtlichen und sozialen Lage der iranischen Flüchtlinge in der BRD lag.

[7] Die Ausgrenzung von EinwanderInnen in Deutschland ist institutionell festgelegt. Aus dem Artikel 116 GG geht beispielsweise hervor, daß die „echte" Zugehörigkeit zum Gemeinwesen Bundesrepublik auf dem Prinzip der Abstammung, also auf dem „Recht des Blutes" beruht. Das heißt beispielsweise, daß die EinwandererInnen und ihre Kinder, die seit Jahrzehnten in der BRD leben, keine deutsche Staatsangehörige werden können. Demgegenüber werden die Nachfahren deutscher Flüchtlinge und AuswandererInnen, die seit Jahrhunderten nicht mehr in Deutschland leben, immer noch als deutsche Staatsangehörige bezeichnet.

Literatur

Stamm, Theo (1991). Exil und Emigration – Versuch einer Theoriebildung. In: Abschiedlich leben. Opladen: Walter-Verlag

Mannheim, Karl (1970). Das Problem der Generationen. In: Wissenenssoziologie. 2. Auflage, Luchterhand

III.

Zur therapeutischen Arbeit mit Folterüberlebenden

Das Ego im Kontext extremer Erfahrungen wie Folter[1]

Daniel Orellana Aguirre

Hier wird das Ego zum Thema gemacht: Was ist das? Wie funktioniert das? Das sind die faszinierenden Fragen, die einem ins Bewußtsein drängen, die auch seit dem Anfang der Freudschen Ich-Psychologie in der psychologischen Ausbildung oft in den Diskussionen um die Abgrenzungsinteressen verschiedener Paradigmata untergehen und nicht konsequent weiter verfolgt werden. Es handelt sich sicherlich um eines der wichtigsten Phänomene im psychischen Bereich der Identitätsentwicklung und seine Thematisierung zeugt von einer anstehenden Bewußtseinsveränderung mit noch unvorhersehbaren Folgen für das Selbstverständnis des Menschen und seines Tuns.

Da ich mich seit vielen Jahren mit menschlicher Identitätsentwicklung und deren Zerstörung befasse, auch in meiner beruflichen Tätigkeit als Psychotherapeut für Folterüberlebende, werde ich den Prozeß der Psychotherapie aus der Perspektive des Egos betrachten und beschreiben. Ich gehe darauf ein, da es im Falle der Extremtraumatisierung durch Folter für den Psychotherapeuten unausweichlich ist, sich emotionsfrei mit den individuellen und gruppalen Phänomenen des Egos zu befassen. In diesem Sinne bezieht sich der erste Teil dieses Beitrages auf mein Verständnis vom „Ego", um anschließend zu zeigen, wie die Folterer diesen Ausdruck des Menschlichen versuchen zu zerstören.

Einschränkend muß vorausgeschickt werden, daß es hier konkret nur um das Ego bzw. um die Ego-Formen gehen kann, die im politischen Gewaltbereich unserer Kultur angesiedelt sind. Dem Ego kommt im Kontext politischer Gewalt eine zentrale Steuerungsfunktion zu, wenn es um die gezielte Induktion von Angst innerhalb einer Bevölkerung geht. Die Unterbindung seiner Entfaltungsmöglichkeiten innerhalb absolutistischer politischer Systeme wird unbeachtet der Mittel von den Tätern scharf kalkuliert, sowohl bei der Induktion des Traumas wie auch bei dem anschließenden Regenerationsprozeß während der psychotherapeutischen Behandlung.

Über den Wiederaufbau eines posttraumatisierten Egos spricht der abschließende Teil meines Beitrages.

Die Leserin wird hier nur wenig Querverweise auf andere wissenschaftliche Arbeiten finden, dafür um so mehr die Aufforderung bekommen, den Versuch zu unternehmen, die folgenden Ausführungen praktisch und in dem eigenen intrapsychischen Raum zu überprüfen.

Die unvermeidliche Bildung einer Perspektive des Subjektes seiner Welt gegenüber

Die psychotherapeutische Arbeit lehrt einen, sowohl das Gespür für die verschiedenen und sehr subjektiven Realitäten von Menschen zu entwickeln, wie auch die Ehrfurcht vor den im Menschen potentiell vorhandenen Möglichkeiten, die innere Welt – wenn auch im sozialen Austausch mit den anderen – immer individuell zu erschließen. Offensichtlich gestalten wir unsere real existierende psychische Innenwelt im Wesentlichen nicht nach Kriterien wissenschaftlicher oder sonstwie rationell gearteter Theorien und Weltbilder, sondern in einem interpretativen Prozeß streng nach subjektiv gültigen, wertträchtigen Symbolen, die oft aus dem Unbewußten ihre Wirkung erzielen.

Wir können auch sagen, daß die Grundlage für die Bildung einer individuellen und einzigartigen Perspektive, die sich im „Ego" niederschlägt, die eigentümliche Art des Menschen ist, sich – insbesondere mit Beginn der bewußten Reifung – als Subjekt der Welt gegenüber gestellt zu erkennen und dadurch sich in der Lage zu befinden, mit ihr eine Beziehung eingehen zu können, die ihm bei günstiger Entwicklung die Anerkennung seiner selbst in der Welt und die Qualität von Sinn darin vermittelt. In diesem Prozeß können wir den eigentlichen Ausdruck des menschlichen Willens hin zur Reifung erkennen, wie wir dies bei allem Lebendigen erleben.

EGO als Bündelung der Wahrnehmung und Standort im Kontext kultureller Realitäten

Das energetische Feld des Erlebens, das dem Menschen für die Bildung seiner eigenen Perspektive zur Verfügung steht, schlägt sich in der individuellen Wahrnehmung nieder, bei der wir im wesentlichen drei unzertrennlich miteinander verwobene Aspekte unterscheiden können: Ein Aspekt meint den geistigen Bereich, in dem Gedanken, Ideen, Vorstellungen und Assoziationen angesiedelt sind. Ein zweiter Aspekt, den wir den seelischen Bereich nennen können, findet seinen Schwerpunkt in den Emotionen und Gefühlen, der dritte Aspekt nährt sich aus unseren Empfindungen, die uns das Nervensystem direkt vermittelt. Das zunehmende Ineinanderweben und Differenzieren der drei grundlegenden Bereiche des Erlebens (Denken, Fühlen, Empfinden) ermöglicht die Reifung einer individuellen und mit der Gemeinschaft koordinierten Wahrnehmungsperspektive, die sich mit dem Begriff „Ego" bzw. „Ich" beschreiben läßt.

Unabhängig davon, welche Fragen sich der Mensch stellt und ob er seine Erlebnisse in Polaritäten wie Lust versus Unlust, Anziehung versus Abstoßung oder Sympathie versus Antipathie graduell differenziert und darüber mit anderen kommuniziert, er wird immer bestrebt sein seine Bündelung der Wahrnehmung oder Ego – im Sinne eines inneren Bruches mit der subjektiven Realität – nicht ernsthaft zu gefährden, da diese für ihn den Ort seiner Teilnahme und Anerkennung an dem kommunikativen Interpretationskonsens seiner Gruppe über die Welt symbolisiert und beinhaltet. Hierin finden wir die Basis und die Voraussetzung für die Erschließung seiner (politischen) Handlungsfelder und psychischen Entwicklung. Dieser sozialisierende Aspekt der menschlichen Entwicklung ist eng mit der kulturellen Ausprägung verbunden, die der Mensch vorfindet, wenn er sozusagen durch die Geburt ins Leben gerufen wird.

Unsere innere Entwicklung speist sich also aus der Verarbeitung ganzheitlicher Erfahrungen, Erlebnisse und Situationen, die wir im Laufe unserer Biographie von der Kindheit an individuell und in Gruppen zu einer für uns nicht näher zu beschreibenden Synthese innerhalb der kulturellen Realität heranbilden, die wir in der Gegenwart wie eine Art feine Bündelung der Wahrnehmung erleben und mit den Begriffen „ICH" oder „EGO" charakterisieren können.

Dieses Phänomen können wir über alle Kulturen hinweg beobachten. Die Art und Weise des Subjektes, sich in Beziehung zu seiner Welt zu setzen und dadurch Kultur zu schaffen, ist charakterisiert durch veränderbare Elemente bzw. Bindungen, die wir in allen menschlichen Gesellschaften beobachten und beschreiben können. Sie sind der gemeinsame Grundstoff, aus dem das Ego für seine Entwicklung schöpfen kann. Außerdem ermöglichen diese die Erfüllung wesentlicher Kulturfunktionen, wie die Erhaltung der Spezies, die Sicherung der Gruppenüberlegenheit gegenüber eventuellen Gefahren, die Vermittlung von Identitätsbildern und bestimmen intern die Anzahl möglich zu besetzender Rollen und Funktionen vom Bettler bis zum Großeigentümer. Außerdem regulieren sie im Sinne der Bestimmung von Pflichten und Rechten die hierarchische Teilnahme der Individuen an den erreichten Kulturleistungen innerhalb der gemeinsam getragenen Gesellschaftsform.

Es handelt sich hierbei um das Grundgerüst jedes menschlichen Deutungssystems, das sich aus symbolischen und kommunikativen Elementen zusammensetzt, wie z.B. die Sprache, die Schrift, die philosophischen Anschauungen, die Religionen, Sitten, Bräuche und Gewohnheiten, die Wirtschafts- und Sexualitätsformen, das Verhältnis der Geschlechter, der Gebrauch von Metaphern, das Verhältnis des Individuums zur Gruppe und zu sich selbst, das Verhältnis zum Phänomen Tod, die Beziehung zu Tieren, das Verständnis von Zeit, tabuisierter Grenzen etc.. Aus diesem Stoff unterschiedlicher Bindungswege zwischen Mensch und Welt bildet sich bei Gruppen durch kommunikatives Handeln ein minimaler geschichtlicher Konsens, den wir den kulturellen Konsens nennen können. Der häufig gebrauchte Begriff der „kulturellen Identität" deutet in diesem Zusammenhang allein die mögliche Vielfalt in der Bildung eines kulturellen Konsenses an.

Somit ist hier auch der Bereich menschlichen Handelns umschrieben, in dem auch politisches Handeln als bedeutsamer Aspekt menschlichen Tuns seinen Ausdruck findet. Politik ist die aktive Vertretung von individuellen und gemeinsamen Interessen innerhalb einer bestimmten Gesellschaftsform zum Zwecke der Willensbildung und ihrer politischen Behauptung. Hier treten mehrere Perspektiven gleichzeitig miteinander in Beziehung. Diese Aktivität ist somit als eine Aktivität des politischen Egos zu verstehen, das mit anderen eine Veränderung bzw. eine Erhaltung des vorhandenen kulturellen Konsenses anstrebt. Seit Niccolò Machiavelli (1469-1527 „Il principe", dt. „Der Fürst") hat sich allerdings das politische Interesse zunehmend auf die Analyse der Mittel zur Behauptung und Durchsetzung von Staaten nach innen und außen (Staatsräson) verlagert, sowie der Mittel der Machterringung und -behauptung in Staaten selbst, so daß Politik allein als eine Angelegenheit der Machtverhältnisse verstanden wird. In totalitären Systemen, deren Macht nicht mehr durch die Willensbekundung der Regierten legitimiert, sondern mit Gewalt durchgesetzt wird, ist die Tätigkeit des Folterers als Steuerungsfaktor vorhandener Kräfteverhältnisse vorgesehen.

Folter als die programmierte Vernichtung der menschlichen Identität

Es kann kein Verständnis für die Rolle des Egos sowie für die ätiologische Bedeutung einer Traumatisierung durch Folter und deren psychotherapeutischen Behandlung ohne eine Vorstellung derselben geben, weshalb ich dem Leser eine Darstellung von Folter vorausschicke[2]. Die psychologischen Techniken zur systematischen Vernichtung der

Betroffenen beschreibe ich hier – soweit wie möglich – ohne Fachjargon. Ich gehe dabei nicht ausführlich auf die kritischen Aspekte des Exils und der damit einhergehenden unfreiwilligen Interkulturalität der Betroffenen ein, da dies den Umfang dieses Beitrages sprengen würde[3]. Ich stütze mich dabei auf eigene und fremde Erfahrungen, Informationen von ZeugInnen und Betroffenen, die ich aus Platzgründen hier nur knapp zusammenfasse. Die körperlichen Verstümmelungen, die durch Folter verursacht wurden, haben ihre psychologische Entsprechung in der Bedeutung, die diese für die Opfer bekommen haben.

Ein geeigneter Zugang zum Verständnis der psychischen Folgen von Folter läßt sich am Beispiel der Zerstörung der erlangten Identität eines Menschens aufzeigen, deren Entwicklung für die integrativen Fähigkeiten des Egos entscheidend ist. Die implizite Bedrohung der Folter *„Ich werde Deinen psychischen Innenraum unbewohnbar machen"* bedeutet auch *„Ich werde die Beziehung, die Du zu Dir selbst gewonnen hast, zerstören, indem ich Dir den Wunsch beibringe, Dich selbst vergessen zu wollen".*

Für ihre Zwecke geht die Folterkriminalität zunehmend dazu über, sich der Erkenntnisse der Psychologie zu bedienen[4]. Den Folterern ist es hierbei wichtig, die psychische Kraft des Gefolterten längerfristig zu zerstören, ihn handlungsunfähig zu machen, ihm zu verunmöglichen, andere Menschen für seine Interessen zu motivieren, seine soziale und daher politische Identität auf Dauer zu zerstören. Das heißt, daß nicht die körperliche Vernichtung erfolgen, sondern durch die Schürung von Angst und die Statuierung von Beispielen die allgemeine Austilgung einer Ego-Form erreicht werden soll, die von der vorgegebenen Gesellschaftsstruktur abweicht, bzw. diese Struktur in Frage stellt.

Dafür wird der Gefolterte in einen ungeheuren psychischen Konflikt, der durch die Zersprengung seiner identitätstragenden Werte (wie z.B. Schutz von Kindern) erzwungen wird, in sich eingesperrt und dadurch aus dem sozialen Verkehr gezogen. Im besten Fall wird sie ihre Existenz im Sinne einer passiven Anpassung an ein vorgegebenes System einrichten und ein Schattendasein führen. Andernfalls wird sie der chronisch gewordene Streß in einen hysterischen Gedächtnisschwund, eine Psychose oder Depression treiben. Wenn die seelischen Qualen unerträglich werden, wird der Selbstmord als letzte Zufluchtsmöglichkeit gesehen und davon Gebrauch gemacht. Hierbei stellt sich die berechtigte Frage: Wie wird denn das nun gemacht?! Wie kann erreicht werden, daß ein sozial aktiver Mensch, ohne daß er z.B. nachweislich körperlich mißhandelt wird, soweit gebracht werden kann, für sich selbst, für seine Ideale, für seine Welt und Mitmenschen keine Zuneigung mehr zu spüren, zu vergessen, was Lust und Sinn bedeuten, oder sogar endgültig in die Sackgasse zu geraten und sich zu entscheiden, in den Freitod zu gehen?

Das psychologische Vorgehen der Folterer

Bereits mit dem Einsatz schleichender oder offener Verfolgung unter dem Schutz einer politischen Infrastruktur fängt die programmierte Vernichtung des politischen Egos an. Die angestrebte Vernichtung erfolgt sowohl auf gesamtgesellschaftlicher wie auf individueller Ebene, ich konzentriere mich hier exemplarisch auf die Zerstörung der individuellen Perspektive.

Der Lebensraum der Betroffenen und damit ihre subjektive Perspektive wird auf ein Minimum eingeengt. Mit der Festnahme wird der so eingeengte Lebensraum endgültig abgeriegelt und in eine ausweglose Situation verwandelt. In dieser Phase dient die Anwendung körperlicher Gewalt gegen die Gefangene dazu, ihr diese Ausweglosigkeit und ihre Ohnmacht den Folterern gegenüber bewußt zu machen. Die Folterer nehmen jede Möglichkeit einer Flucht in den Selbstmord und jede Erwartung einer Erweiterung des bereits eingeengten Bewußtseins.

Verachtung in jeder Form dient dazu, die Identität des Gefangenen und seine psychische Abwehr zu schwächen. Die Wahrnehmung des Gefangenen wird somit auf eine Tunnelperspektive reduziert. Er wird mittels Verwirrungstechniken in seinen Orientierungsparametern (Zeit und Raum) verunsichert, um in ihm ein psychisches „Vakuum" zu erzeugen, das seine Gegenwart intensiviert. Vorhandene Gedankenprozesse werden ohne eine befruchtende Interaktion ad Absurdum geführt. In diese extreme Situation gebracht, fließt – unweigerlich und mit unbekannter Intensität – die gesamte Existenz der Person auf die so isolierte und undifferenzierte Gegenwart zu. Das heißt, daß nach unterschiedlicher Dauer die gesamte Geschichte des Opfers in die durch Folter neu hergestellte Perspektive des Egos einmündet. Das ist der Augenblick, auf dessen Herstellung die professionellen Folterer psychologisch ausgebildet werden. Als folgendes wird die gesammelte Information über die Gefangene u.a. hinsichtlich ihrer Primärbeziehungen (Familienangehörige, enge Freundschaften, Gesinnungsgenossen etc.) für die Inszenierung der Foltersitzungen psychologisch verwertet. Dies beinhaltet, daß etliche dieser Personen während der Folter verbal oder körperlich herangezogen werden, um den psychischen Widerstand des Gefolterten zu brechen. In dieser Extremsituation erzeugen die Folterer einen unlösbaren und unausweichlichen Konflikt.

Der Gefolterte wird beispielsweise vor die Alternative gestellt, vermeintlich „subversive" Informationen bzw. Gleichgesinnte preiszugeben, falsche oder echte Geständnisse zu unterschreiben, oder er wird gezwungen, die Folterung und/oder den Mord von Familienangehörigen miterleben zu müssen. Welche „Scheinalternative" auch hier genommen wird, sie verursacht bei Menschen akutes Leiden. Da die Inszenierung dafür da ist, bei der Gefolterten den Eindruck zu hinterlassen, die Wahl läge bei ihr und daher verrate sie sich selbst, wird die Möglichkeit, den anschließenden Schuld- und Schamgefühlen zu entrinnen, zunächst ausgeschlossen. Diese Gefühle werden oft in „schwarz-weiß"-Polaritäten nach Außen projiziert und eingefroren, und zwar in der Tendenz der Gefolterten, sich selbst in „Verräter"/„Verräterin" und „Helden"/„Heldin" nach dieser „Behandlung" aufzuteilen und voneinander zu distanzieren. Die Folterer bedienen sich hier des – leider noch vorhandenen – Mythos der starken Persönlichkeit, die die Folter integer durchstehen kann.

Zum Zwecke der Einbindung dieser Gefühle und der dabei erweckten Aggressionen in den psychischen Innenraum der Gefolterten, wird die Foltererfahrung – die eine extrem negative Erfahrung ist – oft durch geschickte Rollenspiele der Folterer zusätzlich in eine scheinbar „gute" und eine „böse" Seite aufgespalten. Während der unbeschreiblichen Intensität der Folter kommt dieser künstlich erzeugte Zwiespalt einer Aufspaltung der Welt gleich. Dadurch verhindert der Folterer seine klare Repräsentation als Angreifer bei dem Gefolterten. Indem er die Vorstellung, „es gäbe auch unter den Folterern verständnisvolle und gutmeinende Menschen", erzwingt, neutralisiert er die psychische Abwehr und die anschließende Verarbeitung des Gefangenen. Der Folterer verhindert durch die Zweideutigkeit des induzierten Erlebens (double-bind) die bewußte Verbindung der aufgestauten Aggressionen mit der Situation, die sie verursachten. Eine Ausrichtung und Entladung kumulierter psychischer Energie kann so nicht stattfinden, sie bleibt im Opfer stecken.

Es geht den Folterern darum, in der Foltersituation eine psychologisch durchdachte Konstellation herzustellen, die es ermöglicht in der Gefolterten neue Reaktionen zu erzeugen, die losgelöst von ihren bisherigen Werten entweder mit dem gewohnheitsmäßigen Verhalten konkurrieren bzw. rivalisieren oder es stören. Die gewohnte Art und Weise, wie eine Person sich selbst sieht und einschätzt, wird mit Gewalt beeinflußt. Durch die Koppelung eines extrem unangenehmen Reizes mit der Existenz der Gefolterten wird versucht, das Gefühl der inneren und äußeren Sicherheit und Stabilität dauerhaft zu zerstören. *Der gefolterte Mensch verliert die **Gewißheit des inneren Erlebens** und erleidet Gefühle der Sinnlosigkeit, Desintegration und Verzweiflung.* Vereinigende Verantwortung in der Selbstwahrnehmung, das Erleben ruhender Kraft in der Ebenbürtigkeit mit der Welt und nicht zuletzt die Möglichkeit tiefe Freude in der Bindung zu erfahren, sind einige der Erlebnisbereiche, die aus seinem Horizont gewaltsam entfernt werden[5]. Dies ist der reaktive Zustand, der sich in der Symptombildung äußert und vom inneren Bruch der Entwicklung eines Egos zeugt.

Nach psychoanalytischer Denkweise bedürfen wir der ständigen Realitätsprüfung, um die erdachten Phantasien von den tatsächlichen Verläufen in der Realität zu unterscheiden. Das gehört zu den grundlegenden Funktionen[6] bzw. Kompetenzen jeder Person zur Verarbeitung von Erlebnissen. Die erlebte Aggression durch Folter überschreitet mit Abstand die schrecklichsten Verfolgungsphantasien, die man sich je hätte vorstellen können. Als Folge davon weiß der Gefolterte, daß fortan alle Aggressionsphantasien und auch bisher unbewußte schreckliche Vorstellungen ihn tatsächlich ereilen und Realität werden können. Die wahrgenommene Wirklichkeit verliert somit ihre Funktion, psychische Prozesse zu regulieren. Die Person lernt, daß jeglicher Impuls, egal wie abartig er sein mag, sich materialisieren und von ihr selbst erlitten werden kann. Das „Ich" beginnt deswegen, seine Vermittlerrolle zwischen Trieben und Realität zwecks aktiver Anpassung an die neuen Lebensbedingungen zu verlieren. Der chronische Streß ist somit vorprogrammiert.

Um diesen Zustand zu überwinden, versucht der Gefolterte – weitgehend unbewußt –, diese traumatische Erfahrung durch Dissoziationsmechanismen von sich zu „spalten". Anstatt sich dem Schrecken zu stellen, um Lösungen zu finden bzw. brauchbare Bewältigungsstrategien zu entwickeln, versucht er in seiner Aussichtslosigkeit, seine Situation zu bewältigen, indem er den Schutz des Unbestimmten, Undifferenzierten sucht, meist in der Erzeugung von Symptomen. Somit gibt er die von ihm bis zur Foltererfahrung erlangte Strukturierung und Differenzierung seiner Person und Identität auf. Auf diese Weise ruft der Gefolterte den nicht abgespaltenen Rest seiner Persönlichkeit in einem weniger bedrohlichen Zustand wach, in den er sich passiv flüchten und weiterleben kann. Damit aber spaltet er sich auch selbst. Er trägt das Trauma in sich, ohne davon Zeugnis ablegen zu können, weder den anderen noch sich selbst (Zum Traumabegriff siehe weiter unten: „Die Wahrnehmungsperspektive des Extremtraumatisierten"). Wenn es nicht zu einer bewußten Integration der Person kommt, kann diese Spaltung zu einem Zustand der hilflosen Regression führen und chronisch werden, womit der Zweck der Folter erfüllt wäre.

Die Identität eines Menschen, die dessen Möglichkeiten bedeutet, das eigene Leben als zusammenhängendes Ganzes zu gestalten und die eigenen Verhaltensweisen als sinnvoll Zusammenhängendes zu erfahren, wird unter den Folgen einer Extremtraumatisierung in ihrer integrativen Funktion überfordert und in einer Dauerkrise gehalten. Die Exilsituation, welche bei vielen Gefolterten anschließend ansteht, kann diese verschärfen. Sinnkontexte brechen wiederholt zusammen, kognitive Prozesse bieten keine konsistenten Prioritäten und daher keine abgrenzende Schutzmöglichkeit mehr, so daß unbewußte Zusammenhänge unkontrolliert und bedrohlich ins Bewußtsein treten können.

Zu beachten ist dabei, daß die Sinnfindung in Krisensituationen zu einer belastenden und zentralen Aufgabe wird. Dadurch geraten größere Zusammenhänge in den Blick und unter widrigen Umständen kommt es zur Bilanz des gesamten Lebens. Fragen nach dem „wozu", „woher" und „warum" werden virulent. Die ausgleichenden sozialen Funktionen der Identität fallen für unbestimmte Zeit aus. Balance-Leistungen zwischen Selbst- und Fremderwartungen sind nicht zu erbringen. Der Ausgleich von Selbst- und Fremdbestimmung bei der Identitätsdarstellung im Umgang mit anderen im Sinne von „sich selbst in Szene setzen" und „in Szene gesetzt werden" wird für das Kontrollbewußtsein der Person nicht mehr im Handeln mit anderen auf eine interaktionistisch gestaltete Weise erreichbar.

Eine Verschärfung dieses Problems stellt sich ein, wenn die Betroffenen zusätzlich unter Diskriminierung zu leiden haben. Die eigenen Probleme und Bedürfnisse sind durch die eingeschränkte Kommunikation der Reflexion auch nur eingeschränkt zugänglich, womit sie auch nicht ohne weiteres Gegenstand von problemlösenden Handlungen sein können. Kann die Person keine stressreduzierenden Reaktionen finden, so wird der Verlauf ungünstig ausfallen, der Teufelskreis der übermäßigen Reflexibilität stellt sich ein, das Erleben verflacht, die depressive Haltung kann sich chronifizieren, Selbstmordgedanken werden zunehmend relevanter.

Diese Realität findet häufig einen direkten Niederschlag im rechtlichen Alltag der Gefolterten im Exil. Während einer Asylanhörung äußert sich z.B. diese Problematik oft in der Erzeugung widersprüchlicher Aussagen bzw. Inkonsistenzen, die den Betroffenen unglaubwürdig erscheinen lassen und seine rechtliche Lage verschlimmern.

Die Selbsterhaltung des Egos als Sinn psychotherapeutischen Handelns

Wenn jemand eine Überlebende oder ein Überlebender von Folter ist, hat sie/er Glück im Unglück gehabt. Die oder der Gefolterte wurde am Leben gelassen, während andere systematisch verschwunden sind oder ermordet wurden. Auch dies kann ein Hindernis bei der Verarbeitung des Traumas bedeuten, da sich oft Schuldgefühle wegen der quälenden Frage der subjektiven Rechtfertigung des eigenen Überlebens einstellen. Alles in allem bedeutet dieses Überleben vorerst, daß sich der sich selbst organisierende Organismus – wenn auch extrem beeinträchtigt – noch im Austausch mit seiner Mitwelt befindet und daher über Zugänge zu Ressourcen verfügt. Das Ego des Überlebenden zeigt, indem es mit seinem Schicksal hadert, daß es sich über selbstverstärkende bzw. autokatalytische Vorgänge zu erhalten sucht, die psychotherapeutisch in produktive und schöpferische Bahnen gebracht werden können.

Der Leserin und dem Leser sollte durch die bisherigen Ausführungen klar gewor-

den sein, wie die Folterer das Ego durch Folter zu zerstören trachten, jetzt ist es auch
nötig zu erkennen, warum eine Genesung – auf die ich weiter unten eingehe – möglich ist. Der Schlüssel liegt in der Wahrnehmung des Opfers, die der Folterer braucht,
um es traumatisieren zu können. *Das Vorhandensein der Wahrnehmung des Opfers,*
vor allem während des Traumatisierungsvorganges, sowie sein Bedürfnis danach,
seine Qual zu beenden, sind entscheidende Hinweise für die Selbsterhaltungsten-
denz des Egos und für den Sinn einer psychotherapeutischen Behandlung. Das psychotherapeutische Handeln wird das chronifizierte Vermeidungsverhalten des Opfers
– gerade dieser Wahrnehmung gegenüber – behutsam aufdecken und sie dem Folterüberlebenden wieder zugänglich machen, wodurch Veränderung an der richtigen
Stelle möglich wird.

Die Wahrnehmungsperspektive von Extremtraumatisierten

Was für eine Qualität die Wahrnehmung während der Folter hat, läßt sich am besten
erklären, indem wir uns vergegenwärtigen, was für eine Funktion das Trauma im psychischen Erleben innehat. Knapp zusammengefaßt meint das Trauma eine Erfahrung,
die in kurzer Zeit eine Zunahme der Intensität psychischen Erlebens in solchen Aus-
maßen hervorruft, daß der Person eine fließende Verarbeitung desselben auf norma-
lem oder gewohntem Wege versagt bleibt, was unweigerlich zu dauerhaften Störungen psychoenergetischer Funktionen führt. Im Falle einer Extrem-Traumatisierung wie
Folter erreicht diese Intensität die subjektive Schwelle zwischen Leben und Tod. In
diese Situation gebracht, befindet sich der Mensch zwar in einem Zustand absoluter
Hilflosigkeit, jedoch ist seine Wahrnehmung nicht ausgeschaltet, sie hat sich „nur" ab-
lösen müssen von der bis dahin bekannten und sozial eingebundenen Perspektive des
Egos und entbehrt daher jeglicher sozialer Anerkennung, sie ist jedoch in einer anderen Qualität vorhanden. Dies ist der Fluchtpunkt des überlebenden Opfers, der symbolisch – jenseits der alltäglichen Welt – für die Verletzung durch extreme Traumatisierung steht. Folterüberlebende berichten, daß während ihrer schlimmsten Momente
sie noch etwas gefunden haben, wodurch sie sich bestärkt fühlten. Bei manchen war
es z.B. eine unbemerkte Ratte oder Ameisen, mit denen sie eine innige, ideale Beziehung herstellten, eine Erinnerung, einen Augenblick erfüllter Liebe, eine Vorstellung
oder ein Licht bzw. ein Lichtstrahl.

So ist diese mit Gewalt versetzte bzw. ver-rückte Perspektive des Egos während der
Folter als Wahrnehmung nicht ohne weiteres mitteilbar. Es gibt keine Begriffe bzw.
Wörter dafür, sie adäquat zu beschreiben, und sie befindet sich in der Regel jenseits
der bisher bemühten Rationalität für vertraute innere Vorgänge. Wegen ihrer Isoliertheit wirkt sich dieses Erlebnis spaltend auf die Persönlichkeit des Überlebenden aus
und ist daher nicht selten die Ursache für starke emotionale Ausbrüche, die als Ventil
die Qualen zeitweilig etwas zu relativieren vermögen.

Wenn ich mit ernsthaft Studierenden zusammenkomme, werde ich oft gefragt, wie
ein Psychotherapeut oder eine Psychotherapeutin, der/die Folter nicht kennt, die Befindlichkeit nach Folter verstehen bzw. nachvollziehen könne, damit er/sie mit einem
Folterüberlebenden erfolgreich arbeiten kann. Diese Frage ist nicht nur berechtigt, sie
birgt genau den Erkenntniswillen, der den Psychotherapeuten für diese Arbeit sensi-
bilisiert und auch hilft zu verstehen, was für eine Distanz zwischen Therapeut und Kli-

ent zu überbrücken ist, bis eine spürbare Begegnung und ein offener Austausch möglich sein kann. In der Literatur wird auf Beschreibungen wie psychotische Depersonalisationserlebnisse, tranceähnlicher Zustand oder auf ein Leben wie im Traum und seine Folgen zurückgegriffen, um der Leserin oder dem Leser eine Wahrnehmungsrichtung anzudeuten. Ich stellte jedoch fest, daß diese Beschreibungen – wenn auch richtig – in den meisten Fällen noch keine ausreichenden Zugänge zum Verständnis dieses Traumas gewähren, deswegen suchte ich weiter, bis ich mich für zwei sehr verschiedene Situationen entschied, die m.E. diesen Zweck für die ernsthaft Interessierte erfüllen sollen. Festzuhalten ist dabei, daß bei aller Generalisierung der folgenden Erfahrungen und der Folgen von Folter diese letztlich immer spezifisch und vorrangig an die Biographie des Opfers gebunden bleiben.

Für die erste Erfahrung bitte ich Sie, sich folgende Situation zu vergegenwärtigen: *Sie sitzen an einem schönen Tag in einem Café in Begleitung einer Ihnen vertrauten Person. Sie sind dabei, sich zielgerichtet über ein interessantes Thema auszutauschen, Sie sitzen bequem, sind entspannt aber nicht schlaff, Sie sind sich Ihrer Körperhaltung bewußt, können Ihren Gedanken gut folgen und weiter weben; Ihre Emotionen dienen Ihnen als Indikator für den Verlauf des Gespräches, Sie sind zufrieden und gesammelt. Plötzlich explodiert unvermittelt unter Ihrem Stuhl und mit großem Knall ein Silvesterfeuerwerk. Sie registrieren im Nachhinein, daß in jenem Augenblick alles, was Sie mehr oder weniger bewußt wahrgenommen hatten, durch die Gewalt des Knallers wie weggeflogen ist. In so einer Situation stellen Sie fest, daß nach fünf, spätestens aber nach zehn Sekunden alles wieder wie von selbst natürlicherweise zu seinem Platz zurückgekehrt ist, so daß Sie Ihre Reaktion darauf wählen können.* Nun, ich möchte, daß Sie Ihre Aufmerksamkeit auf die Wahrnehmungsqualität richten, die sich in den ersten zwei bis drei Sekunden nach dem Knall einstellte, denn das ist das Gefühl, in dem der Gefolterte nach der Folter bleiben kann, wenn er nicht an sich selbst Hand anlegen will.

Für den zweiten Zugang bitte ich Sie, sich in folgende Situation hineinzuversetzen: *Aufgrund der Einwirkung einer Ihnen nicht näher bekannten Substanz versinken Sie in eine Art seltsamen katatonen Stupor, Sie verlieren dabei das Bewußtsein, und zwar so, daß Ihre Umgebung sich relativ schnell einig ist, daß Sie Ihren Exitus vollzogen haben, man erklärt Sie also für tot. Ihre wichtigsten Bezugspersonen, Familie, Freunde oder Bekannte beschließen gemäß Ihrem Wunsch keine Feuerbestattung durchführen zu lassen, und Sie werden begraben, d.h. lebendig begraben. Als Sie wieder zu Bewußtsein kommen, befinden Sie sich in der kapselartigen Enge Ihres eigenen Sarges, in der tiefsten Dunkelheit und Stille. Dann werden Sie sich dessen gewahr, was mit Ihnen geschehen ist. Ihr Gehirn fängt an, aufs Intensivste zu arbeiten, um einen Ausweg zu finden. Sie schreien und strengen Ihren Körper mehrmals bis an die Grenze seiner Belastbarkeit an, ohne dabei etwas zu erreichen. Sie spüren dann eine Ihnen bis dahin unbekannte Verzweiflung, Sie versuchen sich zu beruhigen, da Sie dadurch glauben, mehr erreichen zu können, aber jeder Gedankengang führt über kurz oder lang unweigerlich ins Absurde, selbst Ihre Vernunft verwandelt sich für Sie in etwas Unverständliches. In Ihrer Einsamkeit werden Sie abwechselnd von Zuständen der Verzweiflung, der Wut, der Ohnmacht, der Hoffnung und des Wahnsinns heimgesucht, ohne daß sich dadurch etwas ändern würde, außer Ihrer Kraft, die merklich nachläßt. So verbringen Sie, vielleicht wegen einer durchlässigen Stelle, eine unendliche Zeit in*

dieser extremen Realität, bis Sie dann nach vielen Stunden oder etlichen Tagen ge-
funden werden, um in die Welt der Lebendigen zurückzufinden, die nichts von all dem
wissen, was Sie erlebt haben. Die Perspektive, die sich durch dieses Trauma für Sie
ergibt bevor Sie gefunden werden, entspricht in etwa der Perspektive, die ein Überlebender von Folter kennt.

Mit diesen Beispielen ist die Wahrnehmungsrichtung angedeutet, mit der eine Psychotherapeutin oder ein Psychotherapeut in der Regel konfrontiert wird, sollte sie oder
er eine/n Gefolterte/n in die Behandlung übernehmen.

Der Wiederaufbau des Egos im psychotherapeutischen Prozeß

Grundlegende Wirkfaktoren psychotherapeutischen Vorgehens setzen den Aufbau einer professionellen Beziehung voraus, deren Hauptziel die Herstellung von Vertrauen
und Verständnis zwischen Psychotherapeut und Klient ist. Verbindendes Element der
am Prozeß Beteiligten ist die Motivation, dem Klienten die Fähigkeit zu vermitteln,
seine Innenwelt in Kontakt mit seiner sozialen Realität zu stabilisieren und zur eigenen Kraftquelle zurückzugelangen. Mit Hilfe der verbliebenen Spuren der Folter in
Form von Symptomen und durch die Brücke entstandenen Vertrauens zwischen Therapeut und Klient wird – mittels vielfältiger psychotherapeutischer Techniken – der
Weg zu dem heimischen Ort der eigenen Freiheit, der von der Gestalt des Folterers be-
sudelt wurde, gesucht und gefunden. Dadurch werden die Voraussetzungen für die Bildung eines erweiterten Bezugsrahmens oder eines „Metaverständnisses" geschaffen,
die eine Einordnung der Extremerfahrung ermöglichen.

Zu den Voraussetzungen für die psychotherapeutische Arbeit mit
Folterüberlebenden

Die Risiken, die während dieses Prozesses seitens des Psychotherapeuten eingegangen werden, können in diesem knappen Beitrag nicht ausreichend Berücksichtigung
finden. Anzumerken ist, daß der Therapeut immer seinen Klienten nur soweit wird
bringen können, wie er selbst in seinem Reifeprozeß gekommen ist. Diese Erkenntnis
bewahrheitet sich im psychotherapeutischen Umgang mit Gefolterten immer wieder.
Deswegen sei erstens nur erwähnt, daß – abgesehen von der Notwendigkeit der Er-
schaffung eines psychotherapeutischen Klimas bei der Durchführung der Arbeit – an
den Psychotherapeuten höchste Ansprüche im Hinblick auf seine psychische Reife,
seine persönliche Stabilität und seine psychischen Entsorgungsmöglichkeiten mittels
regelmäßiger fachlicher Supervision gestellt werden müssen. Er soll eine klare Motivation und eine vertrauenerweckende geistige Struktur bzw. Gestalt mitbringen können, um in der Lage zu sein, auf Beziehungsangebote zu reagieren bzw. diese anzubieten. Zweitens soll er eine ausgeprägte Fähigkeit zur Reflexion im Umgang mit seinen Ängsten mitbringen, vor allem im Kontext der eigenen und fremden Hilflosigkeit,
und zwar als Indikator für die Eignung für diesen Arbeitsbereich. Dieses ist deswegen
unentbehrlich, weil die Folterüberlebenden uns die Hilflosigkeit und Ohnmacht bringen, die sie in der Folter erfahren haben, wodurch sie diese seelischen Landschaften
in uns selbst re-aktivieren. Hinter dieser Hilflosigkeit und Ohnmacht vermuten und

fürchten wir die Angst, die Verzweiflung, das Erleben des Abyssus mit der uns tiefst-
bekannten Dimension menschlicher Einsamkeit und Leid. Diese Erlebnisbereiche, die
jeder Mensch in sich trägt und die Triebfeder der Philosophie sind, muß der Psychotherapeut in sich kennen und mit ihnen eine integrierende Beziehung hergestellt haben. Bis zu den Tiefen dieser Einsamkeit, Angst und Verzweiflung muß der Psychotherapeut in sich hineinreichen und verstehen können, um dort mit einem kommunikativen Akt der Mitmenschlichkeit die verlorene Realität der Liebe wieder entstehen
zu lassen als Wendepunkt einer von den Folterern angelegten Entwicklung. Wobei das
Verständnis und das Erleben der Energiequalität von Liebe nicht weniger tief sein
möchte wie ihre polaren Gegensätze es bereits sind.

Wenn der Psychotherapeut dies nicht gelernt hat, wird die seelische Entwicklung der
Extremtraumatisierten keine Umkehr des Auftrages des Folterers erreichen können, die
Flucht vor sich selbst kann nicht unterbrochen werden und es wird keine Entfaltung
möglich sein, die nicht im Sinne der Folterer wäre, so daß letztlich keine Selbst- oder
Mitbestimmung der eigenen Entwicklung und Reife erlangt werden kann. Statt dessen
wird er sich jenseits des Grabens zwischen ihm und seiner Welt einrichten und dort das
vergiftete Weltmodell des Folterers konsolidieren und sein Leben weiterfristen.

Die Tatsache, daß charakterliche und menschliche Reife nicht gekauft werden können, wie dies mit den verschiedenen psychotherapeutischen Ausbildungen gemacht
werden kann, erhöht die Risiken der Beteiligten. So ist eine – oftmals mühsam – erarbeitete und mit finanziellem Aufwand erlangte Qualifikation noch kein Garant für die
seelische Tiefe und Transparenz im Charakter und der Persönlichkeit eines Psychotherapeuten. Das leidige Thema psychotherapeutischer Ausbildungskonzepte bleibt
hier vorerst nur angeschnitten, es verdient an anderer Stelle gesondert behandelt zu
werden.

Jedenfalls wird ein ungeeigneter (unreifer) Psychotherapeut unbewußt in die Falle
tappen, seine Ängste davor zu verdrängen und seine Rolle als Ergebnis einer sekundär erzeugten seelischen Dynamik gestalten, vielleicht in kalten institutionellen Hierarchien Zuflucht suchen, im ungünstigsten Falle das mitgebrachte System internalisierter Gewalt des Klientels reproduzieren und gemeinsam mit dem Gefolterten er-
neuten Schiffbruch in der Spirale des Stresses erleiden. Ein Psychotherapeut, der sich
– trotz Überforderung – mit Gewalt an einen solchen Prozeß klammert, zeugt meiner
Ansicht nach von einer defizitären Existenz, die versucht, sich selbst an den Folterüberlebenden aufzuwerten.

Die psychotherapeutische Veränderung der Reaktion auf Folter im Sinne einer Bewältigung

Wenn jemand zu mir kommt, besteht die erste Aufgabe darin, herauszufinden, in welcher Phase der Streßbewältigung[7] er sich gerade befindet, um diese intensiv zu bearbeiten (z.B. ob er in der Alarm-Phase ist: d.h. er weiß, daß ihn etwas stört, weiß aber
noch nicht, was es ist). Ein Hauptprinzip begleitet den ganzen Prozeß: *Vertrauen schaffen, erreichen und halten.* Dieses Vertrauen wird allmählich gewonnen, in dem die
Qualität der Kommunikation und somit das Verständnis der subjektiven Situation des
Betroffenen zunimmt. Vertrauen wird auch durch ein gegenseitiges **Respektieren** angestrebt und erreicht, das die Beziehung zwischen Klient und Therapeut erst möglich

macht (z.B. nach Möglichkeit nicht um drei Uhr morgens anzurufen; Einhalten von Abmachungen). Sind beide Aspekte vorhanden, so ist es möglich zur dritten, wichtigsten Stufe der gemeinsamen Arbeit zu gelangen: **das Erzählen** des Erlebten; dieses wirkt katharsisch, wenn es mit (ungeschminkten) Emotionen einhergeht. Nach dem Erzählen ist durch die Bewußtwerdung und Anerkennung des eigenen Schmerzes ein Wiederfinden und Neuentwerfen der Identität möglich. Dabei werden immer globale Veränderungen in drei Beziehungsbereichen festgestellt: die Beziehung des Gefolterten zu seiner phänomenalen Welt, zu seinen Mitmenschen in dieser Welt und zu sich selbst. Die Aufgabe des Helfers besteht darin, ein empathischer Begleiter zu sein und darin, das Unverständliche verständlich zu machen.

Wenn die Absichten der Folterer und ihre Hintergründe erkennbar werden, wenn die sorgsam vorbereitete Falle der Folter in vollem Umfang demaskiert und somit auch das verletzte Selbstbild als das Handwerk des Folterers verstanden wird, dann besteht die Möglichkeit, die geraubte Mündigkeit im Erkenntnisprozeß der Psychotherapie wiederzugewinnen, sich zu der erlittenen Erfahrung zu verhalten und die eigene Wahrnehmung und die gespielte(n) Rolle(n) in ihr neu zu deuten, um zu einer eigenen Definition seiner selbst zu gelangen. Dazu gehört im idealen Fall die Übernahme der eigenen Biographie, die durch einen begleiteten Regreß auch die Bewußtwerdung der Qualität des Erlebens erfassen sollte, die vor der Foltererfahrung lag. Dadurch wird für den Betroffenen ein Vergleich seiner früheren Motivation, seiner Überzeugungen und Ziele mit seinem jetzigen Zustand möglich. Eine eingehende Analyse der festgestellten Unterschiede zeigt ihm die Veränderung seiner Lebensqualität durch die Folter. Er kann jetzt Antworten auf Fragen erhalten wie: Welche Veränderung in mir geht auf das Konto der Einschüchterung durch den Folterer?! Welche Veränderung will ich selbst verantworten und weiter vertreten?! Welche Veränderung will ich noch vornehmen, um mich weiter zu entwickeln?!

Während des Genesungsprozesses auf der Basis gewonnenen Vertrauens wird jeder Betroffene die Beziehungsaspekte aufarbeiten, die für ihn die wichtigsten sind; einige von ihnen sind mit den Gesinnungsgenossen zu klären, andere stehen im Zusammenhang mit der Familie, einige sind nur mit dem Therapeuten zu besprechen und wiederum andere wird er nur mit sich selbst ausmachen bzw. klären können. So gelangt der Gefolterte im Bildungsprozeß der Psychotherapie – wenn auch schmerzhaft – doch zu seinem „extremgeschützten Inneren", um mit ihm die durch Folter unterbrochene Beziehung zu sich selbst wieder aufzunehmen.

Die Wiederaufnahme und der Neuentwurf dieser innigen Beziehung zu sich, bedeutet eine regenerierte, wiederaufgebaute Beziehung zum Ego zurückzuerlangen und zugleich die Beendigung des Zustandes, ein chronischer Pflegefall für andere zu sein, es bedeutet die Pflege des Egos selbst und in eigener Verantwortung zu übernehmen, damit auch andere ungezwungen am kreativen Prozeß der Herstellung der eigenen Perspektive teilnehmen können.

Ausblick

Die früheren Herrscher waren kaum gekannt.
Die späteren wurden verehrt.
Die noch späteren gefürchtet.
Die letzten verachtet. (...)
Laotse. Tao Te King, XVII

Ich hoffe, daß die Leserin und der Leser einen Eindruck der Zerbrechlichkeit unserer inneren psychischen Struktur bekam und durch die Ausführungen die prekäre Lage eines Egos in der Landschaft politischer Unterdrückung erkennen konnte. Wenn wir einen inneren Widerstand gegen das Treiben der Folterkriminalität in uns spüren, so müssen wir einsehen, daß dieses Aufbegehren letztlich zu einer kritischen Betrachtung des strukturellen Aufbaus unserer tradierten Kultur auffordert. Daher wird es nicht allein – z.B. durch die Errichtung von Behandlungszentren – damit getan sein, sich auf die Folgen von Folter und Verfolgung zu konzentrieren, um etwas dagegen tun zu können, sondern man wird sich im präventiven Bereich mit den kulturellen Ursachen der Institutionalisierung von Folter befassen müssen, um tatsächlich etwas zu ändern. Auch wenn dieser Ausblick manchen Leserinnen und Lesern naiv vorkommen möge, so sei Ihnen hiermit versichert, daß er bewußt gewählt wurde. In diesem Sinne möchte ich den kulturellen Aspekt der nicht-hinterfragten Gehorsamspflicht kritisch fokussieren.

Bei den heute dominierenden Kulturformen, deren Hauptmerkmal der konfrontative und nicht der kooperative Umgang des Individuums mit seiner natürlichen Welt ist, riskieren wir eine Reduktion des Erkenntnishorizontes und der Entwicklungsmöglichkeiten nachfolgender Generationen. Eine Gesellschaft, die bei der Vermittlung der notwendigen sozialen Anerkennung viel zu oft Mündigkeit zu Gunsten von Gehorsam während der Erziehung opfert, verleitet in fataler Weise junge Menschen dazu, einseitig im Rahmen von Lebensentwürfen zu gedeihen, die zu sehr auf Konfrontation gerichtet sind. Werte wie Durchsetzungsvermögen, Leistung, Erfolg, Macht, Sicherheit u.a. befinden sich nicht mehr in einem ausgewogenen kreativen Verhältnis zu der Entwicklung von ebenso nötigen, musischen Bedürfnissen und verfestigen als zentrale Steuerungsmerkmale der Ich-Entwicklung die Mechanik des Beziehungsstresses in den vorgesetzten Hierarchien unserer Kultur.

An den Orten, wo gefoltert wurde oder wird, haben sich die Täter und Täterinnen stets auf das Prinzip des Gehorsams berufen, um die Verantwortung für ihr Handeln an eine höhere Stelle zu delegieren. Stets stellten sich die Täter und Täterinnen als Opfer einer höheren Macht dar, der sie gehorsamspflichtig gewesen sein wollen. Dieses Phänomen ist uns spätestens seit den 60er Jahren allbekannt. Im Kontext der Milgram-Experimente[8] können wir Einsicht in die These erhalten, daß Gehorsam das Grundprinzip ist, das die wichtigsten Institutionen unserer Gesellschaft zusammenhält: Familie, Kirche, Schule, Industrie, politische Parteien und Militär. Daran hat sich wenig geändert. Gehorsam ist noch der normative Wert des Zusammenlebens, besonders gut sichtbar in kritischen Zeiten, davon Abweichende bekommen die Macht des Systems in Form von Abschreckung und Einschüchterung deutlich zu spüren. Auch Therapeutinnen und Therapeuten, die in Diktaturen Gehorsamsverweigerung leisten und sich der Unterstützung der Opfer verschreiben, sind der Verfolgung ausgesetzt. Die Legitimation der Folter durch die anschließende Straffreiheit der Täter und Täterinnen bleibt immer noch der Tenor postdiktatorischer Demokratien in der Welt und das schwerste Hindernis auf dem Wege der Regeneration eines durch Folter zersprengten Egos.

Ohne in den Irrtum zu verfallen, andere kulturelle Lebensformen idealisieren zu wollen (z.B. aus dem nord-, südamerikanischen oder auch australischen Raum), die aus der hiesigen Sicht noch nicht den „Zivilisationsgrad" erreicht haben, um sich aus der Kategorie der „Naturvölker" emporheben zu können, so stelle ich jedoch fest, daß Folter in der sachlichen Grausamkeit wie ich sie hier geschildert habe, ein Charakteristikum der sich heute durchsetzenden wissenschaftlich-technischen Kultur geworden ist, das bei vielen Naturvölkern einfach fehlt. Der Anspruch der sich expandierenden und beherrschenden Kulturform, neben der natürlichen Welt eine andere, parallele Welt zu errichten, die der ersteren nicht nur gewachsen, sondern überlegen sein soll, ist das Zeugnis des verlorenen Vertrauens in unseren Ursprung und daher in uns selbst. In der Wiederherstellung des Vertrauens des Menschen zu sich selbst und seiner Welt liegt m.E. ein wesentlicher Teil geistiger Arbeit der Gegenwart. Nur ein Mensch mit gesundem Ego als Brennpunkt seiner Existenz wird in der Lage sein zu erkennen, daß der Mitmensch ebenfalls eine universale Perspektive in sich trägt und aus eigenem Interesse die kopernikanische Wende des Geistes vollziehen wollen.

Anmerkungen

[1]   Der Vortrag, den ich beim Kongreß der DGVT im Februar 1994 zum Thema „Die psychischen Folgen von Folter und die wesentlichen Phasen ihrer Aufarbeitung" hielt, hatte den Inhalt eines Beitrages zum Thema „Egoismus" als zentralen Hintergrund gehabt. In dieser Zeit hatte mich der Nous-Verlag wegen der Erstellung eines kurzen Beitrages zum Thema Egoismus und Folter aus praktischer und psychotherapeutischer Sicht für einen Sammelband angesprochen (1994), in dem ich einige wesentliche Aspekte der Folter und ihrer Folgen einarbeitete. Der Verleger genehmigte freundlicherweise den Druck der ungekürzten Rohfassung dieses Beitrages für die DGVT, den ich hiermit den Leserinnen und Lesern vorlege.

[2]   Zum Problem der gesetzlichen Definition von Folter siehe Amnesty International (1975). Bericht über die Folter. Fischer Taschenbuch. S. 34-39. Eine häufige Definition lautet: „Folter ist die systematische und bewußte Zufügung von akutem Schmerz in jeder Form durch eine Person gegenüber einer anderen oder einer dritten Person, um die Absichten der ersteren gegenüber den letzteren gegen ihren Willen durchzusetzen."(ebd.)

[3]   Ich verweise hier auf meine Forschungsarbeit: „Psychologische Aspekte zur Entwicklung eines begleitenden interkulturellen Übungsprogramms für Deutsche und Ausländer im Bereich der psychosozialen Flüchtlingsarbeit" der Berlin-Forschung, Nov. 1992. Dort speziell auf Kapitel 5.4.4, „Die Situation länger in Deutschland lebender Flüchtlinge", S. 64-69. Der Forschungsbericht ist kostenlos bei der Berlin-Forschung (FU-Berlin) erhältlich, oder gegen eine Briefmarkengebühr von DM 3.- beim Verfasser zu beziehen.

[4]   Die körperlichen Qualen spielen weiterhin eine wichtige Rolle bei der Brechung des Willens und der Moral des Gefolterten. Doch werden diese z.B. durch „Elektrofolter", „Fast ertränken", „Nahrungsentzug" oder Anwendung von Psychopharmaka und Drogen u.a. leichter getarnt als offene Wunden und zerbrochene Knochen. Obwohl Folter als solche sehr alt ist, kann man die Untersuchungen über Gefangene im Koreakrieg zur sog. „Gehirnwäsche" als die erste wissenschaftliche Erfassung von psychischen Manipulationstechniken bezeichnen. Dort wurden die Manipulationstechniken von Bidermann (1957; 1960) als das „DDD-Sche-

ma" nach den elementaren Prinzipien der Konditionierungstheorie dargestellt. („DDD": De-
pendency, Debility, Dread = Abhängigkeit, Erschöpfung, Schrecken) (Vgl. ai (1975). Bericht über die Folter. Fischer Taschenbuch, S. 34-39 u. 51-65)

5   Die schaurige Bilanz der psychologischen Folgen ist in dem umstrittenen Foltersyndrom zusammengefaßt:
    – Verlust der Fähigkeit, in Übereinstimmung mit objektiven Gegebenheiten zu handeln;
    – Realitätsverlust durch Phantasien (Tagtraumreisen);
    – Verlust der Selbstachtung;
    – Einschränkung der Fähigkeit, die Realität zu fühlen und an ihr teilzuhaben (auch Ent-
      fremdung vom eigenen Körpererleben!);
    – fehlendes Interesse an affektiven Bindungen;
    – Verlust jeder Hoffnung.
    Die psychosomatischen Störungen seien hier auch erwähnt: Ulkus, Erstickungsgefühle,
    Atemnot, Asthma, Allergien, Magen-Darmstörungen, Kopfschmerzen, Müdigkeit, chroni-
    sche Muskelverspannungen, vorzeitiges Altern. Unter den physischen Folgen sind evtl. Ver-
    brennungen, Verstümmelungen, Leber- und Nierenstörungen, Wirbelsäulen oder Knochen-
    veränderungen, Zahnprobleme zu verzeichnen.

6   Diese grundlegenden Funktionen sind Ich-Leistungen, Aufgaben, die das Ich erfüllt. Diese
    Ich-Leistungen sind abhängig von der Ich-Reife und damit vom Verhältnis des Ich's zu an-
    deren psychischen Instanzen und der Realität. Sie lassen sich in Gegensatzpaaren anordnen:
    Triebwiderstand gegen -befriedigung, Einsicht in eine Absicht gegen Rationalisieren, Suche
    zu verstehen gegen systematische Entstellung, ferner Kontrolle der Körperbewegungen, der
    Wahrnehmung, Realitätsprüfung, Antizipation, zeitliche Ordnung seelischer Vorgänge und
    rationales Denken.
    (Vgl. Fuchs, W. & Klima, R. & Lautmann, R. & Rammstedt, O. & Wienold, H. (Hrsg.)
    (1978). Lexikon zur Soziologie. Opladen: Westdeutscher Verlag GmbH)

7   vgl. das ‚Streßkonzept' von Selye, H. (1988). Streß. Bewältigung und Lebensgewinn. Mün-
    chen: Piper

8   Die Experimente von Milgram zeigen in erschreckender Weise, daß eine große Anzahl von
    Menschen auf Anweisung von Autoritäten dazu bereit ist andere mit Elektroschocks grau-
    sam und bis in den Tod zu bestrafen. Die Elektroschocksstufen gingen von 15 bis 450 Volt
    angeordnet in 30 Stufen (30 Kippschalter) in Abständen von 15 Volt. Beim Standardexperi-
    ment – auch in der BRD – gehorchten bis zum Ende 85% der Versuchspersonen. (Mantell,
    D. M. (1971). Das Potential zur Gewalt in Deutschland. Eine Replikation und Erweiterung
    des Milgramschen Experiments. Der Nervenarzt 5, S. 252-257)
    Milgram, St. (1963). Behavioral Study of Obedience. Journal of Abnormal and Social
    Psychology. Vol. 67. Und: ders. (1964). Group Pressure and Action Against a Person. Jour-
    nal of Abnormal and Social Psychology, Vol. 68. Auf der Grundlage dieser Forschungser-
    gebnisse produzierte auch der Bayerische Rundfunk den Dokumentarfilm „Abraham – Ein
    Versuch", BRD, 1970.

Die sexuelle Folter von Männern als weltweit systematische Methode der Folter

Norbert F. Gurris

Sexuelle Folter ist eine häufig praktizierte integrale Komponente im Rahmen der systematischen Folter, die nach gesicherten Erkenntnissen in über 100 Staaten dieser Erde (amnesty international, 1994) begangen wird. Sie muß im Kontext der Intentionen und Ziele der Folter an sich untersucht werden. Intentionen und Ziele der Folter erfüllen sich durch die Verbindung körperlicher und seelischer Torturen. Die sexuelle Folter ist ein Paradigma dieser Verbindung.

Folter hat letztlich den systematischen Zweck, die Identität des Individuums selbst durch Herbeiführen des psychischen Todes zu zerstören. Dies geschieht physisch und/oder psychisch. Für sogenannte gute Folterer soll dabei in der Regel das biologische Leben erhalten bleiben. Der Mensch soll seiner Lebenskraft und Persönlichkeit durch extreme Traumatisierung beraubt werden. Hilfloses und gebrochenes Dahinvegetieren von Folterüberlebenden dienen als Abschreckung und Symbol für Auflehnung und Ungehorsam.

Nach Wicker (1993) besteht das Ziel zunächst darin, durch Zufügen von extremen Schmerzen an die Psyche des Opfers zu gelangen. Der Angriff auf die Gesamtpersönlichkeit wird zusätzlich geführt durch Deprivations- und Erschöpfungsquälereien, Konfusionstechniken, Induktion von Todesängsten (Scheinhinrichtungen), Reizüberflutung, sensorischen Entzug, Entzug von Nahrung, Kleidung und Hygiene, Gezwungenwerden, Kot zu essen, Urin zu trinken. Oft werden Freunde und Familienmitglieder aktiv und passiv in die Bedrohung einbezogen.

Die Kopplung von Angst und Schmerz bei unkontrollierbarer physiologischer Erregung führt besonders dann zur Erschütterung und Zerstörung bisheriger emotionaler und kognitiver Muster, wenn systematische Verwirrpraktiken, bis hin zu doublebind-Induktionen eingesetzt werden. Situationen der Folter sind Extremerfahrungen, die außerhalb des üblichen Erfahrungsspektrums von Menschen liegen (American Psychiatric Association, 1987, 1994).

Nach dem Verlust von Zeit- und Raumgefühl werden Opfer z.B. immer wieder erschreckt durch Zurufe (Drees, 1991) wie: ‚Gleich beginnt die Folter', oder: ‚Um 6 Uhr wirst du hingerichtet', oder: ‚Morgen vergewaltigen wir deine Frau'.

Es entsteht so in der emotionalen und kognitiven Struktur des Opfers ein totales Chaos, das dieses mit dem Bewußtsein nicht mehr erfassen kann; es entsteht das Gefühl der schrecklichen Unvermeidbarkeit. Zeit wird ungewiß, Ereignisse und Reaktionen sind nicht mehr vorhersagbar (Pope & Garcia-Pertoniemi, 1991). Nach Reizentzug durch Isolation und Entzug der Befriedigung von Grundbedürfnissen werden Gefolterte für Suggestionen empfänglicher und geraten in zunehmende Abhängigkeit von ihren Peinigern; so etwa, wenn erst dann Primärbedürfnisse, wie Flüssigkeitsaufnahme oder zur Toilette gehen, erfüllt werden, wenn das Opfer seine Ohnmacht und Hilflosigkeit eingesteht, z.B. durch Betteln, Flehen oder durch Bereitschaft, auszusagen oder Geständnisse zu unterschreiben.

Mit der Abhängigkeit wird auch der Beziehungsaspekt der Folter deutlich: Je mehr psychische Folter zur physischen hinzukommt, desto mehr verlieren sich die Opfer an die Täter (Wicker, 1993). In den meisten Ländern, in denen systematisch gefoltert wird, sind auch double-bind-Induktionen bekannt (wie überhaupt das ganze Repertoire von wissenschaftlichen Psycho-Labors der letzten Jahrzehnte beherrscht wird). So findet man die Methode, abwechselnd einmal mit einem brutalen Folterknecht zu konfrontieren, und danach einen sich großzügig und verständnisvoll gebenden Folterer einzusetzen, der dem Gequälten eine Zigarette anbietet, Blut und Erbrochenes abwischt und ihn ermutigt. Wenn gegen die brutale körperliche Folter noch psychische Widerstandskraft aufgebaut werden konnte, bricht die innere Abwehr nun völlig zusammen (Drees, 1991). Das Selbst verliert seinen inneren Halt und greift nach der zynischen angebotenen „Fürsorge". Es entsteht eine tragische Fessel der Bindung an den Folterer; andere gewohnte Bindungen sind entweder nicht anwesend und verfügbar oder bereits zerstört. Aber gerade während der Erfahrungen von extremem Schmerz, der totalen Hilf- und Schutzlosigkeit, der Verwirrung, der Ausweglosigkeit und Unvorhersagbarkeit von Ereignissen brauchen Menschen, wie auch Tiere, den gesteigerten Schutz von Bindungen (Saporta & Van der Kolk, 1992). Während dieser Phase der Folter kommt es oft zu Geständnissen, auch zu Verrat von Feunden und Mitkämpfern (Arestivo, 1992).

So kann die Folter zur Zersetzung oder Zerstörung der bisher für die Persönlichkeit gültigen sozialen Normen und Werte führen. Erschüttert und zerstört werden die Annahmen und Glaubenssätze zur Integrität des Selbst, die Sichtweisen über sich selbst und die Umwelt, das Grundvertrauen in die eigene Handlungs- und Entscheidungsautonomie. Hilflose Ohnmacht und Selbstaufgabe mischen sich mit Erleben von Versagen, Haß und Wut auf sich selbst. Die identifizierten Annahmen und inneren Dialoge lauten oft: ‚Was muß ich für ein Mensch sein, daß mir das passiert ist' oder: ‚Ich kann mir nicht mehr selber trauen, ich muß ein wertloser und schlechter Mensch sein' und dergleichen. Diese Entkoppelung des Selbst vom bisher gelebten Leben und den Zusammenbruch der *Selbst-Werte* würde ich als *konditionierte Abhängigkeit durch erzwungene totale Regression* bezeichnen (Gurris, 1993a).

Die Grundvorstellungen menschlichen Zusammenlebens relativieren sich, lösen sich auf und bringen die Opfer in Zustände, die psychotischen Ausnahmezuständen ähnlich sind. Erlernte Hilflosigkeit, Mißtrauen, Vermeidungsverhalten, Verschlossenheit und Kontaktängste bis hin zu lebenslanger Isolierung haben hier ihre Ursache. So können später in der Therapie auch Unterstützung und freundliche Haltung als bedrohlich und beängstigend erlebt werden. Der Versuch, eine therapeutische Beziehung überhaupt zu etablieren, kann zur Gratwanderung werden: Im Klienten spielt sich leicht und oft unbemerkt hinter der Fassade der Höflichkeit ein Transfer zu Foltersituationen ab. Pope & Garcia-Peltoniemi (1991) weisen auf Ähnlichkeiten der therapeutischen Dyade zu Foltersituationen hin: Ein/e durch staatliche Lizenz autorisierter Therapeut/in sitzt in einem ‚privaten' Raum dem Folterüberlebenden gegenüber, stellt diesem vulnerablen und in Not befindlichen Menschen extrem persönliche, intime Fragen. Die erlebte Diskrepanz der Macht, die Intensität der Emotionen während dieses Prozesses und die sich wiederholenden Sitzungen können als ein komplexes Setting von auslösenden Reizen für ein intrusives Wiedererleben der Foltersitzungen fungieren.

Bei sexuellen Mißhandlungen im Rahmen der Folter handelt es sich um einen besonders tabuisierten Erfahrungsbereich, der nicht nur von den Betroffenen und deren Umfeld geleugnet und verdrängt wird, sondern auch von vielen TherapeutInnen und HelferInnen. Entgegen verbreiteter Meinung betreffen sexuelle Mißhandlungen und Folterungen keinesfalls nur Frauen und Mädchen. Mit einiger Überraschung müssen wir schätzen, daß wenigstens die Hälfte aller bei uns aufgenommenen Männer sexuelle Traumatisierungen erlitten haben (Behandlungszentrum für Folteropfer Berlin, 1992). Bei 24 im Jahr 1993 *psychotherapeutisch* behandelten männlichen Klienten (Therapie länger als ein halbes Jahr) konnte im Verlauf der Behandlung in 17 Fällen sexuelle Folter neben anderen erlittenen Folterprozeduren aufgedeckt werden. Zum Zeitpunkt der Erstinterviews hatten nur zwei Männer sexuelle Folterungen angeben bzw. andeuten können. Außer den 17 aufgedeckten Fällen zeigten sich bei drei weiteren Klienten deutliche Hinweise, daß auch diese sexuelle Mißhandlungen erlitten hatten (*s. Fallbeispiel 1*). So kann bei dieser nicht repräsentativen Auswahl von Behandlungsfällen eines Therapeuten während eines Jahres davon ausgegangen werden, daß wohl nur etwa 20 % *keine* sexuellen Folterpraktiken erlebt haben. Die Studie von Yüksel (1991) unterstützt die Erfahrung, daß Gefolterte erst im Verlauf einer Psychotherapie über sexuelle Folter sprechen können. Die sich andeutende überraschend hohe Prävalenz sexueller Folterungen wird jedoch plausibel, wenn man sich noch einmal die Intention der Folter vergegenwärtigt, nämlich die Beschädigung des Selbst, der Identität bzw. der Glaubenssysteme mit Langzeitwirkung. Sexuelle Folter hinterläßt auf Dauer nur selten körperlich sichtbare Beschädigungen.

In dieser Weise ist der Angriff auf die Scham des Menschen besonders wirkungsvoll. Das Intimste wird völlig schutzlos, es wird mit einer tiefen Spur oft für immer verletzt. Mit dem Angriff auf die Sexualität wird am ehesten erreicht, das Opfer zu verwirren und hilflos zu machen, so daß es eigene Schuld attribuiert (Gonsalves et al., 1993), daß es sich beschmutzt, befleckt fühlt, daß es sich vor sich selbst ekelt, sich verabscheut und depotenziert fühlt, mit allen späteren psychosozialen Auswirkungen (West, 1992). Unvorstellbar z.B. die totale Verwirrung und Beschämung, wenn Folterer einmal körperlich brutal mißhandeln, ein anderes Mal sich sexuell vergewaltigend am Opfer befriedigen. Für viele sieht es später so aus, als habe das Opfer es gewollt und mitgemacht (Koss & Harvey, 1991). Männern wird oft unterstellt, daß sie sich gegen sexuelle Übergriffe hätten wehren können (Van der Veer, 1992). Weiterhin wird unterstellt, Männern könne und dürfe dies nicht viel ausmachen. Der Virus des Sich-Beschmutzt-Fühlens kann später ohnmächtig in Ehe- oder Partnerbeziehungen hineingetragen werden. Dabei können Folterer die Gewißheit haben, daß die Opfer über diesen Teil der Tortur fast immer schweigen werden; die Sprachlosigkeit beherrscht vor allem auch die erhaltenen oder späteren Partner-/Familienbeziehungen. Agger (1989) weist auf die hohen Scheidungs- und Trennungsraten bei Folterüberlebenden hin. In der Mehrgenerationenperspektive sind oft auch die Kinder betroffen (Danieli, 1988).

Lira & Weinstein (1986) definieren sexuelle Folter als den Gebrauch sexueller Handlungen *in jeder denkbaren Form* mit einer aggressiven Absicht, die physische und psychische Verletzungen hervorruft. Das Ziel ist, das Opfer zu erniedrigen, und es hinsichtlich seiner sexuellen Fähigkeiten zu verunsichern. Dies führt zur Beschädigung (Zerstörung) der Persönlichkeit.

Während mit dieser breiten Definition sowohl Absicht als auch direkte und indirekte Konsequenzen der sexuellen Folter gewürdigt werden, zielt eine andere Definition, die von Lunde & Ortman (1990), auf die Beschreibung der verschiedenen *Methoden*. Sie unterscheiden:

Physische Gewalt und nennen: Schlagen, Stoßen der Genitalien oder das Verabreichen von Elektroschocks an Sexualorganen.

Physisch-sexuelle Gewalt: Dies beinhaltet direkten physischen Kontakt zwischen Folterer und Opfer oder der Häftlinge untereinander (erzwungenermaßen), z.B. Begrabschen, Analvergewaltigung oder erzwungenes öffentliches Masturbieren.

Psychologisch-sexuelle Gewalt: Verhör- und Foltersituationen, während derer die Opfer nackt ausgezogen werden, sexuelle Belästigungen, Beleidigungen und Drohungen.

Diese zweite Definition, die dazu verführen mag, nach technisch unterscheidbaren „Methoden" zu forschen, könnten wir durch unsere Kenntnisse von -zig Praktiken der perversesten Art auffüllen. Es gibt in dieser Hinsicht leider nichts, was es nicht gibt (Gurris, 1993a). Es kommt in Foltersituationen fast immer zu ständigen Demütigungen sexuellen Inhalts. Auch das Zusehenmüssen bei sexuellen Handlungen zwischen Folterern und Opfern sowie zwischen Opfern und Opfern ist für viele eine extremtraumatische Erfahrung mit seelischen Langzeitfolgen. Besonders zerstörend ist der schlimmste Fall: Bei sexuellen Mißhandlungen und Vergewaltigungen nächster Angehöriger zusehen, zuhören oder sogar daran teilnehmen zu müssen.

Es ist klar, daß alle drei „Formen" in dieser Definition kaum je klar und deutlich voneinander unterscheidbar sind. Alle Formen der sexuellen Gewalt haben verheerende psychische Auswirkungen. Da die Sexualität im Sinne von Intimität die wohl ur-verletzbarste Schicht der persönlichen Integrität ist, macht es meist einen erheblichen Unterschied aus, ob bei der physischen Folter der Arm gebrochen oder ob die Hoden zerquetscht werden.

Bei der sexuellen Folter spielt der kulturelle Kontext eine bedeutende Rolle (Yüksel, 1991). Das Ausmaß an Schamgefühlen, Vulnerabilität, Ächtung (besonders durch die unmittelbare soziale Umgebung) und der Langzeitfolgen wird durch Glaubenssysteme, Religionen und gesellschaftliche Konventionen bestimmt. Folterer wissen ganz genau, *welche* Folterpraktiken den größten Schaden innerhalb der Kultur des Opfers erzeugen (Wicker, 1993).

In einigen Ländern gehört die sexuelle Folter zur ganz alltäglichen Praxis, z.B. in der uns nahegelegenen Türkei. An der Universität Istanbul wurde eine Stichprobe von ehemaligen politischen Häftlingen in der Türkei untersucht (vgl. Yüksel, 1991). *Alle* waren sexuell gefoltert worden, die meisten durch Elektroschocks an Penis, Hoden und Anus.

Für Männer ist zusätzlich das Tabu der Homosexualität ein verstärkendes Problem. Viele entwickeln Angst, homosexuell werden zu können oder eine solche „Anlage" in sich zu tragen. Z.B. in der *Sharia*, dem Islamischen Gesetz, werden homosexuelle Handlungen als schamlos und strengstens verboten geächtet. Neben der Verdammung durch Allah können die Opfer noch einmal körperlich bestraft, ja sogar hingerichtet werden. Manchmal werden sie auch von Verwandten getötet, um die Schmach von der Familie abzuwenden.

Nach Wicker (1993) ist gerade die Vergewaltigung von Männern durch Männer eine extrem wirksame Demütigung in Gesellschaften, in denen das dauernde Spiel um männlichen Stolz und Ehre dominiert.

Aus der Geschichte einiger Kulturen ist bekannt, daß männlich-männliche Vergewaltigung auch rituell, obwohl offiziell verboten, als Dominanz-Submissions-Verhalten gedeutet wurde: Der Vergewaltigte war der Schwächere, der Unterlegene. Der Vergewaltigte war nicht allein Objekt der *sexuellen* Lust, sondern häufig gleichzeitig, oder primär, Objekt grausamer Quälerei und Folterung (Villeneuve, 1988). Die Verbindung von zerstörender Gewalt und Sexualität erscheint umso selbstverständlicher, je mehr sich das Opfer in struktureller Abhängigkeit vom Peiniger befindet (Furniss, 1991).

In Gesellschaften, in denen Homosexualtität moralisch und religiös durch strenges Tabu und Verbot belegt ist, rechnen die Opfer am wenigsten mit dieser Folterart, zumal auch überlebende Mitkämpfer fast nie darüber informiert haben. Nur wenige glauben zu Beginn der Folter, daß auch dieses Tabu durch die Folterer gebrochen wird. Eher haben sich die meisten Opfer auf unerträgliche Schmerzen eingestellt und versuchen, diesen durch aktive Dissoziation zu widerstehen. Die für sie überraschende sexuelle Folter an einem Punkt, wo sie schon nicht mehr in ihren mißhandelten Körpern „wohnen", kann zum Zusammenbruch noch verbliebener psychischer Kräfte führen.

Folgen der sexuellen Folter

So wie es schwierig ist, die sexuelle Folter aus dem Gesamtkontext des Foltertraumas herauszulösen, sind diagnostisch die Folgen schwer von denen der Gesamttraumatisierung zu unterscheiden. Obwohl sexuelle Dysfunktionen auch eine häufige Folge von Folterungen *ohne* sexuelle Komponente sind, so treten solche doch gehäuft und fast immer bei sexuell Gefolterten auf (Lunde & Ortman, 1990).

Medizinisch-diagnostisch sind von Bedeutung (nach Tienhoven, 1992)
Miktionsprobleme, unspezifische Urethritis-Beschwerden (Entzündung der Harnröhre), Schmerzen im Scrotum (Hodensack), Blutungen im Hodensack, geschwollene Hoden, Hodenschwund, Analbeschwerden, Blut im Stuhl, Abszesse.

Psychodiagnostisch
Erektionsprobleme, Impotenz, Ejaculatio praecox, Unfruchtbarkeit.
Im weiteren: depressive Gedanken mit Selbstzweifeln, Zuschreibung von Schuld und Selbstbestrafung, Vermeidungsverhalten, Ängste, homosexuell zu sein, Befürchtungen, kein richtiger Mann mehr zu sein, Gefühle von Unreinheit und Beschmutzung, ein Körperbild erfüllt von Häßlichkeit und Selbstablehnung. Der Glaube, daß andere es einem ansehen, daß man sexuelle Folter erlebt hat, Wiedererleben in Alpträumen, Übertragung von Scham- und Schuldgefühlen und Aggressionen auf die Partnerin, Suizidgedanken infolge unerträglicher Schuldgefühle.

Multiple psychosomatische Störungen
Am häufigsten Schmerzsyndrome, hierbei am häufigsten chronischer Kopfschmerz, HWSS.

Psychosoziale Folgen

Rückzug und soziale Isolation, Entwurzelung durch Verlust kultureller und religiöser Werte, Zerbrechen von Ehe und Familie.

Wie bei allen Extremtraumatisierungen finden wir im Verhaltensbereich ausgeprägtes Vermeidungsverhalten, manchmal über Jahrzehnte. Das Erlernen der Vermeidung von Hinweisreizen, die Retraumatisierung auslösen, erfolgt durch negative Verstärkung. Die Betroffenen versuchen, das Erlebte zu vergessen, abzuspalten. Die Vermeidung führt über Jahre immer wieder und oft immer mehr zu überfallartigen Begegnungen mit traumabezogenen äußeren und inneren Reizen, welche „flash-back"-Reaktionen auslösen. „Flash-backs" sind plötzliches Wiedererleben der traumatischen Situationen mit Angst- und Panikanfällen, unkontrollierten Aggressionsausbrüchen, zumeist einhergehend mit oder gefolgt von psychosomatischen Reaktionen. Der Teufelskreis der Vermeidung stabilisiert augenfällig die Somatisierung der traumatischen Erfahrungen. 87 % all unserer Klienten klagen über multiple Schmerzsensationen (Behandlungszentrum für Folteropfer Berlin, 1992). Bei vielen Klienten ist medizinisch keine oder keine klare Ursache auszumachen. Das Fehlen von objektiven Befunden verstärkt zumeist Hoffnungslosigkeit, Enttäuschung und Selbstzweifel. Viele glauben, sie könnten als Simulanten gesehen werden.

Ohnehin können Betroffene Einzelheiten der Folter auch im allgemeinen nur selten beim ersten Interview/Kontakt nennen. *Wenn sie überhaupt* über Abläufe und Einzelheiten der Erlebnisse berichten, so sind diese Berichte anfangs fast immer lückenhaft (Graessner, 1994), manchmal abgehoben, emotionslos maskiert oder „geschminkt" (Orellana-Aguirre, 1994) oder aber widerspruchsvoll und verworren. Andere sind bei der geringsten gedanklichen Annäherung an das Trauma so überwältigt, daß sie aus dem Felde gehen. Wieder andere vesuchen, sich durch augenfällige Rationalisierungen bzw. Politisierungen zu retten.

Die emotionale Annäherung an das Erlebte gelingt zumeist erst in einer guten therapeutischen Beziehung, in der TherapeutInnen in der Lage sein müssen, sichere, verläßliche und eindeutige Grenzen zu etablieren. Erlebnisse der sexuellen Traumatisierung sind extreme Grenzverletzungen mit konditionierter Vulnerabilität und werden, wenn überhaupt, meist zu allerletzt offenbart.

Die Möglichkeit der Eröffnung der sexuellen Traumata hängt entscheidend von den Einstellungen, Bewertungen und Erfahrungen der TherapeutInnen ab (Bustos, 1990). Wenn TherapeutInnen selbst tabuisieren, bagatellisieren und abspalten, ist ein Zugang nicht möglich. TherapeutInnen müssen selber Tatsachen der sexuellen Mißhandlungen möglichst unbelastet benennen können. Eigene sexuelle Traumatisierungen sollten aufgearbeitet sein. TherapeutInnen, die bereits professionelle Erfahrungen in der Therapie der Folgen von sexuellem Mißbrauch mitbringen, können zumeist besser *hinsehen,* besser *hören,* lassen sich nicht so leicht verführen, das Thema aus den Augen zu verlieren (Gurris, 1993b). Erfahrungsgemäß reagieren die Klienten darauf mit Herabsetzung von Angst- und Schamschwellen.

In Diskussionen und Fallkonferenzen mit Kollegen/innen im Berliner Behandlungszentrum für Folteropfer hat sich die Tendenz gezeigt, daß diejenigen, die eine breitere Definition der sexuellen Folter akzeptieren, eher die Dimension sexueller Folter überhaupt erfassen und mit den Klienten aufdecken, als diejenigen, die darunter eng definiert z.B. nur den eindeutigen Akt der Analvergewaltigung sehen wollen.

Interkulturell aber reagieren die Betroffenen sehr unterschiedlich auf sexuelle Übergriffe. So ist für viele bereits das Nackt-ausziehen-müssen während des Verhörs eine extreme Demütigung. Berichte über die Prävalenz sexueller Folter bei Männern aus den zahlreichen Behandlungszentren in der Welt sind demnach auch sehr unterschiedlich. Sie reichen von 0 bis 76 % (Van Tienhoven, 1993).

Die Aufdeckung und der therapeutische Zugang sind durch bedeutende interkulturelle Probleme bestimmt. Die Wertesysteme, kulturelle und religiöse Normen lassen oft keinen direkten verbalen Zugang zu. Oft ist es hilfreich, Metaphern zu kreieren, die der Klient akzeptieren kann. Die TherapeutInnen können dabei versuchen, der Innen- und Bilderwelt der Klienten zu folgen, sich vom Klienten führen zu lassen. Imagery-Techniken nach A. Lazarus (1980) und /oder Ericksonsche hypnotherapeutische Techniken (Lankton & Lankton, 1983) haben sich zum Beispiel in der Therapie als vorteilhaft erwiesen. TherapeutInnen benötigen auch Anregung, Hilfe und Vermittlung von Angehörigen der Kultur der Klienten. Bei moslemischen Klienten haben Kolleg-Innen gelegentlich unterstützend einen Imam (Vorbeter) hinzugezogen, der mit entlastenden Aspekten zu Problemen der Schuld und Scham für die Klienten intervenieren konnte.

Andererseits muß es überhaupt nicht von Nachteil sein, wenn die TherapeutInnen *nicht* der Kultur des Klienten angehören. *Im Gegenteil:* Die meisten Klienten berichten, daß sie niemals mit einem Angehörigen ihrer Kultur über ihre sexuellen Foltererlebnisse sprechen würden.

1. Fallbeispiel

Ein sehr gläubiger Klient aus Palästina eröffnet nach mehreren Monaten regelmäßiger Therapiesitzungen, es gäbe bei ihm Erlebnisse aus der Folter, die nur Allah wisse, die er nie einem Menschen erzählen könne. Er habe sich unter der Folter sehr schuldig gemacht und müsse dafür büßen. Im weiteren berichtet er über seine Selbstbestrafungsrituale, auch über den Zwang zum Grübeln, den er in einen Zusammenhang mit seinen chronischen Kopfschmerzen stellen kann. Während einer Konsultation bei unserem kurdischen Arzt kann er sagen, er fühle sich *impotent.*

Erfahrungsgemäß wählen arabische Klienten oft die Umschreibung Impotenz, wenn sie ein sexuelles Trauma erlitten haben. Diese Umschreibung ist ihnen häufig nur gegenüber einem männlichen Mediziner möglich. Als wir in der folgenden Therapiestunde über Folter allgemein sprechen, streue ich beiläufig ein, wieviele gläubige Menschen sogar *auch* sexuell gefoltert werden, und daß sie sich nicht dagegen wehren können. Ich benenne mit klaren Worten ein Beispiel und folgere, daß die Folterer *wollen,* daß sich diese Opfer vor Allah schuldig fühlen. Hier beginnt der Klient zu weinen. Ich unterstütze das Weinen und spreche über „gute und schlechte Geheimnisse" mit Beispielen. Der Klient kann jetzt andeuten, daß er erlebt hat, wie *andere* Menschen sexuell gefoltert wurden. Diese Eröffnung, darüber zu sprechen, was andere erlebt haben, ohne den Druck, ein eigenes „schlechtes Geheimnis" jetzt preisgeben zu müssen, kann ein großer Schritt in der Therapie mit sexuell Gefolterten sein. In einer weiteren Sitzung, als es erneut um Schuld und Strafe geht, können wir die Stunde als Psychodrama gestalten und die fiktive Instanz Allah in die Interaktion einbeziehen. Andeutungsweise ist es auch möglich, die Rolle eines Folterers durch einen Gegenstand im Raum zu besetzen. Moral, Schuld und Strafe/Sühne geraten durch Rollenbesetzung in Bewegung. Die Instanzen können miteinander agieren und schließlich einen vom Therapeuten geleiteten rational-emotiven Disput miteinander führen. Es werden nun Fragen möglich wie: „Welche Strafe hat Allah evtl. *genau* für Sie vorgesehen?" „Kann Bestrafung in Allahs Sinn überhaupt unendlich sein, oder gibt es auch Beispiele dafür, daß sie Anfang und Ende haben kann oder muß?". „Welchen Beitrag können *Sie* leisten, um in den Augen Allahs eine Bestrafung überhaupt sinnvoll werden zu lassen?" „Da Allah Sie hat überleben lassen, welche Alternativen könnte es geben, um ein im religiösen Rahmen sinnvolles Leben zu gestalten?"

Es scheint überhaupt kein Problem zu sein, daß der Therapeut nicht nur *nicht „koranfest"*, sondern in keiner Weise religiös gebunden ist. Dies wird dem Klienten auch deutlich mitgeteilt. Im Gegenteil: Gerade die unwissenden und für ihn naiven Fragen scheinen ihn anzuspornen, Korrekturen einzuführen, den Therapeuten zu belehren. Er löst sich mehr und mehr aus seiner erstarrten und depressiv-gebeugten Haltung und übernimmt manchmal die Regie seiner eigenen fortschreitenden kognitiven Umstrukturierung innerhalb der Psychodrama-Szene. Am Schluß fällt dem Übersetzer noch eine passende arabische Parabel ein, in der einem Mann trotz seiner Schuld von Allah verziehen wurde. Mit Einverständnis des Klienten bauen wir diese Parabel am Schluß der Sitzung in eine Trance ein. Die Tranceinduktion mit Phantasiereisen oder Reisen durch den Körper am Schluß der Sitzung ist für den Klienten ein bereits bekanntes und beliebtes Ritual und die Parabel wirkt wie eine gelungene Metapher i.S. von M. Erickson.

Nach der Sitzung wirkt der Klient deutlich aufgerichteter mit entspannten Gesichtszügen. Die anfänglich starken Kopfschmerzen sind vorerst verschwunden. Er versichert, er habe in Deutschland nur Vertrauen zu Amnesty International und zu unserem Behandlungszentrum; wir möchten ihm jedoch noch etwas Zeit lassen. Wir haben das sichere Gefühl, daß wir mit dem Klienten nicht nur ein gutes Arbeitsbündnis haben, sondern daß ein Bündnis um ein „schlechtes Geheimnis" entstanden ist, welches nicht mit Gewalt aufgebrochen werden wird. Ich spüre, der Klient weiß, daß wir wissen, was ihm geschehen ist. Er weiß auch, daß wir es hören und akzeptieren können, wenn er es benennen wollte, und daß wir nicht mit Schrecken, Verachtung, eigener Scham und Verleugnung reagieren werden.

2. Fallbeispiel

Ein 26-jähriger Klient aus dem Iran. Er war bereits als Jugendlicher lange und schwer gefoltert worden. U.a. wurde er sadistisch am Penis gequält: Der Penis wurde mit einem Draht stranguliert. Der Draht wurde an einer geöffneten Tür fixiert. Dann wurde die Tür immer wieder auf und zugeschlagen. Während der sehr schmerzhaften Prozedur lachten ihn die Folterer aus und machten demütigende Witze. Da er jung war und im Gefängnis als „Schönling" bezeichnet wurde, wurde er später einem älteren homophilen Gefängniswärter zur Vergewaltigung gebracht.

Der Klient ist marxistisch und rational orientiert und steht in kämpferischer Opposition zur herrschenden Religion im Iran. So scheint es ihm leicht, nach wenigen Kontakten auch über die sexuelle Folter zu sprechen. Dabei wirkt er aber auffällig unbeteiligt; die Schilderung umfaßt die detaillierte und technische Darstellung der Prozeduren, als wäre irgendetwas mit irgendjemandem geschehen. Erst als wir über unerfüllte Sehnsüchte und Gefühle im Zusammenhang mit seiner Sexualität sprechen, bricht er in Tränen aus. Er hatte sich kurz vor der Gefangennahme in ein Mädchen verliebt. All seine Liebe und Sexualität hatte er diesem Mädchen zukommen lassen wollen. Nach den sexuellen Mißhandlungen glaubt er, kein richtiger Mann mehr werden zu können, er habe keine positiven sexuellen Gefühle mehr und sei es nicht wert, von einer Frau geliebt zu werden. Vor allem habe er vor den Folterungen noch keine positiven sexuellen Erfahrungen machen können. So habe er sich versagt, das Mädchen nach seiner Entlassung wiederzusehen. Die im folgenden skizzierten Therapieschritte werden so verallgemeinert dargestellt, wie sie für viele extremtraumatisierte Menschen praktikabel erscheinen.

Die Planung der therapeutischen Schritte umfaßt nun zunächst die Entwicklung wohlgeformter Rationale mit psychoedukativen Elementen, die auf die Sprache und den kulturellen Erlebnishintergrund des Klienten abgestimmt sind. Ausgearbeitet werden mit dem Klienten physiologische und psychobiologische Wirkzusammenhänge der Entstehung und Aufrechterhaltung sexueller Dysfunktionen (im weiteren auch aller psychosomatischen Symptome), darüber hinaus im Rahmen der Therapie der Gesamttraumatisierung auch das Beschreiben der *Intentionen* der Folterer, der Systematik der Folter und der Folgen für die Betroffenen. Für diesen jungen Klienten waren auch noch aufklärende Informationen über Sexualität und Potenz von Bedeutung, die er dankbar entgegennahm.

Es wird bei extremtraumatisierten Klienten für hilfreich und manchmal notwendig gehalten, in der ersten Therapiephase (etwa drei bis fünf Sitzungen) *prätraumatische Ressourcen aufzuspüren und diese visuell, akustisch, olfaktorisch und kinästhetisch zu ankern. Die dazu induzierten hypnotherapeutischen Trancereisen orientieren sich, so weit möglich, an kulturimmanenten Erlebnis- und Vorstellungsinhalten der Klienten. Solche spezifischen Inhalte werden zuvor und auch während des therapeutischen Prozesses in Gesprächen und Erzählungen des Klienten erhoben. Wichtig ist, daß die Klienten während der Tranceinduktionen und auch anderer entspannender Verfahren noch genügend Kontrolle über die Situation behalten können, daß z.B. „die Augen ruhig aufgeklappt bleiben können", daß „die Ohren alles hören können". Notwendig ist ferner die Vergewisserung für den Klienten, daß „Sie sich hier in einem sicheren und schützenden Raum befinden, daß Sie die schon bekannten und vertrauten Gegenstände im Raum wahrnehmen können", etc.*

Ziel der Ankerung prätraumatischer Ressourcen ist eine erste Rekonstruktion und Stärkung des Selbst aus der Zeit vor den Traumaereignissen, die Schaffung von „Figur-Hintergrundkonturen", womit die Foltererlebnisse besser „eingekapselt" werden können. Diese Abgrenzungen wirken der traumatischen Generalisierung der traumatischen Situationen entgegen (die meisten Klienten erleben ihr *ganzes* Leben als von der Folter überschattet, als wertlos, sinnlos etc.).

Die nächste und hauptsächliche Therapiephase ist das therapeutische re-enacting oder re-experiencing im sicheren und schützenden Setting, vorbereitet durch ein entsprechendes Rational. Unerläßlich ist die uneingeschränkte Zustimmung des Klienten zu dieser mehrfach wiederholten flooding-Prozedur. Der Klient bestimmt auch immer wieder, wie lange und wie umfangreich das Wiedererleben durchgeführt wird, und daß er die Kontrolle darüber behält. In regelmäßigen Abständen bitten Therapeuten um feed-back, indem der Klient die „subjective units of distress" (SUDs) nach Foy, (1992, S. 57) auf einer gedachten Skala von 0-100 nennt.

Ziel des re-enacting ist die Integration der traumatischen Ereignisse in das Selbst. Mit dem Erfahren der erheblichen Verminderung der SUDs nach wiederholten Durchgängen können Folterüberlebende erleben, daß sie physiologisches arousal kontrollieren können, daß „erstarrte" Emotionen wie Wut, Schmerz, Verzweiflung und Trauer wieder adäquat mit den traumatischen Situationen verbunden werden können und daß die Habituation hinsichtlich äußerer und innerer diskriminativer Reize möglich ist, ohne von flash-backs überfallen zu werden. Begleitend und folgend zu dieser Prozedur wird schrittweise kognitiv restrukturiert, indem die Annahmen zu eigener Schuld und Scham, zur erlernten Hilflosigkeit, mit kognitiv-verhaltenstherapeutischer Hilfe verändert werden. In der Regel wird der Restrukturierungsprozeß begleitet durch Methoden der Streßimpfung, des Gedankenstops, der geleiteten inneren Dialoge, des geleiteten „imagery", der Desensitivierung mit Hilfe tiefer Muskelentspannung und kontrolliertem Atmen sowie Schmerzbewältigungstraining (Flor, 1991). Das übliche verhaltenstherapeutische Inventar ist eingepaßt in ein Modell der integrativen Traumatherapie, das auch durch andere methodische Elemente komplementär bestimmt ist: Nonverbale Interventionen wie Zeichnen, Malen, Kunsttherapie (mit vielen nonverbalen Anteilen), Körperbild-Wahrnehmung, körperorientierte Konzentrative Bewegungstherapie und Physiotherapie (Karcher, 1994), Psychodrama, Systemische Familientherapie, Gestalttherapie etc.

Als Kernteil der Therapie mit extremtraumatisierten Klienten hat sich jedoch das therapeutische re-enacting international durchgesetzt: Keane et al. (1985), Foa et al. (1989), Koss & Harvey (1991), Drees (1991), Peterson et al. (1991), Foy (1992), Yüksel (1994), Meichenbaum (1994).

Eine umfassende Darstellung der psychotherapeutischen Möglichkeiten und Grenzen bei extremtraumatisierten, besonders auch bei sexuell gefolterten Klienten ist an dieser Stelle nicht möglich. Das Behandlungszentrum für Folteropfer Berlin bereitet die Herausgabe eines praxisbezogenen Therapiemanuals für 1995 vor.

Literatur

Agger, I. (1989). Sexual Torture of Political Prisoners: An Overview. Journal of Traumatic Stress, Vol 2, No 3, S. 305-318

American Psychiatric Association (1987). Diagnostic and Statistical Manual of Mental Disorders -DSM III-R. Washington, DC

American Psychiatric Association (1994). DSM IV. Washington, DC

Amnesty International (1994). Jahresbericht 1993. Frankfurt a. M.: Fischer

Arestivo, C. (1992). Die perverse Allianz zwischen Folterer und Opfer. In: Amnesty International info 1/92, S. 28-29

Basoglu, M., (Hrsg.) (1992). Torture and its Consequences. Cambridge: University Press

Behandlungszentrum für Folteropfer Berlin (1993). Jahresbericht 1992

Behandlungszentrum für Folteropfer Berlin (1994). Jahresbericht 1993

Bustos, E. (1990). Dealing with the Unbearable. In Suedfeld, P. (Hrsg.). Psychology and Torture, S. 143-164. New York: Hemisphere

Danieli, Y. (1988). Treating Survivors and Children of Survivors of the Nazi Holocaust. In: Ochberg, F. M. (Hrsg.). Post-Traumatic Therapy And Victims of Violence. New York: Brunner & Mazel

Drees, A. (1991). Folterpatienten in der Therapie. In: Pflüger, P., M. (Hrsg.). Abschiedlich leben. Olten/Schweiz: Walter-Verlag

Foa, E. B. & Steketee, G. & Olasov, B. (1989). Behavioral/Cognitive Conceptualization of Post-Traumatic Stress Disorder. In: Behavior Therapy, 20/89, S. 155-176

Flor, H. (1991). Psychobiologie des Schmerzes. Bern: Huber

Foy, D. W. (1992). Treating PTSD. New York: The Guilford Press

Furniss, T. (1991). The Multiprofessional Handbook of Child Sexual Abuse. London: Routledge

Gonsalves, C. J. et al. (1993). The Theory of Torture and the Treatment of Its Survivors: An Intervention Model. In: Journal of Traumatic Stress, Vol. 6, No. 3, S. 351-365

Graessner, S. (1994). Zu kognitiven Problemen bei Folterüberlebenden. Manuskript für ein Seminar an der Freien Universität Berlin, Januar 1994

Gurris, N. F. (1993a). Die Psychologie der Folter. Vortrag am Lateinamerika-Institut der Universität Wien, Mai 1993

Gurris, N. F. (1993b). Wie kann es gelingen, den Mißbrauch zu beenden? -Wege der Konfrontation. In: Bruder, K. & Richter-Unger, S. (Hrsg.). Monster oder liebe Eltern. Berlin: Aufbau-Verlag

Lazarus, A. (1980). Innenbilder. München: Pfeiffer

Keane, T. M. et al. (1985). A Behavioral Approach to Assessing and Treating Post-Traumatic Stress Disorder in Vietnam Veterans. In: Figley, C.R. (Hrsg.). Trauma and Its Wake. New York: Brunner and Mazel

Peterson, K. C. & Prout, M. F. & Schwarz, R. A. (1991). Post-Traumatic Stress Disorder – A Clinician´s Guide. New York: Plenum

Karcher, S. (1994). Schmerzen be-greifen, Schmerzen auflösen? In: Behandlungszentrum für Folteropfer, Jahresbericht 1993, a.a.O.

Koss, M. P. & Harvey, M. R. (1991). The Rape Victim -Clinical and Community Interventions. 2. Ed. Newbury Park, CA: Sage Publications

Lankton, S. & Lankton, C. (1983). The Answer within: A Clinical Framework of Ericksonian Hypnotherapy. New York: Brunner & Mazel

Leutz, G. (1974). Psychodrama. Berlin: Springer

Lira, E. & Weinstein, E. (1986). La tortura sexual, Ponencia para el seminario ‚Consecuencias de la represion en el Cono Sur: sus efectos medicos, psicologicas y sociales'". Montevideo

Lunde, I. & Ortman, J. (1990). Prevalence and Sequelae of Sexual Torture In: The Lancet. 336, S. 289-291

Lunde, I. & Ortman, J. (1992). Sexual Torture and the Treatment of its Consequences. In: Basoglu, M. (Hrsg.). Torture and its Consequences, a.a.O.

Meichenbaum, D. (1994). A Clinical Handbook/Practical Therapist Manual for Assessing and Treating Adults with Post-Traumatic Stress Disorder (PTSD). Waterloo/Ontario: Institute Press

Mezey, G. C. & King, M. B. (1992). Male Victims of Sexual Assault. Oxford: University Press

Orellana-Aguirre, D. (1994). Das Ego im Kontext extremer Erfahrungen. 10. Kongreß für Klinische Psychologie und Psychotherapie, Berlin: 20.2. – 25.2.1994

Pope, K. S. & Garcia-Peltoniemi, R. S. (1991). Responding to Victims of Torture: Clinical Issues, Professional Responsibilities, and Useful Resources. In: Professional Psychology: Research and Practice, Vol. 22, No. 4, S. 269-276

Saporta, J. A. & Van der Kolk, B. A. (1992). Psychobiological Consequences of Trauma. In Basoglu, M. (Hrsg.). Torture and its Consequences a.a.O.

Van der Veer, G. (1992). Counselling and Therapy with Refugees. Chichester: Wiley & Sons

Van Tienhoven, H. (1992). Sexual Violence, a Method of Torture also used against Male Victims. Manuskript: Kongreß der International Society for Trauma and Stress Studies. Amsterdam Juni 1992

Van Tienhoven, H. (1993). Sexual Torture of Male Victims. In: Torture, Vol. 3, No. 4, S. 133-135

Villeneuve, R. (1988). Grausamkeit und Sexualität. Berlin: Rixdorfer Verlagsanstalt

West, D. J. (1992). Homophobia: Covert and Overt. In: Mezey, G. C. & King, M. B. a.a.O.

Wicker, R. (1993). Die Sprache extremer Gewalt – Studie zur Situation von gefolterten Flüchtlingen in der Schweiz und zur Therapie von Folterfolgen. Institut für Ethnologie der Universität Bern, Arbeitsblätter Nr. 6/1993

Yüksel, S. (1991). Therapy of Sexual Torture. Manuskript XI. World Sexology Congress. Amsterdam: 18.6. – 22.6. 1991

Yüksel, S. (1994). Is Posttraumatic Cognitive Behaviour Therapy Effective for Torture Survivors? Universität Instanbul, unveröff. Manuskript

Psychotherapeutische Arbeit mit politischen Flüchtlingen in Deutschland[1]

Claudia Schmitt & Silvia Vogelmann

Die gegenwärtige Psychotherapie mit politisch Verfolgten und/oder mit Überlebenden von Folter beruht auf Wissen, das während der letzten Jahrzehnte gewonnen wurde. Wichtige und zentrale Beiträge sind in der Arbeit mit Überlebenden des ‚Holocaust‘ gewonnen worden[2] und heutige Konzepte im Bereich der psychosozialen Versorgung und Therapie mit politischen Flüchtlingen knüpfen daran an[3]. Dabei gibt es große Unterschiede zwischen der Psychotherapie von politisch Verfolgten/Folterüberlebenden, die auch Flüchtlinge sind, wie es in Deutschland der Fall ist, verglichen mit Programmen, die in Ländern angeboten werden, die unter einem unterdrückerischen Regime leben oder sich gerade davon befreien[4].

In Deutschland wurde bisher in der psychologischen Theorie und Praxis die Arbeit mit politischen Flüchtlingen kaum thematisiert. Erst seit einigen Jahren wird diesem Bereich größere Aufmerksamkeit geschenkt. Dabei zeigt sich, daß die Psychotherapie mit Flüchtlingen für den/die PsychologIn bzw. PsychotherapeutIn mit besonderen Anforderungen verbunden ist: Zum einen ist es notwendig, eigene Normen und Wertvorstellungen in Frage zu stellen, das eigene Verständnis von ‚Krankheit‘ und ‚Gesundheit‘ kritisch zu reflektieren, und nach dem Zusammenhang von politischer Repression und der Entstehung von psychischen Beeinträchtigungen bis hin zu psychischen Störungen zu fragen; zum anderen sollte die Situation von politischen Flüchtlingen in Deutschland berücksichtigt und in die Arbeit integriert werden.

Nach unserer Ansicht kann man den Bedürfnissen des/der Einzelnen nur dann in angemessener Weise begegnen, wenn das Schweigen über den politischen und institutionalisierten Terror[5] gebrochen wird. Die persönliche Geschichte der Betroffenen muß anerkannt werden, d.h. das erfahrene Leid ist zu benennen und die Psychotherapie in einen gesellschaftlichen und politischen Kontext zu stellen.

Zum besseren Verständnis und um die Komplexität des Themas aufzuzeigen werden wir kurz auf die Situation von politischen Flüchtlingen in Deutschland eingehen und die psychotherapeutische Arbeit mit Flüchtlingen umreißen.

Die Situation von politischen Flüchtlingen in Deutschland

Aufgrund von politischer Verfolgung oder aus Angst davor sind viele Menschen dazu gezwungen, ihr Land zu verlassen. Damit kann die Aufgabe aller bisherigen sozialen und kulturellen Bezüge verbunden sein. Die in der Regel plötzliche Flucht und unfreiwillige Migration machen es unmöglich bzw. erschweren es, sich auf die zukünftige Situation vorzubereiten, d.h. sich den Zeitpunkt der Flucht und das Migrationsland selbst zu wählen[6]. Die Flüchtlinge kommen nach Deutschland, weil sie ihre physische und psychische Integrität schützen müssen. Hier werden sie in Asylverfahren gedrängt und stehen unter einem permanenten Legitimationsdruck, da sie ihre politische Verfolgung ‚belegen' müssen, um anerkannt zu werden. Das seit 1.7.1993 in Kraft getretene neue Asylverfahrensgesetz stellt eine weitere Verschärfung der Situation dar. Der auf den Flüchtlingen lastende Druck wird noch durch Teile der Regierung und der Medien verstärkt, indem sie als ‚Scheinasylanten' bezeichnet werden, die ihren ökonomischen Status verbessern und die einheimische Bevölkerung ausnützen wollen. Flüchtlinge, die sich noch in einem laufenden Asylverfahren befinden, sind in den meisten Fällen dazu verpflichtet, in Sammellagern zu leben und sich fremdversorgen zu lassen[7]. Neben der Verweigerung der Teilnahme an vielen Bereichen des gesellschaftlichen Lebens sind sie häufig rassistisch motivierten Angriffen ausgesetzt.

Psychosoziale Beratung und Therapie

Die Psychosozialen Zentren für politische Flüchtlinge (PSZ)[8] versuchen in ihrem Beratungs- und Therapieangebot, die oben beschriebenen Lebensbedingungen zu berücksichtigen. In der Regel besteht ein ‚Basisangebot' wie Rechtsberatung, Sozialarbeit, Kindergruppen, psychosoziale Beratung sowie Einzel- und Gruppentherapie. Politische und gesellschaftliche Veränderungen – z.B. die Änderung der Asylgesetzgebung, Zunahme von Rassismus – werden in die praktische Arbeit integriert, indem Arbeitskreise und Gesprächsgruppen gegründet werden, um aufzuklären und den Flüchtlingen einen Raum zur Verfügung zu stellen, wo sie sich gegenseitig unterstützen und organisieren können.

Das psychotherapeutische Angebot ist vielfältig. Es erstreckt sich von Gesprächspsychotherapie über Familientherapie, Psychodrama bis hin zu körperorientierten und kunsttherapeutisch ausgerichteten Therapieformen. Es existieren Gruppen, die ausschließlich Flüchtlingen vorbehalten sind und Gruppen, die sowohl Flüchtlingen als auch anderen Personen offenstehen. Teilweise betreuen die PSZ auch Flüchtlinge, die sich in stationärer Behandlung befinden. Dadurch soll sichergestellt werden, daß bei der Diagnosestellung und Therapie soziokulturelle Komponenten beachtet werden.

Weitere wichtige Bestandteile der Arbeit sind Fortbildungen, Erfahrungsaustausch mit anderen Flüchtlingszentren im In- und Ausland, Öffentlichkeitsarbeit und die Arbeit mit MultiplikatorInnen.

Bei der Psychotherapie ist es unerläßlich, eine gemeinsame Sprache mit den KlientInnen zu finden, um miteinander in den therapeutischen Dialog treten zu können. Die Suche nach einer gemeinsamen Sprache kann sich zum einen in der Frage nach den geeigneten therapeutischen Techniken ausdrücken und zum anderen in der Frage nach muttersprachlicher Therapie, Therapien in einer Fremdsprache (für KlientInnen und TherapeutInnen) oder Therapien mit einem/einer DolmetscherIn als SprachmittlerIn[9].

Als vergleichbare gemeinsame Ausgangspunkte für die Therapie mit politischen Flüchtlingen können folgende Ausführungen angesehen werden:
1. Die KlientInnen beschreiben immer wieder eine Reihe von typischen Beschwerden und Symptomen (z.B. Depressionen, Schlafstörungen, psychosomatische Beschwerden).
2. Die Lebensbedingungen der KlientInnen in Deutschland begrenzen die therapeutischen Möglichkeiten und führen bei den KlientInnen zu einem fortgesetzten Abbau des Selbstwertgefühls.

3. Die TherapeutInnen, die mit politischen Flüchtlingen arbeiten, sind besonderen Belastungen ausgesetzt. Eine umfassende therapeutische Qualifikation und begleitende Supervision des/der TherapeutIn sind unerläßlich.
4. Es entfalten sich im therapeutischen Kontext typische Problemkreise und Themen wie Entwurzelung, Identitätsverlust, Isolation und Einsamkeit, Scham- und Rachegefühle, Überlebensschuld, Privatisierung des Leids, Fixierung in der Opferrolle, Verluste und Trauer[10].

In Anlehnung an die oben beschriebenen gemeinsamen Ausgangspunkte haben wir die Wahrnehmung der Therapie und das Zusammenspiel der verschiedenen Problembereiche anhand von Interviews untersucht, wobei die unterschiedlichen Perspektiven im therapeutischen Setting berücksichtigt worden sind.

Methoden der Untersuchung

Um den unterschiedlichen und zahlreichen Einflußfaktoren äußerer Lebensbedingungen und der individuellen Lebensgeschichte gerecht zu werden, wählten wir für unsere Untersuchung als methodische Vorgehensweise den Grounded-theory-Ansatz von Glaser & Strauss (1967)[11], der als ‚induktive Methode zur Entwicklung von Theorien' beschrieben wurde. Er ermöglicht es, einen Gegenstandsbereich durch sukzessive Erkenntnisgewinnung und nicht theoriegeleitet zu untersuchen. Durch die Verbindung dieser Methode mit teilstrukturierten Interviews konnte das Themenfeld breit gefaßt und die unterschiedlichen Probleme und Spezifika in der therapeutischen Arbeit mit politischen Flüchtlingen in ihrer Vielfältigkeit benannt werden.

Der Interviewleitfaden wurde aus oben genannten Gründen ebenfalls möglichst offen konstruiert, so daß die Akzentuierung dem/der InterviewpartnerIn überlassen wurde. Die Fragen umfaßten den Ereigniskontext (z.B. warum wird Therapie in Anspruch genommen, und unter welchen Bedingungen findet sie statt?), den Zugang zur Therapie (z.B. wie sieht der Weg in die Therapieeinrichtung aus?; Wie verläuft das Erstgespräch?), den Prozeß (z.B. wie hat sich die Beziehung zu dem/der TherapeutIn entwickelt?) und die Bewertung der Therapie.

Der Zugang zum ‚Feld' erfolgte zum einen über die Kontaktaufnahme mit psychosozialen Beratungsstellen und Therapieeinrichtungen für politische Flüchtlinge und zum anderen über Inserate in einer Berliner Zeitung und in einem Berliner Stadtmagazin.

Die Suche nach InterviewpartnerInnen stellte sich als sehr problematisch dar. Da wir eine Auseinandersetzung mit den Gründen wichtig finden, weisen wir stichwortartig darauf hin. Mögliche Gründe auf Seiten der KlientInnen können sein: Mißtrauen und Ängste aufgrund des erlittenen Leids in ihrer Geschichte, das bei Folterüberlebenden weiterhin wirksame Schweigegebot der Folterer, Assoziationen zu Verhörsituationen, der oft unsichere Aufenthaltsstatus und die andauernde Unterdrückung durch deutsche Behörden. Ablehnende Haltungen der TherapeutInnen können folgendermaßen motiviert sein: Arbeitsüberlastung, Überforderung, Ängste, daß Fehler und Unsicherheiten in der therapeutischen Arbeit ‚öffentlich' werden, fehlendes Interesse am Thema bzw. zu unkonkret erscheinendes Thema, in Projekten muß das Eigeninteresse vor dem Teaminteresse zurückgestellt werden sowie Mißtrauen und Vorbehalte den Interviewerinnen gegenüber.

Vier Interviews sind in die Auswertung eingegangen.[12] Diese umfaßte Fallanalysen, Interaktionsanalysen und einen Fallvergleich. Die InterviewpartnerInnen setzten sich folgendermaßen zusammen: ein Klient (das Interview wurde mit einer ihm vertrauten Dolmetscherin geführt), ein Therapeut, eine Therapeutin, eine Dolmetscherin. Die InterviewpartnerInnen kannten sich untereinander nicht und befanden sich in keinem gemeinsamen therapeutischen Prozeß. Sie leben seit unterschiedlich langer Zeit in Berlin und haben teilweise einen ähnlichen Erfahrungshintergrund bezüglich der Erlebnisse in ihren Herkunftsländern, der Flucht und den Lebensbedingungen in Deutschland.

Im folgenden werden anhand der Interviews drei zentrale Kategorien in der Psychotherapie mit politischen Flüchtlingen ausführlicher dargestellt und mit einem abschließenden Ausblick abgerundet.

Zentrale Kategorien der Interviews

Die TherapeutIn-KlientIn-DolmetscherIn Triade als therapeutisches Setting

Therapien mit politisch verfolgten Menschen sind oft nur mit Hilfe von DolmetscherInnen möglich. Der Kommunikationsprozeß verändet sich, da ein Wechsel von der Dyade zur Triade vollzogen wird. In den Interviews wurden eventuelle Probleme, Vor- und Nachteile für die therapeutische Arbeit und insbesondere die Beziehungsherstellung zwischen TherapeutIn und KlientIn unterschiedlich dargestellt und bewertet.

a) Mögliche Grenzen des Aufgabenbereichs von DolmetscherInnen
Für den interviewten Klienten (A.) ist die Dolmetscherin, die in seiner Therapie übersetzt, in der Therapie, bei Problemen, die das Asylverfahren betreffen, und auf privater Ebene eine wichtige Bezugsperson. Er wurde nach der ersten therapeutischen Sitzung, in der sie als Sprachmittlerin tätig war, von ihr nach Hause eingeladen und mit ihrem Mann bekannt gemacht:

Und ich bin dann ganz glücklich nach Hause gegangen, und ein Freund hat mich gefragt, was ist denn mit dir los? Und da hab' ich ihm gesagt: ,Ja, mir geht's gut, ich hab' neue Leute kennengelernt.

Da sie auch in einer Flüchtlingsberatungsstelle als Dolmetscherin arbeitet, ergab es sich, daß ein vom Therapeuten erarbeiteter Fragebogen zum Asylverfahren bzw. der Asylbegründung in dieser Beratungsstelle gemeinsam von A. und der Dolmetscherin beantwortet wurde. Die Übersetzerin, die diese Information während des Interviews von sich aus hinzufügte, sprach von „einer großen Initiative" des Therapeuten:

Und insofern ist also ein Teil der Arbeit, würde ich sagen, der Rechtsanwältin auch über ... (die Beratungsstelle, die Verf.) gelaufen.

Im Unterschied zur Dolmetscherin von A. grenzt sich die interviewte Dolmetscherin (E.) gegenüber den KlientInnen klar ab. Sie macht ihnen durch ihr Verhalten deutlich, daß sie nur die Aufgabe hat, zu übersetzen, und nicht die Rolle einer Therapeutin übernehmen wird. Zu dieser Abgrenzung gehört auch, daß sie während der Therapie keinen privaten Kontakt zu den KlientInnen entstehen läßt. Trifft sie zufällig jemanden außerhalb der Beratungsstelle, führt sie keine Gespräche über Therapieinhalte; sprechen KlientInnen solche Themen an, versucht sie, ihnen deutlich zu machen, daß diese in die Therapie gehören:

... und außerhalb würd' ich dann Sachen erfahren von seinem Leben, die ich dann in die Therapie nicht einbringen darf, wo ich aber denken würde, es wäre wichtig, daß es angesprochen wird, aber, mh, das darf ich eben nicht, weil es dann auf die Therapie andere Wirkung haben würde, wenn ... (die Therapeutin, die Verf.) was eh, ohne sein Wissen wissen würde, das muß ich dann ihm überlassen ... .

Die vom Klienten beschriebene enge Beziehung zur Dolmetscherin kann sich sowohl positiv als auch negativ auf die therapeutische Arbeit auswirken. Einerseits können die Äußerungen von A. besser verstanden, damit auch genauer übersetzt und das Verständnis des Therapeuten gefördert werden; andererseits, wenn die Übersetzerin zusätzliche Informationen und subjektive Einschätzungen miteinbringt, kann die Therapie und insbesondere die Beziehungsherstellung zwischen Klient und Therapeut stark beeinflußt werden. Diese Gefahr umgeht die interviewte Sprachmittlerin, indem sie gegenüber allen KlientInnen deutliche Grenzen ihres Aufgabenbereichs aufzeigt.

b) Gemeinsames Herkunftsland bzw. Kenntnisse über das Land und die ‚Kultur' der KlientInnen von DolmetscherInnen – Bedeutung für die Arbeit in Therapien

Einen entscheidenden Einfluß auf die Beziehungsherstellung zwischen dem interviewten Klienten und der Dolmetscherin hatten ihre Kenntnisse und ihr Bezug zu seinem Herkunftsland, seiner Heimatstadt und seiner Kultur. Nach der Ansicht von A. können dadurch die unterschiedlichen Bedeutungsinhalte seiner Äußerungen und der Ausdruck der Gefühle besser verstanden und vermittelt werden.

Dagegen vertritt die Dolmetscherin (E.) die Auffassung, daß ein gemeinsames Herkunftsland von KlientInnen und DolmetscherInnen durchaus einen positiven Einfluß auf den Beziehungsaufbau hat, aber nicht notwendige Voraussetzung für eine gute Übersetzung ist. Sie überträgt dies auch auf die Kommunikation zwischen TherapeutInnen und KlientInnen. Sie sagt dazu, daß das Argument, daß Mißverständnisse aufgrund unterschiedlicher Herkunftsländer und ‚Kulturen' zwischen TherapeutIn und KlientIn entstehen können, zu schwach sei, da es z.B. auch in Deutschland keine homogene Kultur gäbe:

... , sondern eh, einfach wenn gewisse Wärme da ist und Verständnis, da ist, dann ist es egal, welche, aus welcher Kultur eh jemand kommt.

Andererseits stellte sie aber auch fest, daß zwischen ihr und den KlientInnen aufgrund einer gemeinsamen Herkunft von Anfang an eine Wärme da sei. Es wird dann teilweise selbstverständlich vorausgesetzt, daß E. bestimmte Dinge ohne weiteren Erklärungen sofort versteht, was in Äußerungen wie *sie wissen ja* zum Ausdruck kommt.

c) Einfluß der DolmetscherIn auf die Beziehung zwischen KlientIn und TherapeutIn

Die Beziehung zwischen TherapeutIn und KlientIn wird von der interviewten Dolmetscherin zum einen durch die klare Aufgabentrennung und die Abgrenzung gegenüber den KlientInnen, zum anderen auch durch ihr gezeigtes Mitgefühl und Verständnis hergestellt bzw. unterstützt. Dabei ist sich E. der Widersprüchlichkeit – sich einerseits zurückzunehmen und andererseits für den/die KlientIn als Person greifbar zu sein – durchaus bewußt:

... Ich bin hier nur zum Übersetzen da, eigentlich, ehm, ist auch meine Aufgabe eine Beziehung zwischen den beiden herzustellen, mich so weit zurückhalten, daß, daß ehm, und mich eben nicht einbringen, daß eine Beziehung zwischen den beiden entsteht, noch weiterbesteht, und ehm, auch nicht so kalt und gefühlslos dasitze, daß er denkt, ja hier sitzt eine Maschine, das geht auch nicht.

Nach den Erfahrungen des interviewten Therapeuten (M.) neigen manche KlientInnen dazu, den/die DolmetscherIn aufgrund der gemeinsamen Sprache als den/die eigentliche/n AnsprechpartnerIn zu betrachten. Die Kommunikation mit ihm wird dadurch vermieden. Eine direkte Beziehung zwischen TherapeutIn und KlientIn hält er in Therapien mit ÜbersetzerInnen für nahezu unmöglich, da man sich immer durch einen Filter wahrnimmt. Dieser Nachteil wird seiner Meinung nach durch die Zunahme der Beobachtungszeit auf beiden Seiten ausgeglichen:

Wenn der Therapeut spricht, dann ist der Klient sozusagen am reinen Beobachten und guckt sich den Therapeuten ganz genau an, mhm, und umgekehrt auch. Wenn der Klient spricht, dann kann der Therapeut erst mal sich auf Tonfall, Körpersprache, mh, Ausdrucksweise, Augen, Bewegungen, Körperhaltung, auf alle diese Dinge konzentrieren und dann bekommt er gesagt, worüber es ging, mhm, dann kann man natürlich viel mehr Informationen von dieser Seite her gewinnen, und das gleicht dann diese Vorteile und Nachteile wieder aus.

d) Bedeutung der eigenen Geschichte der DolmetscherInnen für die Arbeit in der Therapie

Da DolmetscherInnen oft selbst Flüchtlinge sind und ähnliche Erfahrungen wie KlientInnen gemacht haben, können bei ihnen durch die Arbeit in Therapien eigene Probleme aktiviert werden.

Die interviewte Dolmetscherin (E.) beschrieb eine Sitzung, in der eine Klientin schilderte, wie sie abrupt ihr Land, Verwandte, Freunde und die vertraute Umgebung verlassen mußte und gezwungen war, sich in einem völlig anderen Land, ohne die Sprache zu können, zurechtzufinden. Der Dolmetscherin ging es in dieser Therapiestunde sehr schlecht, die Therapeutin sah dies und brachte das Thema in der nächsten Supervisionsstunde zur Sprache. Es wurde deutlich, daß E. ähnliche Erfahrungen gemacht hatte, ihr dies aber während der Sitzung nicht bewußt gewesen ist:

... , das zu wissen, wenn man das weiß, dann kann man viel besser damit umgehen und beim nächsten Mal zeigt man wieder nicht die, die gleiche Reaktion, daß wieder Kopfschmerzen da sind oder daß eh Augen voller Tränen sind. Sind vielleicht andere Sachen, da wird es passieren, aber in dem Moment ist dann, wird es einen bewußt, was passiert ist und dann kann man auch damit umgehen ... .

Damit sich die persönliche Betroffenheit der DolmetscherInnen nicht negativ auf den Therapieverlauf auswirkt, wird eine begleitende Supervision als notwendiger Raum für die Auseinandersetzung und Verarbeitung eigener Erfahrungen und Gefühle, die in der Therapie aufgewühlt werden, angesehen:

... und ja ohne Supervision würd' ich sagen, könnt' ich bis jetzt nicht aushalten, so mh, es ist einfach notwendig, daß man Supervision hat, damit man weitermachen kann. Wenn, wenn es mir nicht gut geht, oder ich würd' sonst wo auch nicht eh, wenn

ich als Dolmetscher arbeiten müßte, nicht im sozialen Bereich jetzt, nicht ohne Supervision arbeiten, weil ehm, eben wenn es mir nicht gut geht, kann ich auch keine gute Arbeit leisten.

Psychotherapeutische Arbeit im Spannungsfeld von Anerkennung des Asylantrags, Ablehnungsbescheid und drohender Abschiebung

Viele der Flüchtlinge, die eine Therapie machen, haben einen ungesicherten Aufenthaltsstatus. Die mögliche Ablehnung und Abschiebung ins Herkunftsland schaffen für KlientInnen und TherapeutInnen eine Situation der Ungewißheit in der therapeutischen Arbeit. Verbunden mit einem laufenden Asylverfahren sind meist Erfahrungen wie der Willkür von Behörden bzw. Amtspersonen ausgesetzt zu sein, enttäuschte Erwartungen bzgl. der Lebensmöglichkeiten in Deutschland und Probleme, die durch das Wohnen in einem Sammellager entstehen.

a) Therapie vs. Krisenintervention
Der Therapeut (M.) betrachtet es als nahezu unmöglich mit Flüchtlingen, die keinen gesicherten Aufenthaltsstatus haben oder deren Asylantrag abgelehnt wurde, therapeutisch zu arbeiten:

Im Grunde kann man gar keine therapeutische Fortschritte machen, sondern man macht nur eine Krisenintervention.

Er braucht eine Vorstellung davon, mit welcher Ausrichtung gearbeitet werden soll:

... , daß ich mir sage, die werden die nächsten zehn Jahre hier verbringen, eh, dann, eh, arbeite ich aus, aus der Perspektive, ehm, es wird alles dafür gemacht, daß sie hier in Deutschland dem gewachsen sind, was, ehm, ihnen erwartet.

In den therapeutischen Sitzungen versucht er, den Menschen klar zu machen, daß ihr vorherrschendes Gefühl der Ungewissheit richtig ist; dadurch können die Probleme in manchen Fällen seiner Meinung nach zumindest noch „in Schach gehalten" werden. Gleichzeitig muß M. ihnen aber auch vermitteln, daß er keinen Einfluß darauf hat, ob sie bleiben können oder nicht.

Im Unterschied zu der Auffassung, daß mit Flüchtlingen, deren Aufenthaltsstatus nicht gesichert ist, eine Therapie nicht möglich sei, vertritt die Dolmetscherin (E.) die Auffassung, daß es eine Aufgabe von TherapeutInnen ist, gerade in schwierigen Zeiten zu helfen. Innerhalb des sehr begrenzten Handlungsraumes sollten KlientInnen eigene Möglichkeiten zur Verbesserung ihrer Situation aufgezeigt werden. Dazu gehört nach E. die Aufklärung darüber, was ihnen z.B. bei einer Anhörung oder einem Gerichtstermin bevorsteht. Den KlientInnen werden Adressen von Einrichtungen gegeben, bei denen sie sich informieren können. Nur wenn sie dazu selbst nicht in der Lage sind, *wird es ihnen dann auf ein Teller serviert.*

Als Vorbereitung z.B. auf einen Anhörungstermin werden auch Rollenspiele mit Techniken der Psychodramatherapie gemacht. E. schilderte im Interview ein Beispiel von einer Klientin, die große Angst vor ihrer Anhörung hatte. Sie hat sich in einer Gruppentherapiestunde die Situation mit dem Richter vorgestellt, wie sie schlimmstenfalls sein könnte. Mögliche Reaktionen der anderen und eigene, neue Verhaltensweisen können so in einem sicheren Raum getestet werden. Die Selbständigkeit und das eigene Handlungspotential der KlientInnen sollen gestärkt und unterstützt werden. Nur wenn es wirklich erforderlich ist, übernimmt die Therapeutin zusätzliche Schritte.

Wird ein/e KlientIn anerkannt, beginnt für ihn/sie ein neuer Lebensabschnitt und auch ein neuer Abschnitt in der Therapie. Das, was sie am meisten beschäftigt hat, haben sie hinter sich, und das ‚richtige Leben', in dem z.B. Dinge wie Sprachkurs, Ausbildung und Arbeit überhaupt möglich und wichtig werden, fängt an.

b) Grenzen der therapeutischen Arbeit

Das Verhalten der TherapeutInnen und ihr Selbstverständnis gerade auch in Fragen, die das Asylverfahren betreffen, wirken sich darauf aus, wie die KlientInnen sich angenommen und in ihrer politischen und sozialen Realität verstanden fühlen. Für TherapeutIn und KlientIn besteht dabei jedoch die schwierige Aufgabe, die Grenzen der therapeutischen Einflußmöglichkeiten zu sehen, zu setzen und zu akzeptieren. In der Therapie werden diese Grenzen mit den KlientInnen ‚abgesteckt' und jede/r TherapeutIn setzt sie an einer anderen Stelle.

Nach der Meinung des interviewten Klienten (A.) hat sich sein Therapeut, als er den Ablehnungsbescheid gegen seinen Asylantrag erhalten hat, des Themas angenommen. Dieser rief bei der Rechtsanwältin an und beruhigte A., indem er ihm rechtliche Möglichkeiten aufzeigte, diese aber wahrzunehmen Aufgabe der Anwältin sei. A. erkennt die vom Therapeuten gesetzten Grenzen an und erwartet auch keine Hilfen darüberhinaus:

Also, es gibt wirklich etwas, das ist nicht abhängig von ... (dem Therapeuten, die Verf.), dafür kann er nichts. Das ist einfach die Situation, in der ich bin und aus der kann er mich nicht herausholen. Er kann mich nur dazu bringen, die ‚n bißchen zu verbessern. Vielleicht, wenn die Behandlung abgeschlossen ist , ist es auch besser geworden.

Die Vorgehensweise des Therapeuten kritisiert A. nicht und stellt auch dessen Kompetenz nicht in Frage. Die Ursachen für die Grenzen der therapeutischen Arbeit liegen nicht beim Therapeuten, sondern in den äußeren Umständen, auf die er aus der Sicht des Klienten keinen Einfluß hat.

Neben der existentiellen Bedrohung bei einer anstehenden Abschiebung für den/die KlientIn befindet sich der interviewte Therapeut in der Situation, dem/der KlientIn nicht mehr weiterhelfen zu können. Seine eigene Machtlosigkeit wird ihm vor Augen geführt:

... . Ja, und ich bin da machtlos. Wir können nichts machen, wir können, wir schreiben Bescheinigungen, wir, eh, weisen auf die Selbstmordgefahr hin (bei einer drohenden Abschiebung, die Verf.), ehm, aber wir können nichts mehr machen. Wenn die Behörden das nicht eh, berücksichtigen, daß, eh, da hört unser Zuständigkeitsbereich auf.

Mit der Vorstellung konfrontiert, daß sie sich umbringen wollen, wenn sie tatsächlich abgeschoben werden, kann er den Betroffenen nicht sagen, laßt es sein:

... die wissen, wenn sie zurückgeschoben werden, ha, die wollen sich umbringen. Mhm, du kannst ihnen nicht sagen, eh, bring' dich nicht um, mh, vielleicht ist es doch besser. Das kann ich dir nicht sagen. Ich sage natürlich, eh, solltest du lieber leben wollen, aber jeder Betroffene weiß ganz genau, was ihn erwarten kann. Mh, und, eh, hier habe ich dann Fälle, die in der, an der Kippe stehen, von denen ich gut, eh, annehmen kann sie werden sich dann umbringen.

Vertrauensentwicklung und Beziehungsaufbau in der Therapie

In den Interviews zeigte sich, daß die Entstehung einer vertrauensvollen Beziehung zwischen TherapeutIn und KlientIn gerade in der therapeutischen Arbeit mit politischen Flüchtlingen wichtig ist. Diese Entwicklung wird von unterschiedlichen Faktoren beeinflußt:
- ist der /die KlientIn durch Folter extremtraumatisiert oder ‚nur' politisch verfolgt;
- wird mit Hilfe eines/r DolmetscherIn therapeutisch gearbeitet;
- ist der Aufenthaltsstatus des/der KlientIn gesichert oder nicht;
- ist der/die TherapeutIn bzw. DolmetscherIn selbst verfolgt worden;
- kommt der/die TherapeutIn bzw. DolmetscherIn aus dem gleichen Herkunftsland wie der/die KlientIn;
- Erfahrungen des/der KlientIn mit Behörden;
- Erwartungen des/der KlientIn an die Therapie bzw. den/die TherapeutIn;
- hat der/die KlientIn Bekannte, Freunde oder Familie in Deutschland;
- wie sieht die Wohnsituation des/der KlientIn aus;
- mit welcher Therapieform wird gearbeitet: Einzel- oder Gruppentherapie; therapeutische Techniken.

Im folgenden werden wir nur einige der genannten Punkte, die uns besonders wichtig erscheinen, herausgreifen und genauer beschreiben:

a) Erwartung der KlientInnen/TherapeutInnen an die therapeutische Beziehung
Fehlende Kontaktmöglichkeiten und die soziale Isolation von vielen politischen Flüchtlingen können die Motivation und Erwartung an eine Therapie bzw. das Vertrauen gegenüber dem/der TherapeutIn entscheidend mitbestimmen. Dies drückt der befragte Klient (A.) im Interview folgendermaßen aus:
Also, ich hatte erstmal keine Bedenken, was die Fragen anbelangt und darauf zu antworten. Und in der Situation zu Hause, da hast du deine Familie, deine Geschwister, deinen Bruder oder deinen Freund, Und vor allem der Freund ist eben wichtig, dem du alles, alles über dich sagen kannst. Und dieser Mann hat Fragen gestellt und ich hatte das Gefühl, ja ich kann so alles ‚rausgeben, von dem, was er wissen will. Denn der Mensch hat ja irgendwie so das Gefühl, daß er gerne etwas ‚rauslassen möchte; und in der Situation war ich.
Motivation und Bedeutung der Therapie ist für A. vor allem, Kontakt zu anderen Menschen zu finden, etwas *rauslassen zu können* und Freundschaften zu schließen. Da er in Deutschland zum Zeitpunkt des Therapiebeginns nur wenig soziale Kontakte und Freundschaften hatte, wird der Therapeut nicht nur zum notwendigen Ansprechpartner, sondern für ihn zum Freund:
... und jetzt sind wir, ich weiß nicht, ob ich's sagen soll, irgendwie Freunde. Und ich brauche Freunde.
Für A. ist die Therapie fast gleichbedeutend mit dem Austausch und dem Gespräch unter Freunden und Bekannten:
Also, eins noch. Egal, ob das jetzt eine Therapie ist oder ob ich mit Leuten zusammensitze, das kann auch 'ne Form von Therapie für mich sein.

Der interviewte Therapeut (M.) sieht seine Rolle und Funktion darin, eine echte Beziehung anzubieten, den/die KlientIn einfühlsam zu begleiten, das Unerklärliche erklärbar zu machen und durch die Kommunikation in der Therapie Sinn zu stiften:

... . Es ist zwar noch nicht verbalisiert und auch nicht vergegenständlicht, aber der Keim ist da, eh, es ist gelegt, mh, und es gilt dann in dem Sinne die Beziehung so zu pflegen und zu schonen, daß es weiter wachsen kann, und dann hat die Beziehung zum Therapeut allein dann ein Sinn, ehm, und das Erleben dieses Sinnes, das ist schon ein richtiger Fortschritt.

b) Transparenz und Offenheit der TherapeutInnen

Politische Flüchtlinge waren in ihrer Geschichte häufig Situationen ausgesetzt, die durch Ungewißheit, den Verlust von Kontrollmöglichkeiten und der Einflußnahme auf Entscheidungen gekennzeichnet waren. Für die Therapie kann dies bedeuten, daß ein offenes und transparentes Vorgehen notwendig ist, um die Gefahr zu verringern, daß der/die KlientIn das therapeutische Setting mit früheren leidvollen Situationen (z.B. Verhören) in Verbindung bringt. Die Position des/der TherapeutIn und seine/ihre Vorgehensweise wird erkennbar und verliert dadurch an Bedrohung.

Diese Punkte wurden von allen InterviewpartnerInnen genannt. So hatte der Klient (A.) zu seinem Therapeuten von Anfang an Vertrauen, da dieser Erfahrungen in der Arbeit mit politisch verfolgten Menschen hat und ihm daher kompetent erscheint:

Also, zunächst einmal hat er 'ne Ausbildung, ist er darauf spezialisiert mit Flüchtlingen umzugehen. Er hat sich mir auch vorgestellt, und ich hatte eigentlich, also von dem Hintergrund her vom ersten Tag an Vertrauen zu ihm. Und also, er hat mir das Gefühl vermittelt, daß er mich versteht, und daß er mich auch versteht in der Situation mich mit Bürokratie auseinanderzusetzen, und er hat mir auch vermittelt, daß diese Form der Bürokratie, die hier in Deutschland angewandt wird, eine Art von Unterdrückung ist.

Der Therapeut zeigt ihm, daß er ihn in seiner politischen, rechtlichen und sozialen Realität in Deutschland begreift und ihn auch in diesem Zusammenhang unterstützt.

Auch der befragte Therapeut (M.) und die Therapeutin, in deren Therapien E. übersetzt, machen deutlich, daß sie auf der ‚Seite‘ der KlientInnen stehen und falls es erforderlich ist, sich auch außerhalb des therapeutischen Rahmens für ihre Belange einsetzen, z.B. durch die Zusammenarbeit mit RechtsanwältInnen und als Sachverständige vor Gericht.

Für M. ist es von großer Bedeutung, sich nicht hinter der Rolle des Therapeuten zu *verschanzen*, und *aus der professionellen Warte heraus zu diagnostizieren*, sondern er will aus der ‚Anonymität‘ bewußt heraustreten. Die InterviewpartnerInnen benennen dies als wichtigen Schritt, zur Entprivatisierung der Verfolgungserfahrungen der KlientInnen beizutragen, und dadurch die Beziehungsherstellung im therapeutischen Prozeß zu unterstützen.

c) ‚Aufdeckendes‘ Vorgehen in der Therapie mit Folterüberlebenden

Ein Ziel der Folter ist es, das Leid zu individualisieren und die Menschen zum Schweigen über ihre Erfahrungen zu zwingen. Die Foltererfahrungen sind zumeist tief verdrängt, und der/die Folterüberlebende fühlt sich oft ungeheuer schuldig und hat starke Schamgefühle. Um Zugang zu diesem Bereich zu erhalten, sieht es der Therapeut

(M.) als notwendig an, Kenntnisse über Foltermethoden und deren Auswirkungen zu haben. Dadurch kann er entsprechendes Wissen den KlientInnen vorgeben und die Erfahrung in einen politischen und gesellschaftlichen Zusammenhang stellen:

Wenn das so ist, dann gewinn ich natürlich viel mehr Raum, eh, weil die Leute fragen, woher weiß er das dann, dann habe ich dann die Möglichkeit zu erklären, daß Folter eine Art Maschinerie ist, daß es keine spontane Angelegenheit ist, eh, sondern das wird behutsam geplant und durchgeführt, und er ist in eine Maschinerie geraten, die da-, darauf aus war, ihn zu zerstören, eh, und die Folter hat eine Funktion. Eh, die meisten Menschen, die gefoltert worden sind, die wissen von der Funktion von Folter gar nichts, mh, und deswegen, eh, haben sie gar keine Möglichkeit, ehm, sich allein mal die Frage zu stellen, ob sie tatsächlich daran Schuld sind, daß, eh, daß ihr Freund oder ihre Familie daran leiden mußte eh, in der Foltersituation, sondern sie beziehen alles auf sich … .

Das ‚aufdeckende' Vorgehen kann als Grundlage für die weitere therapeutische Vorgehensweise angesehen werden, in der „das Werk der Folterer" destabilisiert werden soll.

Ausblick

Für die therapeutische Arbeit mit politischen Flüchtlingen in Deutschland ergibt sich die Frage, inwieweit der Aufgabenbereich von TherapeutInnen neu definiert bzw. erweitert werden sollte. In den Interviews wurde deutlich, daß Probleme, die die politische, rechtliche und soziale Situation von Flüchtlingen betreffen, zentrale Themen in der Therapie sind und den therapeutischen Prozeß, insbesondere auch die Vertrauensbildung zwischen KlientIn und TherapeutIn, mitbestimmen. Erfahrungen, wie von den Behörden unterdrückt und willkürlich behandelt zu werden, durch die Lage der Sammelunterkunft sozial isoliert zu sein, sich aufgrund mangelnder Sprachkenntnisse nicht austauschen zu können, und Diskriminierungen und rassistisch motivierten Übergriffen von Seiten eines Teils der deutschen Bevölkerung bedroht bzw. ausgesetzt zu sein, beeinflussen die Erwartungen von KlientInnen gegenüber den TherapeutInnen und den Verlauf der Beziehungsherstellung.

Es hat sich gezeigt, daß eine ‚parteiliche' Haltung des/der TherapeutIn als Grundlage für die Entwicklung einer vertrauensvollen Beziehung angesehen wird. Zu dieser Haltung kann gehören, daß sich der/die TherapeutIn mit politischer Verfolgung und den Folgen für den/die Einzelne/n beschäftigt, Kenntnisse über Foltermethoden und deren Auswirkungen besitzt, sich über den kulturellen Kontext des/der KlientIn informiert und sich selbst als Person für den/die KlientIn greifbar macht. Fordert man das beschriebene offene und transparente Vorgehen der TherapeutInnen, ergibt sich die Frage nach notwendigen Modifikationen von therapeutischen Techniken, z.B. bzgl. der traditionellen ‚Abstinenzregel' in der psychoanalytischen Therapie und der indirektiven, ‚nur' stützenden Haltung des/der TherapeutIn in der klientInnenzentrierten Gesprächspsychotherapie. Eine weitere Möglichkeit, den besonderen Anforderungen in der therapeutischen Arbeit mit politischen Flüchtlingen gerecht zu werden, könnte die stärkere Hinwendung zu aktionalen Therapiemethoden wie z.B. das Psychodrama sein. Da die Kommunikation in der Therapie nicht nur duch die angewendeten Techniken bestimmt wird, sondern auch dadurch, ob mit einem/r DolmetscherIn gearbeitet wird, ist es notwendig, diese bisher noch relativ unbeachtete Thematik in die Reflexion miteinzubeziehen. Bei der Entwicklung von neuen Konzepten sollte die KlientIn-TherapeutIn-DolmetscherIn Triade als eine Variante des therapeutischen Settings von vorneherein berücksichtigt werden.

Für einen positiven Heilungsprozeß halten wir es für notwendig, daß auch die Gesellschaft das erlittene Leid anerkennt und die Folterer strafrechtlich verfolgt.

Anmerkungen

[1] Unter politischen Flüchtlingen fassen wir die Menschen, die vor sozialem Elend fliehen, wegen Krieg oder der Zugehörigkeit zu einer bestimmten Gruppe vertrieben werden oder das Land aufgrund erlittener politischer Repression bzw. aus Angst davor verlassen müssen.

[2] vgl. u.a. Bettelheim, Bruno (1977). Erziehung zum Überleben. Zur Psychologie der Extremsituation. München: dtv und Niederland, William G. (1980). Folgen der Verfolgung: Das Überlebenden-Syndrom. Seelenmord. Frankfurt a. M.: Suhrkamp Taschenbuch Verlag

[3] Wir beziehen uns auf psychosoziale Einrichtungen in Chile und Argentinien und auf Rehabilitationszentren für Folteropfer in London, Kopenhagen und Berlin.

[4] vgl. Becker, David (1992). Ohne Haß keine Versöhnung. Freiburg (Breisgau): Kore-Verlag

[5] Eine ausführliche Auseinandersetzung und Aufarbeitung über den politischen und institutionalisierten Terror und seine Folgen für das Individuum und die Gesellschaft findet man in Riquelme, Horacio (Hrsg.) (1990). Zeitlandschaft im Nebel. Menschenrechte, Staatsterrorismus und psychosoziale Gesundheit in Südamerika. Frankfurt a. M.: Vervuert-Verlag

[6] vgl. Morten, Antonio (Hrsg.) (1988). Vom heimatlosen Seelenleben. Entwurzelung, Entfremdung und Identität. Bonn: Psychiatrie-Verlag

[7] Eine ausführliche Beschreibung der Situation im Sammellager und deren Auswirkungen auf die Flüchtlinge findet man bei Wipfler, Richard (1986). Asyl konkret. Lageralltag als kritisches Lebensereignis. Berlin: Express-Edition und in Asyl e.V. und ARZ Berlin (Hrsg.) (1993). Splitter. Infos, Berichte, Erfahrungen seit 91. Unabhängige antirassistische Gruppen aus Berlin und Brandenburg.

[8] Wir beziehen uns auf Jahresberichte, Eigendarstellungen und Dokumentationen von folgenden Psychosozialen Zentren:
   – Refugio e.V., PSZ für ausländische Flüchtlinge in Bremen
   – IIK, Initiative für ein internationales Kulturzentrum Hannover/Niedersachsen
   – PSZ für ausländische Flüchtlinge in Frankfurt a.M.
   – PSZ für ausländische Flüchtlinge in Köln
     PSZ für ausländische Flüchtlinge in Düsseldorf
   – Behandlungszentrum für Folteropfer e.V. in Berlin
   – Xenion, Psychotherapeutische Beratungsstelle für politisch Verfolgte, Berlin

[9] vgl. Aycha, Abduljawad & Sobotta, Joachim & Windgasse, Annette (1992). Eine gemeinsame Sprache finden - Kommunikation in der Beratungsarbeit mit Flüchtlingen. In: Wie kannst du hier leben ..., Beiträge aus fünf Jahren PSZ-Arbeit 1987-1992. Düsseldorf

[10] vgl. Wendlandt-Baumeister, Marion (1992). Möglichkeiten der psychoanalytischen Kunsttherapie bei der Verarbeitung von Foltererfahrungen. In: Psychische und Psychosoziale Folgen bei Folterüberlebenden, Tagung der IIK 1992. Hannover

[11] vgl. Glaser, B. G. & Strauss, A. L. (1967). The Discovery of Grounded Theory. Aldine Publishing Company. Chigago

[12] Es wurden fünf Interviews geführt. Der fünfte Interviewpartner kam aus der ehemaligen DDR und war dort politisch verfolgt. Bei den Schilderungen des Interviewpartners zeigte sich, daß aufgrund der unterschiedlichen Bedingungen wie Sprache, Aufenthaltsstatus, gesellschaftliche Akzeptanz und Verfolgungsgeschichte eine Vergleichbarkeit mit politischen Flüchtlingen außerhalb des deutschsprachigen und/oder außereuropäischen Raumes von uns als unmöglich angesehen wurde. Deshalb ist das Interview in die Auswertung nicht aufgenommen worden.

IV.

Praxisansätze

Theaterworkshops zum Thema „Macht – Ohnmacht – Alltagsrassismus" als selbstreflexive Lernform[1]

Annita Kalpaka

Ausgangspunkt für diesen Beitrag ist die Auseinandersetzung darüber, ob man schulische Erziehung und, allgemeiner, die Bildungsarbeit ‚interkulturell' oder ‚antirassistisch', ‚ausländerfreundlich' oder ‚gegen Ausländerfeindlichkeit' nennen sollte. Diese Auseinandersetzung bezieht sich oft eher auf die zu vermittelnden Inhalte als auf die Art und Weise der Vermittlung. Das jeweilige Verständnis von Lernen wird dabei selten expliziert. Oft wird allerdings von einer stillschweigenden Selbstverständlichkeit der ‚Lehr-Lernentsprechung' ausgegangen, wonach gelernt würde, was gelehrt wird, abzüglich der störenden Umstände und der ‚Begabungsunterschiede' (vgl. Holzkamp 1992, S. 97ff). Konzepte von ‚Erziehung zu … ' geben zwar Auskunft über die Absichten der Lehrinstanzen, erzeugen jedoch „Widerständigkeit irgendwelcher Art bei den davon Betroffenen" (vgl. Holzkamp 1991, S. 20f). Dieser Widerständigkeit versuchen LehrerInnen oft durch den Einsatz von Rollenspielen, Theater und anderen Projekten entgegenzuwirken.

Theaterpädagogische Mittel werden schon länger in der Bildungsarbeit eingesetzt, und in den letzten Jahren auch in der Schule, nicht zuletzt als Ausdruck der Tatsache, daß LehrerInnen oft mit ‚ihrem Latein' am Ende sind und neue motivierende Formen des Lehrens suchen. Auch wenn diese zunächst als ein Motivationstrick eingesetzt werden, kommt es erfreulicherweise immer wieder vor, daß aus der Beschäftigung mit Theater als Lernform das Verständnis von Lehren und Lernen einschließlich des Selbstverständnisses der Lehrperson ge- und überprüft werden.

Das Lernen in unseren Theaterworkshops zum Thema ‚Macht-Ohnmacht-Alltagsrassismus' verstehen wir als eine Möglichkeit für die Lernenden, dem Ziel der Erarbeitung einer erweiterten Handlungsfähigkeit näher zu kommen (bzw. sich der Hindernisse bei diesem Prozeß bewußt zu werden).

Die Kategorie der Handlungsfähigkeit und das entsprechende Menschenbild aus der Kritischen Psychologie sind uns wichtige Grundlagen für das Verständnis der dialektischen Beziehung zwischen Individuum und Gesellschaft und für die Entwicklung und Überprüfung der eigenen handlungsorientierten Konzepte in der pädagogischen Arbeit. Die Vergesellschaftung von Menschen wird dabei nicht als eine einfache Prägung von oben nach unten oder eine Übernahme vorgegebener Rollen aufgefaßt, sondern als komplexer Aneignungsprozeß. Darin finden Menschen zwar die gesellschaftlichen Verhältnisse, also auch die Unterdrückungsstrukturen vor, aber diese werden wiederum von ihnen, die darin leben und sie sich aneignen, immer wieder hergestellt, bzw. es wird Widerstand geleistet. Folglich können diese Strukturen von den Menschen, die sie mit herstellen, geändert werden, vorausgesetzt, daß prinzipiell die Möglichkeit gegeben ist, die Veränderung der fremdbestimmten Verhältnisse durch kollektive Versuche zu erreichen. Fremdbestimmung wird also hier nicht als natürliche Lebensform, sondern als nur eine der möglichen Formen aufgefaßt (vgl. Holzkamp, 1983).

Uns interessieren Lernprozesse von Menschen, die wir als sich aktiv vergesellschaftende Subjekte begreifen, in diesem Fall bezogen auf das Thema Rassismus. Anknüpfungspunkt sind ihre jeweiligen Lernbegründungen und ihr – wie diffus auch immer geäußerter – Wunsch nach erweiterter Handlungsfähigkeit, nach Veränderung von Unterdrückungsstrukturen in der Gesellschaft, in der sie leben.

Analysiert man Rassismus, und konkreter (oft unbewußt und ungewollt) praktizierte alltagsrassistische Ausgrenzungen als eine Form „ideologischer Vergesellschaftung", bei der sich Individuen in die staatliche Ordnung einfügen, indem sie EinwanderInnen ablehnen, diskriminieren, als minderwertig behandeln und dabei die eigene begrenzte Handlungsfähigkeit in einer herrschaftlich strukturierten Gesellschaft aufrechtzuerhalten suchen, dann erweisen sich solche Handlungen und Haltungen als ein Hindernis auf dem Wege der eigenen Entwicklung und der Erweiterung gesellschaftlicher Handlungsfähigkeit (vgl. Kalpaka & Räthzel 1990, S. 25ff).

Für uns ergibt sich die Notwendigkeit, Formen zu finden, in denen die Möglichkeit geschaffen wird, Lernprozesse im hier beschriebenen Sinne zu organisieren, die Aufschluß über die eigene Eingebundenheit in rassistische Strukturen geben und Mut machen, Handlungsmöglichkeiten zu erproben, um sich aus diesen herauszuarbeiten. Erfolgsgarantien gibt es dabei nicht, jedoch ,Sternstunden' im Sinne eines ,expansiven' bzw. ,affinitiven' Lernens, und zwar sowohl auf Seiten der Lernenden als auch auf Seiten derjenigen, die diese Lernprozesse organisieren.[2]

Eine m.E. dazu geeignete Form bieten Theaterworkshops, die ich seit längerem zusammen mit Jutta Heppekausen durchführe und über die ich im folgenden berichten möchte.[3]

Unser Zweierteam ist ,multiethnisch' zusammengesetzt und trägt demzufolge einige der Konflikte, die in den Workshops selbst behandelt werden, in und mit sich, neben vielen anderen – versteht sich.

Hauptadressaten unserer Arbeit sind MultiplikatorInnen aus dem pädagogischen Bereich, nicht zuletzt aus der Überlegung heraus, daß Lehrpersonen wichtig sind, will man institutionelle Veränderungen in diversen Stätten der Bildung vorantreiben. Ohne sie können keine Veränderungen stattfinden, und mit ihnen gelingen sie zur Zeit auch nicht recht.

Zu den Theatertechniken

In der Wahl der Methode rekurrieren wir auf Techniken des von Augusto Boal begründeten ,Theaters der Unterdrückten' und insbesondere des Forumtheaters. Diese Theaterform wurde als Teil des politischen Widerstands in den 60er Jahren in Brasilien entwickelt. Der Pädagogik der Befreiung Paolo Freires verpflichtet, will diese Form Mut machen, politisch und persönlich einzugreifen. Das Theaterspielen wird von Boal als „ein Akt, sich selbst zu betrachten" aufgefaßt (vgl. Boal, 1979, 1989).

Als Erweiterung der o.g. Theatertechniken greifen wir auf einige der Überlegungen und Herangehensweisen Stanislawskis zurück, insbesondere auf solche, die sich auf die Entstehung und Gestaltung von Rollen beziehen. Wir benutzen die Fragen, die er an die Rolle stellt, nach dem Prinzip: „Handeln ist begründetes Handeln". Dabei wird das „emotionale Gedächtnis" (das Erinnerungsvermögen für Empfindungen) durch bestimmte Arbeitsschritte aktiviert (vgl. Simhandl, 1992, S. 69ff; Martens, 1991a, S. 174ff, 1991b).

Wir bezeichnen unsere Workshops als eine Art gemeinsamer ‚Forschungsreisen', die Fragen der Selbst- und Fremdwahrnehmung beleuchten sollen, sowie die eigene Position in Konstellationen von Macht und Ohnmacht, vor allem in bezug auf Alltagsrassismus. Im Mittelpunkt steht dabei auch die Erforschung der eigenen Gefühle, und zwar sowohl in der Position der Unterdrückten (Opfer) als auch in derjenigen der UnterdrückerInnen (TäterInnen). Dazu werden Szenen auf der Grundlage von selbst erlebten Situationen entwickelt, und zwar über Improvisation und nicht nach einem vorgegebenem Skript.

Diese werden dann einzeln aufgeführt (bzw. die TeilnehmerInnen einigen sich auf eine Forum-Szene), mit der Aufforderung an die ZuschauerInnen, sich in die Handlung einzumischen und ihre eigenen Lösungsvorschläge zur dargestellten Unterdrückungssituation auszuprobieren. ZuschauerInnen werden zu MitspielerInnen, sie werden zu ‚Subjekten', zu ‚ProtagonistInnen'; ihnen wird ihre „Handlungsfähigkeit zurückgegeben" (Boal, 1989, S. 66).

Statuenbau und Entwicklung von Szenen

Durch aufeinander aufbauende Übungen (Lockerung, Abschalten vom Alltag, spielerische Übungen zu Macht/Ohnmacht u.a.) kommen die TeilnehmerInnen zum Bau von Statuen. ‚Modelliermasse' dafür sind der eigene Körper und die der MitspielerInnen, das Material formt sich aus Erinnerungen der TeilnehmerInnen. Es wird in Kleingruppen ohne Worte gearbeitet: Die Körper der MitspielerInnen werden von der jeweiligen ErbauerIn der Statue ‚geformt'. Der/die ErbauerIn stellt sich als letzte/r selbst dazu. Diese Statuenbilder zeigen Momentaufnahmen einer Situation von offener oder subtiler Unterdrückung/rassistischer Diskriminierung. Solche Momentaufnahmen sind eine erste Station, um Zugang zu verschiedenen Ebenen zu schaffen. Eine dieser Ebenen umfaßt Themen wie: Was für Gefühle, Erinnerungen und Assoziationen ruft die gebaute Körperhaltung hervor? Dabei wird das ‚körperliche Erinnerungsvermögen' für Gestaltetes geschult (Arbeiten ohne Worte). Ist das, was hervorgerufen wird, identisch mit dem, was der/die AutorIn/ErbauerIn meinte? In einer (szenischen) Auswertungsrunde wird dann veröffentlicht, in welcher Rolle sich die einzelnen MitspielerInnen gesehen/gefühlt haben, indem sie ihren inneren Monolog jeweils laut sprechen.

Eine weitere Ebene setz sich aus den folgenden Fragen zusammen: Welches Verständnis von Rassismus haben die TeilnehmerInnen jeweils (ob man z.B. eine offene Gewaltszene oder eine subtile Bevormundungszene stellt)? Wie sehen sie sich darin (als Opfer, als ZeugInnen, als TäterInnen)? Wie werden die von Rassismus Betroffenen gesehen (z.B. als hilflose Opfer, als Subjekte mit eigenen Strategien …)?

Die ZuschauerInnen interpretieren die Statuenbilder. In diesem Arbeitsschritt, der auch einzeln in anderen Lernzusammenhängen eingesetzt werden kann, können unterschiedliche Wahrnehmungsweisen ein und derselben Sache deutlich werden. Die Erfahrung, daß die präsentierte Statue unterschiedlich interpretiert werden kann, ist eine der Vorbedingungen, um an der Veränderung von festgefügten Bildern von anderen zu arbeiten. Die jeweilige subjektive Wahrnehmung wird als eine mögliche Sichtweise erkannt. Die Interpretationsmöglichkeiten sind allerdings nicht beliebig: Sie sind durch vorhandene gesellschaftliche Deutungsmuster, aber auch durch die ‚Inszenierung' selbst begrenzt. Der/die ErbauerIn der Statue gibt zum Schluß seinen/ihren Titel bekannt, der nicht unbedingt geraten worden sein muß.

Sowohl in den gebauten Statuenbildern als auch in den unterschiedlichen Interpretationen derselben schlagen sich die verschiedenen Erfahrungen der TeilnehmerInnen mit dem Thema nieder. Die vorhandenen Gemeinsamkeiten (beim Thema und bei der Darstellung) verweisen auf gesellschaftliche Denkformen, in denen Erfahrungen der TeilnehmerInnen Sinn bekommen. Es geht darum, nach den Entstehungsbedingungen der Bilder bzw. der Interpretationen zu suchen, die sowohl in der individuellen Geschichte der Einzelnen als auch in gesellschaftlichen Strukturen begründet sind.

Aus den Figuren der einzelnen Statuen – die Gesamtgruppe einigt sich auf die jeweils ‚überzeugendsten' Opfer-, TäterInnen- und ZeugInnenfiguren – wird ein Synthesebild zusammengestellt. Dieses neue Bild wird dann in Bewegung gesetzt, indem die einzelnen SpielerInnen ihren Rollen gemäß handeln (ohne dabei zu sprechen). In dem Synthesebild, das als Vorlage für die späteren ‚Eintauschversuche' dient, wird eine Unterdrückungssituation dargestellt, die in der Szene nicht aufgelöst wird. In den darauf folgenden Versuchen nehmen andere TeilnehmerInnen aus der Gruppe jeweils die Rolle einer der Personen im Synthesebild ein. Die ‚eingetauschten' SpielerInnen probieren unterschiedliche Befreiungsversuche aus, und zwar aus der Position des Opfers bzw. aus der Position der ZeugInnen, die ihrerseits zu einer Veränderung zugunsten der unterdrückten Figur beitragen können.

In einem weiteren Schritt werden aus dem Material, welches aus weiteren Übungen geschöpft wird, Szenen entwickelt. Zunächst erarbeiten die neu zusammengesetzten Kleingruppen (4-5 SpielerInnen) einen Rohentwurf aus dem eigenen Material. Neben anderen Techniken dient eine ausführliche Rollenbefragung durch die Leiterinnen zur Konkretisierung der Rollen in der Szene. Durch die Befragung geben sich die Personen in der Szene eine Geschichte, eine Biographie und gegenwärtige Lebensbedingungen, die bestimmte Haltungen und Konfliktbewältigungsstrategien hervorbringen. Die Begründungen der jeweiligen Handlungen in der Rolle werden dabei expliziert.

Das Sich-Einfinden in die Rolle und die Ausgestaltung derselben ist ein (angeleiteter) Prozeß, der durch die SpielerInnen aktiv mitgestaltet wird. Dieser Prozeß und das Ergebnis (in Form der eigenen ausgearbeiteten Rolle für die Szene) hat wiederum mit den jeweils eigenen Bildern und Selbstbildern und den eigenen Haltungen zu tun. Rolle im Spiel und eigene Realität der SpielerInnen sind zwar keineswegs identisch, stehen aber bei diesem Prozeß der Konkretisierung der Rolle im Verhältnis zueinander, und dies kann darum Klärungsprozesse der jeweils eigenen Position der Einzelnen (außerhalb der Szene) unterstützen.

Durch die Rollenbefragung kommen auch Widersprüche der TeilnehmerInnen zutage, z.B. in Form von einander widerstreitenden Bedürfnissen und Gefühlen (z.B. Bedürfnis nach Harmonie versus Positionbeziehen beim Erleben von Ungerechtigkeit). Diese können wichtige Anknüpfungspunkte für Veränderungen (in der Szene und in der Welt außerhalb) aufzeigen. Welche dieser jeweiligen Bedürfnisse und Interessen der einzelnen MitspielerInnen sich beim Spielen durchsetzen, erscheint nicht als Schicksal, es gibt dafür ‚gute Gründe', deren sich die MitspielerInnen dabei bewußt werden können. Die Differenzierung der Figuren ermöglicht es dem Publikum, verschiedene Facetten zu sehen, die eine Anregung für das spätere Eingreifen in die Handlung geben können.

Ausprobieren von anderen Handlungsstrategien

Diese Szenen werden den anderen TeilnehmerInnen aus der Gruppe vorgeführt. Zu den Anweisungen gehört, daß die Unterdrückungssituation in der Forum-Szene als gelungen dargestellt werden muß. Nach der Uraufführung der Szene wird diese in der Ursprungsbesetzung mehrmals vorgeführt, und die anderen TeilnehmerInnen haben die Möglichkeit, die Szene an einer Stelle anzuhalten, an der sie eine Eingreifmöglichkeit sehen. Sie nehmen dann die Rolle einer der Personen mit dem Ziel ein, eine Veränderung der Handlung im eigenen Sinne zu bewirken. Dies nennen wir im Forumtheater ‚Eintauschen' einer Person. Die Szene wird dann so oft wiederholt, wie Änderungsvorschläge von den TeilnehmerInnen ausprobiert werden.

Die Entscheidung, wer eingetauscht werden kann, hängt von der jeweiligen Definition ab, wer die/der Unterdrückte in der aufgeführten Szene ist und wem man eine Schlüsselposition für die Veränderung der gespielten Situation zuschreibt. Die unterdrückenden Personen (‚TäterInnen') sollen nicht eingewechselt werden. Die Begründung Boals dafür ist, daß nicht der Eindruck entstehen sollte, wir hätten einen ‚Zauberstab', um unsere UnterdrückerInnen in Verbündete zu verwandeln. Vielmehr geht es bei dieser Theaterform um die Erprobung möglicher Strategien, welche die UnterdrückerInnen stürzen oder zurückdrängen könnten.

Diesem Prinzip folgen wir auch in unseren Workshops. Allerdings kommt es manchmal vor, daß in der Gruppe unterschiedliche Auffassungen darüber bestehen, welche Person nun als TäterIn anzusehen wäre. Dies ist meist dann der Fall, wenn Personen, die gesamtgesellschaftlich gesehen zu den Opfern zu zählen wären, in der konkreten Situation der gespielten Szene als TäterInnen identifiziert werden können. Insofern werden in unseren Workshops UnterdrückerInnen manchmal eingewechselt, da wir die Entscheidung darüber, wer als ‚TäterIn' identifiziert wird, den TeilnehmerInnen selbst überlassen. Dies wird dann als Thema der szenischen Bearbeitung und der theoretischen Auswertung mit einbezogen (so auch im Fall der unten dargestellten Szene). Wir bemühen uns dennoch, diese Klärung über TäterInnen- bzw. Opferrollen so weit wie möglich schon in den Kleingruppen zu erreichen, nicht zuletzt, um den TeilnehmerInnen kontraproduktive Situationen, die das Eintauschen in TäterInnenrollen hervorrufen konnen, zu ersparen: Denn wenn die SpielerInnen bei ihrem jeweiligen Eintauschversuch die Regeln des Forum-Theaters einhielten (das würde bedeuten, weder die TäterInnenrolle in ihrem Grundsatz, noch die Struktur der Unterdrückung aus der TäterInnenposition heraus zu verändern), dann führte dies meistens zu einer Reproduktion der TäterInnenrolle, oft sogar zu ihrer Verstärkung. Statt Bewußtwerdung kann dies (Selbst-)Denunziation bedeuten, wobei sich der/die TeilnehmerIn vorgeführt fühlen kann. Dies wiederum würde den Intentionen unseres Konzepts keineswegs entsprechen und könnte sich negativ auf den Lernprozeß auswirken. Für die Bearbeitung der TäterInnenproblematik haben sich andere Methoden als das Forum-Theater als geeigneter erwiesen (wie z.B. die Technik „Rainbow of Desires", die wir bei Theaterseminaren (1992) von Boal in Hamburg kennenlernten).

Beim Ausprobieren verschiedener Handlungsstrategien wird u.a. auch die lebendige Wechselbeziehung der SpielerInnen erfahrbar: Die nicht eingetauschten MitspielerInnen versuchen, in den jeweiligen Eintauschversuchen rollengetreu auf die unvorhergesehene Situation zu reagieren. Die Szenen erfahren dadurch entsprechende Veränderungen. Die EintauscherInnen haben zunächst einmal einen Impuls – entstanden aus der Provokation, welche die Szene auslöst – und nicht unbedingt eine vollendete Lösung. Wenn sie eine fertige Vorstellung haben, merken sie oft in der Anwendung, daß ihre ‚am grünen Tisch‘ ausgedachte Strategie ad absurdum geführt werden kann.

Auch wenn die Ursprungsszene als Vorlage immer wieder in der gleichen Version aufgeführt wird, bleibt die Veränderung, die bei jedem Versuch eintritt, bei den darauffolgenden Eintauschversuchen nicht unberücksichtigt. Das gemeinsam Erfahrene geht in unterschiedlicher Weise in die Handlungen der SpielerInnen ein. In gewisser Weise bauen also die einzelnen Versuche aufeinander auf, sie sind eine Weiterentwicklung, die allerdings nicht unbedingt zu einer ‚besseren Lösung‘ führen muß. Darüber hinaus wird man oft selbst in der eigenen Einschätzung der TäterInnen- bzw. Opferrollen verunsichert, wenn diese durch einzelne Eintauschversuche ad absurdum geführt werden, und probiert daraufhin etwas anderes aus.

In diesem Prozeß kann einerseits die resignative Haltung: ‚Man kann sowieso nichts machen‘ konterkariert werden, und zum anderen werden immer wieder die (gesellschaftlichen und individuellen) Grenzen angestrebter Veränderungen sichtbar.

Die Versuche, die Situation zu verändern, können oft Erkenntnisse über den Sinn der jeweiligen Strategien liefern, bzw. ihre theoretischen Implikationen explizieren; z.B. wenn paternalistische Haltungen eingenommen werden, oder wenn man sich als ohnmächtige ZeugIn des Geschehens oder als aufklärerischen Helden darstellt etc. Dabei können sich TeilnehmerInnen über implizite Rassismustheorien, über eigene Erklärungsansätze und implizite Gesellschaftstheorien bewußt werden. Oft können sie einiges über ihr eigenes Denken und Handeln entdecken, welches zu ihrem Selbstbild paßt, bzw. wodurch dies erschüttert wird. Ein ausführliches Rollenfeedback unterstützt diesen Prozeß.

Rollenfeedback

Nach der Aufführung der Forum-Szene und der sich daran anschließenden Eintauschversuche – ihre Anzahl ist bei jedem Workshop unterschiedlich – erfolgt in der Regel ein ausführliches Rollenfeedback über jeden einzelnen Eintauschversuch. Dabei halten wir folgende Form ein: Wir fragen als erstes nach den Gedanken und Zielen der MitspielerIn, die eine Person aus der Ursprungsszene eingetauscht hat. Was wollte er/sie erreichen? Was waren nach der eigenen Einschätzung die Handlungsbedingungen? Was für Empfindungen hatte er/sie gegenüber den jeweils anderen in der Szene? Wie hat also die jeweilige Person die anderen und die Gesamtsituation eingeschätzt, und was war ihre eigene Antwort auf diese Situation? War er/sie dabei erfolgreich (wurde z.B. die unterdrückende Person zurückgedrängt)? Als nächstes wird diejenige Person befragt, auf welche/n die Strategie in erster Linie gerichtet war. Dann teilen die anderen (nicht eingetauschten) MitspielerInnen ihre Empfindungen und Einschätzungen bezüglich dessen mit, was das veränderte Verhalten der eingetauschten Person bei ih-

nen selbst und für die Gesamtsituation bewirkt hat. Zuletzt werden die anderen TeilnehmerInnen, die bei dieser Szene nicht mitgespielt haben, zu ihrer Sichtweise als ZuschauerInnen befragt. Dieses Rollenfeedback und die Eindrücke der ZuschauerInnen
tragen dazu bei, unterschiedliche Sichtweisen und Interpretationen der gleichen Szene zusammenzutragen und die Themen, die darin wahrgenommen werden, zu explizieren. Die Empfindungen der MitspielerInnen werden mit denen der ZuschauerInnen
und mit deren Sichtweisen konfrontiert. Auf diese Weise wird es möglich, eingebrachte
Innen- und Außenperspektiven zueinander in Beziehung zu setzen. Erkenntnisreich
können auch die Ambivalenzen sein, die dabei zutage gefördert werden (z.B. Angst
vor Machthaben und Lust beim Ausüben dieser Macht u.ä.).

In den darauf folgenden Schritten für die Bearbeitung des Materials aus dem Workshop befassen wir uns nicht mit den individualpsychologischen Begründungen für die
verschiedenen Haltungen (solche Herangehensweisen, die ins Therapeutische gehen,
gibt es durchaus); wir suchen nach den gesamtgesellschaftlichen Zusammenhängen
und den impliziten Ideologien bei den gezeigten Handlungen. Mit dem hier skizzierten Rollenfeedback und der sich daran anschließenden Diskussionsrunde endet der erste Teil der Reflexion, der unmittelbar nach dem Theaterworkshop stattfindet. Darauf
baut dann auch die nach zwei bis drei Wochen stattfindende zweite Phase der theoretischen Reflexion auf (s.u.).

Eine andere Ebene, die wir mit einbeziehen, ist diejenige der sich entwickelnden
Gruppendynamik, die sich oft an offenen oder verdeckten Auseinandersetzungen über
Entscheidungen festmachen. Bei solchen Entscheidungen kann es sich darum handeln,
welche Szene sich z.B. in einer Gruppe durchsetzt und welche Syntheseprozesse mög-
lich sind. Dominierendes Verhalten einzelner TeilnehmerInnen ist oft ein Thema, das
Entscheidungsprozesse mit beeinflußt. Die Abwehr von Dominanz oder das eigene
Unterliegen sind Themen, die dann mit einfließen und sich mit dem Schwerpunkt des
Workshops gut in Verbindung bringen lassen. Es ist sozusagen eine Probebühne auf
der Probebühne. Für die Bearbeitung solcher Zusammenhänge sind wir noch auf der
Suche nach geeigneten Methoden. Hier haben sich bisher Methoden aus dem Psycho-
drama und der Soziometrie als sehr hilfreich erwiesen.

Das Konzept am Beispiel einer Forum-Szene

Am Beispiel einer in einem Wochenendworkshop entstandenen und bearbeiteten Forum-Szene will ich im folgenden versuchen, den oben skizzierten Ablauf und die sich
daran anschließenden Diskussionen weiter zu verdeutlichen. Dies könnte Aufschluß
darüber geben, welche Möglichkeiten (und Grenzen) das hier vorgestellte Fortbil-
dungskonzept bietet.

Durch die ausführliche Dokumentation der einzelnen Szenen (und Dialoge) soll den
LeserInnen ein Bild über das Spektrum von Themen vermittelt werden, die in Verbindung mit den gezeigten Haltungen vorkommen und in der Reflexionsphase angesprochen bzw. bearbeitet werden können. Im folgenden werde ich nur auf einige der
im Rollenfeedback angesprochenen Themenkomplexe hinweisen, jedoch nicht im einzelnen darauf eingehen, Da dies den Rahmen dieses Beitrags sprengen würde. Zum
Zwecke einer übersichtlicheren Darstellung habe ich die kurzen Kommentare (ge-

wonnen aus dem methodischen Schritt des Rollenfeedback) jeweils den Eintauschversuchen zugeordnet, was jedoch nicht der Reihenfolge ihrer Entstehung entspricht.
Beim Workshop selbst erfolgt das Rollenfeedback erst nach der Aufführung aller Szenen (also hier nach dem Spielen der zehn Varianten), so daß die SpielerInnen ihre
Handlungsalternativen aufgrund ihrer jeweiligen Einschätzung der Situation zunächst
einmal szenisch und nicht als Ergebnis einer Diskussion in der Gruppe erproben.

Die erarbeitete Szene: ‚Lustig ist das Zigeunerleben'

Die Gruppe, welche die folgenden Szenen erarbeitete, bestand aus 14 TeilnehmerIn-
nen, drei Pädagogikstudentinnen und elf LehrerInnen.
    Maria, eine Romni (‚Zigeunerin') mit einem fest eingewickelten Säugling auf dem
Arm, bettelt in der Einkaufsstraße PassantInnen an. Frau Burtig, eine Hausfrau auf dem
Weg vom Einkauf nach Hause, gibt ihr eine Mark: *Hier, bitte schön ... . Ihr Kind?
Ja, es ist niedlich ... ,*. Die ‚Zigeunerin' streckt die fordernde Hand weiterhin aus und
will mehr. Sie bleibt dabei stumm; um so mehr wird ihre fordernde Art jedoch durch
Körperhaltung und Gestik deutlich. Frau Burtig fühlt sich bedrängt: *,Ihr Kind ... , ganz
niedlich. Aber ... ich hab' Ihnen doch was gegeben! Hier haben Sie noch was für Ihr
Kind.'* Die Romni läßt nicht locker. Abweisend wiederholt Frau Burtig: *,Aber ich hab
Ihnen doch schon was gegeben!'* und wird dabei immer lauter. Die Romni bleibt fordernd: *,Lassen Sie mich mal durch! ... Und fassen Sie mich nicht an. Lassen Sie mich
los! ... Sie sollen mich nicht anfassen, ich will hier vorbei!'* Frau Schmidt, eine Schulleiterin, geht in dem Moment am Ort des Geschehens vorbei, mit schnellem Schritt auf
ihre Uhr guckend hastet sie zur Konferenz. Dabei wird sie von Rüdiger, einem jungen
Passanten, der durch die Gegend schlendert und dabei zufällig die Szene beobachtet
hat, angesprochen. Rüdiger ist auf der Suche nach Material für Schmuck, den er selbst
herstellt und an seinem Stand verkauft. Rüdiger: *,Schauen Sie mal. Da muß man was
machen ... ,*. Frau Schmidt lehnt es ab, sich mit der Frage zu befassen: *,Das interessiert mich überhaupt nicht. Damit will ich nichts zu tun haben ... Um diese Leute sollte sich endlich die Polizei kümmern ... ,*. Hier endet die in der Gruppe bearbeitete Forum-Szene.

Die entwickelten Varianten

Es gab dazu zehn Eintauschversuche. Die Anweisung, die unterdrückende Person/Tä-
terIn nicht einzutauschen, wurde nach Ansicht der TeilnehmerInnen befolgt. Dabei ergab sich, daß Frau Burtig, identifiziert als Opfer der bettelnden ‚Zigeunerin', zweimal
eingetauscht wurde, genau so oft wie die Romni selbst. Die restlichen Eintauschversuche galten den als ZeugInnen konzipierten Figuren dieser Szene, wobei Frau Schmidt
zweimal und Rüdiger viermal eingetauscht wurde. Dabei hatten die MitspielerInnen di-
vergierende Einschätzungen bezüglich der unterdrückten Person. Sehen wir uns jedoch
einzelne Versuche näher an, und zwar als erstes diejenigen, die Frau Burtig galten.

Frau Burtig als Opfer der ‚Zigeunerin' oder Naturalien statt Geld

1. Versuch
Die Lehrerin Katharina in der Rolle von Frau Burtig: ‚*Wissen Sie, was ich für Sie hab'?
Ich hab' was anderes für Sie. Gucken Sie mal, ich hab' was anderes für Sie. Das Kind,
ja, das ist süß. Moment, warten Sie mal ... ja ... ich hab' gerade einen Strampelanzug
gekauft, gucken Sie mal. Und hier hab' ich noch was, eine kleine Hose. Was wollen
Sie noch?'* Die Romni ändert ihre fordernde Haltung kaum. Frau Burtig: ‚*Was wollen
Sie denn noch haben? ... Ja, ich verstehe ... Immer Geld! Hier hab ich noch ein Paar
Blumen für Sie ... Jetzt hab' ich nix mehr. Ich hab' nichts mehr. Ich hab' nichts mehr
... Tut mir leid. Hab' ich nicht ... Ich komm' morgen wieder.*

2. Versuch
Manfred in der Rolle von Frau Burtig: ‚*Es gibt kein Geld ... überhaupt gar kein Geld.
Was ist das für eine Mumie? Wie soll das Kind atmen? Das ist ja Mord an dem Kind,
Kindesmißbrauch. Das Kind ist eingeschnürt, was soll denn das? Eingewickelt, zuge-
schnürt wie eine Mumie'.* Rüdiger mischt sich ein: ‚*Das stimmt nicht! Das ... !*' Frau
Burtig: ‚*Sie kriegen vom Sozialamt Geld ...* ' Rüdiger (redet dazwischen): ‚*Ihr Verhalten finde ich unmöglich'.* Frau Burtig weiter: ‚ *... haben ihren Container, wo sie
wohnen, und betteln hier noch. Was soll das?'* Rüdiger: ‚*Und wenn! ...* ‚. Rüdiger gibt
der Romni einen Zehnmarkschein. Frau Burtig: ‚*Und wenn ... ja wenn? Das sind mir
die Richtigen, die noch Geld dazulegen, damit die noch weiterbetteln können. Anstatt
zufrieden zu sein mit dem, was sie schon kriegen. Andere sitzen auf der Straße und
kriegen gar nix. Sie kriegen doch Sozialunterstützung, haben Unterkunft, kriegen sogar Verpflegung, und dann gehen sie mit den Kindern los, mißbrauchen sie noch, indem sie sie prostituieren und vorzeigen ... Widerliches Volk!*'

Beim Rollenfeedback zu diesen Szenen wurde kontrovers über die Frage der Täterschaft diskutiert. Während in der Diskussion (und auch im Denken) zwischen dem ‚Opfer in der Szene' und dem ‚Opfer gesamtgesellschaftlich' unterschieden wurde, blieb
diese Unterscheidung im konkreten Handeln in der Szene ohne Relevanz. Daß Frau
Burtig von der ‚Zigeunerin' belästigt wurde, war für manche ZuschauerInnen eine Provokation, die zum Handeln aufforderte. Dabei ist anzumerken, daß Frau Burtig von
weitaus mehr TeilnehmerInnen als Opfer identifiziert wurde, als die zwei Eintauschversuche vermuten lassen. Dies zeigte sich in der anschließenden Diskussion. Eine der
Implikationen der ausprobierten Strategien war, daß das Opfer (Frau Burtig) sich anders verhalten müßte, um der Belästigung durch die ‚Zigeunerin' zu entkommen. Ist
dies nun den beiden SpielerInnen gelungen? Welche weiteren Ziele verfolgten sie in
ihrer jeweiligen Strategie?
    Katharina versprach sich von ihrer Strategie, zwischen der ‚Zigeunerin' und ihr, als
der deutschen Hausfrau, eine andere Kommunikationsmöglichkeit schaffen zu können. ‚Daran bin ich gescheitert', sagte die Mitspielerin zu ihrem Versuch im Rollenfeedback; ‚ich wollte ihr meine Gefühle zeigen, aber sie wollte nicht darauf eingehen'.
    Dies korrespondierte wiederum mit der Haltung von Maria, der Romni, die sich als
jemand sah, die eine harte Arbeit zu leisten hat (‚Betteln ist eine verdammt harte Arbeit') und dabei stumm blieb. Daß sie nicht redete, sollte nicht heißen, daß sie nichts

verstand. Sie wollte sich nicht auf Diskussionen einlassen, sie wollte nicht wissen, was die PassantInnen ihr zu sagen hätten. Sie wollte Geld für ‚harte Arbeit'. Dies wurde von den MitspielerInnen allerdings nicht als eine mögliche Strategie erkannt/akzeptiert, sondern als ein Sprach- bzw. Kulturdefizit gedeutet. Während sie die Sachspenden und insbesondere den ihr überreichten Blumenstrauß ‚als eine absurde Geste' empfand, sahen es manche ZuschauerInnen als ‚eine angenehme Alternative, mit Naturalien statt mit Geld zu helfen'. Daraus entwickelte sich eine Kontroverse. Andere fanden es nämlich ‚entwürdigend, ihr abnehmen zu wollen, was sie mit dem Geld kauft'. Nicht zuletzt drängte sich die Parallele zur Verpflegung von Flüchtlingen auf: Essensmarken bzw. Gutscheine statt Geld. Manfred (als Frau Burtig) wollte mit seinem Auftreten ‚seine Negativempfindungen über den Umgang der ‚Zigeunerin' mit ihrem eingewickelten Kind deutlich machen'. Er würde die ‚Zigeunerin' Maria als Täterin im doppelten Sinne empfinden: Einmal, weil sie Frau Burtig bedrängte, und zum anderen, weil sie ihr Kind mißhandeln würde. Außerdem wollte er darauf aufmerksam machen, daß es nicht die einzelnen PassantInnen sein sollten, die bedrängt werden, sondern die zuständigen Institutionen die ‚richtige Adresse' wären, an die man sich wenden sollte. Als Einzelner sollte man diese Art von ‚Hilfe' lieber sein lassen: ‚Es hilft nicht weiter, Geld zu geben'. Maria hatte das Verhalten von (Manfred in der Rolle von) Frau Burtig als aggressiv ihr und dem Kind gegenüber empfunden und wäre in ihrer Erwartung, ‚was zu kriegen', schnell enttäuscht worden.

Einige TeilnehmerInnen erkannten Gemeinsamkeiten bei den Strategien von Manfred und Katharina in der Rolle von Frau Burtig: Beide würden der ‚Zigeunerin' zeigen wollen, wie man es ‚richtig' macht. (Dies tauchte auch bei anderen Szenen auf, in denen z.B. Frau Schmidt durch Alfred eingetauscht wurde; s.u.) Darüber hinaus hätten beide Strategien dazu geführt, daß Frau Schmidt sich in beiden Fällen raushalten konnte. Ihren eigenen Aussagen beim Rollenfeedback zufolge fühlte sich Frau Schmidt im zweiten Fall (bei dem Manfred die Rolle von Frau Burtig spielte) noch zusätzlich erleichtert bei dem Gedanken ‚Du brauchst Dich nicht darum zu kümmern, das macht schon jemand für Dich. Du brauchst diese Unannehmlichkeiten nicht auf Dich zu nehmen'.

Einmal ‚richtig' ‚Zigeunerin' sein

Maria, die Romni, wurde zweimal eingetauscht. Während sich die eine Szene fast genauso entwickelte wie die Ursprungsszene, wurde durch den zweiten Versuch ein ganz anderes Verständnis von Opfersein zur szenischen Diskussion gestellt:

Die ‚Zigeunerin' Maria (gespielt diesmal von der o.g. Lehrerin Katharina) sitzt auf dem Boden, den Kopf zu Boden gesenkt, so daß sie keiner PassantIn in die Augen gucken kann. Sie hält ihr fest eingewickeltes Kind auf dem Arm und hat einen Becher für das Geld vor sich hingestellt. Die vorbeigehenden PassantInnen, Frau Burtig, Frau Schmidt und Rüdiger werfen Geld in den Becher. Während der ganzen Szene wird nicht gesprochen.

Während in den o.g. Szenen, in denen Frau Burtig eingetauscht wurde, Dissens darüber bestand, wer als Opfer/UnterdrückteR anzusehen wäre, bezweifelte bei der letzteren keineR, daß Maria hier das Opfer war. Bei dieser Szene haben alle PassantInnen im Vorbeigehen Geld in den Becher geworfen.

Beim Rollenfeedback erfuhren wir einiges über die Haltung der jeweiligen MitspielerInnen und die dabei ausgelösten Gefühle:
Katharina wollte in dieser Szene die ‚Zigeunerin' so darstellen, ‚wie sie wirklich ist'. Während Frau Burtig, die in der Ursprungsszene immer eine Mark spendete, sich nicht mehr belästigt bzw. sich dadurch erleichtert fühlte, daß sie ‚ihr beim Geldgeben diesmal nicht in die Augen schauen mußte', hatte Frau Schmidt in dieser Szene zum ersten Mal gespendet, und zwar ‚als Belohnung dafür, daß die Zigeunerin nicht lästig wurde'. Rüdiger meinte dazu: ‚Maria saß in ihrer Ecke und hat das Straßenbild gar nicht gestört, wie bei den anderen Szenen'. Andere aus der ZuschauerInnenperspektive meinten wiederum: ‚Klug diese Roma-Frau. So kriegt sie, was sie will'.
An dieser Stelle traten Fragen und Feststellungen über die eigenen Erwartungen auf, die man an die Opfer hat, wenn sie als solche erkannt werden wollen. Unterdrückte, die zielstrebig ihren Plan verfolgen (z.B. offensiv betteln), sogar aufdringlich werden wie die Romni in den Szenen zuvor, würden als Unterdrückte nicht erkannt, ihre gesellschaftliche Diskriminierung würde in den Hintergrund treten oder gar ganz ausgeblendet werden.
Frau Burtig dagegen würde gleich als Opfer/Unterdrückte identifiziert aufgrund der Tatsache, daß sie bedrängt wurde und ärgerlich darüber war, daß ihr so etwas (wie Armut, Bettelei usw.) zugemutet würde. Auch hier würden gesellschaftliche Zusammenhänge, wie z.B. die gesellschaftliche Stellung von Frau Burtig, außer acht gelassen.

ZeugInnen bestimmen das Geschehen mit

Oft gelten die Eintauschversuche auch den anderen Beteiligten an der Szene, den sogenannten ZeugInnen. Erfahrungsgemäß erkennt man sich selbst in diesen Positionen wieder; man wird an Situationen erinnert, bei denen man selbst gar nicht bzw. erfolgreich oder weniger erfolgreich interveniert hat, und nimmt die Möglichkeit wahr, auf der Probebühne Neues bzw. Altes erneut auszuprobieren. Zunächst einmal die Szenen, in denen Frau Schmidt eingetauscht wurde:

‚Wo kommen Sie her?' oder ‚Sie haben hier nix zu suchen ...',
Die zur Konferenz eilende Schulleiterin Frau Schmidt, von einigen TeilnehmerInnen als ein weiteres Opfer der ‚Zigeunerin' bzw. als Zeugin, welche die Situation verändern könnte, erkannt, wurde zweimal eingetauscht:

1. Szene: (Der Lehrer Alfred als) Frau Schmidt geht auf die Romni zu und spricht zu ihr langsam, laut und überdeutlich, als spräche sie zu jemandem, die kein Deutsch versteht: ‚Sprechen Sie Deutsch? Kommen Sie aus Rumänien? Woher kommen Sie? Sie müssen einen Deutschkurs machen, damit Sie mit den Menschen sprechen können ... ja? Das Kind muß in den Kindergarten. In Altona gibt es ... wenn Sie hier lang gehen ...' (Sie bettelt ihn weiter an) ‚Ach ... lassen Sie doch! Liebe Frau, dort ist das Sozi-al-amt. Es nützt nichts, wenn ich Ihnen jetzt 'ne Mark gebe ...',. Rüdiger versucht, sich einzumischen. Frau Schmidt: ‚Lassen Sie mal ... Das nützt nichts ...' Rüdiger: ‚Merken Sie überhaupt nicht, daß die Frau nix versteht? Sie reden und reden ...',. Frau Schmidt: ‚Jaa! Sie muß Deutsch lernen. Sie muß Deutsch ...' Rüdiger: ‚Ja, aber wenn sie nicht versteht, können Sie es zehn Mal sagen, sie wird es nicht kapieren.' Rüdiger

gibt ihr 10 DM und redet dabei weiter: , ... sie machen die Hand auf und wollen ...
Geld'. Frau Schmidt: ,Nein, Nein! Lassen Sie das!' Rüdiger: ,Ich kann machen, was
ich *will'. Frau Schmidt: ,Ja, aber Sie helfen doch nicht, das ist eine politische Sache.*
Sie helfen der Dame nicht mit einer Mark oder mit hundert Mark auch nicht. Sie steht
morgen wieder hier ... ,. Rüdiger: ,Ich kann mir vorstellen, bei leerem Magen ... ist
mit Geld geholfen'. Alfred versucht es noch ein zweites Mal, als Frau Schmidt die Si-
tuation zu verändern. Diesmal identifiziert er Frau Schmidt als eine Zeugin, die aktiv
für Frau Burtig (identifiziert als die Unterdrückte) Partei ergreifen soll.

2. Szene: (Alfred als) Frau Schmidt fordert Rüdiger auf, Frau Burtig, die von der ‚Zigeunerin' bedrängt wird, zu helfen. Frau Schmidt: *,Lassen Sie die Frau zufrieden, ge-*
hen Sie da weg ...' Frau Burtig: *,Danke, Danke schön ...'.* Frau Schmidt: *,Gehen Sie*
da weg, Sie belästigen sie, merken Sie das nicht? Gehen Sie jetzt endlich! Sie haben
hier nix zu suchen ...'. Frau Burtig: *,Danke schön nochmals, Danke ...'.* Rüdiger gibt
währenddessen der Romni Geld.

Alfred gab an, bei seinem ersten Versuch der ‚Zigeunerin' helfen zu wollen, indem er
ihr beibrächte, wie man sich hier in Deutschland zu verhalten hätte. Seine Argumentation wies Parallelen zu der von Manfred (in der Rolle von Frau Burtig) eingesetzten
Strategie auf. In diesem Zusammenhang setzte sich die Gruppe mit der Frage von ‚ko-
lonisierenden Haltungen' und ‚Entwicklungshilfe', bei der der eigene Entwicklungsstand als Gradmesser von ‚Entwicklung' überhaupt diene, auseinander. Als LehrerInnen würden sich die TeilnehmerInnen in solchen Positionen wiedererkennen.
      Rüdiger berichtete im Rollenfeedback, daß er sich in dieser neuen Situation pro-
voziert fühlte, der Romni erst recht zu helfen und Widerstand gegen Frau Schmidt zu
leisten. Dabei hätte er, wie andere TeilnehmerInnen erkannten, das gleiche Bild von
der Romni als einer Frau, die ‚nix versteht', reproduziert. Die Strategie der Romni würde auch von ihm nicht als solche erkannt, sondern als Sprach- und Kulturdefizit aus-
gelegt.
      Maria wiederum empfand Rüdiger in dieser Szene als Hilfe und hätte ‚zum ersten
Mal das Gesicht des Spenders gesehen'.
      Der zweite Versuch hatte Auswirkungen auf Frau Burtigs Selbstbild und auf ihre
Empfindungen: Weder in der Ursprungsszene noch bei den anderen Varianten hätte
sie sich als ‚Opfer der Zigeunerin' empfunden. (Die MitspielerInnen, die sich in ihre
Rolle eingetauscht hatten, haben dies allerdings anders eingeschätzt.) Sie würde zwar
durch die ‚Zigeunerin' etwas bedrängt, hätte aber Verständnis für sie und hätte dabei
das Gefühl, ‚ganz gut mit der Situation umgehen zu können'. Erst dadurch, daß die
Schulleiterin ihr bei dieser Szene zur Hilfe geeilt wäre und ‚die Zigeunerin wegjagte',
hätte sie sich das erste Mal überhaupt als Opfer gefühlt. Manche TeilnehmerInnen stellten dabei fest, daß Frau Schmidt durch diese Eintauschversuche aus der Position einer
Zeugin zu der einer (Mit-)Täterin überwechselte.

Solidarisierungsbemühungen

Rüdiger wurde viermal eingetauscht. Daraus ergaben sich folgende Szenen:

1. Szene: (Christine, eine Studentin in der Rolle von) Rüdiger spricht Frau Burtig an: *‚Sie sind doch auch an der Roma- oder Sintifrau vorbeigegangen, die dort in der Ecke steht ... '* Frau Burtig: *‚Ja? Wo denn?'* Rüdiger: *‚Da drüben am Schaufenster.'* Frau Burtig: *‚Ah so, die ... ja ... '.* Rüdiger: *‚Ich fühl' mich immer so hilflos, weiß nicht, wie ich mich verhalten soll. Geht es Ihnen auch so?'* Frau Burtig drückt ihm Geld in die Hand: *‚Hier! Das können Sie ihr geben – ein bißchen Geld ... Geben Sie es ihr'.* Rüdiger: *‚Nein, wissen Sie ... Mit Geld ist es nicht getan'.* Frau Burtig: *‚Wieso? Das wollen sie doch nur. Das tut ihr bestimmt gut!'* Rüdiger: *‚Nein, ich will kein Geld von Ihnen, und ich glaube, daß es damit auch nicht getan ist.'* Frau Burtig: *‚Fragen Sie sie doch, was fragen Sie mich?'* Rüdiger: *‚Nein, ich dachte, daß wir uns alle damit mehr befassen müssen'.* Frau Burtig: *‚Ich geh' hier oft vorbei und geb' ihr immer ein bißchen Geld. Das ist genau, was sie will.'* Rüdiger (insistierend): *‚Aber es ist mit Geldgeben doch nicht getan, ich ... '.* Frau Burtig (erstaunt): *‚Soll ich sie bei mir zu Hause wohnen lassen?'* Rüdiger: *‚Nein, aber ich weiß z.B. über ihre ganze Geschichte nichts und ... '.* Frau Burtig: *‚Dann fragen Sie sie doch!'* Rüdiger: *‚Wissen Sie denn was darüber, wo Sie Geld spenden ... ?'* Frau Burtig: *‚Also hören Sie mal, ich hab' selber Familie, ich hab' selber auch Probleme. In einer halben Stunde kommen meine Kinder nach Hause, Essen soll auf dem Tisch stehen. Mein Mann kommt auch, er hat auch im Büro Probleme ... '* Rüdiger: *‚Sie wissen auch nicht, wo ich mich informieren kann?'* Frau Burtig: *‚Ich würd' sagen, fragen Sie sie mal selber, sonst gehen Sie doch mal auf's Amt, es gibt doch so was – Sozialhilfe ... '.* Rüdiger: *‚Das traue ich mich nicht. Also ich mag nicht zu der Frau gehen und sie fragen ... da komm' ich mir so penetrant vor ... '.* Frau Burtig (erstaunt): *‚Penetrant? Ja, wenn Sie ihr helfen wollen! ... Sonst gehen Sie doch zum Amt. Die sind doch für so was zuständig.'* Rüdiger: *‚Ich dachte, vielleicht wüßten Sie was ... '* Frau Burtig: *‚Also ehrlich gesagt ... ich muß langsam weiter.'* Rüdiger: *‚Ich frag' mal ... '.*

2. Szene: (Sabine, eine Lehrerin in der Rolle von) Rüdiger stellt sich neben die Romni und teilt ihr mit: *‚Ich hab' heute Zeit, hab' nichts zu tun ... '* Die ‚Zigeunerin' bettelt ihn an. Rüdiger setzt seinen Satz fort: *‚ ... Ich hab' nichts dabei, aber ich sammle mit'.* Rüdiger tritt an Frau Burtig heran: *‚Haben Sie ein bißchen Geld? Wir brauchen was hier.'* Frau Burtig (erstaunt): *‚Beide?'* Rüdiger: *‚Nee ... für sie. Ich sammle nur mit.'* Frau Burtig gibt eine Mark und sagt dabei vor sich hin: *‚Scheint ja neu zu sein.'* Rüdiger spricht als nächstes Frau Schmidt an und bittet um eine Spende. Frau Schmidt: *‚Damit will ich nichts zu tun haben. Ich hab' überhaupt keine Zeit ... '* Rüdiger: *‚Sie scheinen aber Geld zu haben.'* Frau Schmidt: *‚Ich habe nichts dabei, ich gebe auch nichts.'* Rüdiger: *‚Wieso denn eigentlich? Sie sehen millionenschwer aus.'* Frau Schmidt: *‚Ich spende regelmäßig, nee, aber so nicht. Dann weiß ich, wohin das Geld geht, dann zahl' ich regelmäßig Steuern ... '* Rüdiger: *‚Sie können sehen, wohin es geht: Ich nehme es hier und bringe es dahin'* (zeigt dabei auf die Romni). Frau Schmidt setzt ihre Ausführungen fort: *‚ ... Und von den Steuern wird ... Dann gehen Sie bitte zum Sozialamt.'*

Inzwischen bettelt die Romni Frau Burtig wieder an, Rüdiger eilt ihr zu Hilfe. Frau Burtig: *‚ ... hat hübsche schwarze Augen ... '* Rüdiger (macht Frau Burtig ironisierend nach): *‚Ja, hübsche schwarze Augen. Dann lohnt es sich, dafür noch einen Groschen zu geben!'* (greift Frau Burtig in die Jackentasche). Frau Burtig (empört und beängstigt): *‚Raus, die Hände aus meiner Tasche! Dieb! Hilfe ... !'* Rüdiger: *‚Machen Sie halblang ...* ' (Sie raufen sich.)

3. Szene: (Barbara, eine Studentin in der Rolle von) Rüdiger gibt der Romni Geld und fordert Frau Schmidt auf, auch zu spenden. Frau Schmidt: *‚Wissen Sie was? Da muß man politisch arbeiten, im Einzelfall hilft nichts. Ich gehe dreimal die Woche zum Altonaer Aufruf... Ich mach' was gegen Rassismus. Im Einzelfall kann man nix machen.'* Rüdiger: *‚Sie haben die Tasche voll ...* ' Rüdiger greift nach ihrer Tasche. Plötzlich reißt er ihr die Tasche aus der Hand und rennt davon.

4. Szene: Sabine, die gleiche Studentin, die sich in der 2. Szene als Rüdiger versucht hat, probiert es erneut in dieser Rolle. Rüdiger spricht Frau Burtig an, nachdem sie der Romni gespendet hat: *‚Ich habe gesehen, daß Sie der Romafrau oft Geld spenden ...* ' Frau Burtig: *‚So?'* Rüdiger: *, ... ich dachte, Sie sind daran interessiert, ... es gibt einen Aufruf für eine Demo ...* ' Frau Burtig (prompt): *‚Unterschreiben tu' ich nichts!'* Rüdiger: *‚Nein, Sie brauchen nur Ihre Adresse zu geben, damit wir Sie informieren ...* ' Frau Burtig: *‚Unterschreiben will ich nichts. Ich kann Ihnen gerne Geld geben aber ...* ' Rüdiger: *‚Hören Sie, Sie können sich nicht freikaufen und Ihr schlechtes Gewissen beruhigen ... Mit Geld können Sie nicht alles gut machen, Sie sollten endlich mal handeln!'* Frau Burtig: *‚Ich sehe, Sie sind furchtbar engagiert. Ganz tolle Sache ...* ' Rüdiger: *‚Sie werden sich dann wohler fühlen ...* ' Frau Burtig: *‚Hören Sie mal ... wie ich mich fühle ... Ich fühle mich wohl!'* Rüdiger: *‚Ich sehe Ihnen das schlechte Gewissen an ...* '. Frau Burtig: *‚Mir geht es gut. Sie scheinen Probleme zu haben.'* Rüdiger: *‚Geben Sie mir Ihre Adresse!'*. Er wiederholt diesen Satz in verschiedenen Variationen: fordernd, bittend, bis er sich zum Schluß flehend anhört: *‚Geben Sie mir Ihre Adresse, bitte, bitte ...* '. Frau Burtig (entschieden): *‚Nein, Nein!'* Rüdiger: *‚Dann komme ich mit Ihnen, zu Ihnen nach Hause ...* '

Rüdiger wurde als ein Zeuge gesehen, der im Sinne der Romni einzugreifen versucht. Die erprobten Strategien wurden in zwei Kategorien eingeteilt: Einerseits Aufklärungsstrategien (der Versuch, Frau Burtig aufzuklären, in ihrem eigenen Interesse) und zum anderen Solidarisierungsstrategien (‚ich sammle mit' bzw. Tasche klauen). So wurden Fragen aufgeworfen, welche die Wirkungsweisen verschiedener Aufklärungsstrategien problematisierten und die Frage nach der jeweils eigenen Motivation bei diesen Strategien stellten. In diesem Zusammenhang wurde über den Nutzen von Aufklärung diskutiert und aufgrund der in den Szenen verwendeten Argumente die Frage behandelt: Auf welche Argumente läßt man sich bei den eigenen Aufklärungsstrategien ein? Darüber hinaus diskutierte die Gruppe über Möglichkeiten der Solidarität mit gesellschaftlich unterdrückten Gruppen und konkreter unter der Fragestellung: Wie könnte man Solidarität unter Ungleichen in einer nicht paternalistischen Weise üben?

Wie an den hier dargestellten Variationen der Forum-Szene gezeigt wurde, ergaben sich für die TeilnehmerInnen verschiedene Diskussions- und Lernanlässe. Die entwickelte Szene stellte eine Situation dar, für die es auf der unmittelbaren Handlungsebene keine ‚guten' Lösungen gibt. Eine Lösung wurde zwar nicht gefunden – das ist bei anders konzipierten Szenen durchaus denkbar –, aber die TeilnehmerInnen konnten sich mit verschiedenen Handlungsalternativen und ihrem möglichen Ausgang auseinandersetzen. Dabei wurde u.a. deutlich, daß bei der Suche nach Lösungen andere gesellschaftliche Ebenen außerhalb der begrenzten Handlung in die Szene einbezogen werden müssen, um die Zusammenhänge analysieren zu können, die nicht oder nur andeutungsweise gespielt werden können.

Die Fülle von Material und Fragestellungen, mit denen jede TeilnehmerIn den Theaterworkshop verläßt, wird von den Einzelnen unterschiedlich bearbeitet, und zwar je nach Interessen, aktuellen Lebensbedingungen der TeilnehmerInnen und Fragen, an denen sie sonst arbeiten. Gemeinsam ist jedoch die Erfahrung, daß es eine Wechselbeziehung zwischen den Individuen gibt, daß die Veränderung der eigenen Position Bewegung in die Situation bringt; ob diese in die jeweils gewünschte Richtung geht, sei erst einmal dahingestellt. Dies klingt zwar auf den ersten Blick banal, denn wer will behaupten, wir wüßten alle nicht, daß alles mit allem zusammenhängt. Dennoch schützt diese (Er-)kenntnis nicht davor, sich selbst bzw. die anderen als Opfer der Verhältnisse zu konstruieren und nicht als Teil davon. Im Workshop wird diese theoretisch erkannte Einsicht in verschiedenen Situationen durchgespielt und greifbar gemacht.

War es in der Workshop-Phase notwendig und erwünscht, die eigenen Empfindungen zu thematisieren und zu erforschen, so geht es im nächsten Teil dann u.a. darum, den gesellschaftlichen Entstehungsbedingungen dieser Gefühle auf die Spur zu kommen und die eigenen Erfahrungen theoretisch aufzuarbeiten. Das bedeutet u.a., die in den Szenen gemachten Erfahrungen in den Kontext der gesellschaftlichen Verhältnisse zu stellen, die im Spiel in den einzelnen Varianten der Forum-Szene angedeutet bzw. ausgeblendet wurden. Die im Rollenfeedback aufgeworfenen Fragen sind diejenigen, welche die Gruppe aktuell bewegen, und sie bilden das gemeinsame Material, auf dem die zweite Reflexionsphase, der Theorieteil, aufbaut.

Reflexion auf theoretischem Hintergrund

Dieser zweite Teil des Workshops findet erst nach ca. zwei bis drei Wochen in der gleichen Gruppenzusammensetzung statt. Hier wird den TeilnehmerInnen ein theoretischer Rahmen vorgeschlagen, den sie als Erklärungsgrundlage für die im Workshop gezeigten Haltungen benutzen können. An dieser Stelle können die verstreuten Theorieteile, die bei der Reflexion im Anschluß an die Szenenarbeit angesprochen wurden, zusammengeführt werden. Dabei greifen wir Fragen/Themen der TeilnehmerInnen auf, die sich aus dem gemeinsamen Material ergaben. Wir treffen als Leiterinnen eine Auswahl und somit eine (Vor-)Entscheidung, die jedoch geändert oder ergänzt werden kann, wenn TeilnehmerInnen neue Themen einbringen. Allerdings ist die Schwerpunktsetzung nicht beliebig erweiterbar, zumal wir uns an dem Thema des Workshops, den darin angesprochenen Fragen und nicht zuletzt an unserer jeweiligen Kompetenz in diesen Fragen orientieren müssen. Zum Ablauf: Die TeilnehmerInnen teilen – sofern sie dies wollen – der Gruppe mit, welche Fragestellungen sie weiter beschäftigt bzw. welche Themen sich für die Einzelnen herauskristallisiert haben. Danach wird die Videoaufnahme der bearbeiteten Szene gemeinsam angesehen, und zwar mit Vorgabe einer übergeordneten, für die nachfolgende Diskussion relevanten Fragestellung. Die vorgegebene Fragestellung bezog sich in diesem Fall auf die jeweilige Machtstruktur in den Szenen. Die TeilnehmerInnen sollten diesmal als ZuschauerInnen mit einem gewissen (zeitlichen und emotionalen) Abstand genauer auf die Positionen von Unterdrückten und UnterdrückerInnen in jeder Szene achten und die Unterdrückungssituationen eingehender zu fassen versuchen. Im Anschluß daran folgt in der Regel die Darstellung von Thesen seitens der SeminarleiterInnen, die zur Diskussion gestellt werden. Als getrennter Teil wird nach Bedarf eine Diskussion über die Methode und über die Möglichkeiten und Gefahren angeboten, die ein Einsatz einzelner Elemente durch die TeilnehmerInnen in ihren jeweiligen Berufsfeldern bedeuten könnte. Zum Abschluß erfolgt eine ausführliche (methodische und inhaltliche) Auswertung des Theaterworkshops und des theoretischen Teils.

Um beim Beispiel des o.g. Workshops zu bleiben: Im Theorieteil wurden unter anderem Rassismustheorien thematisiert. Dabei haben wir (implizite) Rassismusdefinitionen, Erklärungen für Entstehung und Wirkungsweisen von Rassismus, die in den Zwischenauswertungen bei den verschiedenen Phasen des Workshops (z.B. Statuenbilder, Auswertung der Szenenarbeit und Rollenfeedback) formuliert wurden, aufgegriffen und diese mit der von uns vertretenen Rassismustheorie konfrontiert. In diesem Zusammenhang war die These über freiwillige/rebellierende Selbstunterwerfung als ein eigener Beitrag der Individuen zur Stabilisierung von Machtverhältnissen, die einen selbst unterdrücken, von zentraler Bedeutung (Kalpaka & Räthzel, 1990 und Räthzel, 1991). Damit verknüpft, ging es um das Opfer-Täter-Theorem (Haug, 1981a, 1990) und dabei auch um das Verständnis über das Verhältnis zwischen Individuum und Gesellschaft und den daraus abzuleitenden Handlungsmöglichkeiten, um „Gesellschaft bewußt zu machen statt nur zu erleiden" (Haug, 1990, S. 40). Nicht zuletzt war auch das in einzelnen Beiträgen geäußerte (implizite) Verständnis von Lernen ein Thema. Ferner ging es um die Explikation des theoretischen Hintergrunds einzelner methodischer Schritte, die wir während des Theaterworkshops eingesetzt hatten (z.B. Nutzbarmachen von psychodramatischen Elementen u.ä.).

Bei der theoretischen Aufarbeitung des Materials aus dem hier dargestellten Workshop versuchten wir eine gemeinsame Annäherung an Fragestellungen, wie die im folgenden exemplarisch genannten:

Können einander widerstreitende Bedürfnisse unter einen Hut gebracht werden, wie z.B. das Bedürfnis, in Ruhe gelassen zu werden, und das Bedürfnis, sich einzumischen, wenn Unrecht geschieht? Was bedeuten jeweils diese Bedürfnisse? Wie sind sie entstanden, und wie formen sie die eigene Persönlichkeitsstruktur? Wie kann man den eigenen Anspruch, gut und hilfsbereit zu sein, von einer Kolonialhaltung entkoppeln, die das Überstülpen eigener Normen und Werte bedeutet?

Das Abtreten von Kompetenzen an den Staat steht im Gegensatz zu dem Anspruch, über die eigenen Lebensbedingungen verfügen zu können. Wie wird dieser Gegensatz erfahren und im alltäglichen Leben der Individuen verarbeitet? Und was könnte das Delegieren von Verantwortung an staatliche Instanzen (in diesem Fall Polizei und Sozialamt) z.B. unter der aktuellen Flüchtlings- und Minderheitenpolitik bedeuten? Welches Verständnis vom Verhältnis zwischen (Staats-)BürgerIn und Staat wird zugrundegelegt?

Welche Problemverschiebungen finden statt, wenn z.B. die beobachtete Bettelsituation überwiegend als ein Konflikt um den Wert der Intimsphäre, die dadurch bedroht erscheint, erfahren wird? Welche Ebenen bleiben dabei außer acht und welche gesellschaftlich bedingten Interessengegensätze werden dadurch entnannt?

Wenn die Konfrontation mit Armut, Betteln u.ä. zur eigenen Überforderung führt, wie könnte man diese Probleme ins Blickfeld rücken, anstatt die von Armut und Ausgrenzung Betroffenen zum Problem zu machen? Wie kann man dabei die Einsicht, daß Menschen – auch wenn sie gesellschaftlich unterdrückten Gruppen angehören – nicht bloße Opfer der Verhältnisse sind, sondern handelnde Subjekte, für das eigene Handeln nutzbar machen?

Allgemeiner gefragt: Was für Bedingungen braucht man, damit man die Handlungsfähigkeit auf beschränktem Niveau zugunsten einer erweiterten Handlungsfähigkeit verlassen kann? Und über welche Wege kann man sich diesen Bedingungen annähern? Solche und andere Fragestellungen und Unvereinbarkeiten, die auf gesellschaftliche Widersprüche verweisen, waren Gegenstand dieses zweiten Teils des Workshops. Um sich allerdings mit derartigen Fragen zu befassen, müssen sie erst formuliert werden können. Dieses Konzept ermöglicht es, solche Fragestellungen zu entwickeln und sich deren Beantwortung anzunähern.

Was bringt es?

Mit dieser Frage werden wir oft konfrontiert. Je dringlicher der Nachweis von kurzfristig erfolgreichen antirassistischen Maßnahmen erscheint, desto mehr Nachdruck wird dieser Frage verliehen. So z.B. die Erfahrung nach den Anschlägen der letzten Zeit auf EinwanderInnen und Flüchtlinge. Abgesehen von der allgemeinen Schwierigkeit, Erfolge bei Lernprozessen zu quantifizieren, würde eine ‚Erfolgsmessung' in diesem Sinne ein Lehr-Lernschema implizieren, zu dessen Überwindung die hier entwickelte Konzeption dienen sollte. Dennoch soll die Frage nicht unbeantwortet bleiben: Einige Aussagen der TeilnehmerInnen aus der Auswertungsrunde des o.g. Theaterworkshops können ein Bild davon vermitteln, wie diese selbst den Nutzen des Workshops und des theoretischen Teils für sich formulierten:

So stellten z.B. manche fest, daß es eine Diskrepanz zwischen Denken und Fühlen gibt, und kamen zu dem Schluß: ‚Wenn man etwas verändern will, muß man auch diese Gefühle verändern.' Andere wiederum erkannten, daß die eigenen Bilder von Opfern ‚sehr klischeehaft' seien: ‚Nicht alle Opfer sind in sich zusammengesunken', und sie stellten die Frage, welche Funktion es hätte, sich als Opfer zu begreifen. Es wurde weiter gefragt: ‚Welche Konsequenzen hat es, nur am Boden Liegende als Unterdrückte zu erkennen und auf diese Weise andere Unterdrückungsformen zu übersehen?'

'Opferbilder haben sich für mich verändert. Ich muß genauer hingucken', meinte eine Teilnehmerin. Eine andere: ‚Es gibt keine glückselig machenden Lösungen. Das wurde mir klar. Ich muß rauskriegen, worin mein eigenes Interesse besteht, etwas zu verändern.'

Einer der Lehrer stellte fest, daß die Problematik der Szene in seiner Klasse präsent wäre, und stellte sich und uns die Fragen: ‚Was wollen die Jugendlichen, und was mache ich als Lehrer? Wer bestimmt, was für sie gut ist? Wessen Wertvorstellungen haben Gültigkeit? Die Machtstruktur ist wichtig mitzubedenken.' Eine Lehrerin beschäftigte die Frage nach dem ‚schlechten Gewissen'. Dabei sei ihr klar geworden, daß das Schlimmste für sie das ‚dabei Ertapptwerden' (bei rassistischen Denk- und Handlungsweisen) wäre, und zwar schlimmer als die Tatsache selbst, ‚daß ich manchmal

rassistisch denke oder mich so verhalte'. Eine andere Lehrerin: ‚Ich handle vielfältiger, als ich denke. Ich war darüber erstaunt, daß ich Opferrollen gespielt habe. Dies
entspricht nicht meinem Denken und auch nicht meiner Realität.'

Manche betonten, daß sie sich ‚vom Vorwurf, Rassist zu sein, entlastet' fühlten bzw.
daß dies eine ‚konstruktive Form ist, sich mit Rassismus auseinanderzusetzen'. Die
Szene, die bei diesem Workshop als Forum-Szene ausgewählt wurde, war eine, die potentiell jedem im Alltag begegnen kann. So dachten auch die TeilnehmerInnen und haben sich nach eigenen Angaben beobachtet, wie und ob sie anders als sonst darauf reagierten. Bei der Nachbereitung teilten sie Unterschiedliches mit: Manche hatten Vor-
sätze gefaßt (‚viel Kohle geben'), die sie nicht einlösen konnten, weil ihnen keine bettelnden Roma begegnet waren. Andere hätten gespendet, und wieder andere wären froh
gewesen, nicht damit konfrontiert worden zu sein. Bei einer der TeilnehmerInnen droh-
te ein Familienfest zu platzen, weil sie einem bettelnden Roma-Kind als einzige aus
der Runde Geld gegeben hat, statt es, wie alle anderen Gäste, wegzuschicken.

Eine andere Lehrerin, die ‚Deutsch für Ausländer' unterrichtet, berichtete darüber,
daß sie sich über die Machtverhältnisse im Klassenraum und über einige Facetten ihrer Lehrerinnenrolle klar wurde und als erstes die ‚machbaren Veränderungen' in ihrer Klasse vorgenommen hätte. Dazu zählte sie z.B. die Veränderung der Sitzordnung
durch das Zusammenstellen von Gruppentischen, welche die Kooperation unter den
SchülerInnen fördern und ihr den Zwang, den sie bisher spürte, als Lehrerin der Klasse gegenüber an der Tafel stehen zu müssen, nehmen würde – für einige Tage zumindest!

Zusammenfassend läßt sich aus meiner Perspektive feststellen: Anhand der bearbeiteten Forum-Szene hatten die TeilnehmerInnen des Workshops die Möglichkeit,
sich über die eigene Position in der Gesellschaft und über die persönliche (aktive) Eingebundenheit in gesellschaftliche Machtverhältnisse bewußt zu werden. In der Szene
ging es zwar um eine Situation, für die es keine ‚guten' Lösungen gibt. Die TeilnehmerInnen haben dennoch die Möglichkeit genutzt, verschiedene Handlungsmöglichkeiten auszuprobieren und ihren möglichen Ausgang zu erleben. Sie konnten die dabei ausgelösten Gefühle erforschen. Die erfahrene Belästigung in der gespielten ‚Bettelsituation' löste bei manchen TeilnehmerInnen Ohnmachtsgefühle aus, die sie daran
hinderten, andere Ebenen als die unmittelbar erlebte in ihrem Denken und Handeln
einzubeziehen. Die empfundene Überforderung, eine Situation abwehren zu müssen,
die man sich nicht ausgesucht hat (z.B. angebettelt zu werden), und die man weder unmittelbar verändern noch umgehen kann, minderte die Bereitschaft, sich mit gesamtgesellschaftlichen Widersprüchen auseinanderzusetzen. Im Prozeß des Workshops war
es möglich, solche Empfindungen zu erleben, darüber zu reflektieren und sich der Bedingungen des eigenen Handelns bewußt zu werden. Viele TeilnehmerInnen stellten
dabei fest, daß das Gefühl, Opfer der ‚Zigeunerin' zu sein, mit dem eigenen Denken
nicht korrespondierte. Denn – im größeren Kontext betrachtet – würden sie sich durchaus als ‚Täter' im Sinne von Nutznießern eines Systems begreifen, welches auf Ausbeutung aufbaut und Armut hervorruft. Durch die Diskussion über die einzelnen Eintauschversuche hatten sie die Möglichkeit, zu analysieren, was die einzelnen Handlungsweisen jeweils bedeuten, wenn man sie im gesellschaftspolitischen Kontext untersucht und sie nicht als eine (herrschaftsfreie) Mensch-zu-Mensch-Kommunikation
begreift. Umdeutungen dieser Art, das Ausblenden gesamtgesellschaftlicher Zusam-

menhänge, die Umdefinition einer Situation, wie sie in einigen der hier dargestellten Szenen von den TeilnehmerInnen jeweils vorgenommen wurde, ergeben einen Sinn, sie haben eine subjektive Funktionalität. Dieses Handeln ist nicht eine bloße Verkennung oder Verwechslung der Opfer-Täter-Positionen, die man durch Richtigstellen in so einem Theaterworkshop bzw. Seminar aufheben könnte. Versuche, die damit verbundenen Gefühle, die z.B. dabei entstehen, wenn man sich als ‚Opfer' der ‚Zigeunerin', der Verhältnisse usw. begreift, auszureden, können deshalb kaum fruchten. Wird dagegen davon ausgegangen, daß all das, was wir jeweils ausblenden, verdrängen, umdefinieren, um die eigene Handlungsfähigkeit aufrechtzuerhalten, sich aus der Notwendigkeit ergibt, sich in dieser von Herrschaftsstrukturen bestimmten Gesellschaft zurechtzufinden, wird die Unbrauchbarkeit von Vorwürfen bzw. Kategorien wie ‚Schuld' deutlich.

Statt ‚Schuld' zuzuschreiben, versuchten wir, gemeinsam herauszubekommen, welche Bedingungen herzustellen wären, die anderes Handeln ermöglichen könnten und durch die sich der eigene Anspruch (z.B. nicht zu diskriminieren) eher mit der Realität verbinden ließe. Dafür war es nötig, im theoretischen Teil die unmittelbare Handlungsebene der Szene zu verlassen und komplexe gesamtgesellschaftliche Zusammenhänge mitzureflektieren.

Nicht zuletzt möchte ich hervorheben, daß im Rahmen dieser Lernprozesse oft Anregungen und Ideen über konkrete Handlungsmöglichkeiten für bestimmte Situationen entstehen. Erfolgreich ausprobierte Handlungsalternativen – und seien sie oft nur kleine Gesten – können zu eingreifendem Handeln ermutigen und gegen Resignation und Ohnmacht sehr hilfreich sein. Außerdem können sie auf reale Situationen Anwendung finden. Ihre Anwendbarkeit hängt wiederum mit ihrer Entstehungsgeschichte im Kontext des Workshopprozesses zusammen – sie sind nicht abstrakt ausgedachte Handlungsalternativen – und mit den Möglichkeiten, welche die in der jeweiligen Szene gespielte Situation bietet.

Erfahrungen aus der Perspektive der Seminarleiterin

Was sind die Anforderungen an mich? Welche Ent- und Belastungen könnte es für die Seminarleitung bedeuten, Lernende als Subjekte des Lernens aufzufassen?

Das zu bearbeitende Material entsteht in den verschiedenen Schritten des Theaterworkshops (Auswertung einzelner Spiele und Übungen, Statuenbau, Szenen) aus der (angeleiteten) Aktivität der TeilnehmerInnen. Die Anleitung bezweckt dabei weder eine Entlarvung noch die Erzeugung von Schuldgefühlen. Die TeilnehmerInnen fühlen sich nicht ‚vorgeführt' oder bloßgestellt, und keineR macht es ‚richtiger' als die/der andere. Die Auswahl der Themen ensteht in diesem – für alle TeilnehmerInnen nachvollziehbaren und mitzubestimmenden – Prozeß und nicht durch inhaltliche Vorgaben der Seminarleitung. Daß die Lernenden ihre Themen selbst einbringen, wirkt sich auf mich entlastend aus, insofern als ich mich kaum in die Gefahr begeben muß, Positionen und Hypothesen zur Diskussion zu stellen, die als Unterstellungen zurückgewiesen oder als offene oder verdeckte Vorwürfe aufgefaßt werden können. Andererseits ist diese Form der Bildungsarbeit belastender als konventionelle Seminare. Bei letzteren sind sowohl die Themenwahl als auch das Ausmaß rassistischer Aussagen durch die jeweilige Selbstzensur der TeilnehmerInnen erfahrungsgemäß eher einkalkulierbar. Rassistische Denk- und Handlungsweisen, die im Theaterworkshop ausagiert werden, können verletzend bzw. bedrohlich wirken, und es bedarf gesonderter Anstrengungen u.a. der Entwicklung von geeigneten Bewältigungsmechanismen, um damit konstruktiv umgehen zu können. Wir setzen in unseren Workshops nicht auf die Erzeugung von Schuldgefühlen. Diese können eher zur Lähmung als zu Einsicht und Veränderungswillen führen, wie meine Erfahrung und die anderer Teilnehmerinnen in sog. Antirassismustrainings (nach dem Konzept von van den Broek 1988) bestätigten.

Eine weitere Gefahr besteht darin, als Leiterin ‚diagnostisch‘ an die Interpretation von gezeigten Haltungen heranzugehen. Einzelne Aspekte, welche die TeilnehmerInnen einbringen, mögen zwar auf Erkenntnisse über die jeweilige Persönlichkeitsstruktur schließen lassen, dürfen jedoch nicht mit derselben gleichgesetzt werden. In diesem Zusammenhang muß auch eine Bewertung der gezeigten Haltungen nach dichotomischen Deutungsschemata (wie gut/böse, richtig/falsch bzw. rassistisch/antirassistisch) vermieden werden.

Entlastend ist dabei, daß die Entscheidung, was bearbeitet werden soll und wie tief man gehen will, von den jeweiligen TeilnehmerInnen getroffen wird. Der Rahmen, der geschaffen wird, erlaubt solche individuell zugeschnittenen Differenzierungen. Die Rolle, das Agieren in der Rolle, bietet einen Schutz, der jeweils unterschiedlich in Anspruch genommen wird. Dennoch kommt es vor, daß TeilnehmerInnen Dinge ausprobieren, die zum Aufdecken von Gefühlen führen, die sie vorher als nicht so wichtig oder ‚bedrohlich‘ eingeschätzt hatten. So sind wir immer wieder gefordert, entstandene ‚Krisensituationen‘ aufzufangen. Dazu gibt es kein allgemeingültiges Vorgehen. Als sinnvoll hat sich jedoch erwiesen, immer wieder kurze Auswertungsrunden einzuplanen, welche die Möglichkeit schaffen, Gefühle zu verbalisieren und sie auf diese Weise aus dem Bereich des Diffusen und Bedrohlichen herauszuholen. Zum anderen kann man die Möglichkeit nutzen, je nach Bedarf geeignete Körper- und Bewegungsübungen einzuflechten, die es ermöglichen, den in dem Moment notwendigen Abstand wieder zu erlangen.

Wir arbeiten nicht therapeutisch, und dies machen wir immer wieder deutlich; dennoch ist es eine Gratwanderung, die Gruppen so zu leiten, daß der Raum für Gefühlsäußerungen geschaffen wird und gleichzeitig nicht der Eindruck entsteht, man könnte jetzt alles auf den Tisch packen, was man schon immer mit therapeutischer Hilfe bearbeiten wollte.

Die Arbeit mit theaterpädagogischen Mitteln ermöglicht eine andere Beziehung zwischen Lehrenden und Lernenden. Der Anspruch, Moderatorin zu sein, ‚Erfahrungen in die Krise zu führen‘ und dabei die Lernprozesse emotional abzusichern, hat hier gute Chancen, eingelöst zu werden. Der Rahmen, der durch das methodische Instrumentarium und die Art der oben skizzierten Anleitung geschaffen wird, ermöglicht es den TeilnehmerInnen, ProtagonistInnen der eigenen Lernprozesse zu werden.

Der Teil der Reflexion, der sich auf unseren theoretischen Hintergrund bezieht, verläuft in Seminarform. Ein wesentlicher Unterschied zu anderen üblicheren Formen von Theorievermittlung besteht darin, daß die TeilnehmerInnen ein jeweils spezifisches Erkenntnisinteresse haben, welches durch die aufgeworfenen Fragen aus ihrem eigenen Handlungsfeld entwickelt wurde. Wir entwerfen wiederum einen spezifischen Seminarplan für jede Gruppe, auf der Grundlage der im Workshop entwickelten Fragestellungen. Dabei werden die eigenen Theorie-Bausteine immer wieder neu zusammengestellt bzw. weiterentwickelt. Dies ist u.a. ein Teil des ‚Nutzens', den diese Bildungsarbeit für mich hat, und zwar als Beitrag zur eigenen Weiterentwicklung durch handlungsforschende Herangehensweisen. Darüber hinaus ist das Eigeninteresse der TeilnehmerInnen an theoretischen Reflexionen nach meinen Beobachtungen in der Regel dezidierter als ich es sonst aus gängigen Seminarformen in der Erwachsenenbildung kenne. Durch dieses Konzept wird einerseits ermöglicht, einen Zusammenhang zwischen Theorie, Theorieproduktion und Handeln herzustellen, und andererseits wird der Zusammenhang von Selbsterfahrung und Theorie widergespiegelt. Die TeilnehmerInnen können durch ihre Schwerpunktsetzung sowohl den theoretischen als auch den persönlichen Akzent mitbestimmen.

Im Theorieteil wird es ermöglicht, gesellschaftliche Hintergründe und eigene Haltungen zusammenzuführen, so daß einer Vereinzelung oder Individualisierung gesellschaftlicher Probleme entgegengewirkt werden kann. Die Gesellschaftlichkeit individuellen Handelns kann immer wieder vor Augen geführt werden, und in diesem Rahmen kann auch die Bedeutung von Utopien und des gemeinsamen Handelns für verändernde Praxis erneut deutlich werden. Allerdings wird dabei auch sichtbar, daß es unterschiedliche Interessen an Veränderung gibt und vielfältige Möglichkeiten, um zu Lösungen zu kommen. Es wird also nicht harmonisierend gearbeitet, mit dem Ziel, auf die eine gemeinsame antirassistische Perspektive zu kommen.

Ausblick

Verallgemeinernd gesagt, können solche selbstreflexiven und handlungsorientierten Lernformen dazu beitragen, sich über die Rahmenbedingungen des eigenen Handelns und die jeweils eigene Position darin bewußt zu werden, bzw. einen anderen Blick dafür zu entwickeln. Kommt man zu einer veränderten Problemdefinition, so könnten daraus andere Möglichkeiten für das Handeln entwickelt werden. Das könnte für unsere AdressatInnen bedeuten, z.B. von der Auffassung, MigrantInnenkinder und ihre Familien oder ihre Kulturen seien das Problem, zu der Frage überzugehen: Was für Probleme macht die Schule den Kindern, und wie erhalten die LehrerInnen, die z.T. auch unter der gegebenen Struktur leiden, diese aufrecht? Sich so eine Fragestellung zueigen zu machen, würde u.a. bedeuten, sich selbst als Teil der Rahmenbedingungen zu begreifen, anstatt diese als gegeben und unveränderbar und damit auch als unabhängig von der eigenen Person aufzufassen. Was für Gründe hätten LehrerInnen, solche Anstrengungen und Verunsicherungen auf sich zu nehmen? Ein Anknüpfungspunkt wäre m.E. die ihrerseits geäußerte Unzufriedenheit mit der eigenen Position, die oft verschlüsselt als ein ‚Ausländerproblem' zum Ausdruck gebracht wird. Erweist sich der eigene pädagogische Anspruch, den Fähigkeiten und Bedürfnissen aller Kinder Rechnung zu tragen, im Rahmen der vorgegebenen Struktur (z.B. der Förder- und Kompensationsmaßnahmen) als nicht einlösbar, könnte die Bereitschaft entstehen, eine andere Form der Auseinandersetzung mit den Rahmenbedingungen einschließlich der eigenen Person zu suchen – vorausgesetzt, der Anspruch wird aufrechterhalten. Das Entwickeln und Erweitern dieser Bereitschaft wollen wir durch unsere Workshops unterstützen.

Anmerkungen

1   Dieser Aufsatz ist die leicht veränderte Fassung meines Beitrags aus dem Sammelband: Jä-
    ger, S. (Hg.) (1994): Anti-rassistische Praxen. Konzepte - Erfahrungen - Forschung. Duis-
    burg: DISS-Verlag.
2   Zu den Begriffen vgl. Holzkamp, 1993, S. 190ff und S. 324ff
3   Jutta Heppekausen ist Lehrerin und Theaterpädagogin und arbeitet im „WIR-Internationales
    Zentrum" mit dem Schwerpunkt antirassistische Stadtteilarbeit. Sie hat die ursprüngliche Fas-
    sung des Konzepts für die Theaterworkshops erarbeitet. Auf dieser Grundlage haben wir in
    mehreren gemeinsam durchgeführten und ausgewerteten Workshops das hier vorgestellte
    Konzept entwickelt. Insofern sind einige der hier aufgeführten Gedanken ihr bzw. der Aus-
    einandersetzung mit ihr zu verdanken.

Literatur

Arbeitsstelle Weltbilder (Hg.) (1993). Spiel-Räume. Ein Werkbuch zum Boal'schen ‚Theater
    der Unterdrückten'. Münster/Bern
Ayim, M. & Prasad, N. (Hg.) (1990). Wege zu Bündnissen. Dokumentation der Tagung von/für
    ethnische und afro-deutsche Minderheiten 1990 und des Zweiten Bundesweiten Kongresses
    von und für Immigrantinnen, Schwarze deutsche, jüdische und im Exil lebende Frauen in
    Berlin vom 3. bis 6. Oktober
Boal, A. (1979). Theater der Unterdrückten. Frankfurt a. M.
Boal, A. (1989). Theater der Unterdrückten. Übungen und Spiele für Schauspieler und Nicht-
    Schauspieler. Frankfurt a. M.
Bögemann, A. (1992). ‚Stop! Es geht auch anders - Wer hat eine Idee?' Forumtheater als hand-
    lungsorientierte Methode in der berufsbegleitenden Fortbildung für PädagogInnen. Unver-
    öffentlichte Diplomarbeit, Universität Hamburg
Bosselmann, R. & Lüffe-Leonhardt, E. & Gellert, M. (1993). Variationen des Psychodramas.
    Kiel
Braun, K.-H. & Wetzel, K. (Red.) (1992). Lernwidersprüche und pädagogisches Handeln. Mar-
    burg
Frauenredaktion, Projekt Frauenbewegung und Arbeiterbewegung (Hamburg) (Hg.) (1982). Op-
    fer/Täter-Diskussion 2; Argument Studienheft 56. Berlin
Freire, P. (1973). Pädagogik der Unterdrückten. Bildung als Praxis der Freiheit. Hamburg
Freire, P. (1977). Erziehung als Praxis der Freiheit. Beispiele zur Pädagogik der Unterdrückten.
    Hamburg
Gorzini, M. J. & Müller, H. (Hg.) (1993). Handbuch zur interkulturellen Arbeit und zum Aus-
    länderstudium. Bonn
Haug, F. (Hg.) (1981a). Frauen - Opfer oder Täter? Diskussion, Argument Studienheft 46. Ber-
    lin
Haug, F. (1981b). Erfahrungen in die Krise führen oder: Wozu brauchen die Lernenden die Leh-
    rer? Argument Sonderband 58. Die Wertfrage in der Erziehung. Berlin, S. 67-77
Haug, F. (1981c). Kritik des Rollenspiels, in: Kochan, B. (Hg.). S. 217-236
Haug, F. (1990). Erinnerungsarbeit. Hamburg
Heppekausen, J. & Zillmer, H. & Gipser, D. (1993). ‚Wir sind hier in Deutschland!' Bericht von
    einem Hamburger Theaterworkshop, Widersprüche 13. Jahrgang, Heft 48, S. 83 -93
Holzkamp, K. (1983). Grundlegung der Psychologie. Frankfurt a. M. & New York
Holzkamp, K. (1991). Lehren als Lernbehinderung, Forum Kritische Psychologie Heft 27, S. 5-22

Holzkamp, K. (1992). Die Fiktion administrativer Planbarkeit schulischer Lernprozesse. In: Braun, K.-H. & Wetzel, K. (Red.). S. 91-113

Holzkamp, K. (1993). Lernen. Subjektwissenschaftliche Grundlegung. Frankfurt a. M. & New York

Jäger, M. & Jäger, S. (Hg.) (1991). Aus der Mitte der Gesellschaft (I). Duisburg

Kalpaka, A. & Räthzel, N. (1990). Die Schwierigkeit, nicht rassistisch zu sein. Leer

Kalpaka, A. & Räthzel, N. (1993). Neuere Rassismustheorien. In: Gorzini, M. J. & Müller, H. (Hg.). S. 303-334

Kalpaka, A. (1991). Die Hälfte des (geteilten) Himmels, Widerspruch. Beiträge zur sozialistischen Politik, 11. Jg. Heft 21, S. 37-49

Kalpaka, A. (1991). Frauen und Rassismus - Rassismus unter Frauen. In: Ayim, M. & Prasad, N. (Hg.) (1991). S. 9-19

Kalpaka, A. (1992). Rassismus und Antirassismus. In: Pommerin-Götze, G. u.a. (Hg.). S. 93-102

Kochan, B.(Hg.) (1981). Rollenspiel als Methode sozialen Lernens. Königstein/Ts.

Martens, G. (1991a). ,Der Weg ist die Aufgabe!' oder ,Was mache ich in meiner Rolle, wenn?' Forumtheater in der Multiplikatoren-Fortbildung ,Theaterpädagogik' in der außerschulischen kulturellen Jugendarbeit. In: Ruping, B. (Hg.). S. 171-183

Martens, G. (1991b). ,Spielmächtigkeit' und ,Spielfähigkeit' - Eine Annäherung zwischen Moreno und Stanislawski, PsychoDrama 4. Jg. Heft 1, S. 21-30

Moreno, J. L. (1989). Psychodrama und Soziometrie. Köln

Pommerin-Götze, G. (Hg.) (1992). Es geht auch anders. Leben und Lernen in der multikulturellen Gesellschaft. Frankfurt a. M.

Räthzel, N. (1991). Formen von Rassismus in der Bundesrepublik. In: Jäger, M. & Jäger, S. (Hg.). S. 31-48

Ruping, B. (Hg.) (1991). Gebraucht das Theater. Die Vorschläge von Augusto Boal: Erfahrungen, Varianten, Kritik. Lingen-Remscheid

Simhandl, P. (Hg.) (1992). Stanislawski-Lesebuch. Berlin

van den Broek, L. (1980). Am Ende der Weißheit. Vorurteile überwinden. Berlin

Handlungsebenen und Interventionsstrategien gegen Rassismus

Bärbel Kampmann[1]

Die Regionale Arbeitsstelle Gelsenkirchen – der Weg zur antirassistischen Arbeit

Die Regionalen Arbeitsstellen zur Förderung ausländischer Kinder und Jugendlicher (RAA) wurden seit 1980 in verschiedenen Städten des Landes Nordrhein-Westfalen eingerichtet. Die RAA werden durch die jeweiligen Städte getragen, finanziert vom Land (MAGS und KM und den Kommunen). Die Koordination des Projektverbundes leistet die Hauptstelle RAA mit Sitz in Essen. Sie wird gefördert vom MAGS/NW, dem KM und der Freudenberg-Stiftung Weinheim. Die Grundlage ist ein Integrationsverständnis, das die Eingliederung der ausländischen EinwohnerInnen nicht als „Germanisierung" sieht, sondern als gleichberechtigtes Miteinander der deutschen und ausländischen EinwohnerInnen im gesellschaftlichen, wirtschaftlichen, politischen und kulturellen Leben. Dies beinhaltet auch die Wahrung der herkunftsbedingten und lebensgeschichtlich erworbenen Eigen- und Andersartigkeit (Identitätserhalt).

Die Ziele der RAA sind nach folgenden Leitgedanken ausgerichtet:
– lernortübergreifende, gemeinwesenorientierte Förderung ausländischer Kinder und Jugendlicher;
– Einbeziehung der Lernorte, Schule, Elternhaus, Berufsausbildungsstätten, Freizeiteinrichtungen;
– Vernetzung gleichgerichteter Bemühungen im Stadtteil mit der Schule als wichtigstem Knotenpunkt;
– Öffnen der Schulen für die Nahumwelt unter Einbezug sozialpädagogischer Fragestellungen;
– Entwicklung und Förderung des Verständnisses zwischen Deutschen und AusländerInnen durch die Intensivierung „Interkultureller (oder multikultureller) Erziehung" in Unterricht und Schulleben.

Dabei wurde sehr schnell deutlich, daß ein unpolitisches Verständnis der o.g. Ziele allenfalls zu einer unreflektierten Fremdenfreundlichkeit und einer sporadischen Annäherung der Kulturen vorrangig auf dem Ernährungssektor führen müßte, nicht aber zu einer gegenseitigen Durchdringung der Kulturen, zu einer Begegnung mit dem Fremden, die das Eigene deutlich werden und kritisch betrachten läßt.

Mit der drastischen Zunahme rassistisch motivierter Gewalttaten nach der Öffnung der Mauer gab es für uns in Gelsenkirchen keinen Zweifel mehr: ein Arbeitsschwerpunkt der RAA würde in Zukunft die Auseinandersetzung mit und die aktive Arbeit gegen Rassismus sein.

Exkurs: Es gibt keine Zufälle

Ich, die Leiterin der RAA, bin Schwarze Deutsche. Als Kind eines amerikanischen Soldaten und einer weißen Deutschen wurde ich 1946 geboren – Besatzungskind, Vater nicht anwesend, aufgewachsen in einer westdeutschen Stadt, umgeben von Kälte und Feindseligkeit. Ich kannte keine anderen Schwarzen Menschen – nur mein Spiegelbild. Viele Jahre verdrängte ich die Wahrheit über meine Herkunft, nahm weder meine dunkle Haut noch meine krausen Haare wahr, wollte einfach so wie alle anderen sein, um jeden Preis. Meine Biographie nahm einen abwechslungsreichen Verlauf, ich wurde Biologielaborantin, Lehrerin, Diplom-Psychologin, Gestalttherapeutin und erst während meiner Therapieausbildung konnte ich Verdrängung und Abspaltung aufgeben und mich mit meiner afro-amerikanisch-deutschen Herkunft auseinandersetzen. Als mir – ich arbeitete als Lehrerin an einer Hauptschule – die Leitung der RAA übertragen wurde, nahm ich diese Stelle begeistert und ohne lange zu überlegen an.

Bereits in meinem 1. Jahr in der RAA wurde ich über die Beratung von Schülerinnen und Schülern erneut mit meiner eigenen Geschichte konfrontiert, einer Geschichte, die auch von Ausgrenzung und Rassismus geprägt war. Etliche dieser Kinder nichtdeutscher Herkunft machen Erfahrungen, die meinen nicht unähnlich sind: verspottet, in ihrer Persönlichkeit nicht wahrgenommen, von Lehrerinnen und Lehrern eher als Belastung gesehen, sollten sie dann ihre m.E. gesunden Gegenreaktionen, Wut, Scham und Angst auch noch „wegtherapiert" bekommen. Ich war gefordert, als Beraterin und Therapeutin sowieso, aber auch mit meiner Geschichte. Zur Vermeidung von Verstrickung unterzog ich mich erneut Therapie und Supervision.

Ebenfalls über die Arbeit lernte ich AfrikanerInnen und später andere Schwarze Deutsche kennen, ich wurde Mitglied der Initiative Schwarze Deutsche (ISD) und leite seit dieser Zeit Selbsterfahrungsgruppen für Schwarze Deutsche. In dieser Arbeit werde ich von der Überzeugung geleitet, daß aus Opfern TäterInnen werden, wenn die eigene Unterdrückungsgeschichte nicht aufgearbeitet und abgeschlossen ist. (Vgl. auch Bauriedl, 1992). Mein vorrangiges Ziel in den Gruppen ist daher die Aufarbeitung der jeweils eigenen Unterdrückungsgeschichte der Gruppenteilnehmer/-innen auf dem Hintergrund der gegebenen gesellschaftlichen Verhältnisse.

Überblick

Im folgenden wird ein kurzer Überblick über die Geschichte des Rassebegriffs und die Entstehung des Rassismus gegeben. Das zweite Kapitel widmet sich dann den Funktionen, die Rassismus innerhalb europäischer Gesellschaften erfüllt und stellt dar, wie über die Verankerung des Rassismus auf verschiedenen Ebenen für seine ständige Reproduktion gesorgt wird. Der dritte Abschnitt listet Handlungsebenen und Interventionsstrategien auf, die mir aus Deutschland bekannt sind, sicher aber auch in anderen Ländern zur Anwendung kommen. Der letzte Teil beinhaltet die Beschreibung unserer eigenen Arbeit.

Rasse – Rassismus, Begriffserklärung

Der Begriff „Rassismus" kann erst hinreichend erläutert werden, wenn zunächst das
Konzept der „Menschenrassen", auf dem die Ideologie des Rassismus basiert, dargestellt wird. Die ursprüngliche Bedeutung des Rassebegriffs entsprach dem heutigen
Begriff „Ethnie", womit eine Kultur- und Sprachgemeinschaft gemeint ist, die sich
durch gleiche bzw. ähnliche soziologische Merkmale auszeichnet (vgl. auch Dittrich,
1991). Im 15. und 16. Jahrhundert entfaltet sich eine Rassenidee, ... „der später ein
biologischer Gehalt zugeschrieben und in deren Gefolge eine biologische Hierarchie
‚wissenschaftlich legitimiert' wurde" (Miles, 1991, S. 9). Es ist kein Zufall, daß dieses zu einem Zeitpunkt geschieht, in dem sich die „Vorherrschaft der kapitalistischen
Produktionsweise entfaltet" (ebenda, S. 8). Die Konstruktion von Menschenrassen
funktioniert als „Platzanweiser" und legitimiert Ausbeutung und Unterdrückung, indem ... „bestimmten phänotypischen und/oder genetischen Eigenschaften von Menschen Bedeutungen dergestalt zugeschrieben werden, daß daraus ein System von Ka-
tegorisierungen entsteht, wobei den unter diesen Kategorien subsumierten Menschen
zusätzliche (negativ bewertete) Eigenschaften zugeordnet werden" (ebenda, S. 9). Das
so entwickelte System repräsentiert die Ideologie des Rassismus.

Memmi faßt 3 Argumentationsreihen zusammen, auf die sich die rassistische Ideologie stützt:

„1. Es gibt reine und demnach von anderen verschiedenen Rassen, d. h. also bedeut-
    same biologische Unterschiede zwischen den Gruppen und den Individuen, aus de-
    nen sie sich zusammensetzen.
2. Die reinen Rassen sind den anderen biologisch überlegen; diese Überlegenheit
   äußert sich ebenso in psychologischer wie in gesellschaftlicher, kultureller und geistiger Hinsicht.
3. Diese mannigfaltigen Aspekte der Überlegenheit erklären und legitimieren die Herrschaft und die Privilegien der höherstehenden Gruppen." (Memmi, 1992, S. 13)

Tatsächlich war die Vermischung ethnischer Gruppen in der Regel eine Voraussetzung
für ihren Fortbestand (ebenda, S. 14) und hat Kulturen außerordentlich bereichert, wie
z.B. die Vermischung christlicher und islamischer Kulturen im 16. Jahrhundert in Spa-
nien, um nur ein Beispiel zu nennen.

Die Konstruktion von Menschenrassen ist, wie man heute weiß, völlig unhaltbar.
Auf Initiative der Unesco wurde nach dem 2. Weltkrieg eine von Sozialwissenschaft-
lern und Genetikern verfaßte Deklaration herausgegeben, in der festgestellt wurde, ...
„daß genetische Differenzen kein wesentlicher Faktor in der Verursachung kultureller
Leistungen verschiedener Völker oder Gruppen seien; daß Persönlichkeit und Charakter als „rassenlos" betrachtet werden müssen; (...)" (Weingart & Kroll & Bayertz,
1988, S. 605; zitiert nach Dittrich, 1991, S. 14). Dennoch und allen Forschungsergeb-
nissen zum Trotz hat die Ideologie des Rassismus nach wie vor Bestand, erlebt sogar
eine erneute Hochkonjunktur in der Gegenwart. Vordergründig sind die Kriterien, die
derzeit zur Ausgrenzung führen, weniger biologische, denn ethnische bzw. kulturelle.
Einige Autoren bezeichnen dieses Phänomen daher als „Ethnozentrismus" (vgl. Heckmann, 1991). Faktisch stellt der Ethnozentrismus jedoch nur eine Spielart des Rassismus dar und führt zu den gleichen Gewalt- und Ausgrenzungspraktiken[2].

Rassismus: Funktionen und Verankerungen

Wie läßt sich erklären, daß Rassismus im Europa des ausgehenden 20. Jahrhunderts erneut derart beängstigende Formen annimmt? Allein in Deutschland fanden 1991 1.483 und 1992 bereits 2.285 rechtsextreme Gewalttaten statt (Presse und Infodienst der AWO 7/93, S. 10). Dieses Phänomen ist nur erklärbar, wenn man davon ausgeht, daß Rassismus seit Jahrhunderten innerhalb der Gesellschaftssysteme bestimmte Aufgaben erfüllt, politische, soziale und psychologische Funktionen, deren Bedeutung von der jeweiligen sozio-ökonomischen Lage der Gesellschaften abhängt. Darüber hinaus muß die rassistische Ideologie in den Strukturen und Institutionen, im Normen- und Wertegefüge, in den Köpfen der Menschen so nachhaltig verankert sein und stets reproduziert werden, daß sie jederzeit aktiviert werden kann. Kennzeichnend für diese Aktivierung ist z.B. der Übergang von verbalen und psychischen Übergriffen zu physischen und/oder einer deutlich restriktiveren Gesetzgebung, wie es mit dem neuen Ausländergesetz und der Verfassungsänderung zum Asylrecht in der BRD geschehen ist. Wir befinden uns zur Zeit weltweit in einer dramatischen Umbruchsituation, in der Kriege, Verelendung, Arbeitslosigkeit und Umweltkatastrophen die Menschen bedrohen. Für diese Probleme gibt es innerhalb des vorgegebenen gesellschaftlichen Rahmens, des Kapitalismus, keine Lösung, im Gegenteil, der Kapitalismus erzeugt zusätzlich eine Reihe scheinbar unlösbarer Widersprüche, wie z.B.:

– die staatlich proklamierte „Ausländerfreundlichkeit" (Zitat Helmut Kohl: „Deutschland ist ein ausländerfreundliches Land, und das wird es auch bleiben.") steht im Widerspruch zur tatsächlichen Lage der AusländerInnen, die von Rechtlosigkeit und Benachteiligung gekennzeichnet ist;

– die Internationalisierung der Produktion, der weltweite Kapitalmarkt und Kapitalfluß und die damit verbundene ökonomische Notwendigkeit der Arbeitswanderung (Blaschke, 1993) steht im Widerspruch zu der restriktiven Ausländer- und Asylgesetzgebung, die eine Abriegelung der Grenzen zur Folge hat.

Die damit in die Illegalität abgeschobenen Einwanderer/-innen finden zunehmend im Dienstleistungsgewerbe und in der sozialen Schicht der Wissenschaftler/-innen, Lehrer/-innen als Putzfrauen und Kinderfrauen Arbeit, natürlich ohne soziale Absicherung, d.h. ihrer Ausbeutung sind Tor und Tür geöffnet. Diese Liste ließe sich noch um einiges verlängern. So ist der Preis der wirtschaftlichen Expansion u.a. eine Umweltbelastung, die im krassen Widerspruch zu der Notwendigkeit, unsere Lebensgrundlage zu erhalten, steht. Die Behauptung, alle Nationen seien gleich, widerspricht offensichtlich der Ausbeutung der sogenannten „Dritten Welt" usw.. In dieser Situation erfüllt der Rassismus verschiedene Funktionen:

Herrschaft wird aufrechterhalten, indem für die gesellschaftliche Krise nicht Politik und Wirtschaft verantwortlich gemacht werden, sondern der ‚Feind' im Inneren zum Sündenbock gemacht wird (Castles, 1993, S. 48f). Die beschriebenen Widersprüche werden verschleiert und/oder geleugnet, indem eben diese Zusammenhänge von den öffentlichen Medien und der Politik nicht dargestellt werden.[3] Statt dessen bemühen sich Politiker und Medien, ihre Fremdenfreundlichkeit zu beweisen und die Motive der rassistischen Gewalttäter zu analysieren, wobei auffällt, daß im dargestellten Ursachengefüge zwar das Elternhaus, der Werteverfall und die Konsumgesellschaft, nicht aber die Fehler in der Politik aufgeführt werden. Es entsteht das Horrorbild einer gewaltbereiten Jugend, mit der der Rest der Gesellschaft nichts mehr zu tun hat.

Soweit zu den Funktionen, die der Rassismus auf der politischen Ebene erfüllt. Natürlich leistet er auch bestimmte Dienste für die Gemeinschaft und die einzelnen Individuen und ist auf verschiedenen Ebenen verankert. Dies sei im folgenden als Übersicht kurz dargestellt:

Funktionen

politisch	*sozial*	*individuell*
Sicherung von Herrschaft	Sündenböcke schaffen	Aufwertung der eigenen Person
Verschleierung von Widersprüchen	Aufbau einer kollektiven Identität	Angstabwehr
Ermöglichung von Ausbeutung		Projektion unerwünschter Anteile
		Ethnisierung allgemeiner Probleme

„Rassismus ist der Prozeß, wodurch soziale Gruppen, aufgrund physischer oder kultureller Merkmale, andere Gruppen als unterschiedlich bzw. minderwertig kategorisieren. Der Prozeß schließt die Anwendung wirtschaftlicher, sozialer oder politischer Macht ein und hat häufig den Zweck, die Ausbeutung bzw. den Ausschluß der kategorisierten Gruppe zu rechtfertigen." (Castles, 1993, S. 48)

Gesetzgebung	vermittelte Bilder und Stereotypen	rassistische Sozialisation
Erlasse/Verordnungen	Berichterstattung in Medien: Horrorszenarien zur Bestätigung der Unvereinbarkeit von Kulturen	selektive Wahrnehmung von Fremden
Benachteiligung bei Wohnungs- und Arbeitssuche		Generalisierung von Einzelfällen zu Lasten der Opfer
Benachteiligung in den Bildungs-, Beratungs- und Therapieeinrichtungen	Sprache

Werbung | verinnerlichtes, unhinterfragtes Herrenmenschendenken, Ignoranz |
| *strukturell/institutionell* | *kulturell* | *individuell* |

Verankerungen

Handlungsebenen und Interventionsstrategien gegen Rassismus

„Kann man diese teuflische Maschine zum Stillstand bringen? Geben wir es besser gleich zu: Das wird kein leichtes sein" (Memmi, 1992, S. 135).

Aus der Übersicht wird erkennbar, daß es für antirassistische Arbeit mehrere mögliche Handlungsebenen gibt, das ganze System jedoch so komplex und verzahnt ist, daß es kaum möglich sein wird, es durch noch so wohlgemeinte Einzelaktionen zu zerschlagen. Bevor ich die antirassistische Arbeit der RAA ausführlicher darstelle, möchte ich zuvor die gegenwärtigen Ansätze antirassistischer Arbeit klassifizieren:[4]

Wissenschaftliche Arbeiten, wie Beschreibungen, Erklärungsansätze, Untersuchungen und Analysen versuchen, das Phänomen „Rassismus" in seiner Bedeutung, seinen Ursachen, seinen Verankerungen und seiner historischen Entwicklung zu erfassen. In der Regel handelt es sich dabei um gründlich untersuchte Teilaspekte des Gesamtphänomens, wie z. B. die Untersuchung von Gerhard (1992) zum Rassismus in den Medien, die Arbeit von Castles (1987), die den Zusammenhang von Migration und Rassismus untersucht, sowie die Arbeit von Leiprecht (1992) zur subjektiven Funktionalität von Rassismus und Ethnozentrismus bei abhängig beschäftigten Jugendlichen und viele andere mehr. Diese Arbeiten wenden sich an das Erkenntnisinteresse einer vorrangig intellektuellen Leserschaft, was m.E. keine Wertminderung darstellt.

Apellative und/oder moralisierende Plakate, Spots, Buttons und Transparente wenden sich an eine breite Öffentlichkeit. Diese Ausdrucksform greift jeweils Einzelaspekte aus dem Gesamtkomplex der Funktionen und Verankerungen auf, gibt zu erkennen, mit wem sich die Befürworter der Aussagen identifizieren, wobei anzumerken ist, daß diese Identifikationen mindestens ein Potential an Mißverständnissen enthalten, wie z. B. die Aussage „Jeder ist Ausländer, fast überall", denn die Deutschen haben auch im Ausland einen anderen Status als ein asylsuchender Tamile ihn in Deutschland hat (vgl. Liebe-Harkort, 1992).

Aussagen (wie „Ich bin ein Ausländer") von Berühmtheiten (wie Steffi Graf) in einer Kampagne verkündet, sind schlicht falsch und verharmlosen zudem das Ausmaß an Diskriminierung, dem MigrantInnen und Flüchtlinge in Deutschland ausgesetzt sind (ebenda). Appelle, wie „denken statt klatschen", schaffen ihrerseits neue Sündenböcke, nämlich die dummen, klatschenden Deutschen und suggerieren, daß Rassismus ein ausschließlich intellektuelles Problem darstellt. Insgesamt entsteht bei dieser Äußerungsform häufig der Eindruck, daß sie eher zur Beruhigung des eigenen Gewissens und zur Abwehr eigener Ängste dienen (vgl. Hoffmann, 1993).

Pädagogische Projekte/Workshops mit Selbsterfahrungsanteilen, die den individuellen Rassismus der Teilnehmer/-innen zum Thema machen. Projekte dieser Art schießen z. Zt. wie Pilze aus dem Boden. Als Zielgruppen bieten sich vorrangig Multiplikator/-innen aus dem pädagogischen, psychosozialen und/oder kirchlichen Bereich an. Die Aufarbeitung internalisierter Macht- und Unterdrückungsstrategien und das Erkennen der eigenen rassistischen Anteile sind sicherlich bedeutsame Aspekte in der antirassistischen Arbeit; wenn diese sich jedoch darin erschöpft, besteht die Gefahr, daß das Bedürfnis einiger Deutscher, insbesondere solcher aus der links-intellektuellen Szene, sich in der eigenen Schuldhaftigkeit zu baden und am Ende mehr zu leiden als die Betroffenen, über die Gebühr genährt wird (vgl. Liebe-Harkort, 1992). Als Ergebnis dieses Vorgehens finden wir dann eher unkritische Fremdenfreundlichkeit („mein Freund ist Ausländer") anstelle einer wirklichen Durchdringung und Verarbeitung des Gesamtproblems.

Kinder- und Jugendarbeit. Projekte, die sich an Kinder und Jugendliche wenden, wollen durch ganzheitliche Erfahrungsmöglichkeiten (kognitiv, sozial, emotional) sowohl präventiv dem individuellen Rassismus seine Funktionsgrundlage nehmen als auch durch neue Begegnungsformen zwischen den verschiedenen ethnischen Gruppen bereits bestehende Vorurteile, Stereotypen und Rassismen aufbrechen. Dies geschieht über „Mitmach-Projekte", wie Zirkus-, Theater- und Videoproduktionen sowie über Jugendaustauschprogramme auch auf internationaler Ebene, bei denen die Jugendlichen in sogenannten Work-Camps Gelegenheit zu intensiver Auseinandersetzung mit der Thematik haben.

Einsatz für die Verbesserung der rechtlichen Situation und den Schutz der Betroffenen. Diese explizit politische Arbeit wird von verschiedenen Organisationen, Gruppen und Parteien geleistet. Dabei werden folgende Ziele angestrebt:
– Wahlrecht für Ausländer
– Recht auf doppelte Staatsangehörigkeit
– Änderung des Staatsangehörigkeitsgesetzes
– Antidiskriminierungsgesetz
– Schadensausgleich nach rassistisch motivierten Übergriffen usw.
– Verbot rechtsextremer Parteien
Die politischen Funktionen von Rassismus werden bei dieser Arbeit, die sich mit der Veränderung des Rassismus befaßt, zwangsläufig mit aufgedeckt.

Initiativen und Projekte, die sich an die Betroffenen wenden. Flüchtlings- und Ausländerinitiativen in fast allen Städten der BRD geben den Betroffenen konkrete Hilfestellungen bei der Wahrung ihrer Rechte und bei der Selbstorganisation. Solidaritätsbekundungen, Personen- und Geländeschutz an „gefährlichen Tagen", wie dem Tag der deutschen Einheit und dem Gedenktag zur Reichspogromnacht, unterstützen die Betroffenen ebenso wie Sprachkurse, Hausaufgabenbetreuung, Kleidersammlungen und Gutscheinumtauschaktionen.

Arbeit mit Tätern und potentiellen Tätern[5]. In Anlehnung an die Untersuchungen von Heitmeyer (Heitmeyer, 1987; Heitmeyer u.a., 1992) versuchen verschiedene Jugendprojekte, mit Tätern und potentiellen Tätern zu arbeiten. Dabei werden die Jugendlichen als Modernisierungsverlierer, als die Opfer der Risikogesellschaft gesehen (Butterwegge, 1994, S. 15), deren Ohnmachts- und Vereinzelungserfahrungen und eine Handlungsunsicherheit sie anfällig für rechtsextreme Orientierungen werden läßt. Die mir bekannten Projekte setzen zumeist an diesen Defiziten der Jugendlichen an und wollen im Rahmen von Streetwork, Fan-Projekten und Erlebnispädagogik mit dem Leitgedanken der „akzeptierenden Jugendarbeit" Kontakte zwischen Deutschen und Nicht-Deutschen ermöglichen, Konfliktlösungsstrategien jenseits von Gewalt erarbeiten oder einfach den verführerischen Angeboten rechter Jugendorganisationen noch bessere Erlebnismöglichkeiten, wie Sky-diving gegenüberstellen (ebenda, S. 15).

Fragwürdig sind diese Unternehmungen immer dann, wenn rechtsextreme und rassistische Überzeugungen wie Symptome einer Krankheit wegtherapiert werden sollen, ohne daß der Gesamtzusammenhang gesehen wird und der unterstellte Gemeinschafts- und Erlebnishunger der Jugendlichen mit entsprechend aufregenden Angeboten befriedigt wird, eine tiefergehende Auseinandersetzung mit diesen Bedürfnissen jedoch nicht erfolgt. In solchen Projekten wird Männlichkeitskult ebenso genährt wie in der rechten Szene, allerdings ohne politischen Hintergrund (ebenda, S. 15).

Autoren wie Farin & Seidel-Pielen (1993a, 1993b) und Stuckert (1993) tauchten in die Jugendszenen ein, um sie untersuchen und beschreiben zu können. Dabei verfolgten sie jedoch nicht die Absicht der Umerziehung, sondern waren mehr daran interessiert, etwas über diese Jugendlichen zu erfahren, zu fragen, zuzuhören und sie ernst zu nehmen. Die Ergebnisse sind eher ermutigende Berichte über die Lebensrealität und die Probleme, aber auch die Ernsthaftigkeit und das politische Interesse der Jugendlichen.

Darstellung der Antirassismusarbeit der Regionalen Arbeitsstelle zur Förderung ausländischer Kinder und Jugendlicher

Wie konnte nun unser Beitrag zur Antirassismusarbeit aussehen?

Durch die Auseinandersetzung mit der Thematik wurde mir immer deutlicher, daß Rassismus kein „persönliches Problem" ist bzw. die individuelle Beteiligung nur ein winziger Teilausschnitt des gesamten Komplexes ist. Nach der Erarbeitung der Zusammenhänge war klar, daß antirassistische Arbeit auf allen Funktions- und Verankerungsebenen ansetzen kann, ich selbst wollte jedoch unter keinen Umständen auf die Darstellung des Gesamtzusammenhangs verzichten, dessen Erarbeitung für meine Entwicklung von großer Bedeutung gewesen war. Das Erkennen und Begreifen des Gesamtzusammenhangs läßt das Verharren in dem schuldhaften Bekenntnis „ich bin ein Rassist" nicht mehr bruchlos zu, ebenso wie der Jugendliche, der das System durchschaut hat, sich nicht mehr mühelos vor „rechte Karren" spannen lassen wird. Beinahe alle Unterrichtserfahrungen zeigen, daß die bloße Vermittlung von Faktenwissen, welche die kognitive Ebene anspricht, totes Schulwissen bleibt – wenn überhaupt –, d. h. weder das Fühlen noch das Handeln verändert. Affekt und Intellekt arbeiten aber von Kind auf in einer logischen Weise zusammen, weshalb Ciompi den Terminus „Affektlogik" wählt (Ciompi, 1982). Der Zusammenhang läßt sich hirnorganisch nachweisen und zieht konsequenterweise eine andere Methode des Lehrens nach sich. In der Pädagogik spricht man von „Lernen mit Kopf, Herz und Hand" oder von „ganzheitlichem Lernen". Bei der Thematik „Rassismus" war mir daher wichtig, das zu Lernende erfahrbar zu machen, die kognitive und die emotionale Ebene anzusprechen.

Grundlegende Prinzipien

Der Auseinandersetzungs- und Lernprozeß läuft m. E. in mehreren Phasen ab.

1. Phase: Bewußtwerdung

Das bedeutet, den Rassismus in seinen Funktionen, Verankerungen und seiner historischen Bedingtheit zu erfassen. Dieser Prozeß sollte sowohl auf der kognitiven wie auch auf der emotionalen Ebene (z.B. durch Übungen und Rollenspiele) stattfinden und umfaßt auch die Auseinandersetzung mit den eigenen rassistischen Anteilen.

2. Phase: Sensibilisierung

Diese Phase ist vorrangig dem einzelnen überlassen und als solche wenig steuerbar. Menschen, die Phase 1 durchlaufen haben, werden mehr oder weniger automatisch sensibel für Rassismus. Plötzlich werden Sprache, Bilder, Berichte usw. anders wahrgenommen, versteckte Rassismen aufgedeckt. Es ist auch die Phase des Fragens und Infrage-Stellens, des Bedürfnisses nach weiterer Information. Wenn während dieser Zeit die Anbindung an eine Arbeitsgruppe zum Thema oder eine berufsbegleitende Supervision stattfindet, kann der Prozeß verstärkt und beschleunigt werden.

3. Phase: Antirassistische Arbeit

Nach Durchlaufen der 1. und 2. Phase entwickeln die Teilnehmer/-innen ihren Standort für die eigene antirassistische Arbeit. Dazu gehört das Wissen um
- die Inhalte, Ziele und Zielkontrollmöglichkeiten
- die Zielgruppe
- den Ort der Durchführung
- die voraussichtliche Dauer
- den organisatorischen Rahmen

Es muß sich dabei nicht unbedingt um ein groß angelegtes Projekt handeln, auch der Beschluß, die rassistischen Bemerkungen von Verwandten nicht mehr zu überhören, ist Antirassismusarbeit. Wenn möglich, sollte auch jetzt weiterhin die Anbindung an eine Gruppe bestehen. Die Kompetenzen der Gruppenmitglieder können bei Planung, Durchführung und Auswertung von Vorhaben einbezogen, Frustration mit Hilfe der Gruppe verarbeitet werden. Projekte, die mit anderen Institutionen, Organisationen und Einzelpersonen gemeinsam durchgeführt werden, d.h. in denen nach dem Prinzip der Vernetzung in einer Kommune oder Region gearbeitet wird, sind wegen ihrer flächendeckenderen Wirkung wünschenswert. Zudem stärkt die Vernetzung das „Wir-Gefühl".

Die Projekte

Nach diesen Grundprinzipien ist unsere Arbeit organisiert, wobei auch wir selbst, die „Macher/-innen", die Phasen durchlaufen haben und ich selbst seit 1992 folgendes anbiete:

Ich arbeite zu Phase 1 und 2 mit Multiplikatoren/-innen aus dem pädagogischen und psychosozialen Feld und mit Jugendlichen. Für Phase 1 unterscheidet sich die Vorge-

hensweise für beide Zielgruppen nur durch die Komplexität des vermittelten Fakten-
wissens. Grundsätzlich versuche ich, das Wissen durch Übungen erfahrbar zu machen
bzw. die Erfahrungen durch entsprechende Informationen verstehbar zu machen.

Die Jugendarbeit findet in Anbindung an Schulen, meistens im Rahmen von Un-
terrichtsvorhaben statt. Dabei begreife ich es als Chance, mit der Klasse eine Zwangs-
gemeinschaft vorzufinden, in der häufig potentielle und tatsächliche Opfer und Täter,
Antirassisten, Mitläufer und Meinungslose zusammenleben und Auseinandersetzungen im konkreten Kontakt geführt werden können.

Die Arbeit mit Multiplikator/-innen leiste ich auf Nachfrage, die Rahmenbedingungen sind unterschiedlich: von freien, sich selbst konstituierenden Gruppen bis hin
zu ganzen Kollegien oder Teams einer Einrichtung ist alles möglich. Das Arbeitspro-
gramm umfaßt folgende Bausteine, die, abgesehen von der „Kennenlernphase", auch
unabhängig voneinander durchgeführt werden können:

1. Kennenlernen
Je nach Alter Spiele und Übungen zum Kennenlernen, Darstellen der eigenen Motive,
Erwartungen und Ängste, zum Abstecken des formalen Rahmens.

2. Die Geschichte des Rassismus
Dazu das Planspiel: Die Eroberung eines Kontinents: Entdeckungsreise:
Ihr seid eine Gruppe Entdeckungsreisender, auf der Suche nach Geld, Gold und anderen Schätzen, denn in Eurem eigenen Land, in dem Ihr bisher im Wohlstand gelebt
habt, werden die Güter knapper. Ihr seid Christen und glaubt an Gott und an das, was
in der Bibel steht, nämlich:
– vor Gott sind alle Menschen gleich,
– Du sollst Deinen Nächsten lieben wie Dich selbst,
– das Böse, das Dunkle ist vom Teufel und muß bekämpft werden.
Nun endlich, nach vielen Wochen der Entbehrung, Land in Sicht. Nach der Landung
stellt Ihr bald fest, wie fremd und anders, als Ihr es kennt, dieses Land ist. Klima, Pflanzen, Tiere alles kommt Euch fremd vor, unheimlich, aufregend. Besonders merkwürdig sind die Menschen mit dichtem Kraushaar und ungewöhnlicher Bekleidung. Solche Wesen habt Ihr noch nie gesehen, sind es überhaupt Menschen? Sie glauben offenbar nicht an Gott, haben komische Bräuche und sie sind reich, denn ihr Land gibt
viel her: Bodenschätze, Pflanzen, Vieh. Ihr wollt unbedingt an diese Schätze kommen,
aber wie? Überlegt Euch Möglichkeiten, wie Ihr diesen dunklen Menschen ihren Reichtum nehmen könnt. Bedenkt: Ihr dürft auf keinen Fall gegen die christlichen Gebote
verstoßen.

3. Was ist Rassismus?
Dazu folgende Übung: Zuordnung von erdachten Eigenschaften zu biologischem
Merkmal.
Anweisung:
Stehen Sie bitte auf und gehen Sie in die linke Ecke des Raumes, wenn Sie kleiner
als 170 cm sind. Bleiben Sie bitte schweigend stehen, ebenso die Personen, die sitzen
bleiben können. Nun werde ich Ihnen einige Fakten mitteilen, welche die Wissenschaft
über Menschen, die 170 cm und kleiner sind, herausgefunden hat. Diese Menschen

sind in der Regel Opportunisten und hochgradig angepaßte Staatsbürger – gute Untertanen. Wenn sie auf Menschen treffen, die sozial unter ihnen stehen, neigen sie dazu, diese zu unterdrücken und zu schikanieren. Bitte bleiben Sie weiter schweigend stehen und lassen Sie diese Aussage auf sich wirken.

Nach ca. 3 – 5 Minuten wird die Übung beendet.

Austausch der Empfindungen in Kleingruppen.

Aufklärung über das Experiment [6], Definition „Rassismus".

4. Rassistische Sozialisation

Dazu folgende Übung: Deutsche bitte aufstehen:

Bitte stehe schweigend auf, wenn …

– Du in einem Elternhaus aufgewachsen bist, wo schon einmal verächtlich über andere Nationalitäten gesprochen worden ist oder Witze über Menschen anderer Herkunft gemacht wurden;
– Du in einer Nachbarschaft aufgewachsen bist oder in einer gewohnt hast oder noch wohnst oder in eine Schule gegangen bist, in der es nur Deutsche gab;
– Du mit Ausländern aufgewachsen bist, die in Deinem Elternhaus als Putzfrau, Dienstmädchen, Gärtner, Kindermädchen o. ä. gearbeitet haben;
– man Dir als Kind gesagt hat, daß Du nicht mit ausländischen Kindern spielen sollst;
– Du Dich je dabei erwischt hast, daß Du bewußt so getan hast, als würdest Du die Hautfarbe oder die Herkunft eines Menschen „gar nicht bemerken";
– Du das Gefühl gehabt hast, daß die weiße Kultur langweilig und leer sei und andere ethnische Gruppen mehr Rhythmusgefühl hätten, musikalischer seien usw.;
– Du je an einer anderen ethnischen Gruppe sexuell interessiert warst, weil Du sie exotisch und aufregend fandest bzw. weil sie eine Herausforderung darstellte;
– Du gelernt hast, Menschen anderer Hautfarbe zu mißtrauen oder Angst vor ihnen zu haben;
– Du je nervös und angespannt warst, wenn Du einem Schwarzen oder Ausländer in einer ganz alltäglichen Situation begegnet bist, z.B. im Aufzug oder auf der Straße;
– Du je in einem Restaurant oder einer Kantine gegessen hast, wo alle Gäste Deutsche waren und die einzigen anwesenden Ausländer zum Dienstpersonal gehörten;
– wenn jemals in Deiner Gegenwart Witze oder abfällige Kommentare über Ausländer gemacht wurden und Du nicht den Mut hattest, dagegen zu protestieren;
– Du je miterlebt hast, wie Ausländer von Deutschen auf irgendeine Weise unterdrückt oder schlecht behandelt worden sind;
– wenn Du je in Magazinen, im Kino oder im Fernsehen, in Songtexten oder im Radio folgende Darstellung gehört oder gesehen hast:
– Italiener, die windige Liebhaber, oberflächig oder überdreht sind,
– Asiaten, die undurchschaubar, grausam oder geheimnisvoll sind,
– Türken, die arbeitsscheu, unsauber und unzivilisiert sind,
– Araber, die heißblütig, jähzornig und fanatisch sind,
– Schwarze, die sexbesessen, musikalisch und Tiere im Sport sind,
– Sinti und Roma, die unverschämt, aufdringlich und diebisch sind oder als Zigeuner bezeichnet werden,
– Juden, die geschäftstüchtig, clever und verschlagen sind.
(Übung nach Craighton & Kivel, 1993, S. 52 ff)

5. Ausgrenzung erfahrbar machen – wie fühlt sich das Opfer?

Dazu Übung:

Es werden Kriterien genannt. Diejenigen, auf die diese zutreffen, müssen schweigend aufstehen und in eine Ecke des Raumes gehen, dort schweigend einige Minuten stehen bleiben. Nach der Übung Erfahrungsaustausch.

Hier nun die Übung:

Gehe bitte auf die andere Seite des Zimmers, wenn …

1. Du eine Frau bist,
2. Du Tamile, Vietnamese bist oder aus dem asiatischen Raum kommst,
3. Du Türke bist oder aus einem vorderasiatischen Land kommst,
4. Du oder Deine Eltern einen Asylantrag gestellt haben oder Du in einem Heim für Asylsuchende lebst,
5. Du Aussiedler bist,
6. Du schwarz und/oder afrikanischer Abstammung bist,
7. Du Sinti oder Roma bist,
8. Du jüdischer Abstammung bist,
9. Du älter als 45 bist,
10. Du nur von Deiner Mutter oder Deinem Vater aufgezogen wirst oder wurdest oder momentan selber allein ein Kind erziehst,
11. Du, Deine Eltern oder die Leute, bei denen Du aufgewachsen bist, Arbeiter sind,
12. Du aus einer Familie kommst, in der Drogen oder Alkohol ein Problem sind oder waren,
13. Du oder jemand in Deiner Familie jemals als psychisch krank oder gar verrückt bezeichnet worden ist,
14. Du oder jemand in Deiner Familie jemals im Gefängnis oder in einem Erziehungsheim war,
15. Du jemals in der Öffentlichkeit als dick bezeichnet wurdest, egal ob Du Dich selbst dick gefühlt hast oder nicht,
16. Du aus ärmlichen Verhältnissen kommst.

(Nach Craighton & Kivel, 1993, S. 26 ff)

6. Funktionsweise des Rassismus

Dazu das Planspiel: Ein gesellschaftliches Problem soll gelöst werden:

Ausgangspunkt dieses Planspiels ist die Unzufriedenheit der Menschen, insbesondere der Jugendlichen, mit ihrer Lebenssituation. Arbeitslosigkeit und Armut breiten sich aus. Politiker und Unternehmer befürchten Proteste, Gewalt und Stimmenverluste. Politiker aller großen Parteien und Unternehmer sitzen zusammen, um diese Situation zu lösen. Alle SpielerInnen erhalten Rollenkarten.

Bei den Planspielen geht es nicht darum, daß die Spieler/-innen die Situation rekonstruieren, die dem tatsächlichen Geschehen entspricht, sondern daß ihre jeweilige Lösung mit den Tatsachen verglichen wird. Daraus ergibt sich in der Regel eine spannende Diskussion, in der Verantwortlichkeiten und Zusammenhänge sehr deutlich werden.

Zu Phase 2 biete ich für Multiplikator/-innen berufsbegleitende Supervision, für Jugendliche weitere Beratungsstunden in größeren zeitlichen Abständen an. Dabei ist für mich immer wieder überraschend, wie viele Fragen Jugendliche haben, wie groß der entfachte Wissensdurst ist: Der Alltag von Flüchtlingen, Fluchtursachen, die Kolonialgeschichte, der Hitlerfaschismus und vieles mehr wollen erforscht und begriffen werden. Oft sind die Themen längst im Unterricht behandelt worden, erscheinen aber durch das neugewonnene Verständnis von Rassismus und dem Gesamtzusammenhang in neuem Licht.

In der Phase 3 kommt es häufig zu beratenden Einzelkontakten. Jugendliche haben Ideen zu antirassistischer Arbeit, können diese aber noch nicht umsetzen, LehrerInnen suchen ReferentInnen für einen Teilaspekt zum Thema, SozialarbeiterInnen suchen Ideen für Übungen usw..

Abschließend dazu möchte ich noch sagen, daß es gerade die Arbeit mit Jugendlichen ist, die mir Mut macht und meinen Optimismus stärkt.

Ein Projekt im Rahmen der Vernetzung:
Die „Gelsenkirchener Tage gegen Rassismus"

Mit den „Gelsenkirchener Tagen gegen Rassismus", die in diesem Jahr zum dritten Male stattfinden, haben wir zusammen mit vielen anderen Organisationen, Institutionen und Einzelpersonen ein Kompaktprogramm von jeweils einer Woche entwickelt, das sich aus Fachreferaten, einem Antirassismustraining für Multiplikator/-innen, Mitmach-Projekten für Jugendliche und einem kulturellen Begleitprogramm zusammensetzt. Dabei geht es, legt man die Übersicht zugrunde, um die Aufarbeitung des individuellen Rassismus in den Trainings und Projekten, um die Beschreibung der Funktionen und Verankerungen des Rassismus in Referaten sowie um die Darstellung bestimmter Minderheitengruppen, ihrer Geschichte, ihrer Kultur usw. Das Kulturprogramm greift dann auch eben diese Kultur auf, indem KünstlerInnen aus der jeweiligen Gruppe auftreten.

Ausblick

Heute, 1994, nachdem ich einige Erfahrungen mit unserer Vorgehensweise sammeln konnte, halte ich eine Erweiterung des Programms um 2 Bereiche für sinnvoll:

die Auseinandersetzung mit der deutschen Kolonialgeschichte[7] und die Aufarbeitung der NS-Zeit. Die traurige Renaissance des Rechtsextremismus und des Rassismus, die wir z. Zt. erleben, ist m.E. auch eine Folge des kollektiven Schweigens über die Vergangenheit, der Nichtwahrnehmung und Verdrängung historischer Fakten und Zusammenhänge. Die gewaltbereite, rassistische Jugend führt den Erwachsenen ihre unerledigten Themen vor – ist Vergrößerungsglas und Gedächtnis zugleich. Es gilt, Verantwortung für die Geschichte und die Gegenwart zu übernehmen, was etwas anderes ist als sich schuldig zu fühlen. Der sich-schuldig-Fühlende wird diese Schuld abwehren oder zu einer verkrampften Fremdenfreundlichkeit neigen, die „Ausländer/-innen" per Definition zu den besseren Menschen macht. Verantwortung übernimmt, wer die Geschichte kennt, auch die seiner persönlichen Vorfahren und in der Lage ist, sich mit den Relikten dieser Geschichte in sich selbst auseinanderzusetzen, Stellung bezieht, politisch und menschlich.

Zum Schutze der Betroffenen sind Antidiskriminierungsgesetze überfällig. Des weiteren ist die Einrichtung von Büros gegen Rassismus nach niederländischem Vorbild wünschenswert. Die Büros sollten mit einer Juristin oder einem Juristen, einer Diplom-Psychologin oder einem Diplom-Psychologen, einer Journalistin oder einem Journalisten sowie einer Schreibkraft besetzt sein. Menschen, die eine rassistische Erfahrung gemacht haben, könnten hier zum einen rechtliche Unterstützung, zum anderen therapeutische Hilfe bei der Verarbeitung des Angriffs, Übergriffs bzw. der Ausgrenzung erfahren. Die journalistische Aufbereitung der Tat ist eine zusätzliche Unterstützung, nicht die Opfer müssen Scham empfinden, sondern die Täter.

Anmerkungen

[1] Als ein Mensch, dessen Vorfahren mütterlicherseits den Kolonisator und väterlicherseits den Kolonisierten repräsentieren, betrachte ich es als meine Aufgabe, mich mit dem Phänomen „Rassismus" auf allen Ebenen auseinanderzusetzen, seine Geschichte und Funktion zu begreifen und meinen Standort im Widerstand gegen Rassismus zu finden. Dabei mache ich durchgängig die Erfahrung, daß Widerstand stark macht, und ich wünsche mir für mich selbst, aufrecht und mutig zu bleiben, auch wenn sich die Bedingungen, unter denen ich arbeiten kann, verschlechtern.

[2] In diesem Zusammenhang möchte ich kurz zu dem Begriff „Ausländerfeindlichkeit", der eine deutsche Wortschöpfung ist, Stellung beziehen. Mit diesem Begriff werden m.E. 2 Absichten verfolgt: Einerseits soll suggeriert werden, diese Feindlichkeit träfe alle AusländerInnen und sei somit eine Form der Fremdenangst, die zwar als inhuman, aber als menschlich verständlich gilt - andererseits wird mit diesem Begriff, der durch den Hitlerfaschismus belastete „Rasse"-Begriff vermieden und jedwede gesellschaftspolitische Nähe zu jener Zeit ebenfalls. Tatsächlich geht es nicht um Ausländer/-innen schlechthin, weder ein weißer Engländer noch eine weiße Kanadierin dürfte in der BRD von Ausgrenzung und gewalttätigen rassistisch motivierten Übergriffen bedroht sein (vgl. Dittrich, 1991, S. 51), sondern um Minderheiten, die als solche sichtbar sind (Hautfarbe, Kleidung, Sprache usw.) und als Bedrohung für die eigene Existenz erlebt werden bzw. offiziell zu einer solchen erklärt werden, wie es z.B. durch Begriffe, wie „Asylantenflut" geschieht (Vgl. Gerhard, 1992).

[3] Abgesehen von Fachkongressen, die dann auch entsprechend schlecht, nämlich vorrangig von Fachleuten zur Thematik, besucht werden.

[4] Ich erhebe hier keinen Anspruch auf Vollständigkeit.
    Bei der Beschreibung der Arbeitsansätze kam ich nicht umhin, diese zumindest teilweise auch kritisch zu bewerten. Diese im- und expliziten Bewertungen geben meine eigene persönliche Meinung wider. Es hängt u.a. vom Blickwinkel und dem politischen Standort der/des Betrachters/-in ab, wie solche Ansätze beurteilt werden.

[5] Gemeint sind hier Jugendliche, nicht die Schreibtischtäter, Stammtischbrüder und Drahtzieher in rechtsextremen Gruppen und Parteien.

[6] Natürlich ist die Zuordnung von Körpergröße zu Charaktereigenschaften unsinnig. Da es jedoch diese Untersuchungen gegeben hat und sie den Zweck verfolgten, die vermeintliche Minderwertigkeit bestimmter Menschen zu dokumentieren, verdeutlicht diese Übung auch, wie Wissenschaft im Dienste von Herrschaft instrumentalisiert wird.

[7] In anderen Nationalstaaten gilt das gleiche für deren verdrängte und abgespaltene Teile ihrer Geschichte.

Literatur

AWO Presse und Infodienst 7/93

Bauriedl, Thea (1992). Wege aus der Gewalt. Freiburg im Breisgau: Herder

Bielefeld, Uli (Hrsg.) (1991). Das Eigene und das Fremde. Hamburg: Junius

Blaschke, Jochen (1993). Starke Flucht- und Migrationsbewegungen in und nach Europa - politische, rechtliche und soziale Konsequenzen für die Aufnahmeländer. In: Niedersächsisches
Ministerium für Bundes- und Europaangelegenheiten (Hrsg.) (1993). Migration. Einwande-
rungspolitik. Ziviler Umgang mit ethnischen Minderheiten. Dokumentation des Kongresses
am 4. und 5. September 1992 in Hannover. Oldenburg: Institut für Bildung und Kommunikation in Migrationsprozessen

Butterwegge, Christoph (1994). Ausländer müssen zu Inländern gemacht werden. In: Sozial Extra, Mai

Castles, Stephen (1987). Migration und Rassismus in Westeuropa. Berlin: EXpress Edition

Castles, Stephen (1993). Migration und Rassismus in Europa. In: Niedersächsisches Ministerium für Bundes- und Europaangelegenheiten (Hrsg.) (1993). Migration. Einwanderungspoli-
tik. Ziviler Umgang mit ethnischen Minderheiten. Dokumentation des Kongresses am 4. und
5. September 1992 in Hannover. Oldenburg: Institut für Bildung und Kommunikation in Migrationsprozessen

Ciompi, Luc (1982). Affektlogik. Stuttgart: Klett-Cotta

Creighton, Allan & Kivel, Paul (1993). Die Gewalt stoppen. Mühlheim an der Ruhr: Verlag an
der Ruhr

Dittrich, Eckhard J. (1991). Das Weltbild des Rassismus. Frankfurt a.M.: Cooperative Verlag

Farin, Klaus & Seidel-Pielen, Eberhard (1993a). Krieg in den Städten. Berlin: Rothbuch Verlag

Farin, Klaus & Seidel-Pielen, Eberhard (1993b). Skinheads. München: Beck

Gerhard, Uta (1992). Rassismus in den Medien. In: Diakonisches Werk der evangelischen Kirche. In: Westfalen. (Hrsg.) Dokumentation der Jugend- und Sozialhilfekonferenz vom 5.2.92

Gottschlich, Jürgen (1993). Die erste Etappe im Verteilungskampf. In: die Tageszeitung vom
28.12.93, S. 3

Heckmann, Friedrich (1991). Ethnos, Demos und Nation, oder: Woher stammt die Intoleranz
des Nationalstaates gegenüber ethnischen Minderheiten? In: Bielefeld, Uli (Hrsg.). Das Eigene und das Fremde. Hamburg: Junius

Heitmeyer, Wilhelm (1987). Rechtsextremistische Orientierungen bei Jugendlichen. Empirische
Ergebnisse und Erklärungsmuster einer Untersuchung zur politischen Sozialisation. München: Juventa

Heitmeyer, Wilhelm (1992). Die Bielefelder Rechtsextremismus-Studie. Erste Langzeituntersu-
chung zur politischen Sozialisation männlicher Jugendlicher. München: Juventa

Hoffmann, Claudio (1993). Das Rassismusproblem aus der Sicht eines Gestaltpädagogen. In:
Burow & Belger-Koller & Mack & Mensing & Pintag-Heeg & v. Wittenberg (Hrsg.). Gestalttherapie und Gestaltpädagogik heute. Baltmannsweiler: Schneider-Verlag

Kalpaka, Annita & Räthzel, Nora (Hrsg.) (²1990). Die Schwierigkeit, nicht rassistisch zu sein.
Leer: Mundo Verlag

Leiprecht, Rudolf (²1992). „....da baut sich ja in uns ein Haß auf...“Hamburg & Berlin: Argument Verlag

Liebe-Harkort, Klaus (1992). Wahrheitswidrige Selbstdiskriminierung. In: Bremer Uni Schlüssel Nr. 18, S. 16-18

Mahmoody, Betty (14, 1993). Nicht ohne meine Tochter. Zürich: Schweizer Verlagshaus

Memmi, Albert (1992). Rassismus. Frankfurt a. M.: Verlag Anton Hain GmbH.

Miles, Robert (1991). Rassismus. Hamburg: Argument

Stuckert, Thomas (1993). Der Jugendliche als öffentlicher Schrecken? In: Gemeinsam, Heft 26.
Fremdbilder - Selbstbilder, S. 89 - 97

Interethnische/rassistische Konflikte am Arbeitsplatz[1]

Ingrid Haller

In der Zeit von März 1990 bis Februar 1992 fand in Zusammenarbeit der kommunalen Ämter in Frankfurt am Main (Amt für Abfallwirtschaft und Stadtreinigung sowie Amt für Volksbildung/Volkshochschule) eine Weiterbildungsmaßnahme für die Mitarbeiter der Abteilung Wertstoffabfuhr der Stadtreinigung statt. Für beide Ämter wurde damit ein völlig neuer Weg gewählt, aus unserer Sicht auch einmalig in der bisherigen Geschichte der Erwachsenenbildung in der Bundesrepublik Deutschland.

Das Amt für Abfallwirtschaft begann die Kooperation unter erheblichem, akutem Problemdruck:

- Konflikte zwischen den Mitarbeitern der Abteilung Wertstoffabfuhr traten immer häufiger auf, steigerten sich im Aggressionspotential und entstanden insbesondere zwischen den deutschen und nicht-deutschen Arbeitern.
- Gleichzeitig nahm die Arbeitsmotivation ab, was sich vor allem in einer eklatanten Zunahme der Krankheitsfälle und damit der Abwesenheit fassen ließ.

Damit war für die Amtsleitung Hauptziel der Kooperation mit der VHS eine Optimierung der Kooperationsfähigkeit im alltäglichen Arbeitsprozeß am Wagen, eine Steigerung der Arbeitszufriedenheit und damit der Arbeitsmotivation.

Vor allem die ausländischen Kollegen hatten hohe Erwartungen an das gemeinsame Projekt der kommunalen Ämter; sie erhofften sich eine deutliche Verbesserung ihrer Arbeitssituation, besonders im Hinblick auf ein sichtbares Engagement der Amtsleitung in Schritten gegen die Diskriminierung der ausländischen durch die deutschen Kollegen im Arbeits- und Betriebsalltag.

Die deutschen Kollegen in der Abteilung hingegen standen dem Projekt mehrheitlich skeptisch gegenüber. Diese Skepsis wurde durch die Befürchtung begründet, auf die Anklagebank verwiesen zu werden. Insofern gab es bei den deutschen Kollegen durchgehend eine ambivalente Haltung.

Der Auftragnehmer – die VHS Frankfurt – konnte vor allem auf langjährige Arbeitserfahrungen mit interkultureller Kommunikation zurückgreifen und sah gute Möglichkeiten einer überprüfbar handlungsrelevanten politischen Bildungsarbeit mit der Belegschaft einer Betriebseinheit, der Wertstoffabteilung.

Entsprechend vorangehenden Arbeitserfahrungen stellte die VHS für das Pilotprojekt ein Arbeitsteam zusammen, in dem VertreterInnen mit Erfahrungen in interkulturellem Lernen zusammenarbeiteten. Dieses Arbeitsteam bestand aus:

- einer Kerngruppe: einer ethnisch heterogen zusammengesetzten Gruppe von türkisch-, arabisch- und italienischsprachigen ExpertInnen
- und aus MitarbeiterInnen der Arbeitsgemeinschaft von VHS und DGB „Arbeit und Leben" sowie der Bildungsreferentin der zuständigen Gewerkschaft ÖTV.
- Das gesamte Team sollte durch zwei RepräsentantInnen aus der Universität begleitet werden (Fachgebiete Soziologie, Pädagogik und Migrationssoziologie/Interkulturelles Lernen).

Aus dieser Zusammensetzung wird deutlich, daß beim Auftragnehmer VHS vor allem zwei Arbeitsperspektiven gesehen wurden: Die Entwicklung von Formen interkultureller Kommunikation sollte rassistischer Diskriminierung entgegenarbeiten. Die Verstärkung organisierter Interessenvertretung und die Entwicklung von Handlungskonzepten aktiver Mitbestimmung sollten Solidaritätsprozesse zwischen deutschen und nicht-deutschen Arbeitern in der gemeinsamen ‚Leidenserfahrung‘ in Konflikten am Arbeitsplatz ermöglichen. Außerdem war bei der Teamzusammensetzung von Anfang an bewußt, daß die Arbeit in einem interkulturell zusammengesetzten Team mit sprachlich und kulturell heterogenen Gruppen in hohem Maße der selbstreflexiven Verarbeitung der Erfahrungen und der Zusammenarbeit bedurfte. Insofern waren tendenziell supervisionsähnliche Teamphasen im Konzept verankert.

Diskriminierungserfahrungen

In einem ersten Zwischenbericht wurden die Ergebnisse der ersten Phase wie folgt zusammengefaßt: Markantester Befund der bisherigen Arbeit ist die Feststellung einer sehr tiefgehenden Unzufriedenheit aller Beschäftigtengruppen mit ihrer Arbeitssituation. Die Sichtweisen in der Gewichtung der das Betriebsklima am meisten beeinträchtigenden Umstände im Arbeitsalltag waren jedoch sehr unterschiedlich. So dominierte in der Sicht der nicht-deutschen Kollegen eindeutig die Kritik ausländerfeindlicher Mißstände im Betrieb: Fremdenfeindliche Diskriminierung hat für die ausländischen Kollegen eine doppelte, sich gegenseitig verstärkende Seite, und dementsprechend ist ihre Wahrnehmung und Bewertung:

Da war zum einen die alltägliche Erfahrung von feindseligen und verletzenden Äußerungen/Verhaltensweisen ihrer deutschen Kollegen und Vorgesetzten:
– anstatt sie mit Namen anzusprechen, nannten ihre Kollegen sie z.B. „Ali" und „Kanake", sie wurden gekränkt und schikaniert; bei Konflikten fanden sie weder Gehör noch Recht; Sprach- und Verständigungsprobleme wurden gegen sie verwendet; immer waren sie die Lückenbüßer und Sündenböcke, wenn etwas schiefging oder der Streß zu groß wurde: ihre nationalen, kulturellen Besonderheiten wurden nicht respektiert, eher waren sie Gegenstand von Mißachtung und Hohn; die Ausländer waren die „Letzten" und „Untersten", auf denen jeder herumtrampeln durfte.
Da war zum anderen die Erfahrung, daß jene Mißstände und Ungerechtigkeiten im Dienst sie als Ausländer besonders treffen:
– sie wurden von den Vorgesetzten besonders autoritär und tyrannisch behandelt; sie blieben ausnehmend lange „Springer" und wurden besonders schnell – fielen sie mißliebig auf – wieder zum Springer degradiert; sie hatten besonders große Schwierigkeiten, Vorarbeiter, Fahrer oder gar Bezirksführer zu werden, und die unbefriedigende betriebliche Sozial- und Personalpolitik traf sie am schärfsten.
Deutsche Kollegen betonten vor allem, daß es um die Veränderung allgemeiner Mißstände in der Arbeitsorganisation und Arbeitssituation gehen müsse, während ausländerfeindliche Dimensionen von Benachteiligung und Diskriminierung im Dienst eher bagatellisiert oder gar verleugnet wurden. Da war zum einen die Erfahrung kränkender, beleidigender oder auch nur desinteressierter und verächtlicher Arbeitsbeziehungen zu den unmittelbaren Vorgesetzten, den Bezirksführern und Fahrmeistern:

Sie werden „wie Hunde" oder „wie Kinder", immer aber autoritär von oben herab behandelt; nur Befehle hören sie, keine Erklärungen; bei Schwierigkeiten in der Arbeit und bei Problemen erfahren sie keine Hilfe und Motivierung durch ihre Vorgesetzten, sondern immer nur Druck oder Abweisung; bei Konflikten mit Kunden oder Verkehrsteilnehmern finden sie weder Gehör noch Gerechtigkeit; immer sind sie Lückenbüßer organisatorischer Mißmanagements, werden schlecht oder kaum über Arbeitsänderungen informiert; die „da oben" haben „keine Ahnung" und deshalb kein Verständnis für die besonderen Belastungen auf der Tour, bei Staus, im Streß und bei schlechtem Wetter.

Da war zum anderen die Erfahrung, daß ständig technische, organisatorische und personelle Mängel auf dem Rücken der Lader und der Fahrer abgeladen wurden: Die Abteilung „Wertstoffsammlung" wurde offensichtlich sehr schnell aufgebaut und eine ungenügende Qualifikation der Vorgesetzten sowie eine noch immer ungeklärte Kompetenzverteilung unter den Bezirksführern waren die Folgen. Da gab es einen ständigen Wandel der Verkehrslage und -situation und in der Aufstellung der Tonnen und Behälter: Leidtragende des täglichen Chaos waren jedoch die Lader und Fahrer. Da ist die permanent zu knappe Personaldecke, weshalb das unselige Springerproblem nicht geregelt werden konnte, sondern wie ein Krebsgeschwür das Betriebsklima zunehmend vergiftete, weshalb auch die Urlaubsfrage so konfliktträchtig blieb, wodurch schließlich die Bezirksführer permanent zu Ungerechtigkeiten und Härten genötigt wurden. Da waren die unmöglichen Wasch- und Umkleideräume, auch ein Erbe der raschen Entwicklung der Abteilung; Hitze, Schweiß, Gestank und aggressiv machende Enge aber mußten Lader und Fahrer erleben. Da waren schließlich die vielen Ausländer mit ihren besonderen Interessen und Wünschen, Schwierigkeiten und Problemen, und nicht zuletzt mit ihrer abnehmenden Bereitschaft, sich ohne Murren jedem und allem anzupassen und unterzuordnen. Wo aber war die Hilfe und Entlastung von oben, die es allen Vorgesetzten, Deutschen und Ausländern, leichter machte, diese Probleme kollegial und produktiv zu meistern?

Da war zum dritten die alltägliche Erfahrung der sozialen Diskriminierung ihres Berufs und ihrer Arbeit und das Gefühl, daß der notwendige Schutz und die erforderliche Hilfe von Personalrat, Gewerkschaft und Amtsleitung ausblieben.

Das galt für die täglichen Konflikte mit Kunden und Verkehrsteilnehmern; für die unzureichende Berücksichtigung der Arbeitsbedingungen der Mülleute bei Verkehrsplanung, Wohnungs- und Straßenbau und bei Neuplanungen im Bereich der Müllentsorgung; das galt für die mangelhafte Öffentlichkeitsarbeit der Stadt, weshalb die Beschäftigten das Gefühl hatten, von Stadt, Amt und Öffentlichkeit gleichermaßen mißachtet zu werden. „Wir arbeiten mit Dreck und werden wie Dreck behandelt."

Von der ersten Phase an bestimmte die o.g. doppelte Perspektive sowohl Analyse wie konzeptionelle Struktur der Arbeit in diesem Projekt:
- die Verkehrsformen untereinander waren in diesem Betrieb nicht zuletzt auch von einer tendenziell rassistischen, d.h. an ethnischen Abgrenzungen sich orientierender Diskriminierung geprägt;
- dieser Tatbestand schien in einem engen Zusammenhang mit einer allgemeinen Erfahrung von Nichtanerkennung, Abwertung und Diskriminierung der in diesem Berufsbereich Beschäftigten zu stehen, die sowohl innerhalb der betrieblichen Hierarchie wie in der Auseinandersetzung mit der „Kundschaft" in der Öffentlichkeit stattfand.

Sehr früh wurde deshalb im Team der Zusammenhang dieser verschiedenen Formen und Erfahrungen von Diskriminierung arbeitshypothetisch so hergestellt, daß die Diskriminierung zwischen den Arbeitern zu Lasten der Nicht-deutschen auch als Entlastungsstrategie angesichts der generellen Diskriminierung von den deutschen Arbeitern als gesellschaftlich angeboten aufgegriffen wurde.

Für die Weiterarbeit, vor allem in der zweiten Phase des Projektes, bedeutete diese Sichtweise auf die zu lösenden Probleme, daß sich das Team für die gemeinsame Arbeit an den alle betreffenden arbeitsorganisatorischen und betriebsorganisatorischen Arbeitsfeldern entschied. Es bestand die Erwartung, daß eine Optimierung vor allem der Springerregelung, eine Verstärkung der Selbstorganisation der Arbeitsgruppen am Wagen sowie eine Flexibilisierung und bedürfnisorientierte Aushandlung von Urlaubsregelungen in erheblichem Umfang die bisherige rigide, hierarchische Befehls-Gehorsams-Struktur zwischen Vorgesetzten und Arbeitern durchbrechen könnte, und daß die Möglichkeiten gesteigerter Selbstverantwortung einen Zuwachs an Arbeitsmotivation und Arbeitszufriedenheit implizieren würden.

Welche Befunde lassen sich nun (auch auf der Erkenntnisgrundlage der jüngeren Rassismusforschung), aus der Arbeit des Projekts im einzelnen festhalten? Zumindest in den folgenden Problemfeldern sind Ausgrenzungspraxen (bzw. Einschließungspraxen) gegenüber der (konstruierten) Gruppe der „Ausländer" im Amt zu konstatieren:

a) 1. Ausländer sind in einem extrem hohen Maße, das heißt zu hundert Prozent, vom Zugang zu der direkt höheren Vorgesetztenebene, der Funktion der Bezirksleiter, ausgegrenzt. Ähnliches gilt in einem geringeren Maße für den Zugang zur niedrigsten direkten Vorgesetztenebene, der Funktion der Vorarbeiter.

2. Ausländer sind in einem signifikanten Maße in Funktion mit höherer Qualifikation/höherem beruflichen Image, den Fahrern, unterrepräsentiert.

3. Ausländer sind in Funktionen, denen geringere berufliche Kompetenz bzw. Zuverlässigkeit zugesprochen wird, den Springern, deutlich überrepräsentiert.

4. Ausländer sind in extrem hohem Maße vom Zugang zu den Organen der betrieblichen/gewerkschaftlichen Interessenvertretung ausgegrenzt bzw. dort zumindest extrem unterrepräsentiert.

b) Ausländer, vor allem ausländische Familienväter mit Schulkindern, sind von den bestehenden Urlaubsregelungen innerhalb der Gesamtbelegschaft am stärksten betroffen und sehen darin einen wesentlichen Aspekt der Diskriminierung.

c) Ausländer sind am direktesten von nicht existierenden oder mangelhaften Regulierungen betrieblicher Leistungsanforderungen und der damit verbundenen Notwendigkeit der „Selbstregulierung" vor Ort/am Wagen betroffen.

Diese Befunde stimmten mit den subjektiven Wahrnehmungen, wie sie von den ausländischen Kollegen artikuliert wurden, überein. Diese Feststellung galt in noch höherem Maße auf der folgenden Ebene, auf der das subjektive Moment der („ethnisierten") Wahrnehmung eine viel größere Rolle spielte als im Bereich der statistisch verifizierbaren Ausgrenzungs- bzw. Einschließungspraxen und der fehlenden Regulierungen.

Die Arbeit im Projekt ergab darüber hinaus vielfältige Befunde rassisch bzw. ethnisch bestimmter Alltagspraxen im Verhältnis zwischen Deutschen und Ausländern, vor allem auch in der alltäglichen Arbeitssituation.

a) Sprache: Eine quasi „selbstverständliche" Diskriminierung fand in den Bereichen von Namen und Anrede statt. Der ohnehin diskriminierende Charakter von Kollektivnamen bzw. Blockbezeichnungen wie „die Türken", „die Marokkaner" wurde durch deren eindeutig aggressive Aufladung („Kanake") verstärkt. Eine ebenso aggressive wie diskriminatorisch fundierte Weigerung, den anderen als anderen wahr- und ernstzunehmen, zeigte sich auch in Pauschalnamen wie „Ali" für alle ausländischen Kollegen. Schließlich wirkten christliche Ersatznamen, wie „August" und „Willi", für Moslems verletzend – sollen dies u.U. auch.

b) Sprachliche Kompetenz: Ein verbreiteter Diskriminierungsmechanismus lag in der „Sprachfalle". Hier wurde zunächst gefordert, die Kollegen sollten, da sie in Deutschland seien, auch deutsch sprechen. Kamen sie dem nach, wurde gefordert, sie sollten „doch erst mal richtig Deutsch lernen". Die Sprachkenntnis wurde zum Macht- und Diskriminierungsinstrument.

c) „Die sollen sich anpassen" – eine ähnlich strukturierte „Falle" von ganz grundsätzlicher Bedeutung: Alle bisherigen Anpassungsleistungen der ausländischen Kollegen – ohne die sie hier gar nicht überleben könnten – wurden entweder geleugnet, oder es wurde da, wo Anpassungsleistungen der Kollegen nicht zu übersehen waren, „die Latte höher gehängt". Eine solche Logik verweigert das Recht auf Anderssein, auf eine eigene kulturelle Identität.

d) Umgekehrt wurde die kulturelle Differenz betont, die „Unmöglichkeit" des Zusammenlebens mit anderen, die Unvereinbarkeit der anderen und der eigenen Kultur. Weitergehend und offen rassistisch ist die Argumentation mit angeblicher Überlegenheit (der eigenen) und Unterlegenheit (der anderen Kultur).

e) Gesellschaftlich vorgegebene Verhaltensmuster wurden auf die Gruppe der ausländischen Kollegen im Amt angewendet („Nehmen Wohnungen und Arbeit weg", „Bekommen zu hohe Sozialleistungen", Einbeziehung in die Asyl-Problematik).

Vor allem am Punkt e) wurde deutlich, daß Diskriminierungspraktiken im Amt ein großes Arsenal an fertigen „Argumenten" zur Verfügung stand, das nicht hier entwickelt, sondern von der Gesellschaft zur Verfügung gestellt und für die eigenen Zwecke fruchtbar gemacht wurde. Dies verwies auf einen spezifischen, gesamtgesellschaftlichen Kontext, ohne den die rassische/ethnische Diskriminierung im Amt nicht denkbar gewesen wäre: Es sind gesamtgesellschaftliche Muster, die hier wirksam wurden.

Zusammenfassend ergaben sich in bezug auf die Diskriminierung der ausländischen Kollegen folgende Ergebnisse:

1. Im Amt gab es eine Diskriminierung von Nicht-deutschen, von „Ausländern", die in den institutionellen Mechanismen des Amtes begründet war. Diese Diskriminierung beruhte auf ethnischen Abgrenzungen bzw. war rassistisch determiniert und legitimiert. Sie wurde sowohl bewußt als auch unbewußt praktiziert (institutioneller Rassismus).

2. Davon zu unterscheiden waren bei deutschen Beschäftigten weit verbreitete Verhaltensweisen im Alltag, mit denen diese über ethnische/rassische Abgrenzung und Abwertung alltägliche Probleme bei der Arbeit auf Kosten der Nichtdeutschen zu „lösen" versuchten („rassistische Alltagspraxen", „interaktiver Rassismus"). Sie waren zum Teil determiniert von allgemeinen gesellschaftlichen Mustern, Einstellungen, Vorurteilen eines „strukturellen Rassismus", die auf die Bedingungen des

Amts übertragen wurden. Zum Teil sind sie Konsequenz und Reaktion auf den institutionellen Rassismus, tragen zu dessen Funktionieren bei und verstärken ihn. Dieser interaktive Rassismus ist kein stabiles Phänomen, sondern weist viele Brüche, Widersprüche und sowohl Phasen aktiven Hervortretens als auch nur latenten Vorhandenseins auf. Seine Aktivierung ist von anderen Faktoren abhängig.

3. Auch bei nicht-deutschen Beschäftigten wurden – zum Teil als Reaktion auf diese Konstellation-, innerbetriebliche Konflikte ethnisch/rassisch interpretiert, was seinerseits zu einer Festigung der unter 1. und 2. genannten Strukturen beitragen kann.

Interaktiver und struktureller Rassismus

Alle diese Faktoren der Diskriminierung bzw. Ethnisierung trugen wesentlich zum alltäglichen Funktionieren des Amtes bei. Gleichzeitig waren und sind sie jedoch auch wichtige Ursachen für Probleme in der täglichen Arbeit, für eine Störung der betrieblichen Handlungsabläufe. Sie verweisen auf die zentrale Rolle, die das Verhältnis Vorgesetzte – Beschäftigte, das heißt die hierarchische Struktur des Amtes, für die Probleme des Amtes sowohl in bezug auf die Arbeits- und Leistungsprozesse als auch für die sozialen Bedingungen im Amt haben.

Begründet wurden die Ausgrenzungspraxen in bezug auf die Funktion der Bezirksleiter, die Fahrer und die Springer mit der „ungleichen" Situation der so konstruierten Gruppe der „Ausländer" in bezug auf ihre sprachliche, berufliche und kulturelle Kompetenz. Dagegen kehrte sich die Argumentation in der Urlaubsfrage exakt um: Die Forderung nach „gleichen" Rechten für alle Beschäftigten wendete sich direkt gegen die „Ausländer", forderte von ihnen die Überwindung/Aufgabe der ungleichen Bedingungen und wirkte so als direkt ausgeübter Anpassungsdruck. In bezug auf die betriebliche/gewerkschaftliche Interessenvertretung wurde mit anscheinenden „Tatsachen" argumentiert: Auch hier wurde die „Ungleichheit" als Ursache der Ausgrenzung von Ausländern konstruiert und zwar hier die ungleichen Voraussetzungen in bezug auf Kultur, „Mentalität" und „Motivation". Die Ausgrenzungspraxen in bezug auf Springer und bei der Urlaubsfrage wurden ausdrücklich und offen ausgesprochen und von den Vorgesetzten als Disziplinierungsinstrumente gegen die Beschäftigten benutzt. Im Falle der Springer war dabei die enge Verbindung zur Überrepräsentation der Ausländer hervorzuheben, in bezug auf Urlaub wurde die Disziplinierung vorwiegend und offen ausgesprochen als Sanktionsinstrument gegen Ausländer eingesetzt, die ihren Urlaub verlängern wollten (durch Krankheit z.B.), um das Problem des Absentismus zu mildern.

Was die betrieblichen Leistungsanforderungen anging, führten die fehlende bzw. mangelnde Formalisierung und Institutionalisierung der Kriterien betrieblicher Leistungspolitik dazu, daß Leistungskonflikte personalisiert und zum Einfallstor diskriminierender Alltagsregulierungen wurden. Leistungskonflikte wurden in die ethnisch-hierarchischen Abgrenzungs- und Spaltungslinien hineingetragen. Dieses Einfallstor für personell vermittelte Macht, Diskriminierung und Tyrannei mußte also geradezu dort zum Nährboden rassisch/ethnisch begründeter Diskriminierung werden, wo hierarchisch bedingte Ungleichheit entlang zugeschriebener rassisch/ethnisch begründeter Merkmale angeordnet ist.

Die institutionellen Bedingungen, die Arbeits- und Entscheidungsstrukturen im Amt und ihre Funktionsfähigkeit basieren also auf Faktoren, die eine Diskriminierung aufgrund der (zugeschriebenen) Zugehörigkeit zur Kategorie „Ausländer" zur Grundlage haben. Hierin besteht zweifellos der Kern des institutionellen Rassismus im Amt. Struktureller bzw. institutioneller Rassismus sind ihrerseits entscheidende Voraussetzungen für die Entstehung der oben dargestellten Phänomene, die am besten mit dem erfaßt werden können, was als „interaktiver Rassismus" bezeichnet worden ist: Struktureller und institutioneller Rassismus bilden insofern die Voraussetzungen einer Aktualisierung und Legitimierung des interaktiven Rassismus, als sie die entscheidenden, gewissermaßen „gesellschaftsoffiziellen" Signale dafür darstellen, daß eine Gruppe auch nach „offiziellem" Selbstverständnis ausgegrenzt ist und damit – wenn überhaupt – eine viel geringere gesellschaftliche Solidarität genießt, als dies normalerweise der Fall ist. Sie ist gewissermaßen der Aggression anderer Gesellschaftsmitglieder freigegeben. Wenn diese Gesellschaftsmitglieder sich dann noch in beschriebener Position befinden, ist die Entstehung von interaktivem Rassismus als eines Rassismus „von unten" eine vielleicht sogar zwingende Konsequenz.

Auf der Seite der „Ausländer" ruft dies durchaus sehr oft eine „ethnische" Reaktion hervor. Konflikte werden generell als rassisch/ethnisch bedingt interpretiert und empfunden. In zahlreichen Konflikten mit deutschen Kollegen und Vorgesetzten werden die „rassistischen", „faschistischen" Dimensionen von Diskriminierung angeklagt. Was hier als argumentative Pattsituation erscheint, ist allerdings Ausdruck real vorhandener Diskriminierung von „Ausländern", also eines Macht- und Hierarchieverhältnisses, wie sie oben beschrieben wurden. Interessant ist, daß diese Situation in gewisser Weise den polemischen Diskurs zwischen Antirassisten und Rassisten in Deutschland in den achziger Jahren widerspiegelt: Die ausländischen Beschäftigten greifen bewußt den Rassismusvorwurf auf und versuchen, ihn als argumentative Waffe zur Stärkung ihrer sozial schwächeren Position zu nutzen; die deutschen Beschäftigten leugnen den rassisch/ethnisch diskriminierenden Gehalt von institutionellen Mechanismen und Konflikten und bringen gleichwohl in der Zurückweisung des Rassismusvorwurfs diskriminierende Haltungen gegenüber „den Ausländern" zur Sprache.

Der interaktive Rassismus wird als Rassismus erkennbar, wo ihn der strukturelle und institutionelle Rassismus zu verbergen bemüht ist: Die oben benannten „Fallen" zeigen, daß es gar nicht um eine Anpassung allein geht. In ambivalenter Weise wird hier zugleich auch weiterhin und struktureller ausgegrenzt: „Ihr müßt euch anpassen – aber ihr schafft es ohnehin nicht". Die Anpassungsleistungen werden vergeblich sein, die Latte wird dann höher gehängt, wenn das einmal Geforderte erreicht ist. Anpassung wird anscheinend von seiten der Mehrheitsvertreter – ob bewußt oder unbewußt – gar nicht gewollt, denn wenn sie gelänge, entfiele die Möglichkeit der Diskriminierung, der Aggressionsabfuhr, der Machtausübung und der Identifikation am „fremden" Gegenüber. Die Anpassungsforderung des interaktiven Rassismus erweist sich vor allem als Machtinstrument und Identifikationsmittel der innerhalb der eigenen Gesellschaft „Unten"-Stehenden, der Ohnmächtigen.

Der interaktive Rassismus, als Herrschaftsinstrument eines „teile und herrsche" und als Möglichkeit, Differenzen unter der Belegschaft zur Ausübung von Vorgesetztenmacht zu instrumentalisieren, „oben" durchaus geschätzt, kann hier aber auch kontraproduktiv wirken, wenn er außer Kontrolle gerät. Die Begründung, daß einerseits „die Probleme damit anfingen", daß die Kollegen „nicht mehr bereit sind, sich alles gefallen zu lassen", sie aber andererseits in einer Abteilung begannen, in der die institutionelle Diskriminierung nicht mehr so funktionierte wie zuvor und anderswo, weist auf ein scheinbares Paradox hin: Wo der institutionelle Rassismus noch „voll greift", bedarf es offenbar des interaktiven Rassismus für die Wahrung der „Mehrheitsposition" nicht so sehr wie da, wo der institutionelle Rassismus aufgebrochen wird. Dies führt ganz offensichtlich – die Erfahrungen in den USA belegen dies sehr eindeutig (s. Feagin, 1984) – zu einer Reaktion der „aggressiven Selbstverteidigung" eigener Privilegien und Positionen unter den „Mehrheitskollegen". Eben diese Erfahrungen zeigen zugleich weiter, daß die einzige Möglichkeit der Unterbindung solcher Akte von „Selbstjustiz" darin besteht, daß die „Führung" bzw. die Vorgesetzten die Geltung gesamtgesellschaftlichen Schutzes für die bisher Diskriminierten demonstrativ und offensiv und durchaus auch unter Zuhilfenahme der zur Verfügung stehenden Machtmittel durchsetzen.

Die Halbherzigkeit, die darin besteht, die bisherige institutionelle Diskriminierung – aus welchen Gründen auch immer – partiell zurückzunehmen und zugleich nicht offen und mit aller Autorität Position auf seiten der bisher Diskriminierten zu beziehen, bedeutet de facto, die weitere Auseinandersetzung jenen zu überlassen, die aktuell und real im Besitze der privilegierten Positionen sind. Da den bisher ganz selbstverständlich Unterprivilegierten aber die formal zugestandene Gleichberechtigung so weiterhin real verweigert wird, werden damit innerbetriebliche Konflikte von der untersuchten Art geradezu provoziert. Zum anderen zeigen sie, daß rassisch/ethnisch begründete „Lösungen" von Problemen im alltäglichen Umgang am Arbeitsplatz langfristig nur durch die aktive gemeinsame Erfahrung gemeinsamer Interessen von deutschen und nicht-deutschen Beschäftigten zu überwinden sind: das war eine grundlegende Arbeitshypothese und Zielsetzung des Projektteams.

Das Projekt

Das Projekt entwickelte sich in drei Phasen, die im folgenden kurz dargestellt werden sollen.

Phase 1: Situationsanalyse

In der ersten Phase wurde in einem intensiven Diskussionsprozeß mit allen Mitarbeitern der Betriebseinheit „Wertstoffabfuhr" detailliert, differenziert, äußerst anschaulich und konkret die aktuelle Arbeitssituation als belastete und belastende erhoben. Das Team wählte dazu eine Einteilung der Betriebseinheit in relativ kleine, homogene Gruppen. Homogen heißt hier, daß auf alle Fälle gewährleistet sein sollte, daß jeder Teilnehmer an der Erarbeitung dieser Bestandsaufnahme in seiner alltäglich gesprochenen Sprache beteiligt war und damit höchstmöglich differenziert seinen Standpunkt und seine Sichtweise einbringen konnte (türkische bzw. türkischsprechende Teamer mit türkischen Arbeitern etc.). Homogen heißt aber auch, daß die innerbetriebliche Funktionshierarchie in der Zusammensetzung der Diskussionsgruppen der Belegschaft ebenfalls abgebildet werden sollte. Müllader, Vorarbeiter, Fahrer und Bezirksleiter bildeten demnach ethnisch-sprachlich diversifiziert jeweils eigene Gruppen.

Diese ersten Gruppengespräche fanden jeweils in der Dienstzeit ca. zweistündig am Ende eines Arbeitstages am Dienstort statt.

Phase 2: Bearbeitung innerbetrieblicher Konflikte – Entwicklung von Lösungsperspektiven

Bei den Planungsüberlegungen für die zweite Arbeitsphase im Projekt ging es sowohl um Entscheidungen über Ziele und Inhalte wie auch um die Arbeitsorganisation.

Dominant erschien dem Team in der Auswertung der ersten Phase
- die Diskriminierung ausländischer Beschäftigter im Betriebs- und Arbeitsalltag und
- Konflikte, die sich aus der vorhandenen Arbeitsorganisation ergaben, vor allem aus der Springer- und Urlaubsregelung.

Nach längerer Diskussion im Team fiel die Entscheidung, in der zweiten Phase die Verbesserung der Arbeitsorganisation in den Mittelpunkt zu rücken, indem mit mehreren Seminargruppen Lösungen für das leidige Thema Springer und neue Regelungen für die Urlaubsverteilungen erarbeitet werden sollten. Damit war der Anlaß unserer Zusammenarbeit mit dem Amt – konfliktreiche Auseinandersetzungen zwischen den deutschen und nicht-deutschen Arbeitern – nicht aus dem Blick geraten. Das Team versuchte vielmehr, an den Problemfeldern der innerbetrieblichen Strukturen anzusetzen, die aus der Perspektive deutscher und nicht-deutscher Arbeiter ganz erheblich dazu beitrugen, Zufriedenheit am Arbeitsplatz zu verhindern. Das Team erhoffte sich damit eine Chance, daß alle Seminarteilnehmer im Sinne gemeinsamer Interessen konstruktiv an einer Optimierung der Alltagsarbeitsbedingungen mitwirken könnten. Als „rassistisch" wahrgenommene Konflikte sollten so in einem Kontext übergreifender und gemeinsamer Interessensschwerpunkte eingeordnet werden.

Der Zugang zu neuen Lösungen der betrieblichen Strukturprobleme (am Beispiel Springer und Urlaub) ergab sich aus einer gelebten, sehr konkreten und detaillierten Rückerinnerung und Reaktivierung von Konfliktszenarien, in denen immer wieder Solidarisierungsprozesse zwischen deutschen und nicht-deutschen Arbeitern in der gemeinsamen „Leidenserfahrung" in Konflikten mit den Vorgesetzten möglich waren.

Für in Konflikten vermittelnde Drittparteien sind „ ... immer issues – das sind die Konfliktpunkte aus subjektiver Sicht – wie sie von den Parteien erlebt und vorgebracht werden, der Ansatzpunkt für die Diagnose und Konfliktbehandlung. Boulding wies darauf hin, daß unser Verhalten nicht von der Realität selbst bestimmt wird, sondern von den Bildern, die wir uns von der Welt machen. Nur wenn die Konfliktinterventionen auf die Punkte eingehen, die erlebnismäßig für die Konfliktparteien im Vordergrund stehen, werden diese zur Mitwirkung an der Konfliktbehandlung bereit sein. Andernfalls widersetzen sie sich, weil nach ihrem Urteil die dritte Partei an ihrem (subjektiv so erlebten!) Kernpunkten vorbeigeht. Auch wenn die dritte Partei meint, die eigentlichen issues besser als die Partei selbst erkennen zu können, muß sie vorerst beim Erleben der Parteien anknüpfen und kann in den nächsten Schritten höchstens einen Lern- und Bewußtwerdungsprozeß bei den Parteien einleiten. Dadurch werden sie vielleicht ihre bisherigen issues anders sehen und bewerten." (Glasl, 1990, S. 98f)

In der ersten Phase der Informationssammlung und Situationsanalyse war für das

Team sehr deutlich geworden, in welchem Maße die issues der Gruppe nicht-deutscher Arbeiter – ‚Diskriminierung', ‚rassistische Konflikte' – „egozentrisch" insofern waren, als die Konfliktparteien sich gegenseitig nicht in die Problemsicht des jeweils anderen einlassen konnten: Empathie war nicht möglich, der psychische Abstand zwischen den Gruppen zu groß. Die Wahl der Konfliktkomplexe – ‚Springer' und ‚Urlaub' – in der zweiten Phase der Konfliktbearbeitung ermöglichte unter diesen Aspekten u.a. eine Verschiebung der Konfliktparteien: Die Gegner am Beginn des Projektes – deutsche und nicht-deutsche Arbeiter – standen als eine Konfliktpartei vor allem bei der Bearbeitung des ‚Springerproblems' gegen die Gruppe der Vorgesetzten. Konflikte dieser Konstellation wurden lebendig beschrieben, Gefühlserinnerungen wurden gleichsam nachgespielt, und die hohe emotionale Ladung dieses Konfliktszenarios wurde deutlich.

Die Seminare fanden zweitägig in Bildungsinstitutionen außerhalb des Arbeitsortes Frankfurt statt. Nach anfänglich großen Schwierigkeiten mit der Akzeptanz der Übernachtung außerhalb Frankfurts wurden die informellen Seminarzeiten zunehmend als wichtig und in Selbstverantwortung gestaltbar erlebt. Jeder Teilnehmer wurde plötzlich mit seinem Vornamen angesprochen. In den Arbeitsprozessen davor hatten die ausländischen Kollegen unter der Kollektivanrede ‚Ali' gelitten. Die anfängliche Scheu, dem Kollegen etwas über die private Lebenssituation und Beschäftigung oder Vorlieben in der Freizeit mitzuteilen, wurde überwunden, indem nicht wenige zu ihren verschiedenen Hobbys und Musikpräferenzen standen. Zunächst nach ethnischen Kriterien zusammengesetzte Freizeitgruppen lösten sich dabei in der zweiten und vor allem in der dritten Phase zunehmend zugunsten multikultureller Zusammensetzungen der Freizeitgruppierungen auf. Sehr wichtig war die Erfahrung in den Seminaren, daß die sich bisher so wenig bekannten Kollegen auf einmal zu völlig neu erfahrenen Persönlichkeiten wurden, wenn ihnen die Gelegenheit gegeben war, sich in ihrer eigenen Muttersprache auszudrücken. Bisher als wortkarg wahrgenommene Kollegen hielten plötzlich lange, mimisch und gestisch ausdrucksstarke Reden. Überhaupt gehörte die Sprachgewalt und differenzierte Sprachfähigkeit der Teilnehmer in den langen Phasen der Seminare, in denen es um ihre Erfahrungen und ihre Interessen ging, zu den eindrucksvollsten Wahrnehmungen der Teamer. Bis in die selbstgewählte Sitzordnung veränderte sich das Verhältnis der Seminarteilnehmer zueinander sichtbar im Sinne von zunehmender wechselseitiger Akzeptanz und Zuschreibung von Kompetenz.

In dieser zweiten Phase regelten sich eine Fülle von Problemen zwischen deutschen und nicht-deutschen Arbeitern, die in den Berichten der ausländischen Arbeiter in der ersten Phase in Alltagsarbeit und Erfahrungen eine große Rolle gespielt hatten, scheinbar von selbst.

Phase 3: Aufbau von Selbstbewußtsein und Selbstwertgefühl

In der dritten Phase entwickelte das Team aus der Logik des bisherigen inhaltlichen Arbeitsprozesses als Schwerpunkte den Aufbau von Selbstbewußtsein, die Vermittlung von Selbstwertgefühl und die Verstärkung der Selbstorganisation. Damit setzte die Arbeit an der durchgängigen Selbsterfahrung der Belegschaftsmitglieder an, nicht nur innerbetrieblich am unteren Ende der Weisungshierarchie zu stehen, sich nicht ausreichend in den eigenen Interessen (durch gewählte Repräsentanten der Gewerkschaft

– Vertrauensleute, Personalratsmitglieder, Gewerkschaftsfunktionäre) wahrgenommen und vertreten zu fühlen, sondern auch in Kontakt mit den Kunden und in der Öffentlichkeit vorwiegend „als der Dreck betrachtet zu werden", den man für andere beseitigt. Mit diesen Minderwertigkeitserfahrungen verbanden sich in der Alltagsarbeit auf allen diesen Ebenen Erfahrungen der Nichtbeteiligung an Entscheidungen und Erfahrungen der Nichtanerkennung der Leistungen.

Das Team entschied sich vor allem für die folgenden drei Arbeitsschwerpunkte in der dritten Phase:

– Ausgehend von der Frustration der meisten Belegschaftsmitglieder über die mangelhafte Vertretung ihrer Interessen durch ihre Gewerkschaftsfunktionäre sollte eine Konfliktaufarbeitung die Selbstorganisationsfähigkeit im Betrieb stärken und nicht zuletzt die spezifische Vertretung der nicht-deutschen Mitarbeiter optimieren.

– In Zusammenarbeit mit Vertretern der Medien (Presse, Rundfunk, Fernsehen) sollten die Mitarbeiter in den Seminaren eine Außendarstellung ihrer Alltagsarbeit und Alltagsprobleme selbst erarbeiten und durch das Ernstgenommenwerden in Zeitungsartikeln, Rundfunksendungen und in einem Fernsehfilm ihre Fähigkeiten selbstbewußt erfahren und auch neu entdecken.

– In der zweiten Phase war in einer Fülle von Beispielen deutlich geworden, daß das Betriebsklima sehr stark durch einen Mangel an Konfliktkultur bestimmt war. Ansatzweise sollte deshalb in den Seminaren der dritten Phase eine Kompetenz aufgebaut werden, im Team am Wagen selbstregulierend mit den Konflikten umgehen zu können.

Insgesamt setzte diese dritte Phase die Arbeit der zweiten fort, indem Optimierung von Arbeitszufriedenheit vor allem auch als Ergebnis von Erfahrungen der Akzeptanz der Zuschreibung von Kompetenzen und damit der Identifikation mit in Teilen selbstorganisierter und selbstverantworteter Arbeit gesehen wurde.

Die dritte Phase begann mit einem Seminar zur Interessenorganisation und Interessenvertretung im Betrieb. In der Weiterarbeit gelang es, Bedingungen für eine Optimierung der Interessenorganisation von unten sowie für eine „basisorientierte" gewerkschaftliche Vertretungsarbeit zu benennen:

– Auch für die Gewerkschaftsarbeit wäre es außerordentlich wichtig, daß Mitglieder in der für sie am differenziertesten zur Verfügung stehenden Sprache ihre Mitarbeit einbringen könnten.

– In von den Herkunftsländern so heterogen zusammengesetzten Belegschaften könnte es sich als sehr produktiv erweisen, die verschiedenen Erfahrungen mit gewerkschaftlichen Traditionen aufeinander zu beziehen und damit erstarrte Funktionärsstrukturen zu durchbrechen.

– Die Transparenz gewerkschaftlicher Arbeit im Betrieb (z.B. wie „entstehen" Vertrauensleute im Betrieb?) müßte wesentlich verstärkt werden, um den Belegschaftsmitgliedern ihre Mitbestimmungsmöglichkeiten zu verdeutlichen.

– Da insgesamt bei den Arbeitern relativ wenig Informationen sowohl über Gewerkschaftsstrukturen wie Schwerpunkte der Gewerkschaftsarbeit generell und innerbetriebliche Gewerkschaftspolitik vorhanden ist, setzt Verstärkung von Motivation und Beteiligung andere Formen innergewerkschaftlicher Aufklärungsarbeit voraus, als sie bisher in diesem Amt praktiziert wurden.

Die folgenden Seminare der dritten Phase dienten der Vorbereitung und der ersten Kon-

taktaufnahme in einer Zusammenarbeit mit PressejournalistInnen, Rundfunkreporte-
rInnen und einem Fernsehfilmemacher. Der wichtige Schritt in diesen Seminaren bestand in der Entwicklung einer notwendigen Distanz der Seminarteilnehmer zu sich
selbst und zu ihrer Alltagsarbeit. Sie mußten auswählen, welche Aspekte ihrer Arbeit
sie mit welchen Zielvorstellungen der Öffentlichkeit vermitteln wollten. Sie mußten
eine Art Leitfaden für das Gespräch als Gruppen mit den JournalistInnen entwickeln
oder eine Art Drehbuchskizze konzipieren. Hier wurden Fähigkeiten gefordert und gefördert, welche die Teilnehmer zumindest als Gruppe von Arbeitskollegen so noch
nicht miteinander praktiziert hatten. Es waren sehr kreative, produktive Seminare, in
denen die Lust an der Entdeckung neuer Kompetenzen sich deutlich in eine entspann-
te Arbeitsatmosphäre übersetzte. So gelang ein Filmstreifen von einer Teilgruppe, als
Drehbuch entwickelt und auch technisch selbständig ausgeführt, auf dem beachtliche
„Komikertalente" ausagiert und belastende, konfliktreiche Arbeitssituationen komö-
dienhaft bewältigt werden konnten.

Die in diesem Rahmen erschienenen Zeitungsartikel, Rundfunkreportagen und Fil-
me zu Arbeitsalltag und Arbeitsschwierigkeiten der Wertstoffabfuhr wurden befriedigt
als eine mitbestimmte Form von Selbstdarstellung und Imagewerbung aufgenommen.

Aus dem bisher Dargestellten dürfte deutlich geworden sein, daß alle Seminare der
zweiten und der dritten Phase, ohne ausschließlich zu diesem Thema organisiert zu
sein, einen wichtigen Beitrag zum Aufbau einer Konfliktkultur geleistet haben. Dazu
trug allein das Setting bei, durch das verschiedene Gruppierungen der Betriebshierar-
chie, aber auch der ethnischen Binnenstruktur abgebildet waren. Das Arbeitsprinzip in
den Seminaren garantierte einen sanktionsfreien Raum, in dem jeder jedem seine Sichtweise zu bestimmten Problemen und Konflikten sagen durfte. Die langen Phasen sehr
emotional bestimmter Rekonstruktion konkreter Konfliktszenarien in den Seminaren
der zweiten Phase und im „Gewerkschaftsseminar" der dritten Phase dienten der Einü-
bung in selbstorganisierte Konfliktregelungen und widerlegten durch diese Praxis die
innerbetrieblich eingespielte Strategie der Konfliktvermeidung durch die Entkoppelung der Konfliktgegner (im Konfliktfall wurde ein Konfliktpartner von diesem Wagen auf einen anderen Wagen umgesetzt).

Vor allem konnte in den Seminaren vielfältig die Erfahrung gemacht werden, daß
Konflikte und Dissens, bei gleichzeitiger Akzeptanz des anderen, möglich sind. Damit gelang ein Stück Abbau von Feindbildern, die immer dann notwendig sind, wenn
beide Seiten sich in einem ‚Schwarz-Weiß'-Schema das idealisierte Selbstbild nur über
die Konstruktion des bösen Anderen, gegen den es dann zu kämpfen gilt, erhalten können. Insofern heißt Konfliktkultur Aushalten von Widersprüchen, von Mehrdeutigkeit
und auch Lernen von Toleranz.

Ergebnisse

Betrachtet man das Erreichte, könnte man zunächst feststellen, daß die entwickelten
Modelle zur Optimierung z.B. der Springerregelung, der Urlaubsregelung, der Einflußnahme auf gewerkschaftliche Interessenvertretung, der aufklärenden und Image
verbessernden Öffentlichkeitsarbeit allenfalls ansatzweise in die Betriebsrealität umgesetzt wurden. So gab es z.B. Möglichkeiten, per Option die Teams an den Wagen

zu besetzen, größere Aushandlungsspielräume bei der Durchsetzung individueller Urlaubsvorstellungen, die Anzahl Nichtdeutscher in der Personalvertretung von 1 auf 3 zu erhöhen und Broschüren zur Wertstoffsammlung durch das Amt für die Kundschaft zu erstellen. Das Erfolgserlebnis aber, daß entwickelte Modelle zumindest auf Zeit und versuchsweise auf ihre Brauchbarkeit in der Realität überprüft würden, konnte Belegschaftsmitgliedern und Teamern in der Projektlaufzeit nicht vermittelt werden.

Trotzdem kann man als Ergebnis konstatieren, daß das Verhalten und die Verständigungsformen innerhalb und zwischen den Teams am Wagen, besonders was die Kommunikation deutscher und nicht-deutscher Kollegen anbelangt, erheblich verbessert wurde. Übereinstimmend, wenn auch mit unterschiedlicher Gewichtung, bestätigten alle Seminarteilnehmer, einschließlich der Vorgesetzten, ein deutlich verbessertes Betriebsklima. Das höhere Maß an Arbeitszufriedenheit schlug sich nicht zuletzt in einer Verminderung der Anzahl der Krankheitsfälle im Anschluß an Urlaubszeiten nieder. Der vormals belastende Alltagskonflikt mit den Vorgesetzten wurde durch ein deutlich angehobenes Niveau von Konfliktregelungen als „normal" dargestellt. Offensichtlich kann das Verhältnis zwischen institutionellem Rassismus und Alltagsrassismus nicht allein herangezogen werden, um diese skizzierten Ergebnisse verständlich zu machen. Mindestens ebenso wichtig wie die Diskussion und Entwicklung von Verbesserungsvorschlägen für betriebsorganisatorische Probleme erwies sich das Setting in der Seminararbeit selbst:

– Die heterogene Zusammensetzung der Seminargruppen in bezug auf deutsche und nicht-deutsche Teilnehmer, aber auch bezogen auf die Positionen innerhalb der Hierarchie in der Arbeitsorganisation, verbunden mit dem Gebot der selbstverständlich gleichberechtigten Teilnahme an den Diskussionen und der Verpflichtung zur gegenseitigen Akzeptanz und Zuschreibung von Kompetenz führten zu einer Kultur des Miteinander-Umgehens als kontinuierliche Seminarpraxis, in der rassistische Diskriminierung eindeutig tabuisiert war. Eine solche Tabubildung wurde gleichzeitig durch die aktive Unterstützung der Amtsleitung auch im betrieblichen Arbeitsalltag gesetzt und offensichtlich zeitweise erfolgreich umgesetzt.

Betrachtet man diese zumindest doppelte Abhängigkeit der Wahrnehmung einer positiven Veränderung des Betriebsklimas sowohl von konkreten Schritten der Organisationsentwicklung wie von der Gewährleistung einer Tabuisierung rassistischer Diskriminierung bei gleichzeitiger Erhöhung der Bereitschaft zu wechselseitiger Vertrautheit und Akzeptanz, dann wird deutlich, wie labil der erreichte Erfolg sich darstellen kann, wenn die Beteiligung der Belegschaft in der weiteren Organisationsentwicklung nicht mehr erfolgt und/oder das Tabu nicht mehr in gleicher Weise seine Gültigkeit behält. Ein solches Moment höchster Gefährdung schien aus der Sicht des Teams erreicht, als eine Gruppe nicht-deutscher Belegschaftsmitglieder aufgebracht berichtete, daß am schwarzen Brett, in den Fächern und auf den Schreibtischen üble Pamphlete rassistischer, gegen ausländische Arbeiter und Asylbewerber gerichteter Hetze vorgefunden wurden. Dabei hatten mehrere in der Amtshierarchie einflußreiche Personen auf die Bitte, tätig zu werden, sichtbare Gegenmaßnahmen abgelehnt, und schienen die Wirkung solcher Flugblätter auf die nicht-deutschen Belegschaftsmitglieder nicht zu verstehen. Erst als sich die Amtsführung in einer Weisung an alle Beschäftigten wandte und sich mit Sanktionsdrohungen eindeutig gegen jede Form rassistischer Diffamierung und Diskriminierung einsetzte (diese Anweisung wurde auch in den Sprachen der nicht-deutschen Arbeiter verbreitet), konnte sich die Alltagssituation der nicht-deutschen Belegschaftsmitglieder wieder stabilisieren.

Zusammenfassend kann man also feststellen, daß die Erhöhung der Arbeitszufriedenheit und Arbeitsmotivation durch positive Veränderung des Betriebsklimas sich auf mehrere Maßnahmen gleichzeitig bezog:

- Arbeitsorganisatorische Regelungen, die institutionellem Rassismus oder struktureller Gewalt zuzurechnen waren, wurden mit Mitteln einer Organisationsentwicklung, getragen von der Belegschaft analysiert, kritisiert und im Sinne von Selbstorganisation und Eigenverantwortung der Arbeitsgruppen in der Alltagspraxis in einer neuen Konzeption optimiert und teilweise in ersten Ansätzen auch umgesetzt.
- Die Art der Erarbeitung dieser Konzepte machte gemeinsame Interessen deutscher und nicht-deutscher Arbeiter und gemeinsame Betroffenheit von hierarchischen Befehlsstrukturen und nicht vorhandener Konfliktkultur sehr konkret erfahrbar. Die gemeinsame Analyse, Kritik und der Planungsprozeß führten zu wechselseitig höherer Sensibilität für die spezifischen Perspektiven der jeweils anderen auf Situationen, Probleme und Konflikte und erhöhte gleichzeitig die wechselseitige Akzeptanz. Der Anteil informeller Kommunikation nahm erheblich zu und war nicht mehr an ethnische Abgrenzung gebunden.
- Gleichzeitig kontrollierte die Amtsleitung Arbeitsorganisation und Alltagspraxis im Verhältnis der Vorgesetzten zu den Arbeitern auf das Potential von Diskriminierung, die aus der Wahrnehmung der nicht-deutschen Arbeiter als Rassismus eingeschätzt werden konnte/mußte. Die höhere Sensibilität der Amtsleitung und der konkreten Vorgesetzten für die Wahrnehmungsperspektive aller im Betrieb Arbeitenden, nicht zuletzt der nicht-deutschen Arbeiter, führte zu einer verstärkten und eindeutigeren Sanktionierung alltagsrassistischer Handlungen mit der Wirkung einer Tabusetzung.
- Nicht zuletzt bedeutete die Gesamtanlage des Projektes mit der langfristigen Zusammenarbeit der Belegschaft mit Experten unterschiedlichster Art von außen (Team, Journalisten, Filmemacher) und den Diskussionsphasen mit Vorgesetzten, PR und Vertretern der Amtsleitung die Erfahrung von Akzeptanz und Ernstgenommenwerden, wie noch nie vorher im Berufsleben.

Steigendes Selbstbewußtsein und Erfahrung von Selbstwertgefühl waren in ihrem Stellenwert für das Verzichtenkönnen auf Strategien rassistischer Diskriminierung oder innerkollegialer Polarisierung zum Zwecke der Selbstwerterfahrung sehr hoch zu veranschlagen: Der Grad der Selbst-Entfremdung korrelierte in hohem Maße mit Fremdenangst oder umgekehrt: Sich seiner bewußt sein, ist die Grundlage für die Fähigkeit zu einer offenen Kommunikation mit anderen.

Ergebnisdarstellung in bezug auf Erwachsenenbildung, gewerkschaftliche Bildungsarbeit und Organisationsentwicklung

Wie mehrfach angedeutet, flossen in die Planung und Durchführung des Projektes unterschiedliche bisherige Arbeitserfahrungen der Teamer ein, die sich auf

- Erwachsenenbildung mit der Akzentsetzung auf Interkulturelles Lernen/antirassistische Arbeit

- gewerkschaftliche Bildungsarbeit
- Organisationsentwicklungsmaßnahmen

bezogen. Die Teamzusammensetzung mit Gruppen solcher unterschiedlicher Vor-erfahrungen und Kompetenzen stand aber gleichzeitig in engem Zusammenhang mit den verschiedenen Problemdimensionen der Konflikte in diesem Betrieb. Schon aus der vorangehenden Ergebnisdarstellung wird deutlich, daß in der Konzeptionsent-wicklung, – wenn auch mit unterschiedlicher Gewichtung – den verschiedenen Ar-beitsphasen und unterschiedlichen Problemdimensionen verschiedene Arbeitsansätze und die Gleichzeitigkeit diverser Zielperspektiven entsprechen. Anders ausgedrückt: Zwischen der Optimierung des Betriebsklimas, Arbeitszufriedenheit und Arbeitsmo-tivation und dem Grad der Bewußtheit jeweils eigener subjektiver Bedürfnisse und In-teressen und der Möglichkeit, deren kollektiver Vertretung sowie Veränderungspro-zessen im Sinne der Persönlichkeitsentwicklung in Form von Selbstwertstabilisierung und Entwicklung von Empathiefähigkeiten, d.h. der Chance, Situationen und Konflikte nicht nur vom eigenen Standort aus, sondern auch aus der Perspektive anderer wahr-nehmen zu können, besteht ein sehr enger Zusammenhang.

Insofern könnte man zusammenfassend feststellen, daß die mehrschichtige Zu-gangsweise zur Problemlösung eine Möglichkeit darstellt, die auch Weiterentwicklung der traditionellen Vorgehensweisen in einem solchen Kooperationsverbund beinhal-tet. Versucht man die spezifischen Veränderungsmöglichkeiten für die einzelnen tra-ditionellen Ansätze zu skizzieren, so wird in diesem Projekt bewußt davon ausgegan-gen, daß die Trägergruppen der Organisationsentwicklung, die Belegschaftsmitglie-der, begleitend in einen intensiven interkulturellen Lernprozeß und einen Prozeß der Persönlichkeitsentwicklung einbezogen werden müssen.

Bezogen auf **Erwachsenenbildung** besteht die Erweiterung der traditionellen Mög-lichkeit in der „Homogenisierung" der Teilnehmergruppe insofern, als die Arbeit mit den Mitarbeitern *eines* Betriebes die berufliche Alltagspraxis der Gruppe als ernsthaf-ten und realen Bezugsrahmen als Arbeitsgrundlage hat. Damit ist der Grad der Über-prüfbarkeit des Gelernten ungewohnt hoch, gleichzeitig aber auch die Ernsthaftigkeit des Arbeitsprozesses.

Interkulturelles Lernen wird in dieser Konstellation für die deutschen Teilnehmer in seiner Notwendigkeit plausibel: Für Nichtdeutsche ist interkulturelles Lernen im-mer eine Überlebensnotwendigkeit. Für Deutsche dagegen oft in der „normalen" Er-wachsenenbildung ein Selbsterfahrungstrip, eine exotische Spielerei oder eine karita-tive Leistung, der man/frau sich unterzieht oder auch nicht.

Bezogen auf die **gewerkschaftliche Bildungsarbeit** gilt vergleichbar, daß hier die einmalige Chance bestand, mit den Belegschaftsmitgliedern eines Betriebes kontinu-ierlich zu arbeiten. Traditionelle gewerkschaftliche Bildungsarbeit bleibt weitgehend auf die Funktionärsschulung, Bildungsurlaub und Wochenendseminare für Mitglieder beschränkt. In diesem Projekt war damit der Zusammenhang gewerkschaftlicher Bil-dungsarbeit mit Organisationsentwicklungsmaßnahmen neu. Ungewohnt war die Kon-kretheit der Kritik an gewerkschaftlicher Interessenvertretung in den Strukturen von Vertrauensleuten und Personalvertretung. Zweifellos eine wesentliche Bereicherung stellte die Erweiterung gewerkschaftlicher Bildungsarbeit um Elemente Interkulturel-ler Kommunikation/Interkulturellen Lernens dar: Die Selbstverständlichkeit des Ge-brauchs der jeweiligen Muttersprache (Simultandolmetscher) wie das Zulassen kul-

turspezifischer Perspektiven auf innerbetriebliche Probleme ermöglichten eine nicht
übliche Differenzierung von Arbeitnehmerinteressen und legten nahe, kulturelle Differenzierungen auch bei der Auswahl der Repräsentanten von Arbeitnehmerinteressen
in Mitbestimmungsgremien abzubilden. Die Fiktion des „ideellen Gesamtarbeiters" –
ohne Geschlecht, Nationalität und Kulturzugehörigkeit – wurde zumindest deutlich in
Frage gestellt.

Bezogen auf die **Organisationsentwicklung** stellt vor allem die Erweiterung um
interkulturelle Erwachsenenbildungsarbeit eine Optimierung traditioneller Verfahren
dar. In Organisationsentwicklungsmaßnahmen werden üblicherweise die Mitarbeiter
einer Abteilung oder eines Betriebes einbezogen. Selbstorganisation des Arbeitsprozesses, der zur Planung von Verbesserungen der Organisations- und Arbeitsstrukturen
führt, setzt die Akzeptanz teilautonomer Systeme in einem Betrieb voraus. Insofern
beinhaltet Organisationsentwicklung die Organisation der Mitbestimmung aller in diesem Planungsprozeß und führt damit über Formen repräsentativer Interessenvertretung
hinaus.

Schlußfolgerungen aus dem Pilotprojekt

In der Rückschau ergibt sich, daß das dargestellte Pilotprojekt optimal als eine Orga-
nisationsentwicklungsmaßnahme mit der erweiterten Kompetenz der von außen ge-
holten Experten um langjährige Erfahrungen in interkultureller Erwachsenenbildung
hätte geplant und durchgeführt werden müssen. Die Veränderung und Verbesserung
der Arbeitsstrukturen, der Entscheidungsmodalitäten und der Führungspraxis hätten
sich aus dem gemeinsamen Diskussionsprozeß der Mitarbeiter und der Vorgesetzten
der Teilbetriebseinheit als Versuchsanlage auf Zeit und unter Bedingungen der Selbst-
evaluation und Selbstkorrektur ergeben müssen. In dieser wichtigen Phase der Arbeit
an konsensfähigen Perspektiven der Optimierung des Arbeitsalltags käme es vor allem auf das Ernstnehmen der organisierten Mitbestimmung *aller* Mitarbeiter an diesem Prozeß an. Die Steuerungsfunktion läge normalerweise in der Hand einer ge-
wählten Gruppe, in der das „Management" eine Stimme neben anderen hat.

Während des Pilotprojektes gab es eine Fülle von Ansätzen für Organisationsentwicklung. Es wurden Modelle entwickelt zur Optimierung der Arbeitsorganisation (Lösung des Springerproblems), zur Verbesserung von Entscheidungsfindungen (Urlaubsregelungen), zur Weiterentwicklung des Verhältnisses von Vorgesetzten zu Mitarbeitern (Ansätze einer Konfliktkultur). Es fehlten jedoch institutionalisierte Formen
der Legitimation solcher Arbeitsergebnisse und der Übertragung in die betriebliche
Realität. Das Stückwerkhafte und Zufällige der Teilübertragungen von Teilarbeitser-
gebnissen in den Arbeitsalltag verunmöglichte eine Überprüfung der Tragfähigkeit der
entwickelten Modellvorstellungen.

So kann man zwar sagen, daß sich zum Teil die Arbeitszufriedenheit der Belegschaft erhöht hat (wahrscheinlich überprüfbar an einer Verringerung der Abwesen-
heitsquote), daß sich das Konfliktpotential und die Diskriminierungspraxis zwischen
deutschen und nicht-deutschen Arbeitern und zwischen Vorgesetzten und Arbeitern
vermindert hat, daß sich Aushandlungen über Urlaubszeiten für Mitarbeiter verbessert
haben, aber alle diese Verbesserungen sind relativ labil und abhängig von ‚good will'.

Die Einstellungen der Beteiligten sind nicht genügend durch Konsensbildungen und Vereinbarungen über Perspektiven der weiteren Organisationsentwicklung gesichert.

Wie wenig abgesichert die zweifellos aus ihrer Sicht deutlichen Erfolge der Projektarbeit waren, gaben uns immer wieder vor allem die nicht-deutschen Arbeiter zu verstehen, wenn sie in uns als von außen kommenden Experten die Gewährleistung für die Stabilität des veränderten Klimas sahen, vor allem durch veränderte Umgangsformen. Diese Art der Personalisierung von Veränderung belegte das Fehlen einer Art institutionalisierten Konsenses und dessen Kontrolle. Vor allem eine Entscheidung gegen Ende der Laufzeit des Pilotprojektes, zweifellos legitimiert durch die Aushandlung mit dem Personalrat, widersprach dem Arbeitsprozeß im Projekt und wirkte als autoritäre Entscheidung von oben ohne Beteiligung der Belegschaft: die sogenannte Leistungsprämie.

In der Wahrnehmung der Arbeiter wurde die Leistungsprämie im Zusammenhang gesehen mit dem zukünftigen Wegfall der für Lader bisher üblichen Zulage, eine Lohnkürzung (für neu einzustellende Arbeiter), mit der Relativierung des Arbeitspensums pro Tag, bisher in Tonnenmenge ausgedrückt, durch die Verbindlichkeit der Arbeitszeit mit Rationalisierungsmaßnahmen und der Drohung einer Privatisierung der gesamten Abfallwirtschaft, beginnend mit dem dualen System. Da diese Information in den Kontext der höheren Tonnenzahl in anderen Städten gestellt wurde (Stuttgart, Berlin, ...), konnte sie auch als Aufkündigung der bisherigen Arbeitsnorm von 180 Tonnen pro Tag verstanden werden. Die Diskussion zwischen dem PR-Vorsitzenden und Seminarteilnehmern zu diesen Komplexen und dieser Leistungsprämie erschütterte damit grundlegend das Vertrauen in die Zusammenarbeit zwischen Belegschaft, Management und PR.

Versucht man am Ende der Ausweitung des Pilotprojektes eine Empfehlung für den Betrieb, bietet sich eine Unterscheidung zwischen optimaler Maßnahme und minimaler Sicherung an:

– Funktional wäre eine Entscheidung des Amtes für Abfallwirtschaft für Organisationsentwicklung mit deutlicher Akzentuierung der interkulturellen Lernprozesse, die notwendig sind, wenn eine derart multinational zusammengesetzte Belegschaft in Maßnahmen der Organisationsentwicklung integriert wird.

– Mindestens jedoch sollte die Institutionalisierung einer Ombudsstelle, besetzt mit einem betriebsexternen Vertrauensmann, sicherstellen, daß innerbetriebliche Konflikte benennbar, analysierbar, bearbeitbar und dadurch lösbar werden, daß zumindest die an Konflikten Beteiligten in einen gemeinsamen Bearbeitungsprozeß einbezogen werden.

Die Mitglieder des Teams haben in diesem Projekt viele Erfahrungen gemacht, viel gelernt und hoffen, mit dieser Darstellung anderen in diesem Betrieb ähnliche Lernprozesse zu ermöglichen.

Anmerkungen

[1] Veränderte Fassung des Abschlußberichts der Fortbildung für die Bediensteten der Abteilung „Wertstoffabfuhr" des Amtes für Abfallwirtschaft und Straßenreinigung, Frankfurt a.M., März 1993.

Literatur

Balibar, E. (1989). Gibt es einen „neuen Rassismus"? In: Das Argument Nr. 175, Mai/Juni

Balibar, E. & Wallerstein, I. (1990). Rasse Klasse Nation. Ambivalente Identitäten. Hamburg

Bielefeld, U. (Hg.) (1991). Das Eigene und das Fremde. Neuer Rassismus in der Alten Welt? Hamburg

Bukow, W. D. & Llaryora, R. (1988). Mitbürger aus der Fremde. Zur Soziogenese ethnischer Minderheiten. Opladen

Conze, W. (1984). Artikel „Rasse". In: Geschichtliche Grundbegriffe. Historisches Lexikon zur politisch-sozialen Sprache in Deutschland. Bd. 5. Stuttgart

Das Argument. Sonderheft. Anti-Rassismus. Methodendiskussion. Nr. 195, September/Oktober 1992

Feagin, J. R. (1984). Racial and Ethnic Relations. New Jersey

Glasl, F. (1990). Konfliktmanagement. Stuttgart

Guillaumin, C. (1990). La signification de la nation de RACE. (Thesen zum Kongreß „Migration und Rassismus in Europa", Hamburg, 25.-30.10.1990)

Hall, St. (1989). Ausgewählte Schriften. Ideologie, Kultur, Medien, Neue Rechte, Rassismus. Hamburg

Hall, St. (1989a). Rassismus als ideologischer Diskurs. In: Das Argument. Nr. 178, November/Dezember

Haller, I. (1991). Nicht-deutsche eingewanderte Minderheiten in einer nationalstaatlichen Mehrheitsgesellschaft. Kassel

Haug, W. F. (1992). Zur Dialektik des Anti-Rassismus. Erkundungen auf einem Feld voller Fallstricke. In: Das Argument. Nr. 191, Januar/Februar

Institut für Migrations- und Rassismusforschung (Hg.) (1992). Rassismus und Migration in Europa. Hamburg

Jäger, M. & Jäger, S. (Hg.) (1991). Aus der Mitte der Gesellschaft I-IV. Zu den Ursachen von Rechtsextremismus und Rassismus in Europa. Duisburg

Memmi, A. (1987). Rassismus. Frankfurt a. M.

Leiprecht, R. (1991). Rassismus und Ethnozentrismus bei Jugendlichen. Duisburg

Miles, R. (1991). Formen von Rassismus in der Bundesrepublik. In: Jäger & Jäger

Taguieff, P.-A. (1988). La force du préjugé. Essai sur le racisme et ses doubles. Paris

Ansätze therapeutisch-pädagogischer Arbeit mit Kindern politischer Flüchtlinge in kommunalen Kindertagesstätten

Ingrid Haller

Diesen Ausführungen liegen die Erfahrungen mit einem dreijährigen Projekt ‚Kinder politischer Flüchtlinge' in Kassel zugrunde (1986 – 1989). Es handelt sich dabei (nicht zuletzt aus haushaltstechnischen Gründen) um Kinder von Flüchtlingen im ersten Jahr der Anerkennung. Ausgehend von der Arbeit in kommunalen Kindertagesstätten, in sogenannten ‚sozialen Brennpunkt-Stadtteilen', wurde in diesem Projekt die Vernetzung der Kita-Arbeit mit den zugehörigen Grund- und Hauptschulen, der offenen Jugendarbeit im Stadtteil, der Elternarbeit und der Erwachsenenbildung versucht. In Kassel gibt es größere afghanische und eritreische, später auch iranische Communities, die sich infolge einer bewußt nach ethnischen Kriterien erfolgenden Zuweisung von Flüchtlingen durch das Land herausbilden konnten.

Die Hauptziele des Projektes bestanden in der Entwicklung spezifischer Arbeitsansätze in den verschiedenen Arbeitsfeldern mit den Kindern/Jugendlichen der Familien politischer Flüchtlinge und mit den Eltern, organisiert als ein berufsbegleitendes Qualifizierungsprogramm für die deutschen BetreuerInnengruppen in den Einrichtungen, vor allem für die ErzieherInnen. Im Mittelpunkt stand die Zusammenarbeit mit den Kindertagesstätten.

An dem Projekt beteiligt waren je ein afghanischer, eritreischer und iranischer Mitarbeiter. Auf Werkvertragsebene erfolgte die Zusammenarbeit mit einer türkischen Psychoanalytikerin und Familientherapeutin, mit Fachkräften, die für Sprachpsychodrama, Bewegungstherapie und Kunsttherapie ausgebildet waren, sowie vielen ExpertInnen aus der psychosozialen Beratung in anderen Städten, Sprach- und KulturexpertInnen für Afghanistan, Eritrea und den Iran. Muttersprachliche Fachkräfte aus Afghanistan und Eritrea arbeiteten in den Kindertagesstätten und Grundschulen mit.

Die Finanzierung durch das Hessische Sozialministerium erlaubte für die Laufzeit des Projektes sowohl zusätzliche Personaleinstellungen als auch eine finanzielle Ausstattung, die über das Alltägliche hinaus Erkundungen in das gesellschaftliche Umfeld, Zusammenarbeit mit den Eltern und Materialbeschaffung der Tagesstätten ermöglichte. Insofern berichte ich nicht über Alltagsarbeit in den Kindertagesstätten.

Anlaß für das Projekt waren massive Konflikte zwischen deutschen Eltern und einer der Kindertagesstätten, in denen es um die „Benachteiligung" deutscher Kinder durch die hohe Anzahl von Flüchtlingskindern ging. In einem „sozialen Brennpunkt-Stadtteil" trafen „deutsche Verlierer" der gesellschaftlichen Entwicklung auf Flüchtlinge und nahmen diese neuen Gruppen als Konkurrenz wahr.

Die Erzieherinnen erfuhren in diesen Konflikten, aber auch in der Zusammenarbeit mit den Kindern und deren Eltern, Grenzen ihrer Qualifikation und baten dringend um Unterstützung, anderenfalls sei die Fortführung der Kindertagesstättenarbeit gefährdet. Eine Woche lang wurde die Kindertagesstätte geschlossen, und das Team versuchte in selbstorganisierter Fortbildung eine Analyse der Probleme. Ich arbeitete in dieser Woche mit dem Team zusammen. Ergebnis der Woche war ein Projektantrag, der diese Zusammenarbeit institutionalisieren sollte.

Im folgenden trage ich Arbeitsansätze zusammen, die dem Stichwort 'Interkulturelle Beratung und Therapie' zugeordnet werden können.

Psychische Belastungen in der Exilsituation

Einleitend sollen einige Aspekte einer 'Psychoanalyse des Exils' (Grinberg & Grinberg, 1990) benannt werden, die für unsere Arbeit von großer Bedeutung waren; im übrigen verweise ich auf die einschlägige Literatur (vgl. Literaturliste in Haller, 1988).

1. *Flucht* ins Exil ist immer mit *traumatischen Erfahrungen* und *Krisen* verbunden. Für die Art des Umgangs mit den Krisen ist die bisherige Lebens- und damit Lerngeschichte entscheidend: Die Art der Ablösung von den kindlichen Primärobjekten und die Kindheitsentwicklung haben Einfluß auf die Verarbeitung der Migration. Ist Vertrauen aufgebaut worden in die eigenen Fähigkeiten, Verlorenes neu schaffen zu können? Konnte um verlassene oder verlorene Objektbeziehungen getrauert werden, und gab es positive Erfahrungen mit neuen Beziehungen zu neuen Objekten?

Für unsere Arbeit mit Kindern war es außerordentlich wichtig, zu berücksichtigen, daß generations- und geschlechtsspezifisch in derselben Familie die Formen des Umgangs mit der Krise sehr verschieden sein konnten, und auch bei derselben Person phasenweise verschiedene Reaktionsformen zu beobachten waren. Die Gefahr eines Bruches der Beziehungen zwischen Umwelt und Selbst, die Gefahr einer Desorganisation der Persönlichkeit, bedrohte die familiäre Situation der Flüchtlingskinder vor allem als Gefahr für die Eltern.

Wir verstanden das Projekt daher als Chance für die Familien, vor allem für die Kinder, einen „Übergangsort" und eine „Übergangszeit" (Grinberg & Grinberg 1990, S. 14) zu organisieren, in dem und in der Migration als „Spiel" erlebt werden konnte (Grinberg & Grinberg 1990, S. 228). Das Kind sollte schmerzhafte Situationen verarbeiten können, angenehme wiederholen dürfen, aber die Schritte von den schützenden Objekten weg in eine neue äußere gesellschaftliche Umwelt begleitet und „geliebt" tun.

2. *'Fortgehen heißt immer ein wenig sterben.'* Flucht ist verbunden mit Verlusterfahrungen: Man läßt „Menschen, Dinge, Orte, Sprache, Kultur, Gebräuche, Klima, manchmal Beruf, gesellschaftliche und ökonomische Stellung" (Grinberg & Grinberg 1990, S. 27f) zurück, und damit sind Anteile des Selbst von Verlust bedroht.

Flucht kann durch den Verlust der Selbstverständlichkeit von bisherigen Selbstkonzepten und Verhaltensweisen zu Identitätsproblemen führen und fordert Identitätsarbeit heraus. Trauerarbeit ist hier sehr wichtig, aber auch Aufbau von Selbstwertgefühl.

Vor dem Hintergrund alltäglicher Diskriminierungserfahrungen in der deutschen Gesellschaft kam es uns im Projekt darauf an, die Ängste und Abwehr der Kinder, die teilweise paranoiden Verhaltensweisen in den ethnischen Communities so aufzugreifen, daß weder Überanpassungsleistungen noch Rückzug auf die eigene Gruppe in ghettoähnlichen geschlossenen Räumen auf Reaktionsweisen in den Familien geförderten wurden. In dem schmerzhaften Prozeß notwendiger Akkulturationsleistungen sollten Sprache und Kultur (*„Muttersprache"!*) so gewichtig betont werden, daß trotz aller Generationsunterschiede in der Verarbeitung die Kommunikation zwischen Eltern und Kindern erweitert wurde.

3. Die *Unsicherheitsgefühle* bestimmen die erste Zeit *in der Fremde.* Dominant sind
- das Bedürfnis nach einem vertrauten Menschen (einem „Paten" oder einer „Patin"), der/die die Brücke zur neuen Situation so herstellt, daß Sicherheit wiedergefunden wird,
- das Bedürfnis, sich angenommen zu fühlen.

Menschen aus den Gruppen der Flüchtlingskinder spielten in dem Projekt als muttersprachliche Fachkräfte und „Kulturexperten" eine wichtige Rolle; die Bedürfnisse und Verhaltensweisen der Kinder und Eltern waren in der Arbeit mit den Kindern unersetzbar.

Viele Erzieherinnen übernahmen eine Patinnenrolle für „ihre" Kinder und bemühten sich, den Kindern das Gefühl zu geben, angenommen und geliebt zu sein. Gemeinsam kochen und afghanische und eritreische Mahlzeiten als Gruppe ‚zelebrieren', Lieder und Tänze aus den verschiedenen Kulturen, sprachfreiere Formen von Eltern- und Kinderfesten hatten eine hohe Funktion für das Entstehen eines neuen Wir-Gefühls. Märchen der verschiedenen Kulturen und Sprachgruppen der Kinder wurden gesammelt.

4. Die Menschen, auf die Kinder und Eltern der Flüchtlingsfamilien als *Vertreter der aufnehmenden Gesellschaft* treffen, sind sehr wichtig für die Art der neuen Erfahrungen. Wieder hängt das angeschlagene Selbstwertgefühl entscheidend davon ab, ob die Kommunikationsformen und die organisierten Hilfsangebote Partnerschaft signalisieren oder paternalistische Strategien darstellen: StellvertreterInnenpolitiken der HelferInnen und Hilfe, die eigene Regression und Infantilisierung spürbar macht und verstärkt, zerstört weiter das Selbstkonzept.

In dem Projekt lag ein wichtiger Akzent auf der berufsbegleitenden Qualifizierung des deutschen Personals für die interkulturelle Arbeit und für einen sensiblen Umgang mit den Flüchtlingsfamilien. Ziel war die Stabilisierung aller Beteiligten und die Ermutigung zur Selbstorganisation der Interessen. So fanden auch Elternabende mit SimultandolmetscherInnen in den Kindertagesstätten statt, muttersprachliche Fachkräfte ermöglichten intensive Gespräche in der Elternberatung, so daß alle Beteiligten in der Sprache reden konnten, in der sie ihre volle Kompetenz entfalteten.

Im folgenden werde ich im Rückgriff auf diese psychischen Belastungen der Exilsituation Arbeitsansätze im Projekt skizzieren. Ein weiterer Aspekt wurde uns von den Kindern in seiner Bedeutung nahegebracht, der in der Literatur wenig Beachtung findet: Was geschieht, wenn unterschiedliche Formen des Umgangs mit Sexualität aufeinandertreffen? Auch dazu möchte ich Fallbeispiele geben.

Therapeutisch-pädagogische Arbeitsansätze

Orientierung in der neuen gesellschaftlichen Situation

Gerade in der Anfangsphase der Exilsituation sind Kinder in einer besonderen Situation: Sie wurden überwiegend an der Entscheidung zur Migration nicht beteiligt, erleben aber intensiv die Erschütterung der Eltern oder des alleinstehenden Elternteils durch die neue Situation. Die Verunsicherung der Eltern/der Mutter/des Vaters, deren Verlust an Selbstvertrauen, bedeutet auch für die Kinder Verlust an Selbstsicherheit und Unterstützung. Die Bereitschaft, sich auf Unbekanntes einzustellen, kann beschränkt sein. Gleichzeitig muß sich das Kind auf neue soziale Beziehungen zu anderen Kindern sowie ErzieherInnen und LehrerInnen einlassen. Es erfährt sich selbst als der/die Neue und andere und fühlt sich oft diskriminiert.

Eine *Fotodokumentation* über den eigenen *Stadtteil* war deshalb eines der ersten interkulturellen Projekte einer Hortgruppe. Es entstanden eine Dia-Reihe und Fotoausstellung der bekannten und geliebten Orte im Stadtteil, aber auch der mit der Kamera neu entdeckten Aspekte. Bei einem Elternabend vermittelten die Kinder ihre Erfahrungen und Entdeckungen den Eltern.

Weiter geht ein Arbeitsauftrag an die Kinder, mit der Kamera in der neuen Stadt Bilder festzuhalten, mit denen man dokumentieren kann: „Das ist für mich schön", aber auch Bilder, auf denen festgehalten wird: „Das mag ich nicht, finde ich häßlich, unangenehm." Eine solche Dokumentation ist oft sehr überraschend für die deutschen BetreuerInnen. Sie bietet hervorragende Ansätze dafür, daß die Kinder versuchen, ihre Gefühle zu beschreiben und anderen, auch Gleichaltrigen, ihre Wahrnehmungen zu erklären. Ein deutsches Parallelprojekt führt mit hoher Wahrscheinlichkeit zu völlig anderen Wahrnehmungen derselben Stadt.

Aber auch mit Papier und Farben läßt sich die Aufgabe stellen, das Schöne, Angenehme oder das Häßliche, Unangenehme zu malen. Wieder dürfen die Kinder nur selbst etwas zu ihren Bildern sagen, oder andere Kinder formulieren, welche Empfindungen die Bilder der anderen bei ihnen auslösen. Verstörung, Angst und Abwehr dominieren oft in diesen Bildern. Mit Hilfe muttersprachlicher Fachkräfte lassen sich von Schulkindern, die in ihrer Sprache schon Lesen und Schreiben gelernt haben, auch Texte zu diesen Bildern schreiben.

Wichtig war uns bei all diesen Versuchen der Erkundung des neuen gesellschaftlichen Umfeldes und bei den Ansätzen einer kreativen Verarbeitung der eigenen Wahrnehmung und Wertung die Rückkopplung an die Eltern. Gerade weil Verarbeitungsprozesse generations- und geschlechtsspezifisch verschieden verlaufen, sind Spannungen zwischen Ehepartnern und Eltern/Kindern alltägliche Erfahrungen im Exil. Die wechselseitige Vermittlung der Lernprozesse mindert Konflikte und ermöglicht Kommunikation auch dann, wenn zunächst Konflikte neu entstehen: Viele Eltern mit Verfolgungserfahrungen oder Erlebnissen von Tod im engeren Familienkreis wünschen zu vergessen und zu verdrängen und meinen vor allem oft, den Kindern mit Verschweigen zu dienen.

Zum Beispiel reagierte ein kleines afghanisches Mädchen in einer Kindergartengruppe auf meine drei männlichen eritreischen und iranischen Mitarbeiter mit Angst und Weinen. Die Eltern reagierten panisch auf die Versuche, diese Reaktion in Zusammenhang mit Fluchterlebnissen des Kindes zu bringen. Das Kind sollte vergessen, neu anfangen aus ihrer Sicht.

Die kreativen Ansätze der Aneignung der neuen Umwelt bringen selektive Wahrnehmungen in den Blick, Versuche, im Unbekannten Bekanntes zu finden, weisen auf Identifikationen hin und decken Ansätze neuer ‚kleiner Heimaten' ebenso auf wie die Ängste und Verlassenheitsgefühle. Das Versagen der eigenen Deutungs- und Aneignungsressourcen gegenüber dem Neuen wird deutlich. Die Ansätze zur Weiterarbeit ergeben sich aus dem Material der Kinder.

Vor-Fluchtsituation – Fluchterfahrung – Heimatorientierung

Meine Erfahrungen der Vorprägung der Flüchtlingskinder möchte ich fast anekdotisch schildern, weil ich in diesen Situationen viel gelernt habe.

1. Beispiel: ‚**Wir basteln der Mutter eine Brosche**'
Im Deutsch-Intensivkurs einer Grundschule werden 6- bis 15jährige Flüchtlingskinder auf die Integration in die Regelklassen vorbereitet. Die Lehrerin hat zur Auflockerung eine brennbare Knetmasse mitgebracht, selbst zu Hause eine Brosche mit Blumenmotiven gebastelt und angemalt, um eine Anregung zu der Aufgabe zu geben: ‚Wir basteln heute der Mutter eine Brosche'.
Die Kinder beginnen sofort mit der Arbeit. Kaum ein Kind macht es der Lehrerin nach. Es entstehen: Maschinengewehre – Nationalfahnen – Kämpfer – ein von einer Schlange am ganzen Körper umschlungener Mann u.ä.. Weder die Anregung, der Mutter eine Brosche zu machen, noch das Blumenmotiv werden von den meisten aufgegriffen, sondern das zur Gestaltung anregende Material provoziert, ‚Vergangenes', aber ständig Gegenwärtiges darzustellen.
Ähnliche Erfahrungen machen wir auch bei Sprachübungen – uns kommt es auf bestimmte grammatische Strukturen an, die Kinder nutzen die Gelegenheit, ‚ihre Themen' loszuwerden, ihre Ängste und Wünsche zu formulieren.

2. Beispiel: **Die Taube**
In einer anderen Situation wird deutlich, in welchem Ausmaß Trennungstraumata und Verlassenheitsängste kollektives Schicksal der Kinder sind.
Kindertagesstätte und Grundschule liegen nebeneinander, so daß Hortkinder, die auf dem Weg zur Schule eine offensichtlich kranke Taube gefunden haben, diese schnell in der Kindertagesstätte abliefern. Sie wollen nach der Schule mit der Taube zum Tierarzt. Die Erzieherinnen sollen auf das Tier gut aufpassen. Nach der Schule kann es der Gruppe mit dem gemeinsamen Essen nicht schnell genug gehen, alle wissen von der kranken Taube, wollen sich um sie kümmern. Das Entsetzen ist groß, als einige Kinder aus dem Büro zurückkommen und berichten: Die Taube ist tot. Die Kinder beschließen, daß sie dann wenigstens begraben werden soll. Eine Schaufel, Plastiktüten statt Handschuhen, ein Verbot, das verendete Tier anzufassen, und die Kinder gehen an den Rand des Kindertagesstättengeländes, die Taube zu beerdigen. Noch immer aufgeregt, berichten zwei eritreische Mädchen, daß sie den Grabhügel mit zwei Kreuzen und Blumen geschmückt haben. Sie sind zufrieden mit ihrem Werk.
Kaum noch zu bändigen sind die Emotionen in der Kindergruppe, als die Kinder-

tagesstättenleiterin verlangt, daß die Taube sofort ausgegraben und in den Mülleimer geworfen wird – Seuchengefahr drohe sonst. In den aufgebrachten Diskussionsbeiträgen der Kinder wird deutlich, in welchem Maße sie sich mit dem kranken und toten Tier identifiziert haben, wie ihre Verlassenheitsängste aktiviert werden durch die Erfahrung, daß für ‚die Deutschen‘ die Taube nur Abfall ist, gefährlicher Abfall. Die Kinder schlußfolgern scheinbar unvermittelt: ‚Sehen Sie, wie ausländerfeindlich die sind‘.

Mit unseren *Arbeitsansätzen*, auch in Zusammenarbeit mit VertragsmitarbeiterInnen, kommt es uns darauf an, Vorflucht- und Fluchterfahrungen in die Arbeit mit einzubeziehen. So laden wir in einer Herbstferienwoche die Mütter in eine Hortgruppe ein. Sie sollen eine Woche lang den Kindern von zu Hause und *von der Flucht erzählen*.

Es wird eine tränenreiche Woche. Morgens berichten Mütter, die Kinder fragen zurück, und am Nachmittag wird gemeinsam mit Ton etwas von den Erzählungen festgehalten. Am Ende der Woche ist eine ganze Ausstellung entstanden. Die Kinder haben die eritreischen, afghanischen und türkischen gemeinsam geschaffenen Objekte mehrsprachig beschriftet, sie führen Eltern und Interessierte durch die Ausstellung und erzählen. Mütter und Kinder sind sehr stolz auf ihr Werk. Die verlassenen Hütten eines eritreischen Dorfes im Hochland sind zu sehen, Menschen auf der Flucht mit Waffen, Kinder, aber auch Alltagsgegenstände des Lebens: ein Bett, Geschirr, Essen.

Oder: Eine türkische Psychoanalytikerin, die an der Universität als Gastprofessorin arbeitet, gibt einer Kindergruppe das *Thema ‚Zu Hause‘ zu malen*. Ein Junge bringt ein großes Haus mit vielen Fenstern zu Papier, davor ein schwarzes Auto. Sie läßt ihn erzählen, was er gemalt hat: ‚Mit dem Auto ist mein Vater abgeholt worden, und er ist nie mehr wiedergekommen‘, sagt der Junge. Sie arbeitet mit ihm weiter an dieser traumatischen Erfahrung.

Viel Spaß macht es den Kindern, Geschichten zu spielen, oder auch den Schluß von *Geschichten* selbst im *Spiel* zu entwickeln. Sie dürfen z.B. selbst erzählen, welche Tiermaske sie aufsetzen. Es tut gut, je nach Bedürfnis, für einige Zeit der starke Löwe, auch das kleine Mäuschen sein zu dürfen, das keiner sehen kann, wenn es sich versteckt. Auch solche Rollenspiele werden mit Farbe zu Papier gebracht.

Mit solchen spiel- und bewegungstherapeutischen Konzepten gelingt es einer Mitarbeiterin, den kleinen eritreischen Jungen wieder in die Gruppe der Gleichaltrigen zu integrieren, der fast in der Kinderpsychiatrie gelandet wäre. Seine Mutter war vom Vater im Wochenbett umgebracht worden. Seine eritreische Pflegemutter zog nach einiger Zeit weg und wollte ihn nicht mitnehmen – die Erzieherinnen konnten mit dem hochaggressiv gewordenen Jungen kaum noch zurechtkommen. Die Mitarbeiterin arbeitete daraufhin mit der gesamten Kindergruppe mit ihren spielerischen Möglichkeiten über mehrere Wochen – mit Erfolg.

Kulturkontrastives Lernen – Interkulturelles Lernen

Für das Kasseler Flüchtlingsprojekt waren Sprache und Kultur der Kinder und Eltern von Anfang an sehr wichtig in der Planung der Vermittlung von Lebensfähigkeit in der neuen gesellschaftlichen Situation bei gleichzeitigem Aufbau von Selbstwertgefühl. Es schien uns beobachtbar, in welchem Maße die Beteiligung von Angehörigen der eigenen ethnischen Gruppe als wissenschaftliche MitarbeiterInnen, als muttersprachliche Fachkräfte und DolmetscherInnen und der Eltern in der Arbeit mit den Kindern, das Selbstbewußtsein der Kinder stärkte. Die Achtung der eigenen Sprache und Kultur wurde in der Kindertagesstätte erfahrbar und widersprach den alltäglichen Diskriminierungserfahrungen – vor allem der eritreischen Kinder.

Lieder, Märchen und Sprichwörter der verschiedenen Kulturen wurden in die Arbeit einbezogen und zweisprachig veröffentlicht. Muttersprachlicher Unterricht in Tigrinia, Dari und Paschtu fand wöchentlich statt.

Ein *eritreischer Vater erzählte* der gesamten Kindergruppe *von seinem Dorf* und baute mit den Kindern zusammen ein eritreisches Dorf in der Kindertagesstätte auf. Anschließend besuchte die Gruppe einen *Bauernhof* in der Nähe mit vielen Tieren, die Kinder tranken frische Milch, sahen dem Bauern bei der Arbeit zu und unterhielten sich mit der Familie. Auch dieser Hof wurde dann gemeinsam nachgebaut.

Vergleichbares und Andersartiges haben die Kinder entdeckt. Sehr deutlich wurden Kulturunterschiede in *Spielen*. Selbst in die neu hier gelernten Konkurrenz-Ballspiele zweier Mannschaften (wie Völkerball) brachten z.B. die eritreischen Kinder ihre Umgangsformen untereinander regelverändernd mit ein: z.B. war es für sie verpönt, als körperlich überlegenere SpielerInnen das schwächere Kind mit dem Ball abzuwerfen. Diese neue Interpretation von Fairneß setzten sie auch bei den anderen Kindern durch. Auch Formen des *Konfliktaustragens* in der Gruppe profitierten von den verschiedenen kulturellen Traditionen der Kinder.

Sexualität – Unterschiedliche kulturelle Formen des Umgangs

Unter Gesichtspunkten interkulturellen wechselseitigen Lernens ist der Bereich Sexualität oder, deutsch gesprochen, ‚Sexualerziehung‘ der Kinder ein äußerst brisanter Bereich, da unterschiedliche kulturelle Umgangsformen aufeinandertreffen.

Uns wurde die Sexualerziehung als interkultureller Lernbereich von den Kindern und von Ereignissen geradezu aufgezwungen. Zunächst baten zwei eritreische Jungen um ‚Aufklärungsmaterial‘. Die Erzieherin gab ihnen ein in der Kindertagesstätte häufig benutztes Buch. Sie schienen sich mit dem reichlich bebilderten Band köstlich zu amüsieren, wollten mir aber das Buch nicht zeigen. Ein ca. acht Jahre alter afghanischer Junge verlangte plötzlich erregt, daß das Buch sofort den Jungen weggenommen werde – „so etwas darf man nicht anschauen“.

Wir hatten einen nichtkalkulierten Konflikt. Meine drei nichtdeutschen Mitarbeiter weigerten sich, mit mir über das Thema Sexualität oder Sexualerziehung zu sprechen. Ich hatte das Gefühl, sie suchten ein Mauseloch, um einem Gespräch auszuweichen.

Ich nahm Kontakt zur National Union of Eritrean Women (NUEW), der Frauenorganisation der Eritrean People's Liberation Front (EPLF), auf und bat die Frauen um Hilfe, bot ihnen selbstorganisierte Treffen in Kassel mit eritreischen Müttern an, damit sie sich ungestört mit dem Thema auseinandersetzen und in die konkrete Kindertagesstättenarbeit einbringen könnten. Auch diese jungen Frauen hatten größere Probleme, das Thema aufzugreifen. Erst die Anschauung der konkreten, in der Kindertagesstättenarbeit benutzten Aufklärungsmaterialien, und die Richtlinien mit den Lernzielen für die Kinder alarmierten sie: ‚Die machen unsere Kinder ja kaputt.‘

An einem Sonntag fand ein eritreischer Mütternachmittag mit Frauen der NUEW statt. Es wurde deutlich, daß es das Problem der Beschneidung weiblicher Babys für einige eritreische Mütter auch in Deutschland gibt. Ihre Versuche, Ärzte dafür zu gewinnen, schlugen allerdings fehl. Das Risiko für die Kinder ist dadurch beträchtlich.

Es bildete sich eine Arbeitsgruppe von Erzieherinnen und eritreischen Frauen, darunter quasi als Referentin eine Frau der Kasseler NUEW; die Arbeitsgruppe tagte regelmäßig für halbe Tage. Es fanden sehr intensive Gespräche über die verschiedenen Traditionen und Erziehungsformen für Jungen und Mädchen in Eritrea, in eritreischen Familien sowie diejenigen in der Bundesrepublik statt.

Vor dem Hintergrund der andersartigen Praxis in den Familien wurde die Sensibilisierung für die Fragwürdigkeit des eigenen selbstverständlichen ‚Aufklärungsverhaltens‘ bei den deutschen Erzieherinnen erheblich erhöht.

Gleichzeitig aber machten wir neue Erfahrungen, vor allem mit den heranwachsenden Mädchen. Eine junge Afghanin teilte der Erzieherin mit, sie müsse jetzt bald sterben. Es nahm viel Zeit in Anspruch, herauszufinden, daß das Mädchen so auf seine erste Menstruation reagierte. Mit der Mutter konnte sie nicht über ihre Ängste sprechen.

Wir versuchten entsprechend unserem Vorgehen mit eritreischen Frauen, auch einen afghanischen Mütternachmittag mit einer afghanischen Ärztin zu organisieren. Dies gelang nicht. Die Angst vor der gruppeninternen Verfolgung hinderte alle unsere potentiellen afghanischen Partnerinnen, sich zu diesem Thema auch nur im geschlossenen afghanischen Frauenkreis zu äußern. Wir müßten zuerst die Männer überzeugen, daß das Thema Sexualität um der Kinder willen kein Tabu bleiben darf.

Inzwischen schien ein eritreisches Mädchen schwanger zu sein. Bei der Einlieferung in die Klinik durfte sie aus Sicht der Eltern auf keinen Fall in die gynäkologische Abteilung gebracht werden. Die Ärzte hatten Verständnis und behandelten sie in der Inneren. Das Mädchen war nicht schwanger, aber beschnitten und vernäht. Das Menstruationsblut konnte nicht abfließen und dadurch war eine gefährliche Situation entstanden.

Wir planten deshalb eine
– Mädchengesprächsgruppe
– eine Mütter-/Erzieherinnengruppe
– intensive Elternarbeit.

Doch das Ende des Projektes und die durch Stellenabzug und Kürzung der materiellen Ressourcen hergestellte Alltagsrealität der Kindertagesstättenarbeit beließ es bei der Planung.

Über die internationale Frauengruppe des Ausländerbeirats in Kassel soll nun das Problem einer interkulturellen Sexualerziehung in Kindertagesstätten und Schulen einer Lösung nähergebracht werden.

Sexualität und der Umgang der Jungen und Mädchen miteinander sind Bereiche, in denen familien- und gruppeninterne Wertungen am deutlichsten von den deutschen Anschauungen und Lebensformen differieren. Es sind auch die Bereiche, in denen sich erhebliche Generationskonflikte der Eltern mit den Kindern und der Kinder mit den Eltern abspielen. Kompetente interkulturelle Beratung ist hier dringend erforderlich. Interkulturelle Curricula sind in der Kinder- und Jugendarbeit in den Schulen und Jugendhilfeeinrichtungen notwendig.

Supervision

Schon zu Beginn des Kasseler Flüchtlingskinderprojekts stand neben der Entwicklung von Arbeitsansätzen mit den Kindern und Eltern die berufsbegleitende Qualifikation der Erzieherinnen im Mittelpunkt. Die Analyse der Arbeitsschwierigkeiten der Erzieherinnen mit den Kindern der Flüchtlingsfamilien war der Formulierung des Projektantrags vorausgegangen. Anhand der Schilderungen der konkreten Situationen, in denen Konflikte mit den Kindern und Eltern für die einzelne Erzieherin entstanden, ergab sich als ein strukturierendes Moment zur Erklärung dieser Konflikte, daß die eigene kindliche, aber auch die gesellschaftliche Geschichte der Zivilisierung eine wichtige Rolle spielte, wenn Verhaltensweisen nicht ausgehalten wurden, mit denen die Kinder und Eltern die Erzieherinnen konfrontierten. So wurden das Eßverhalten (mit den Händen), die Körperhaltung (Hausaufgaben machen auf dem Bauch am Boden liegend), die ,erwachsene' Selbständigkeit und das Verantwortungsgefühl der Kinder für Geschwister (dürfen 4jährige in der Kindertagesstättenküche an den Herd, oder muß man Kinder vor Gefahren schützen?) zum Konflikt und Problem der Erzieherinnen. Es schien, als werde der schmerzliche Anpassungsprozeß an Normverhalten an den Kindern „gerächt". Die eigene kindliche „Dressurgeschichte" und vor allem das Bewußtsein von deren „Kaufpreis" schienen in der Konfrontation mit dem „unnormierten" Verhalten der Kinder reaktiviert zu werden. Des weiteren schien ihre Selbständigkeit und Eigenverantwortung schon im Kindergartenalter dem erwachsenen und ,sozialmütterlichen' Bedürfnis nach dem abhängigen zu betreuenden Kind, den Boden zu entziehen.

Im Elternverhalten war es vor allem das fordernde Auftreten afghanischer Väter, das der langjährigen Erfahrung mit vor allem türkischen Eltern aus dem islamischen Kulturkreis widersprach: Türkische Eltern hatten die Kindertagesstätten höflich, zurückhaltend und bittend betreten – afghanische Väter setzten als erstes durch, daß die eigenen religiösen Speisevorschriften wahrgenommen werden mußten.

Die hohe weibliche Identifikation mit diskriminierten Minderheiten in unserer Gesellschaft, die die Arbeitsbereiche der ,Ausländerarbeit' überwiegend kennzeichnet, hat sicher auch damit zu tun, daß die Zuschreibungen an Frauen und (,rassisch') diskriminierte Minderheiten sehr ähnlich sind: Es sind Ausgrenzungen aus dem „abendländisch-männlichen Denken" und Verhalten, „weil sie nicht als jeweils andere Art der Vernunft, sondern als ihr schlechthin anderes begriffen werden" (Klinger, in Maren-Griesebach & Weißhaupt, 1986, S. 88).

Begegnet Frauen in diesem Minderheitenarbeitsbereich aber „abendländisch-männliches" Verhalten auf seiten der Minderheitengruppen, sind alle identifikatorischen Strategien oder ,paternalistischen' Arbeitskonzepte nicht mehr möglich. Erfahrungen aus der Abwertungsgeschichte als Frau in der eigenen Gesellschaft werden aktiviert.

Die mit diesen Anmerkungen angesprochene Nähe von Sexismus und Rassismus in der Geschichte der Moderne und damit auch die Nähe der Identitätsprobleme von Frauen und diskriminierten Minderheiten spielt in den sogenannten ,Kulturkonflikten' in der Minderheitenarbeit vor allem von Frauen eine entscheidende Rolle: Eine Aufarbeitung könnte auch unter dem Thema stehen: ,Die verschobene Wiederholung von Erfahrungen'. (Vgl. z.B. auch die Erfolgsgeschichte des Bestsellers „Nicht ohne meine Tochter" von Betty Mahmoody bei Frauen in der Bundesrepublik.)

Die Analyse des eigenen interkulturellen Lernprozesses spielte in unserem Projekt in der Zusammenarbeit mit den Teams der Kindertagesstätten eine große Rolle. Eine solche Bewußtwerdung umfaßte auch das Selbstkonzept und Berufskonzepte einer Verlängerung des Mutterseins in den sozialen Raum hinein und der ‚paternalistischen‘ Stellvertreterpolitiken für die Klientel („Kinder“ und „Minderheiten“).

Die *Arbeitsansätze* der berufsbegleitenden Qualifizierung waren vielfältig.

– *Monatliche Fachtagungen* für ErzieherInnen, LehrerInnen, SozialarbeiterInnen und in der Erwachsenenbildung Tätige dienten den grundlegenden Problemen wie: Beratungserfahrungen mit afghanischen und iranischen Flüchtlingen, künstlerisches Gestalten und theatralisches Spiel in national-gemischten Lerngruppen, kunst-therapeutisches Arbeiten mittels keramischer Gestaltung, Sprache und Therapie – zur Methode des Sprachpsychodramas, kulturelle Herkunft und die Verarbeitung von Flucht- und Flüchtlingsschicksalen, z.B. südostasiatischer Flüchtlinge, zur Gefährdung der Persönlichkeitsentwicklung ausländischer Kinder und Jugendlicher, interkulturelles Lernen – Reflexionen eines eigenen Lernprozesses, zur Rolle deutscher und ethnischer Minderheiten-Mittlerinnen in der Frauenarbeit, Generationskonflikte in der Migration – Auswertung der Erfahrungen in der Sozialarbeit.

– In der *Zusammenarbeit mit den Teams vor Ort* ging es: um gemeinsame Arbeitsprojekte mit den Kindern und Eltern oder um Teambesprechungen im Sinne der Fallanalysen oder der Beratung oder um Supervision im traditionellen Sinn (für interkulturelle Arbeit qualifizierte Fachkräfte haben wir leider nicht gefunden) oder um thematische Arbeitsgruppen, wie die Arbeitsgruppe Sexualerziehung mit Erzieherinnen und eritreischen Frauen

– *Workshops* oder *Seminare* an Wochenenden, wie z.B. kunsttherapeutische Workshops zusammen mit einer psychoanalytisch geschulten Künstlerin; Sprachpsychodrama-Workshops mit Fachkräften.

Unsere Erfahrungen belegen, daß entsprechende berufsbegleitende Qualifizierung und Supervision unabdingbar fester Bestandteil der beruflichen Tätigkeit all jener Gruppen sein müßte, die im interkulturellen Bereich arbeiten.

Gleichzeitig verweisen unsere Erfahrungen aber auch darauf, daß in den Kindertagesstätten und Schulen, der Jugend- und Erwachsenenbildung in Stadtteilen sogenannter sozialer Brennpunkte die Probleme der Kinder und Eltern der Mehrheitsgesellschaft wahrscheinlich noch dringender neuer Formen der Kinder-/Jugend- und Erwachsenenarbeit bedürfen, die aus der Kooperation mit Beratungs- und Therapiearbeitsstellen erwachsen müssen.

Literatur

Grinberg, L. & Grinberg, R. (1990). Psychoanalyse der Migration und des Exils. München

Haller, I. (1988). ‚Warten in der Fremde' – ‚Leben im Ungedeuteten' – ‚Aushalten in der Ausgrenzung als Ausländer'. Psychosoziale Probleme von Arbeitsmigranten und Flüchtlingen in der Bundesrepublik. Dortmund

Klinger (1986). In: Maren Griesebach & Monika Weißhaupt (Hrsg.). Was Philosophinnen denken. Zürich.

Schaumann & Haller & Geiger & Hermanns (1988). Lebenssituation und Lebensentwürfe junger türkischer Frauen der 2. Migrantengeneration. Wiesbaden

Mittlerinnen zwischen Einwanderergemeinschaft und Aufnahmegesellschaft.
Die Rolle muttersprachlicher Expertinnen in multikulturellen Teams.

Helma Lutz

In einer „modernen" westlichen Gesellschaft muß sich Sozialarbeit mit Fremdheit und Konflikt auseinandersetzen: Konflikte schlichten, Benachteiligungen mildern oder aufheben, Menschen, die als Problemgruppen gelten, helfen und sie integrieren; das sind die Stichworte des Berufsfelddiskurses. Die Akteure von Sozialarbeit sind täglich mit Fremdheit konfrontiert, egal ob sie sich nun mit EinwandererInnen beschäftigen oder nicht, weil sie mit Menschen umgehen, die nur selten den Bildungsabschluß haben, der ihrem eigenen entspricht, und weil sie oft andere materielle Lebensbedingungen haben und meist auch einen anderen Lebensstil. Diese Unterschiede in Lebensstilen und ihren sozio-ökonomischen Grundlagen kann man als „Lebenswelten" bezeichnen, die sich wiederum in verschiedene Teilwelten untergliedern lassen: die Berufswelt, die Welt einer (alleinstehenden) Mutter usw., die jeweils ihre eigenen Regeln haben und ihre eigenen Identitäten entwickeln. Auch „unsere" westliche Kultur ist demnach nicht homogen, sondern sie besteht aus verschiedenen Gruppenkulturen: Jugendkulturen, Regionalkulturen, Kulturen politischer Parteien u.ä., die jeweils ihre eigenen Verhaltensweisen oder ihre eigene Sprache entwickelt haben. Es gibt diejenigen, die sich absetzen von der Kultur der Eliten, der Herrschenden, und die mit deren Lebenswelt rein gar nichts gemeinsam haben; im Begriff „deutsche Kultur" oder „deutsche Lebenswelt" vereinigen sich Subkulturen verschiedenster Couleur. In Deutschland und anderen westeuropäischen Ländern gibt es heute offenbar das starke Bedürfnis, diese Unterschiede zu homogenisieren – nicht selten geschieht das durch unverhohlene nationalistische Rhetorik. Als „neues" Konfliktfeld wird der „Krieg der Kulturen" ausgerufen und stärker denn je wird die Religion darin zum Markierungspfeiler der Grenzen zwischen „uns" und „ihnen" ausgerufen. Der Islam als Feindbild feiert Hoch-zeit, und die Westeuropäischen Staaten versuchen mit allen Mitteln (rechtlichen, kulturellen und politischen), die Zuwanderung und Zunahme der Angehörigen nicht-christlicher Kulturen zu verhindern bzw. aktiv zu vermindern.

Auch Sozialarbeit bewegt sich in diesem politischen Feld. „Kulturelle" Unterschiede und Fremdheit sind zwei Stichworte, die heutzutage die MigrantInnensozialarbeit kennzeichnen. Diejenigen, die versuchen, Unterschiede zu überbrücken und auf verbindende Elemente hinzuweisen, erhalten dafür kaum Anerkennung. Kulturen und Welten zu verbinden scheint heute mehr denn je eine schwierige Aufgabe zu sein.

In meiner Untersuchung über türkische Sozialarbeiterinnen in der Bundesrepublik Deutschland und in den Niederlanden[1] habe ich diese Frauen als „Mittlerinnen" bezeichnet. Mittlerinnen sind Frauen, die in unterschiedlichen Institutionen des Sozialbetreuungssystems für und mit Landsleute(n) arbeiten, und zwar in bezahlter Berufsarbeit. In der MigrantInnenforschung und im Berufsfeld selbst existieren verschiedene Terminologien, welche die Form und die Tätigkeit dieser Gruppe kennzeichnen: muttersprachliche ExpertInnen, Betroffene als ExpertInnen, professionelle VermittlerInnen, türkische SozialberaterInnen, MigrantInnensozialarbeiterInnen, zweisprachige VermittlerInnen oder VermittlerInnen zwischen den Kulturen (dieser Katalog erhebt keinen Anspruch auf Vollständigkeit). Für diese Tätigkeit gibt es absurderweise gar kein elaboriertes Arbeits- und Berufsverständnis, denn die berufliche Funktion als solche existiert im Berufskatalog der InländerInnen nicht. Für die InländerInnen in diesem „Ausländerbereich" der Sozialarbeit dagegen stellt eine solche Tätigkeit eher eine zielgruppenbezogene Spezialqualifikation dar. Mit dem Begriff „Mittlerinnen" versuche ich deutlich zu machen, daß eine solche Tätigkeit keineswegs durch die Statuszuweisung im Berufsfeld definiert ist. „Mitteln" hat außerdem für die Betroffenen nicht nur eine berufliche Funktion, sondern ist auch lebensgeschichtlich gebunden. Eine Mittlerin wird zur Mittlerin, weil sie keine „Deutsche" ist – selbst wenn sie einen deutschen Paß besitzen sollte –, sondern weil sie durch ihre Herkunft als „Fremde" gekennzeichnet ist. In ihrer Berufstätigkeit funktionalisiert sie ihre Betroffenenerfahrungen, setzt diese zur Integration ihrer Landsleute ein und ermöglicht die Verständigung zwischen Eingeborenen und Eingewanderten. Ihre Alltagswelt ist gekennzeichnet von Spiegelhandlungen, vom ständigen Übertragen und Übersetzen lebensweltlicher Praxen und Terminologien. Will sie in ihrer Arbeit erfolgreich sein, dann muß sie sowohl die „eingeborenen" Deutschen, deren Sprache, deren unterschiedliche Gebräuche und Denkweisen als auch diejenigen ihrer Landsleute sehr genau kennen.

Übersetzungsarbeit, tatsächliche und symbolische, ist in diesem Sinne ein Kernbestandteil sozialpädagogischer Interaktionszusammenhänge im allgemeinen. Die von mir befragten türkischen Sozialarbeiterinnen habe ich als Vorläuferinnen einer solchen Interaktionsfähigkeit bezeichnet. In ihren Biographien wird deutlich, daß das Verbinden von Teilwelten ein integraler Aspekt ihrer Lebensgeschichte ist. Sie haben – zumindest diejenigen aus der sogenannten zweiten Generation – von Kindheit an gelernt, Grenzen zu überschreiten, und mit einer Vielzahl unterschiedlicher Anforderungen in bezug auf Wertvorstellungen und Verhalten umzugehen. Sie haben erfahren, daß es nicht nur einen Standpunkt und eine Perspektive gibt, aus der die Welt zu beurteilen ist, sondern mehrere. Ein Umgang mit solchen unterschiedlichen „Wahrheiten" erfordert Flexibilität und die Fähigkeit, sich auf Neues oder Fremdes positiv einlassen zu können.

Eine solche Expertin im Umgang mit Fremdheit und Konflikt will ich im folgenden vorstellen. Ich habe mich hier für die Darstellung der Lebensgeschichte einer Informantin aus den Niederlanden entschieden, obwohl ich auch unter meinen bundesrepublikanischen Gesprächspartnerinnen solche „Talente" gefunden habe.[2] Lale lebt seit ihrem 12. Lebensjahr in den Niederlanden. Sie wuchs in einem kleinen Dorf im Taurusgebirge, in der Nähe von Mersin, einer Großstadt in der Südtürkei auf. In dem Jahr, in dem sie zur Schule kam, ließ sich ihr Vater anwerben und ging in die Niederlande. Die Situation der Mutter und der Kinder war die vieler tausend anderer: ein abwesender Vater, der Geld und Geschenke schickte und einmal im Jahr zum Urlaub kam.

Lale war eine gute Schülerin und ihre Mutter, eine Analphabetin, unterstützte sie in ihrem Lerneifer. Bereits in ihrer frühesten Kindheit lernte sie, zwischen den verschiedenen Teilwelten, in denen sie sich bewegen mußte, zu unterscheiden, denn die

Familie gehörte der arabisch-sprechenden alevitischen Minderheit an. In der Schule arabisch zu sprechen und sich als alevitisch hervorzutun, war ihr unmöglich, weil diese Gruppe in der Türkei diskriminiert wurde.

Als sie als 12jährige in die Niederlande kam, sprach sie kein Wort niederländisch; dennoch beherrschte sie die Sprache innerhalb eines Jahres fließend. Ihr Wunsch, nach ihrem Realschulabschluß weiter zur Schule zu gehen, kollidierte mit anderen persönlichen Prioritäten. Sie hatte ihren zukünftigen Mann in der Türkei kennengelernt, wollte aber nicht dorthin ziehen, sondern bestand darauf, daß er zu ihr in die Niederlande kam. Um eine derartige Familienzusammenführung zu ermöglichen, mußte sie nach geltendem Ausländerrecht ein ausreichendes Einkommen vorweisen. Sie nahm eine Stelle in einer Bank an.

Wie viele Migrantenkinder der zweiten Generation „schlingerte" Lale zufällig in die MigrantInnensozialarbeit. Aufgrund ihrer Sprachkompetenz werden diese Kinder und Jugendlichen von Eltern, KollegInnen und NachbarInnen für Dolmetscherdienste, Behördenkontakte, bei Arztbesuchen u.s.w. eingesetzt. Nicht selten haben sie dadurch eine relativ starke Stellung in der Familie. Wenn MigrantInnenkinder schließlich, wie auch Lale, das Helfen zu ihrem Beruf machen, dann unterscheidet sich dies als Grundmotiv vom Altruismus anderer Helfer. Ihr Helfen ist schon lange ein Teil ihres Alltagshandelns gewesen, bevor sie dafür von einer Institution bezahlt wurden. Man kann deshalb davon ausgehen, daß einer solchen Berufsmotivation ein fundiertes Erfahrungswissen zugrunde liegt.

Lale trat mit 19 Jahren eine Stelle als Sozialarbeiterin an und absolvierte nebenberuflich die Ausbildung an der „socialen academie". In den ersten Jahren war sie für ihre Landsleute Tag und Nacht erreichbar. Sie wurde zur Beraterin in allen Lebenslagen. Diese Arbeitsweise änderte sie erst dann, als sie völlig überlastet kurz vor einem Zusammenbruch stand. Sie wechselte die Arbeitsstelle und erhielt eine geheime Telefonnummer.

Lale berichtete von den täglichen Konflikten, die an sie herangetragen wurden. Ihre KlientInnen erwarteten in der Regel von ihr Parteilichkeit, die besonders dann, wenn es sich um Familien- oder Ehekonflikte handelte, nicht einfach zu realisieren war. So berichtete sie von Situationen, in denen sie die Autonomiebestrebungen und Bildungswünsche von Mädchen gegen den Willen anderer Familienangehöriger durchzusetzen wußte. An den von ihr beschriebenen Strategien fiel auf, daß sie sich immer Verbündete innerhalb der Gemeinschaft oder der Familie suchte, die sie unterstützten. Sie kannte offenbar die informellen Machtstrukturen ihrer KlientInnen so gut, daß sie diese einsetzen konnte. Sie betonte aber auch, daß der bildungsmäßige Abstand zu der Mehrheit ihrer KlientInnen deutlich spürbar gewesen sei, und daß auch sie sich deshalb das Vertrauen ihrer KlientInnen immer erst geduldig habe erwerben müssen. Oft ging das auf Kosten wichtiger Aspekte ihrer Persönlichkeit. So betonte sie, daß sie meistens ihre alevitische Herkunft verschweige, um nicht auf Abwehrreaktionen zu stoßen.

Andere Informantinnen berichteten, daß sie vor ihren KlientInnen verschweigen, daß sie nicht verheiratet sind, oder alleine leben, um das Vertrauen nicht zu verlieren. Solche Berichte weisen darauf hin, daß es offenbar eine wirksame soziale Kontrolle innerhalb der türkischen Gemeinde gibt, der sich auch die Mittlerinnen nicht völlig entziehen können. Als „eine von uns" müssen sie sich den Beurteilungskriterien stellen, die für Frauen und Mädchen in der Gemeinschaft gelten. Vermutlich wird die Wirkung dieser Kontrolle in dem Maße abnehmen, in dem die Professionalität der Sozialarbeit auch unter MigrantenInnen bekannt und akzeptiert ist. Für meine Informantinnen allerdings kam der Umgang mit solchen Konflikten nicht selten einer Gratwanderung gleich. Auf der anderen Seite beklagten sich alle Informantinnen über fehlende Unterstützung und diskrimierendes Verhalten ihrer deutschen oder niederländischen KollegInnen: oft geäußert wurde das Unverständnis der KollegInnen. Gesprochen wurde aber auch über direkte Diskriminierung, beispielsweise über die Nichtakzeptanz als professionelle Kollegin und ihrer Funktionalisierung als Dolmetscherin. Auch die Tatsache, daß sie so oft als Repäsentantin ihrer „Gemeinschaft" angesprochen werden, und sich für „ihre Gemeinschaft" verteidigen müssen, wurde von allen Informantinnen als Beispiel dafür genannt, daß derartige Ausgrenzungen ein Aspekt der täglichen Erfahrungen sind.

Auch Lale erfuhr die Auseinandersetzungen mit KlientInnen und KollegInnen als dermaßen belastend, daß sie schließlich die Arbeit aufgab und ein neues Studium begann. Sie ging auf eine Verwaltungsfachhochschule und hatte Glück: heute bekleidet sie eine Stelle im Management einer großen Personaladministration. Dort vertritt sie die Interessen sogenannter benachteiligter Gruppen, sprich Frauen und „AusländerInnen". Immerhin gelang ihr ein Sprung, der im Übrigen nur von zwei weiteren Informantinnen meiner Untersuchung erreicht wurde: sie arbeitet heute nicht nur mit Landsleuten, sondern ihr Klientel umfaßt auch NiederländerInnen. Sicher gibt es auch türkische Sozialarbeiterinnen, die gerne ausschließlich mit und für Landsleute arbeiten möchten, andererseits aber berichteten meine Informantinnen von zahlreichen vergeblichen Versuchen, aus dieser Arbeit auszubrechen, die sie auf ihre „kulturelle" Herkunft reduziert und fixiert.

Lale drückt ihr heutiges berufliches Verständnis folgendermaßen aus:

„Oft stehe ich zwischen zwei Welten; ich hab meinen Landsleuten etwas voraus, weil ich die niederländische Sprache beherrsche und die sozialen Institutionen kenne. Und ich kann mich auch sehr gut in die Denkweise der Niederländer hineinversetzen. Das war mein Vorteil. Manchmal bin ich eine Art Schiedsrichter, manchmal eine Art Übersetzer. Ich erfülle deshalb eben eine Zwischenfunktion. Aber nicht im Sinne von Dolmetschen, sondern ich habe dabei meine eigenen Vorstellungen, meine eigene Spezialisierung, ein deutlich erkennbares Sachwissen, das ich auch vermitteln will. Es gab natürlich auch Momente, in denen mich meine niederländischen Kollegen als Übersetzer gebrauchen wollten. Dann sagte ich zu ihnen: also hör mal, erst einmal bin ich eine gleichberechtigte Kollegin, genauso wie du. Und manchmal merkte ich sehr deutlich, daß sie mich unterordnen wollten."

So deutlich wie Lale haben nicht alle meine Informantinnen ihre Kompetenz dargestellt und verteidigt. Doch das folgende Zitat gilt für alle:

„Ich finde, daß ich einen Vorsprung habe verglichen mit der weißen Gemeinschaft (sie meint: mit den autochthonen NiederländerInnen, H.L.), *weil ich mich in zwei Welten hineinversetzen muß, in zwei Welten denken und handeln muß. Das ist meine stärkste Waffe."*

Lale hat offensichtlich ihre Stärke erkannt und kann sie auch einsetzen. Sie ist nicht zwischen zwei Welten zerrissen, wovon in der „AusländerInnensozialarbeit" immer noch zu häufig ausgegangen wird, sondern sie ist in zwei Welten zu Hause. Sie braucht das zwei-Welten-Denken und -Handeln nicht mühsam zu lernen, zu studieren, sondern dies ist ihr Erfahrungswissen. Ihre Betroffenheit ist ihre Stärke, ihr persönliches Kapital.

In meinem Buch habe ich viel ausführlicher als mir dies im Rahmen dieses Artikels möglich war dargestellt, daß auch MigrantInnensozialarbeit, die durch MigrantInnen selbst ausgeführt wird, nur ungenügend die im Grunde strukturellen und politischen Probleme „flicken" kann. Die Tätigkeit der MittlerInnen ist geprägt von Widersprüchen und Dilemmas. Eine professionelle Betroffene ist eben auch eine Betroffene; d.h. sie hat mit ähnlichen Schwierigkeiten (institutionellen und rechtlichen Diskriminierungen, Rassismus im Alltag etc.) zu kämpfen wie die von ihr betreuten Landsleute.

In einer anderen Berufssparte, bei den Ärzten, gibt es eine Berufsregel, die besagt, daß Ärzte keine Verwandten behandeln dürfen; eine solche Regel gibt es im Falle der MittlerInnen nicht, ganz im Gegenteil: ihre Berufslegitimation ist sozusagen die „Verwandtschaftsbeziehung" im übertragenen Sinne, die Tatsache, daß sie TürkInnen sind. Sie sind Betroffene und Betroffenheit macht verletzlich; das gilt im allgemeinen, aber ganz besonders dann, wenn eine Absicherung dieses Status weder rechtlich, noch institutionell, noch im allgemeinen Meinungsbild existiert.

Die Anerkennung der Beiträge der MittlerInnen zur Überwindung von Fremdheit und Konflikt, also zur Kommunikationsfähigkeit unserer Gesellschaft, ist schon lange überfällig. Eine Gesellschaft, die diese Kapazitäten vernachlässigt, verschwendet ihre menschlichen Ressourcen.

Es ist heute wohl nicht mehr strittig, daß in der Sozialarbeit mit EinwanderInnen ExpertInnen aus den jeweiligen Einwanderergemeinschaften eingesetzt werden müssen. Aber bislang sind die Vor- und Nachteile der Situation der betroffenen Professionellen noch kaum zum Gegenstand von Lehre und Forschung gemacht worden. Die professionelle Bindung an die eigene ethnische oder nationale Gruppe hat den Vorteil, daß sie Einflußnahme auf politischer und administrativer Ebene ermöglicht; der Nachteil besteht jedoch darin, daß die Festlegung auf die Ethnizität und die professionelle Bindung an die Gruppe die Verletzlichkeit des Individuums erhöhen. Abgesehen davon, daß eine solche Situation zu Überforderungen und Zusammenbruch führen kann, scheint es mir auch pädagogisch gesehen ein nicht zu vernachlässigender Aspekt zu sein. Die gerade beschriebene Zweischneidigkeit der Position der MittlerInnen sollte zum Gegenstand des professionellen Curriculums gemacht werden. Nur so kann eine strukturelle Vorbereitung auf die Anforderungen des Berufsfeldes ermöglicht werden.

Anmerkungen

[1] Lutz, Helma (1991). Welten verbinden. Türkische Sozialarbeiterinnen in den Niederlanden und der Bundesrepublik Deutschland, Frankfurt a.M.
[2] siehe dazu ausführlich Kapitel VII. meines Buches.

AutorInnen und Herausgeberinnen

Agha, Tahereh, Studium der Soziologie, Psychologie und Politologie; seit 1977 in Deutschland; Arbeit in verschiedenen Forschungsprojekten zu den Themen: Veränderung der Rolle der Frau im Modernisierungsprozeß, die Situation weiblicher Flüchtlinge in der BRD, Frauen im Exil. Zur Zeit schließt sie ihre Dissertation zum Thema Biographie und Exil ab. Veröffentlichungen: *Die iranischen Frauen im Widerstand: Wunsch oder Realität?* Institut für Soziologie der Freien Universität Berlin 1986; *Unterschiedliche Perzeptionen des Exils. Genese und Wandel von Lebensgeschichten im Exil am Beispiel von exilierten Iranerinnen in der Bundesrepublik Deutschland.* (i.E.).

Attia, Iman, Dipl.-Sozialpäd., wissenschaftliche Mitarbeiterin am Fachbereich Erziehungswissenschaften der Technischen Universität Berlin; Arbeitsschwerpunkte: Erscheinungsformen, Auswirkungen und Bewältigungsstrategien von Rassismus, interkulturelle und antirassistische Arbeit, lebensweltorientierte Sozialwissenschaft; Veröffentlichungen im Bereich von Devianzpädagogik, Feminismus, Rassismus, zuletzt zum Antiislamismus.

Bar-On, Dan, Prof. Dr., Psychologe und Psychotherapeut, Professor an der Ben-Gurion University of the Negev in Beer Sheva/Israel; Arbeitsschwerpunkte: Kibbuz-Forschung, Folgen des Nationalsozialismus bei Nachkommen von Opfern und von Tätern, Moralitäten nach dem Holocaust; zahlreiche Veröffentlichungen, zuletzt in deutsch erschienen: *Die Last des Schweigens.*

Basqué, Monika, Dipl.-Psych., wissenschaftliche Mitarbeiterin am Institut für Forensische Psychiatrie der Freien Universität Berlin, Psychodrama- und Verhaltenstherapeutin; Arbeitsschwerpunkte: Therapie mit delinquenten Frauen, Fortbildung und Supervision mit MitarbeiterInnen aus dem Jugendhilfe- und Psychiatriebereich, Rechtsextremismus und Gewalt bei Jugendlichen, Rassismus und Antisemitismus in der psychologischen Theorie und Praxis; Veröffentlichungen: Straftäterbehandlung – Argumente für eine Revitalisierung in Forschung und Praxis (Mitherausgeberin; 1994) und im Bereich Therapie mit delinquenten Frauen.

Gurris, Norbert, geb. 1948; Studium der Psychologie; Arbeit mit männlichen Strafgefangenen (Sozialtherapie), in Heilpädagogischen Heimen mit mißhandelten Kindern und Jugendlichen, in KIZ (Kind im Zentrum) mit sexuell mißbrauchten Kindern und deren Familien; seit 1992 im Behandlungszentrum für Folteropfer beschäftigt; Therapieausbildungen: Verhaltenstherapie, Gesprächspsychotherapie, systemische Familientherapie, Psychodrama.

Haller, Ingrid, Prof. Dr. phil, Studium der Geschichte, Politologie, Germanistik, Philosophie und Theologie; 10-jährige Tätigkeit als Bildungsplanerin und Ministerialrätin im Hessischen Kultusministerium; seit 1979 Professorin im Fach Gesellschaftswissenschaften an der Universität/Gesamthochschule Kassel mit dem Schwerpunkt ‚Migrationssoziologie/Interkulturelles Lernen'; im Rahmen ihrer jetzigen Tätigkeit hat sie

Projekte zu Kindern politischer Flüchtlinge und zu Kindern und Gewalt durchgeführt und an der Entwicklung eines antirassistischen Trainings- und Organisationsentwicklungsprogramms mitgearbeitet; zahlreiche Veröffentlichungen.

Heenen-Wolff, Susann, Dr., Gruppenanalytikerin und Psychoanalytikerin, praktiziert in Paris; Leiterin des „Gruppenanalyse-Zentrums Villevallier" (Fraktionierte Gruppenselbsterfahrung in deutscher Sprache im Burgund); zahlreiche Veröffentlichungen, zuletzt: *Im Land der Täter. Gespräche mit überlebenden Juden* (Fischer Verlag, 1994).

Kalpaka, Annita, Prof. Dr. phil., diplomierte Volkswirtin und promovierte Pädagogin, Supervisorin, geb. 1955 in Athen; lebt seit 20 Jahren in Hamburg; Mitbegründerin und Mitarbeiterin des Instituts für Migrations- und Rassismusforschung in Hamburg; ihre Arbeitsschwerpunkte sind: Entstehung und Wirkungsweisen von Rassismus, Methoden der Erwachsenenbildung, Entwicklung von Konzepten antirassistischer Bildungsarbeit; Professorin an der Evangelischen Fachhochschule Hannover, Fachbereich Sozialwesen; zahlreiche Veröffentlichungen, u.a.: *Die Schwierigkeit, nicht rassistisch zu sein* (zusammen mit Nora Räthzel, 1990).

Kampmann, Bärbel, geb. am 26.03.1946, Schwarze Deutsche, Lehrerin, Dipl.-Psych., Gestalttherapeutin; seit 1986 Leiterin der Regionalen Arbeitsstelle zur Förderung ausländischer Kinder und Jugendlicher; persönliche Arbeitsschwerpunkte: Antirassistische Arbeit, Diagnostik und Therapie ethnischer und/oder nationaler Minderheiten, konzeptionelle Arbeit zur Unterstützung der schulischen Integration von Migranten und Flüchtlingen; zahlreiche Veröffentlichungen.

Kornfeld, Ursula, Dipl.-Psych., geb. 1948, weiße Deutsche, niedergelassene Psychotherapeutin (Feministische Psychotherapie); jahrelange Erfahrung mit durch sexuelle Gewalt schwer traumatisierten Frauen; Tätigkeit als Kinderpsychologin in einem Kindertherapiezentrum; Mitbegründerin des Vereins für Frauengerechte Psychotherapie und Psychiatrie. Veröffentlichungen im Bereich der feministischen Therapie, der Therapieforschung und zum Nachahmungsverhalten von Kindern.

Köse, Birsen, Dipl.-Psych., Tochter von ArbeitsmigrantInnen aus der Türkei, seit 1985 in Deutschland. Dem vorliegenden Artikel liegen einige zentrale Thesen ihrer Diplomarbeit zugrunde. Arbeitsbereiche: Wissenschafts- und Erkenntnistheorie, Historische Psychologie, Psychotherapieforschung.

Kürsat-Ahlers, Elcin, Dr., 1949 in Adana-Türkei geb.; nach einem abgeschlossenen Wirtschaftsstudium reiste sie 1970 in die Bundesrepublik ein; nach einer langjährigen Lehrtätigkeit in einer Fachschule studierte sie Sozialwissenschaften in Hannover; sie war als Ausländerbeauftragte der Stadt Bielefeld tätig; nach ihrer Promotion in Soziologie lehrt und forscht sie z.Z. am Institut für Soziologie – Universität Hannover. Buchpublikationen: *Gesundheit für Alle: die medizinische Versorgung türkischer Familien in der Bundesrepublik* (Mitherausgeberin, 1985); *Multikulturelle Gesellschaft: Der Weg zur Gleichstellung?* (1990); *Frühe Staatenbildung von Steppenvölkern* (1994).

Lansen, Johan, Dr. med., geb. 1933, Psychiater, Psychoanalytiker und Gruppenpsychotherapeut; von 1981 bis 1992 war er Direktor des Sinai-Centrums in den Niederlanden (eine jüdische psychiatrische Klinik in Amersfoort mit Ambulanzen in Amsterdam und anderen Städten); außerdem arbeitete er von 1983 bis 1992 als Hauptdozent für psychodynamische Psychotherapie in der psychiatrischen Ausbildung im Rahmen des Akademischen Krankenhauses Utrecht; seit 1994 leitet er die Weiterbildung für ESRA in Berlin, einer Beratungsstelle für Holocaust-Überlebende, supervidiert das Behandlungszentrum für Folteropfer in Berlin und arbeitet als Berater für das Behandlungszentrum für traumatisierte Flüchtlinge (RCT, Center for the Treatment of traumatised Refugees) in Kopenhagen.

Lutz, Helma, Dr., Soziologin; geb. 1953; arbeitet als Dozentin und Forscherin an der Universität Utrecht (Niederlande), Fachbereich Allgemeine Sozialwissenschaften; ihre Forschungsschwerpunkte sind: Frauen und Migration, Rassismus und Multikulturalismus. Ihre Dissertation ist unter dem Titel: *Welten verbinden. Türkische Sozialarbeiterinnen in den Niederlanden und der Bundesrepublik Deutschland* (1991) erschienen.

Magiriba Lwanga, Gotlinde, Dipl. -Soz., bisherige Tätigkeiten in verschiedenen Praxis- und Forschungsprojekten; Arbeitsschwerpunkte: Antisemitismus, Sozialisation von Schwarzen Deutschen, Veröffentlichungen zu diesen Themen.

Manu, René Raanan, Dipl.-Psych., geb. 1959; seit 1991 als Klinischer Psychologe und Psychotherapeut (BDP) im Kindertherapiezentrum Kreuzberg in Berlin tätig; Arbeitsschwerpunkte: Einzeltherapie mit Kindern, Jugendlichen und Erwachsenen; Eltern- und Erzieherberatung; Arbeit mit multi-ethnischen Familien, Migranten, Flüchtlingen; schreibt an einer Dissertation mit dem Arbeitstitel „Auswirkungen der Konzentrationslagerhaft bei Nachkommen Überlebender".

Mecheril, Paul, Dr. phil, Dipl.-Psych., geb. 1962, ist wissenschaftlicher Assistent an der Fakultät für Pädagogik der Universität Bielefeld; seine Arbeitsschwerpunkte liegen im Bereich qualitativer Sozialforschung, interkultureller Beratung, Psychotherapieforschung sowie Identitätsforschung im Kontext von Multi- und Interkulturalität; letzte Veröffentlichung (zusammen mit Thomas Teo herausgegeben): *Andere Deutsche. Zur Lebenssituation von Menschen multiethnischer und multikultureller Herkunft* (1994).

Orellana Aguirre, Daniel, Psychologe und Psychotherapeut, 1952 in Santiago de Chile geboren, wurde er 1973 in Chile Opfer der damaligen Militärdiktatur; seit 1987 ist er psychotherapeutisch tätig, zuletzt im Behandlungszentrum für Folteropfer in Berlin; seit 1990 hält er Vorträge auf internationalen Kongressen und Tagungen zum Thema Folter sowie als Dozent Lehraufträge zum Thema „Funktion und psychosoziale Folgen von Folter" für die Berliner Universitäten.

Rommelspacher, Birgit, Prof. Dr. phil. habil., Dipl.-Psych.; Jg. 45; Professorin für Mädchen- und Frauenarbeit an der Alice Salomon Fachhochschule für Sozialarbeit/Sozialpädagogik Berlin. Privatdozentin an der Technischen Universität Berlin. Forschungs- und Arbeitsschwerpunkte: Feministische Psychologie, Rassismus und Antisemitismus. Veröffentlichungen u.a.: *Mitmenschlichkeit und Unterwerfung. Zur Ambivalenz weiblicher Moral.* (1992); *Leiden macht keine Lust. Der Mythos vom weiblichen Masochismus* (hg. mit R. Burgard, 1992); *Schuldlos-Schuldig? Wie sich junge Frauen mit Antisemitimus auseinandersetzen* (1995).

Rosenthal, Gabriele, Dr. rer. soc. habil., geb. 1954; Studium der Soziologie und Psychologie; Privatdozentin an der Gesamthochschule Kassel; 1989/1990 Gastdozentur an der Ben Gurion University of the Negev, Beer-Sheva, Israel; sie leitet ein DFG-Forschungsprojekt in Deutschland und Israel zum Thema: „Der Holocaust im Leben von drei Generationen"; Publikationen: *Die Hitlerjugend-Generation.* (Herausgeberin, 1986); *„Wenn alles in Scherben fällt ... " Von Leben und Sinnwelt der Kriegsgeneration* (1987); *„Als der Krieg kam, hatte ich mit Hitler nichts mehr zu tun ". Zur Gegenwärtigkeit des ‚Dritten Reiches' in Biographien* (Herausgeberin, 1990); *Erlebte und erzählte Lebensgeschichte* (1995).

Schmitt, Claudia, Dipl.-Psych., geb. 1967, Arbeitsschwerpunkte: Psychotherapie mit politisch verfolgten Menschen, Extremtraumatisierung durch Folter.

Teimoori, Pari, M.A., Studium der Publizistik; Bildungsreferentin im „Arbeitskreis autonomer Frauenprojekte e.V." in Berlin; Arbeitsschwerpunkte: Lebenssituation von Flüchtlingsfrauen, Fortbildungen für Frauen insb. im Bereich von Antirassismus und Interkulturalität, ethnische Quotierung/Antirassismusvereinbarung; verschiedene Veröffentlichungen, u.a. zu Rassismus in der deutschen Frauenbewegung, ethnischer Quotierung in Frauenprojekten, geschlechtsspezifischen Fluchtgründen, Situation von Flüchtlingsfrauen aus dem Iran.

Vogelmann, Silvia, Dipl.-Psych., geb. 1965, Einzelfallhelferin in Berlin, Arbeitsschwerpunkte: Psychosoziale Beratung und Therapie mit politischen Flüchtlingen, Rassismus und Antisemitismus in der psychologischen Theorie und Praxis.

Wachendorfer, Ursula, Dipl.-Psych., Beratung und Psychotherapie mit Kindern und Jugendlichen; Themenschwerpunkte: Antisemitismus und Rassismus.

Matthias Hermer (Hrsg.)

Die Gesellschaft der Patienten

Gesellschaftliche Bedingungen und psychotherapeutische Praxis

Psychotherapie ist kein abstraktes, wertneutrales technisches Instrument. Psychotherapeuten sind eingebunden in gesellschaftliche Zusammenhänge, die ihre Wahrnehmung psychischer Störungen und die Vorgehensweisen zu deren Behandlung prägen.
Dieser Sammelband möchte den Bruch zwischen abgehobener Reflexion gesellschaftlicher Prämissen einerseits und blinder Anwendung methodischer Regeln andererseits verringern helfen. Er vermittelt dabei Denkanstöße und Handlungsanregungen für die ihre Tätigkeit selbstkritisch begleitenden Helfer.

Forum 26, 1995, 312 Seiten, 48,- DM
ISBN 3-87159-126-2

Aus dem Inhalt:

Die Forum-Reihe auf einen Blick: